SCHWINDEL
DER WIRKLICHKEIT

VERTIGO
OF REALITY

Die **Videodokumentation** der Ausstellung
„Schwindel der Wirklichkeit" (30 min., 2 GB)
bietet weitere Einblicke in das Projekt und
ist als kostenfreier Download verfügbar unter:

The **video documentation** of the exhibition
Vertigo of Reality (30 min., 2 GB) provides further
insight into the project and can be downloaded
free of charge:

www.adk.de/dokusdw

Benutzername / User name:
SchwindelderWirklichkeit

Passwort / Password: sdw2014

PARTIZIPATION

CLOSED-CIRCUIT-
VIDEOINSTALLATIONEN

GAME ART

DIE MEDIALE
SCHWELLE

CLOSED CIRCUITS

PARTICIPATION

THE MEDIA THRESHOLD

GAME ART

SCHWINDEL DER WIRKLICHKEIT

CLOSED-CIRCUIT-VIDEOINSTALLATIONEN UND PARTIZIPATION

EIN READER

Im Auftrag der Akademie der Künste
herausgegeben von

Anke Hervol, Wulf Herzogenrath,
Johannes Odenthal

VERTIGO OF REALITY

CLOSED-CIRCUITS AND PARTICIPATION

A READER

On behalf of the Akademie der Künste
edited by

Anke Hervol, Wulf Herzogenrath,
Johannes Odenthal

AKADEMIE DER KÜNSTE

Verlag der Buchhandlung
Walther König

Inhalt

Contents

EDITORIAL

> *„Was mich interessierte, war, diese beiden Arten von Informationen zusammenzubringen: physische Information und visuelle/bildliche oder intellektuelle/geistige Information. Die Erfahrung liegt in der Spannung, die zwischen ihnen wächst, der Unmöglichkeit sie zu vereinen/zusammenzusetzen."*

Bruce Nauman (1986)

Die von Bruce Nauman angesprochene Spannung zwischen physischer Gegenwart und intellektueller Auseinandersetzung in einer künstlerischen Situation ist die höchst produktive Ausgangslage von zahlreichen Experimenten, in denen der Besucher/Betracher zur Schnittstelle, zum substantiellen Zentrum des künstlerischen Werks wird oder sich das Werk erst mit ihm und durch ihn realisiert. Was in den Closed-Circuit-Installationen seit den 1960er Jahren erprobt wurde, hat auch die Entwicklungen im zeitgenössischen Musiktheater, in den Performanceprojekten zwischen Tanz, Theater und Installation, in den interaktiven Game-Art-Projekten oder den visuellen Spiegelarbeiten der Gegenwartskunst entscheidend mitgeprägt. Diese immer neu reflektierte Beziehung zwischen Werk und Betrachter äußert sich in allen Kunstformen und kann auch als eine großangelegte Versuchsanordnung beschrieben werden, das Verhältnis zwischen Subjekt und Wirklichkeit, zwischen künstlerischem und politischem Raum zu untersuchen.

Ist das, was wir sehen, wirklich? Und was ist alles wirklich, ohne dass wir es sehen oder hören? Können wir unseren Sinnen trauen? Ist die ästhetische Erfahrung noch relevant für die Aufklärung von Wirklichkeit? Diese und ähnliche Fragen standen am Anfang eines Projekts, das nach der gesellschaftlichen, politischen und kulturellen Relevanz der zeitgenössischen Künste gefragt hat. Insbesondere durch die Entwicklung der neuen Medien von der Fotografie bis zur Digitalisierung und zur Game Art ist die Reflexion von Wirklichkeit in den Künsten zu einem zentralen Experimentierfeld geworden. Geht es doch um eine Schlüsselfrage in den Künsten: Wie kann sich die ästhetische Wahrnehmung gegenüber der naturwissenschaftlichen und technischen Entwicklung behaupten? Der Philosoph Alexander Gottlieb Baumgarten hatte diese Frage im 18. Jahrhundert zum Ausgangspunkt der Ästhetik als Wissenschaft gemacht. Exemplarisch beschrieb er die Betrachtung eines Sonnenaufgangs als gleichberechtigte Erfahrung neben den naturwissenschaftlichen Erkenntnissen von Erdumdrehung und Gravitation in der modernen Astronomie.

Auf die Gegenwart angewandt, haben sich in den letzten Jahrzehnten die technologischen und medialen Möglichkeiten potenziert. In Anbetracht der modernen Kriegsführung, der Finanzkrisen oder ungeahnter Möglichkeiten der Überwachung durch die Digitalisierung von Information und Kommunikation befindet sich die ästhetische Erfahrung des Individuums im freien Fall.

Nach Fotografie, Film und Video sind es seit den 1990er Jahren vor allem die digitalen Medien, die das Verständnis von Kunst grundlegend verändern. Die Digitalisierung betrifft nicht nur die Speicherung, die Vermittlung und die Kommerzialisierung von Kunst, sondern auch die Produktionsweise der Künstler selbst. Die mediale Schwelle, insbesondere der Übergang zwischen digitaler Information und analogem Nutzer, gerät dabei systematisch in den Blick von Künstlern. Die Schlüsselbegriffe Partizipation und Interaktivität basieren auf dem unausgesprochenen Versprechen der Teilhabe aller. In der Ausstellung „Schwindel der Wirklichkeit" und den dazugehörigen Programmen haben wir künstlerische Strategien und Arbeitsweisen vorgestellt, in denen die Wahrnehmung des Betrachters ins Zentrum rückt, das Kunstwerk sich jenseits des Objekthaften gleichsam nur in ihm und durch ihn verwirklicht. Als Teil der Ausstellung agierte – in Anlehnung an Joseph Beuys – das „Metabolische Büro zur Reparatur von Wirklichkeit" als permanente Möglichkeit des Dialogs, des Widerspruchs und der Auslösung von Prozessen mit mehr als 160 Gästen und zahlreichen Einzelveranstaltungen. Zeitgenössische Musik, Tanz und Theater, Philosophie, Baukunst, Literatur und bildende Kunst interagierten mehr als zwölf Wochen lang Tag für Tag an der Schwelle zwischen digitaler Information und analogem Nutzer, zwischen Subjekt und sozialem Raum, zwischen Bildmaschine und Auge, zwischen Virtualität und Körper als einem dialektischen Schlüsselmotiv der Gegenwartskunst.

Johannes Odenthal für das Projektteam
von „Schwindel der Wirklichkeit"

SCHWINDEL DER WIRKLICHKEIT
WIE DIE BESUCHER
DIE KUNST NEU ERFINDEN

*MARK BUTLER, ANKE HERVOL,
WULF HERZOGENRATH*

Bis zum Ende der 1980er Jahre nutzten Künstlerinnen und Künstler die Computertechnologie zwar als Werkzeug, aber nur selten als Medium. In der digitalen Medienkunst wurde insbesondere seit den 1990er Jahren die Interaktion zu einer der zentralen ästhetischen Dimensionen. Digitalisierungsprozesse betreffen demnach also nicht nur die Speicherung, die Vermittlung und die Kommerzialisierung von Kunst, sondern auch und vor allem künstlerische Produktions- und Rezeptionsprozesse. Die Künstler aktivieren damit einen Grenzbereich, an dem digitale Informationen und analoger Nutzer sich begegnen können. Hier wird Partizipation und Interaktivität wirklich. Diese Schlüsselbegriffe basieren auf dem unausgesprochenen Versprechen der Teilhabe aller im Sinne einer Beuys'schen Demokratisierung von Kunst.

In der Ausstellung „Schwindel der Wirklichkeit" stellte die Akademie der Künste im Herbst 2014 künstlerische Strategien und Arbeitsweisen vor, in denen die Wahrnehmung und die Aktivität der Besucherinnen und Besucher ins Zentrum rückten und das Kunstwerk sich jenseits des Objekthaften gleichsam nur in ihnen und durch sie verwirklichte. Dabei stehen die aktuellen Entwicklungen der Game Art in einer Tradition künstlerischer Auseinandersetzungen seit den 1960er Jahren, insbesondere mit den Closed-Circuit-Videoinstallationen, aber auch den partizipativen und Performanceprojekten. In den so zusammengestellten Konfigurationen von Digitalem und Analogem zeigte sich, dass die mediale Schwelle längst zu einem dialektischen Schlüsselmotiv der Gegenwartskunst geworden ist.

Im Zentrum von „Schwindel der Wirklichkeit" standen die Besucher mit ihrer individuellen Wahrnehmung, die mit sich selbst und ihren Handlungen konfrontiert wurden. Was ist wirklich, was ist Simulation und wo manifestiert sich das Subjekt der fortgeschrittenen Moderne? Mit der Auflösung des klassischen Kunst-Objekts und des Betrachter-Subjekts hat sich der Kunstbegriff in den letzten Jahrzehnten radikal verändert, und damit auch das Konzept von Museum und Theater. Indem die Ausstellung diese neuen „Bühnen" in den Fokus nahm, führte sie vor, wie die Kunstproduktion zum Forschungsfeld von soziokulturellen Strukturen geworden ist. Darin ging sie einen Weg der ästhetischen Aufklärung.

Mit einer Werkauswahl von „historischen" und aktuellen Closed-Circuit-Installationen, Spiegelarbeiten, Partizipationsprojekten, Game Art und Projekten an der medialen Schwelle widmete sich die Akademie der Künste diesem Themenfeld an der Grenze zwischen Wirklichkeit und Simulation. Bemerkenswert ist, dass die neuen technischen Abbildungs- und Kommunikationsmöglichkeiten von Film und Fernsehen schon in den 1960er Jahren massiv ins Blickfeld von künstlerischen Arbeitsprozessen rückten, wie die Nutzung des elektronischen Modulationssystems TEEM im Rahmen der Aufführungen der „9 Evenings" (TC 04:56) in der Armory in New York im Jahre 1966 zeigt. Solche künstlerischen Methoden sind in einer Linie mit zeitgenössischen Arbeiten zu sehen, in denen eine jüngere Künstlergeneration die exponentiell gewachsenen medialen Möglichkeiten nutzt – von Browser-Skript und App über Hard- und Software-Modifikation bis hin zu Computerspiel, virtueller Realität und Netzwerk-Intervention. Nicht nur der experimentelle Gebrauch vorhandener technologischer Möglichkeiten, sondern auch deren ästhetische Weiterentwicklung eröffnete den Künstlern der Ausstellung eine innovative Auseinandersetzung mit der Wahrnehmung und Manipulation von Realität: Das Verhältnis von Raum und Zeit, Künstler und Besucher, Bild und Abbild, Klang und Abklang, Code und Körper, Wirklichkeit und Simulation wurde in den Arbeiten neu erprobt und ausgelotet.

Closed-Circuits

Die unmittelbare Verfügbarkeit von Videobildern sowie deren zeitgleiche Manipulationsmöglichkeiten und/oder die räumlich getrennt zu steuernde Wiedergabe des Bildes oder Spiegelbildes ermöglichte Künstlern wie Bruce Nauman, Nam June Paik, Peter Campus und Richard Kriesche, den Betrachter selbst als Zuschauer und als aktiven Performer an der Installation oder Situationsanordnung partizipieren zu lassen. *The Situation Room* (2013, Abb. S. 164 ff.) von

Franz Reimer verdeutlichte anhand eines Nachbaus des gleichnamigen Presse-
bildes von Pete Souza, dass die Grundlage für jede Closed-Circuit-Installation
bis heute die Simultanität des Realen ist, also das Spiel zwischen dem, was in
Echtzeit stattfindet, und dem, was als Abbild einer Situation zeitgleich zu sehen
ist. Die Möglichkeiten der Gegenüberstellungen erscheinen heute endlos, in
den 1960er Jahren jedoch ging es um eine simple Subjekt/Objekt-Gegenüber-
stellung, um deren Verhältnis zueinander und um die Synchronizität der Handlung: wenn etwa der Partizipient mit seinem eigenen Abbild konfrontiert wird,
aber nicht im spiegelbildlichen Sinne seitenverkehrt, sondern seitenrichtig. Die
manipulierte Darstellung von Wirklichkeit entzieht dem Besucher die gewohnte
Selbstwahrnehmung. In Dan Grahams *Present Continuous Past(s)* (1974, Abb.
S. 148 ff.) wurden in einem Intervall von acht Sekunden asynchron zahlreiche
Abbilder des Besuchers geschaffen und projiziert – Vergangenheit und Gegenwart vermischten sich, die Grenzen verschwammen. Darüber hinaus bot das
Zeit-Raum-Gefüge der Installationen die Möglichkeit einer zeitversetzten Wiedergabe. Der Partizipient fand sich so in einem Zeit-Raum-Feld wieder, das nicht
mehr allein in seiner Gegenwart angesiedelt war und diese dokumentierte, sondern in einem Gefüge, das die Wirklichkeit und deren Manipulation zugleich
wiedergab. In den Closed-Circuits und Spiegelverfahren fanden sich die Besucher mit neuen Wahrnehmungserfahrungen von Wirklichkeit in einem sich
stetig aktualisierenden Raum-Zeit-Körper-Medien-Gefüge konfrontiert. Sowohl
die Spiegelbilder als auch die Videobilder hingen von den Bewegungen der Körper im Raum sowie der Positionierung des Spiegels beziehungsweise der auf-
zeichnenden Kamera und den Einstellungen des Manipulationsmechanismus
ab. Diese Art der medialen Inszenierung von Wirklichkeit entzog dem Besucher
die gewohnte Selbstwahrnehmung.

Partizipation

„I don't know what I will do for the rest of my life. It can't get any better than
this!"[1] In der Weiterführung des Fokus auf die Closed-Circuits und das Verhältnis zwischen Subjekt und Objekt, zwischen Künstler, Besucher und Akteur
stellte sich auch bei dem zweiten Strang der Ausstellung die Frage nach der
radikalen Veränderung des Verhältnisses zwischen Kunstwerk und Betrachter
in den 1960er Jahren. Die Minimal Art hat die Beziehungen aus dem Werk
extrahiert und die Rolle der Wahrnehmenden im Ausstellungsraum gestärkt.
Die Partizipationskunst räumt den teilnehmenden Menschen nun eine weitere

1   Kiki Smith, nachdem sie als „lebende Ikone" durch Manhattans Straßen getragen wurde,
     in Francis Alÿs' *The Modern Procession* (2002)

Möglichkeit ein: Sie nehmen als Performer an kommunikativen, interaktiven und Wirklichkeit konstruierenden Prozessen teil. Kunst findet seitdem nicht mehr allein im Ausstellungsraum statt, sondern weitet sich zunehmend (wieder) in den gesellschaftlichen und politischen Raum aus.[2] Das Projekt „Schwindel der Wirklichkeit" stellte mit exemplarisch ausgewählten objektfreien Kunstprojekten die Frage nach den im Kunstwerk angelegten Machtverhältnissen: Wer kontrolliert die ästhetische Erfahrung? Künstler, Kurator, Kritiker oder Besucher?

Im Bereich der von Joseph Beuys geprägten „Sozialen Plastik" und der Partizipationskunst kontrollieren alle Faktoren gemeinsam das Werk und jedem ist eine Teilautorschaft zuzuschreiben. Bei den Closed-Circuit-Installationen dokumentierten Richard Kriesche (Abb. S. 186 f.) und Marina Abramović die Schnittstelle zwischen dem ersten und zweiten Strang der Ausstellung. Die Reduktion auf das Objektfreie und Immaterielle sollte wiederum von Hamish Fulton (Abb. S. 196 ff.), Tino Sehgal und Christian Falsnaes (Abb. S. 172 ff.) vermittelt werden. Das Ausstellungsprojekt begab sich damit in den Bereich der performativen Künste und bezog an dieser Stelle den Aktionsraum auf den sozialen und öffentlichen Raum. In der choreografischen Installation von Tino Sehgal wurden die Akademie-Besucher selbst zur Sozialen Plastik, zum Teil eines Werks, das sich der Objektivierung systematisch entzieht und eine radikale Erfahrung von Gegenwart bietet. Hierbei wurde die gänzliche Auflösung von sicheren selbstreferenziellen Positionen mit der unhintergehbaren Verflechtung eines jeden Subjekts in Raum und Zeit kontrastiert. „Wir erwarten zu viel von Objekten, zum Beispiel, dass sie Subjektivität generieren", beteuerte Tino Sehgal 2012. Diese Subjektivität, so der Künstler weiter, „entsteht aber durch Arbeit an sich selbst und Interaktion mit anderen. Und nicht dadurch, dass man sich irgendeinen Gegenstand kauft und anheftet"[3].

Game Art

Der Fokus auf Game Art ergab sich wie von selbst aus den ersten beiden Strängen der Ausstellung, da Computerspiele stets aus geschlossenen Kreisläufen bestehen, die erst durch die partizipative Performanz des Spielers aus der Potentialität in die Aktualität treten. Nur wenn sich die Ausstellungsbesucher auf das programmierte Regelwerk eines Spiels einlassen und mit ihm über das

<hr>

2 Zahlreiche Ausstellungen haben sich diesem Thema gewidmet, z. B. „The Art of Participation: 1950 to Now", die 2008/09 am San Francisco Museum of Modern Art von Rudolf Frieling realisiert wurde und alle Facetten des Themas beleuchtete – ein Anspruch, dem die Akademie der Künste in dieser Ausstellung nicht nachkommen konnte oder wollte.

3 Sabine Weier, Erfahrungen in der Kasseler Black Box: Künstler Tino Sehgal. In: *Die Zeit*, 27.6.2012, www.zeit.de/kultur/kunst/2012-06/tino-sehgal-documenta, zuletzt am 23.6.2015

Interface in einen zirkulären Informationsaustausch treten, nur wenn sie an diesem kybernetischen Kreislauf partizipieren, können sie an der angebotenen ästhetischen Erfahrung teilhaben, in der Reales, Symbolisches, Imaginäres und Virtuelles miteinander gekoppelt werden.

Seit zirka 1995 wenden sich Künstler dem Computerspiel zu und ergründen die ästhetischen Potentiale des Mediums. Das Etikett der Game Art hat sich im Zuge der Arbeit von Künstlern wie JODI (Joan Heemskerk, Dirk Paesmans), Cory Arcangel, Margarete Jahrmann, Bill Viola, Lynn Hershman Leeson (TC 18:39) oder Pierre Huyghe entwickelt, die Computerspiele als Material und Medium in ihrer künstlerischen Praxis etabliert haben. In der Zwischenzeit haben sich in diesem Feld zahlreiche Positionen ausdifferenziert, die für die Ausstellung „Schwindel der Wirklichkeit" von erheblicher Relevanz waren. Während Künstler sich früher häufig mit der visuellen Repräsentation der Spiele beschäftigten, legen zeitgenössische Game Artists ihre Aufmerksamkeit vor allem auf das Eigentliche des Mediums: die interaktiven Strukturen der Programme, die Spielmechanik, die dem Spieler klar definierte Handlungsoptionen vorschreiben. Dabei subvertieren sie etablierte Interaktionsmuster zugunsten ungewohnter Modalitäten des In-der-simulierten-Welt-Seins.

So drehten sich die ausgewählten Arbeiten alle um das Verhältnis von Raum, Körper und medialem Arrangement. Die zentrale Spielmechanik von Bill Violas *Night Journey* (2010, TC 16:11) bestand im Reisen und Reflektieren. Ausstellungsbesucher wurden dazu eingeladen, eine virtuelle Verkörperung anzunehmen und an einer simulierten Reise teilzunehmen, die weder hier noch dort, sondern in einer medialen Schwellensituation stattfand, in der Aufmerksamkeit und Besinnlichkeit belohnt wurden. Alexander Bruces *Antichamber* (2013, Abb. S. 163, TC 13:02) drehte sich ebenfalls um die Erkundung im Raum, wobei gewohnte Interaktions- und Navigationslogiken durch die nicht-euklidische Spielwelt radikal in Frage gestellt wurden und sich ein räumlicher Schwindel beim Spielen einstellte. Durch die simulierte Verdoppelung von Raum, Körper und symbolisch strukturierter Liebe des in Auriea Harveys und Michaël Samyns Studio „Tale of Tales" entwickelten Spiels *Bientôt l'été* (2012, TC 07:08) wurde ein sozialer Schwindel mit einem anonymen Gegenüber evoziert. Dagegen ließ Paolo Pedercinis (Molleindustria) Spiel *Unmanned* (2012, TC 10:18) den Spieler an dem Wirklichkeitsschwindel partizipieren, den die transformierten Raum- und Körperbezüge von Drohnenpiloten mit sich bringen. Und die Künstlergruppe gold extra lud in ihrem Spiel *Frontiers* (2008) dazu ein, sozio-politische Räume an den Grenzen Europas in zwei asymmetrisch kodierten, virtuellen Körpern zu durchschreiten.

Die Frage nach der Verkörperung im Raum geht grundsätzlich von der virtuellen Realität (VR) aus – der multisensorischen Interaktion mit Datenstrukturen –, zu der Computerspiele zweifellos zu zählen sind. So wurden in der Ausstellung auch VR-Arbeiten gezeigt, die schwindelerregende ästhetische Erfahrungen boten, wie Daniel Ernsts *Der Grosse Gottlieb* (2014, Abb. S. 200) oder Robin Arnotts *Soundself* (2014). Diese Arbeiten stellten Grenzpositionen im Feld der Game Art dar, da sie die Frage aufwerfen, ob sie noch Spiele sind. Dies gilt auch für die drei Arbeiten des Paidia Institutes aus deren fortlaufender Serie *Laboratory: feed-back* (TC 20:48), die den Gedanken hinter Closed-Circuit-Installationen auf die Spitze treiben, indem sie den Partizipienten aus dem Spielkreislauf hinausnehmen. Welche Partizipation ist noch möglich mit einem medialen Arrangement, das mit sich selbst spielt? Hier wird die Frage nach den Machtverhältnissen unter digitalen Bedingungen neu gestellt. Wer spielt? *Homo ludens*, universelle Maschine oder kybernetische Schaltkreise?

Die mediale Schwelle

Der letzte Fokus der Ausstellung lag auf der medialen, insbesondere der digitalen Schwelle. Mit dem Begriff der Schwelle wurde zuallererst die Übergangszone zwischen Künstler, Werk und Besucher adressiert. Die Betonung der medialen Schwelle hob die zentrale Eigenschaft des Medialen selbst hervor, die den Medienbegriff für die Beschäftigung mit der Kunst so wertvoll macht: Als eben das, was „dazwischen" liegt, was als Instanz, Material, Technik und Praktik zwischen dem Herstellen und Rezipieren von Kunst vermittelt, wird das Medium selbst zur Schwelle der Kunst. Dies erlaubte eine neue Perspektivierung aller bisher aufgeführten Arbeiten und Ausstellungsstränge, ob Closed-Circuit-Installation, Partizipationsprojekt oder Game Art. Bei den historisch frühen Arbeiten der Ausstellung war diese Schwelle noch vollkommen analog. So bestand die mediale Assemblage bei den Closed-Circuit-Installationen aus der Abbildungssituation im physischen Raum, den Körpern von Partizipienten, Videokameras und Spiegeln sowie den von ihnen erzeugten Bildern, den Manipulationsmechanismen und Bildschirmen oder Projektoren. Bei den Partizipationsprojekten konnte ebenfalls – trotz der Reduktion auf das Objektfreie und Immaterielle – von einer analogen medialen Schwelle gesprochen werden, die von den Körpern der Performer und Besucher sowie den vorformulierten Interaktionsarchitekturen und spontanen Improvisationen gebildet wurde.

Mit der wachsenden künstlerischen Nutzung der Computertechnologie in den letzten Dekaden wird die mediale Schwelle zunehmend vom Digitalen durchsetzt. Dabei sind die möglichen Konfigurationen des Analogen und

Digitalen endlos. Mit dem Begriff der „digitalen Schwelle" sollte dieser Entwicklung Rechnung getragen werden, ohne dass damit eine Opposition zum Analogen evoziert werden sollte. Vielmehr galt es, die neue ästhetische Situation – die sich mit der Game Art ankündigt, in der das Digitale ins Zentrum des Interesses rückt – zu konstatieren und gleichzeitig die unauflösliche Verwobenheit des Digitalen mit dem Analogen im Blick zu behalten. Im Falle der Game Art adressierte der Fokus auf die mediale beziehungsweise digitale Schwelle die Interfaces, an denen die digitalen Spielmechaniken für die analogen Körper der Spieler erfahr- und bearbeitbar werden. Für jedes einzelne Spiel konnte dabei von einer einzigartigen Konfiguration des Analogen und Digitalen gesprochen werden.

Der Fokus auf die mediale Schwelle hatte aber auch einen eigenen Kernbestand in der Ausstellung, der Arbeiten umfasste, die einen Anschluss an die vorherigen Stränge der Ausstellung aufwiesen. So bildete *Newstweek* (2011, Abb. S. 164, 190, TC 23:50) von Julian Oliver und Danja Vasiliev eine Schnittmenge mit Closed-Circuit-Installationen, Partizipationsprojekten und Game Art darin, dass die Installation von der Partizipation der Besucher an einem kybernetischen Kreislauf lebte, aus der eine schelmische Freude erwuchs. Während hier die Anfälligkeit von Daten in drahtlosen Netzen für das Überschrieben-Werden vorgeführt wurde, zeigte der verlassene Arbeitsposten der *Men in Grey* (seit 2009, Abb. S. 182 f., TC 17:42) wiederum die Schutzlosigkeit des unsichtbaren Datenverkehrs vor dem Gelesen-Werden. Beide Arbeiten können mit dem Spieltheoretiker Richard Schechner als „dark plays" charakterisiert werden – also Spiele, die sich nicht als solche ausweisen –, insofern sie sich um Simulation und Dissimulation drehen.[4] Dabei stellen sie die Vertrauensfrage an unsere Datennetze und bieten eine ästhetische Erfahrung an, in der das, was längst zu unserem Alltag gehört, aber nicht sinnlich wahrgenommen werden kann, in Erscheinung tritt.

Die Arbeiten von Harun Farocki und Trevor Paglen bewegten sich wie die beiden vorher beschriebenen Werke an der medialen Schwelle, um unsichtbare Sachverhalte sichtbar zu machen – darin sind sie *Visibility Machines* (Abb. S. 152 ff., 162 f.), wie sie trefflich in einer Ausstellung 2013/14 in Baltimore zusammengefasst wurden. Beide Künstler untersuchten Formen militärischer Überwachung, Spionage, Kriegsführung und Waffentechnik und erforschten die täuschenden und verdeckten Methoden, mit denen militärische und nachrichtendienstliche Projekte unsere Beziehung zu Bildern und Realitäten, die sie zu repräsentieren scheinen, transformiert und politisiert haben. Ebenso konnte Herman Asselberghs' *Dear Steve* (2010, TC 22:30) als eine Maschine der Sichtbar-

4   Vgl. Richard Schechner, *The Future of Ritual: Writings on Culture and Performance.* London, New York 1993, S. 36 ff.

machung betrachtet werden, wenn auch in anderer Hinsicht, da ihre dekonstruktive Performanz die libidinöse Beziehung zur digitalen Technologie, mit der wir arbeiten und spielen, in Erscheinung treten ließ.

Während die bisherigen Arbeiten dieses Strangs sich um die Sichtbarmachung von Unsichtbarem drehten, widmeten sich Bjørn Melhus, Thomas Demand und Thomas Wrede der medialen Schwelle des Bildes, indem sie verschiedene Manipulationsprozesse in ihren fotografischen Scheinwirklichkeiten manifestierten. Melhus' Rollenspiele sind paradigmatisch für das Leben im Zwischenreich des Medialen: Er spielt mit dem Übergang von *Ego* zu *Alter* in seinen mannigfachen Figurationen – ob in den Cut-outs oder in den zahlreichen Selbstporträts (Abb. S. 147, 188 f.). Demand und Wrede erheben wiederum einen Realitätsanspruch für ihre Bilder, denn beide gehen von konkret existierenden Situationen oder Landschaften aus. Während Demand sich auf Presse- und Fernsehbilder konzentriert, diese detailgetreu mit Papier und Pappe nachbildet, erreicht uns als Betrachter lediglich das Medium der Fotografie (Abb. S. 144 f., 172). Zu diesem Zeitpunkt ist das Modell selbst schon zerstört. Wredes Bildern ist hingegen eine fast „romantische" Sehnsucht nach Naturgewalten und Landschaft eigen, die sich Caspar David Friedrichs Gemälden zu nähern scheint (Abb. S. 143, 181). Die Fotografien selbst eröffneten uns dann aber ein Spannungsfeld zwischen dieser verehrten natürlichen Realität und einer künstlich kreierten Landschaft.

So verwies der letzte Strang der Ausstellung auf die zeitgenössische mediale Situation, in der vermeintlich geschlossene Kreisläufe geöffnet werden, Wirklichkeit sich verflüchtigt und Unsichtbares sowie Unvorhergesehenes in Erscheinung tritt. Und sie bestärkte die These, dass „das Spiel die Handlungsweise schlechthin sei, sich in Simulationen zu bewegen"[5]. Der Schwindel der Wirklichkeit verdichtet sich im Rückblick in den Closed-Circuits, Spiegelarbeiten, Games, Partizipationsprojekten, Performances und verschiedenen digital-analogen Experimenten. Der Einsatz der jeweiligen zeitaktuellen technischen Möglichkeiten seit den 1960er Jahren bis heute wurde und wird genutzt, um das Selbst- und Weltverhältnis von Künstler und Betrachter beziehungsweise Partizipient in dem je aktuellen medialen Feld zu erkunden. Dabei ergaben sich zahlreiche Differenzen, die es in den medialen Konfigurationen der ausgestellten Arbeiten zu erfahren gab, sowie unzählige weitere, die es noch zu erfinden gilt.[6] „Schwindel der Wirklichkeit" war eine Einladung dazu, sich der zeitgenössischen medialen Situation und den von ihr ausgehenden Herausforderungen zu stellen.

5   Natascha Adamowsky, *Spielfiguren in virtuellen Welten*. Frankfurt am Main 2000, S. 18
6   Vgl. auch Hans Dickel, The Medium is the Medium – Zur Kunst von Peter Campus. In: Wulf Herzogenrath, Barbara Nierhoff (Hg.), *Peter Campus. Analog + Digital. Video + Foto. 1970–2003*. Bremen 2003, S. 26 ff.

DIE OPTIMIERUNG DES ANTIQUIERTEN MENSCHEN

STATEMENT VON JUTTA BRÜCKNER

Kann Kunst auf die Gesellschaft wirken? Gesellschaft ist ein Abstraktum, die Kunst ist konkret und sie richtet sich immer an den Einzelnen. Der ist Mann oder Frau, lebt in Europa, Amerika oder Asien und er oder sie hört eine CD mit koreanischer Musik, steht in einem Museum vor den Bildern eines afrikanischen Künstlers oder sieht einen Film aus Hollywood. Jede kunstphilosophische Aussage über „die" Kunst stößt sich an dieser Verschiedenheit. Aber der kleinste gemeinsame Nenner unserer schönen, neuen, digitalen Welt, die Wahl zwischen 0 und 1, arbeitet erfolgreich an der Verflüssigung aller Unterschiede. Und so ist die erste Aufgabe der Kunst, auf diesen Unterschieden zu beharren und sie wahrnehmbar zu machen. Danach kommt eine weit schwierigere. In den Laboren der Wissenschaft und Technik, auf den kapitalistischen Märkten und in den globalisierten Büros von heute wird an dem gearbeitet, was die totalitäre Utopie ersehnt hatte: ein neuer Mensch. Aber nicht als moralisch-politische Veredelung, wie die sozialistische Utopie es erhofft hatte, sondern als biopolitisches Forschungs- und Anwendungsfeld für die Um- und Neuschöpfung dieses fehlerhaften Wesens, das sich Mensch nennt. Dieser neue Mensch soll sich lustvoll der Verführung der universellen Maschinen unterwerfen und die Einpassung in die kybernetischen Modellwelten als selbstgewählte Entscheidung begreifen. Traditionelle Gewalt und Hierarchie werden so hinfällig. Es geht nicht mehr um Veränderungen von Weltverhalten und Moral, die Norbert Elias als Schritte im Prozess der Zivilisation beschrieben hat, sondern um Eingriffe in die geistige und körperliche Substanz des Menschen durch seine Vernetzung mit den Maschinen. Endziel ist der Cyborg, der kontrollier- und steuerbar ist. In den USA, die uns immer voraus sind, was die Überführung von Lebensgefühl in die Medien und damit in das Bewusstsein der Masse angeht, hat man das begriffen.

Nun könnte man sich mit dem Gedanken beruhigen, dass die blutigen totalitären Utopien gescheitert sind und es der Dystopie im Gewand der Verführung genauso gehen wird. Denn wir alle sind noch analoge Wesen, die man nicht durch einen Knopfdruck an- und abstellen kann wie eine Maschine, Kreaturen mit einem Körper, dessen Lebenszeit der Bogen einer Existenz ist zwischen dem ersten blutigen Schrei und dem oft ebenso blutigen Tod. Aber die Versuche, dieses Kreatürliche in einem Optimierungsprozess zum Verschwinden zu bringen, sind total, weil sie weitgehend unsichtbar und geheim sind. Niemand von uns kann überblicken, was in den Laboren gemacht wird und welche Folgen das haben wird. Und hier beginnt die zweite Aufgabe der Kunst. Sie muss diese bedrohten, analogen Wesen, die wir noch sind, verteidigen, ihre Schmerzen, Schwerfälligkeiten, Unberechenbarkeiten, ihre Sehnsüchte und ihr Scheitern. Die menschliche Existenz ist defizitär, unrein, und an ihrem Ende steht als letztes Scheitern der Tod. Der Cyborg scheitert nicht, er stellt höchstens sein Funktionieren ein. Wenn man der Kunst eine solche Aufgabe des Bewahrens stellt, dann hat das nur scheinbar etwas Konservatives. Denn Begriffe wie konservativ oder avantgardistisch werden von der digitalen Revolution ebenso verflüssigt wie alle Verhältnisse. Man wird mehr denn je neu denken müssen, was das ist: „Avantgarde", „autonome Kunst" und „politische Kunst". In der Umwertung aller Werte durch das digitale Zeitalter muss ein Maßstab bleiben: der Mensch als Individuum, nicht als Anhängsel oder Bestandteil einer Maschine. Schon vor 50 Jahren hat man von der „Antiquiertheit des Menschen" gesprochen. Mit noch mehr Recht kann man das heute tun. Dieser antiquierte Mensch ist unser einziger Garant für eine menschliche Zukunft, denn von ihm kann man sagen, dass er immer mehr ist als das, was er gerade von sich weiß.

KANN KUNST DIE WIRKLICHKEIT VERÄNDERN?

STATEMENT VON BIRGIT HEIN

Das ist die Frage nach Kunst und Gesellschaft, die in der Zeit vom Ende der 1960er bis Ende der 1970er Jahre unter dem Thema Avantgarde und Politik hoch emotional verhandelt wurde. Dabei zielten die heftigsten Angriffe auf die zeitgenössische Avantgardekunst und ihr Ausstellungs- und Vertriebssystem. Vor allem die formale und die gegenstandslose Kunst galten als Repräsentanten reaktionärer spätbürgerlicher Ideologie.

Als so geächtete Avantgardistin habe ich mich 1977 in einer Veröffentlichung zu verteidigen versucht, aus der ich hier zitiere: „Das Problem liegt in dem Widerspruch zwischen der künstlerischen Arbeit und der Funktion, die sie erfüllen soll: Sie soll die Ideale verkörpern – zum Beispiel die echte Freiheit, die reine Wahrheit –, die in der Gesellschaft nicht verwirklicht werden können, die diese aber braucht, um sich moralisch zu rechtfertigen. [...] Im Grunde kommen die Angriffe auf die Avantgarde aus der Überzeugung von einer direkten Wirkungsmöglichkeit der Kunst. [...] Dabei sind alle Versuche der klassischen und zeitgenössischen Avantgarden, die Kunst mit dem Leben zu verbinden, gescheitert. Denn entweder wird aus der Anti-Kunst wieder Kunst oder die Kunstproduktion wird zugunsten direkter gesellschaftlicher Aktivitäten aufgegeben. [...] Die Fortschrittlichkeit einer politischen Kunst hängt von der Fortschrittlichkeit des Inhalts ab. Damit wird eine Diskussion notwendigerweise zu einer Diskussion über die richtigen Inhalte. Dann muss man konsequent fragen, ob Inhalt allein Kunst sein kann. Auf jeden Fall ist klar, dass man, um die richtigen Inhalte zu vermitteln, noch keine Kunst braucht."[1]

Bis heute hat sich das Problem nicht erledigt. In einem Gespräch mit Johannes Odenthal sagte Rabih Mroué 2013: „Als Künstler muss ich all meine Ideen und Überzeugungen auf den Tisch legen und sie vielleicht auch verraten. In der

1   Birgit Hein, Avantgarde und Politik. In: *Frauen machen Kunst*. Kat., Bonn 1977, unpaginiert

Kunst stellt man Fragen und gibt keine Antworten. Wenn du Aktivist bist, gibst du bereits Antworten. Du weißt, was richtig und was falsch ist. Ich kann keine Kunst machen, wenn ich genau weiß, was falsch ist und was richtig. Versteh mich bitte nicht falsch, ich habe nichts gegen Aktivisten, ich rede hier lediglich über Aktivismus und Kunst. Wenn ich einer Aktivistengruppe angehören würde, würde ich einfach keine Kunst machen."[2]

Die russischen Formalisten in den 1920er Jahren sahen den einzig möglichen Ansatzpunkt zur Lösung des Konflikts „Kunst und Revolution" in der Auseinandersetzung mit der Form. „Es bedurfte vieler Revolutionen, um durch sie den Künstler von den Verpflichtungen des Moralisten, des Erzählers, des Hofnarren zu befreien, damit er klar seinem schöpferischen Ruf folgen und den Weg der Konstruktion gehen konnte", schreibt El Lissitzky 1920.[3] Sie verstanden Kunst als Arbeit im ästhetischen und formalen Bereich, der nur graduell von anderen Spezialbereichen, wie beispielsweise dem der Wissenschaft, verschieden ist. Durch diesen vermittelt die Kunst Informationen, die von keinem anderen Informationssystem übernommen werden können und die sogar außerhalb ihrer eigenen Sprache nicht vorhanden sein können.

Angesichts der weltweiten Produktion und Verbreitung digitaler Bilder wird in der bildenden Kunst heute in der Frage nach dem Verhältnis von Bild und Abbild die Wahrheit erneut zum Thema. Das gilt besonders für den Bereich des Dokumentarischen, der sich seit den 1980er Jahren enorm erweitert hat. „Die ständige Unsicherheit darüber, ob dokumentarische Wahrheit möglich ist, oder ob sie von vornherein verworfen werden muss, der ständige Zweifel, ob das, was wir sehen, auch mit der Wirklichkeit übereinstimmt, stellen keinen Mangel dar, der verleugnet werden muss, sondern im Gegenteil das entscheidende Charakteristikum dokumentarischer Formen. Ihr Merkmal ist die oft unterschwellige, aber trotzdem nagende Verunsicherung, die sie erzeugen mit der Frage: Ist dies wirklich wahr?"[4]

Für mich hat sich seit dem Ende der 1970er Jahre Avantgarde als künstlerische Strategie erledigt. Das Politische in der Kunst äußert sich heute in der Subversion. Sie muss immer neu entstehen und kann nicht kommerzialisiert werden. Sie setzt dort an, wo die Gesellschaft über das Leben hinweggeht.

Nicht die Kunst verändert die Wirklichkeit, sondern die Wirklichkeit verändert die Kunst.

2 Rabih Mroué, Kein Bild ist hundertprozentig real. In: Johannes Ebert u. a. (Hg.), *Zeitgenössische Künstler – Arabische Welt*. Göttingen 2013, S. 168 [Positionen 7]

3 El Lissitzky, Der Suprematismus des Weltaufbaus. In: Sophie Lissitzky-Küppers, *El Lissitzky. Maler, Architekt, Typograf, Fotograf*. Dresden 1967, S. 327

4 Hito Steyerl, *Die Farbe der Wahrheit – Dokumentarismen im Kunstfeld*. Wien, Berlin 2008, S. 9, 11

Die **Videodokumentation** der Ausstellung „Schwindel der Wirklichkeit" (30 min., 2 GB) bietet weitere Einblicke in das Projekt und ist als kostenfreier Download verfügbar unter:

www.adk.de/dokusdw

Benutzername: SchwindelderWirklichkeit
Passwort: sdw2014

CLOSED-CIRCUIT-INSTALLATIONEN ODER: DIE EIGENEN ERFAHRUNGEN MIT DEM DOPPELGÄNGER

WULF HERZOGENRATH

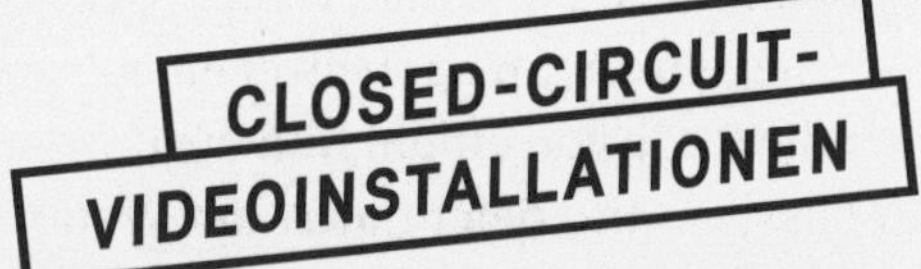

Wenn in den letzten Jahren von Video oder Videokunst die Rede war, dann meist von neuen Videobändern, von Musikclips oder der Ästhetik des Immateriellen. Im Bereich der bildenden Kunst standen die Mehrkanalinstallationen häufig im Mittelpunkt des Interesses; die theoretischen Diskussionen kreisen um das Verhältnis von „E" und „U", also Ernstes und Unterhaltendes, die Auflösung des materiellen Kunstmarktbegriffs, die Spielfilmstruktur. Seltener geht es um das primäre Erlebnis der nur mit dem Video möglichen Erfahrung in einer Closed-Circuit-Installation – einer gleichzeitigen Wiedergabe des aufgenommenen Bildes –, in der sich der Betrachter auf einem Monitor oder in einer Projektion direkt zeitgleich verdoppelt sieht. Im Unterschied zu einer Satellitenübertragung, die zwar auch zeitgleich, aber kontinentübergreifend Fernes verbindet, ist das Bild der Closed-Circuit-Installation für den Betrachter kontrollierbar.

Das eigene Sehen und Erleben kann uns Neues erfahren lassen und Inhalte näherbringen – und darum geht es Künstlern. Deshalb sei hier zunächst auf die inhaltlichen Grundzüge eingegangen, die mit neuentwickelten technischen Möglichkeiten alte Wünsche und Ängste thematisieren, was vor der Videotechnik wegen der fehlenden medialen Möglichkeiten in der Literatur, aber nicht in der bildenden Kunst möglich war.

1. Die Suche und die Angst vor dem bleibenden Abbild

Bei Beerdigungen im alten Rom ahmte eine Person, die hinter dem Leichnam herging, den Verstorbenen in seinen Bewegungen und typischen Haltungen nach. Für die Trauernden war dieser so noch einmal sichtbar anwesend, auch, indem der „Doppelgänger" eine Wachsmaske mit den Zügen des Verstorbenen trug.

Das Thema der Verdoppelung, des Doppelgängers, ist ein uralter Topos, der zu bestimmten Zeiten besonders aktuell wird, in denen der Zeitgeist solche Themen geradezu braucht, sie immer wieder verwandelt und neue Varianten erfindet. So werden die barocken Verwechselspiele um 1800 tragische Identitätskrisen, der erotische Reiz des sich Verkleidens und In-eine-andere-Rolle-Schlüpfens verwandelt sich in eine lebensbedrohende Angst vor dem Doppelgänger, vor der Erkenntnis des eigenen Ichs. Jean Paul lässt in seinem *Titan*-Roman (1800–1803) seinen Helden Schoppe, der hinter seine wahre genealogische Identität kommen will, im Irrenhaus enden, wo er dann wirklich dem Wahn verfällt. „Aus den Spiegeln der Spiegel sah er ein Ichs-Volk blicken. [...] In der Weissagung war zwar die Rede von einem Bilderkabinett, aber ein Spiegelzimmer ist auch eines, nur flüssiger und tiefer hinter der Wand."[1] Schoppe stirbt, als er „den schreitenden Abguß seiner Gestalt"[2] vor sich sieht (seinen Freund Siebenkäs), der ihm als „Ichs-Larve", „Ich gleich Ich" erscheint.

Das Erkennen des eigenen Spiegelbilds, überhaupt die Wahrnehmung des Selbst soll nach dem großen Theoretiker der Frührenaissance, Leon Battista Alberti, der Ursprung des Wunsches nach bildender Kunst sein, folgt man seinem Satz, dass „Narziß der eigentliche Erfinder der Malerei" sei.[3] Die Spiegelung auf der Wasseroberfläche und die Erkenntnis der eigenen Schönheit (bei Narziss ja noch mit einer tragischen Selbstverliebtheit und zerstörerischen Kraft verbunden) und die Frage nach dem Festhalten dieser Schönheit im immerwährenden Bilde durchzieht die literarisch-philosophische Vorstellung bis zu dem Geschenk Lord Henrys an Dorian Gray: ein Spiegel, in dem der Glanz der Schönheit der Jugend bewahrt bleibt. Das einmalige Abbild der schon vergangenen Schönheit im statischen Bild, Abbild der immer weiter zurückliegenden Zeit, dieses gemalte, gemeißelte, seit Mitte des 19. Jahrhunderts auch fotografierte Bild der eigenen Schönheit reicht nicht – man will ein lebendes, ein sich mit dem Leben weiterentwickelndes Bild erhalten. Doch wie kann das erreicht werden?

In der Literatur der deutschen Romantik wurden unheimliche Varianten dieses Wunsches entwickelt, in einer Zeit, in der Drogenkonsum und Alkohol immer neue beängstigendere Bilder von der Welt, dem Abgrund, vor dem der einzelne verloren ist, entstehen lassen. E. T. A. Hoffmann erdenkt 1814 einen Erasmus Spikher, der seines Spiegelbilds verlustig geht und sich deshalb mit

---

1   Jean Paul, *Titan I/II.* In: *Jean Paul Werke.* Bd. V, Potsdam 1923, S. 713

2   Ebd., S. 718

3   Leon Battista Alberti, *Della Pittura* (1435), zitiert nach: *Spiegelbilder.* Kat. Kunstverein Hannover, Berlin, 1982, S. 14 f.

Peter Schlemihl zusammen tun kann, der in Adalbert von Chamissos *Peter Schlemihls wundersame Geschichte* seinen eigenen Schatten verkauft.[4] Spiegelbild und Schatten werden in ihrer grauenhaften Faszination von der Gestalt des Doppelgängers übertroffen, der als Motiv seit Jean Paul immer dichtere, beklemmendere Züge erhält. Wenn auch Heinrich von Kleist in seinem *Amphitryon* noch mit der barocken Vertauschung der Rollen „der da oben" und „der da unten" spielt, so sagt doch der Diener Sosias erschreckt über die Begegnung mit seiner eigenen Person, in der eigentlich der Gott Gestalt gefunden hat: „Ich schwör's Euch zu, daß ich, der einfach aus dem Lager ging, ein Doppelter in Theben eingetroffen; daß ich mir glotzend hier begegnet bin."[5]

Dieser Doppelgänger ist identisch mit dem Selbst, bewegt sich, wandelt sich, der Einzelne fühlt sich verfolgt, bedrängt und verloren. Er ist einem neuen Gefühl ausgeliefert, das wohl als Erster Edgar Allan Poe in seiner Erzählung *William Wilson* (1839) so grausam und „modern" beschrieb. Dieser Wilson wird von einem anderen Wesen verfolgt, das wie er aussieht und am selben Tag geboren wurde. Als ihn sein Alter ego an einem Ehebruch hindert, will er es wütend umbringen. Vor einem imaginären Spiegel sieht er sich dem blutüberströmten anderen Wilson gegenüber und hört aus dessen Mund seine eigene Stimme: „Doch von nun an bist auch du tot – tot für die Welt, den Himmel und die Hoffnung. In mir hast du gelebt – nun sieh in diesem Abbild, das dein eigenes ist, wie unwiderruflich du dich selbst gemordet hast."[6]

Es erstaunt die Tatsache, dass das Thema des Doppelgängers seit der Romantik zwar in der Literatur immer wieder aufgegriffen wurde, doch in der bildenden Kunst kaum Widerhall gefunden hat. Viele Spiegeldarstellungen wurden gemalt, doch sind solche „Spiegel-Bilder" im Medium der Malerei rein literarisch-inhaltlich zu sehen – der Spiegel selbst hat keinen künstlerischen Rang erhalten. Spiegelkabinette gehörten in den Bereich des Jahrmarkts, der Unterhaltung, der Belustigung für das breite Volk. Selbst Bauhaus-Künstler, die neue Materialien wie Cellophan oder Acrylglas in ihre Gestaltungen mit einbezogen, haben Spiegel kaum benutzt. Seltene Ausnahmen bleiben Objekte wie *Das Nichts und Ich* von Walter Kampmann, in der Ausstellung der Novembergruppe in Berlin 1923 gezeigt: Der bezeichnende Titel beschreibt eine vor einer Platte hängende spiegelnde Silberkugel. Von jedem Punkt im Raum ist der Betrachter Teil des Werks, sein Spiegelbild ist immer einbezogen in das Objekt.

4　E. T. A. Hoffmann, *Die Spukgeschichten: Abenteuer in der Sylvester-Nacht*. In: ders., *Gesamtausgabe*. Bd. VI, Weimar 1924, S. 20 f., fortan Hoffmann 1924
5　Heinrich von Kleist, *Amphitryon*. Leipzig 1807, S. 153 f.
6　Edgar Allan Poe, *William Wilson*. Zürich 1984, S. 130

Erst seit den 1960er Jahren haben sich Künstler aus dem Bereich von ZERO und Op-Art intensiver und systematischer mit dem Material und den thematischen Möglichkeiten des Spiegels befasst – zu nennen ist hier besonders Michelangelo Pistoletto (Abb. S. 177, 189) –, wobei stärker die bildschaffenden Elemente thematisiert wurden und inhaltliche Aspekte eher in den Hintergrund rückten.

2. Der Betrachter wird zum Vollender des Werks

Dass Kunst, und zwar jedes Kunstwerk, durch das Betrachten eines Menschen mit Verstand, Gefühl, Erinnerungs- und Ausdrucksvermögen erst entsteht, ist eine alte These: Das Wahrnehmen des Kunstwerks schafft seine Bedeutung. Folgerichtig führt dieses intensive Verhältnis zwischen Betrachter und Werk dazu, dass dieser in das Kunstwerk einbezogen wird: Der Betrachter wird im wahrsten Sinne des Wortes angeschaut, ob nun vom Christus in den Kuppeln der byzantinischen Kirchen oder von einer Figur am Bildrand, die in das Bildgeschehen hineinführt. Jan van Eyck hat nicht nur das erste, sondern auch für lange Zeit das sprechendste Beispiel der Einbeziehung des Betrachters in das Bild als eines dieses erst vollendenden Bestandteils geschaffen. In seinem Hochzeitsbild der Arnolfini von 1434 hat er in der Bildmitte einen konvexen Spiegel so aufgehängt, dass zwei eintretende Besucher sich darin spiegeln. Ihr Spiegelbild legt den Standpunkt des Betrachters vor beziehungsweise im Bild fest. Diese beiden Figuren sind Zeugen des Geschehens – damit also Trauzeugen im wahrsten Sinne des Wortes –, eine Rolle, die auch wir jedesmal einnehmen, wenn wir vor dieses Bild treten. Der Betrachter als Zeuge – die meisten Varianten der späteren Kunstgeschichte haben diese Rolle nicht besser ausdrücken können. Marcel Duchamp hat das Kunstverständnis, das Bewusstsein um Kunst und Realität, thematisiert und den Betrachter zum Mitdenker gemacht, so wie John Cage den ausführenden Musiker zum wählenden und aktiven Musiker werden ließ. Doch trotz aller theoretischen Klarheit und Sicherheit, dass der Betrachter nicht nur der Empfänger eines „Blicks aus dem Bilde" ist, sondern mitgestaltender Partner – statische oder dann im Film in ihrem Ablauf fixierte Werke sind nun einmal nicht dazu geeignet, den Betrachter wirklich in das künstlerische Geschehen mit einzubeziehen.

Fluxus war Anfang der 1960er Jahre die Kunstbewegung, die, indem sie sich unter anderem auf Dada, Marcel Duchamp und John Cage berief, eine neue wirkliche Einbeziehung des Betrachters als Akteur entwickelte. Künstler wollten nur noch Strukturen entwickeln, sozusagen Skelette, das lebendige Fleisch musste der Kunstfreund als aktiver Teil selbst hinzufügen. Fluxus-Künstler wie

Nam June Paik und Wolf Vostell setzten das Medium Video erstmals künstlerisch ein und entwickelten Closed-Circuit-Installationen, in denen Kamera und Monitor zur zeitgleichen Abspielung des Abgebildeten benutzt wurden. So wie für Paik die Manipulationen des Betrachters durch einen Fußschalter, einen Magneten oder andere Einwirkungen als „Participation TV" schon seit 1963 wichtig waren[7], so hat Wolf Vostell bei seinen ersten Happenings die neuen Medien und eine Beteiligung des Publikums vorgesehen. Auch eines der ersten bekannten Werke von Bruce Nauman ist eine von Fluxus inspirierte Arbeit; er ist jedoch nicht mehr zu der sogenannten ersten Generation der Fluxus-Bewegung zu zählen, sondern erarbeitete einen neuen Werkbegriff, der Wahrnehmung, Verhalten und damit die psychischen Befindlichkeiten des Betrachters mit einbezog. 1966 schickte Nauman zusammen mit William Wiley einen Brief an H. C. Westermann: Er enthielt von den Absendern nichts Gestaltetes, trug aber bei der Ankunft beim Adressaten Spuren seiner Reise, da ein Stück Kohlepapier in den Umschlag gelegt worden war. Die Briefträger, der Adressat und andere Personen, die mit dem Brief in Berührung kamen, hatten ihren „Eindruck" auf dem Werk hinterlassen, der Künstler „nur" die materielle Struktur geliefert.

3. Die frühen Closed-Circuit-Installationen: Paik und Nauman 1969

Closed-Circuit-Installationen prägen seit Mitte der 1970er Jahre unser Alltagsleben, ob nun im Elektronikgeschäft oder bei der Überwachung in Banken, Kaufhäusern und U-Bahnen, als Verkehrsüberwachung auf unseren Straßen und in Privathäusern. Der Begriff „Closed-Circuit" beschreibt den technischen Sachverhalt dieser Situationen: Die von der Kamera aufgenommenen Bilder werden – zumindest für unsere Augen – zeitgleich auf einem Fernsehschirm wiedergegeben. Abbild und Bild erscheinen fast gleichzeitig, Realität und Reproduktion leben im selben Zeitmaß, am selben Ort, die Einheit von Raum und Zeit ist gegeben, die Identität des Abgebildeten mit der Realität ist vorhanden.

Schon früh erkannte man auf Seiten der Künstler, dass diese Technik auch gänzlich anders als nur zur Darstellung des Vorhandenen oder zur Überwachung und Kontrolle genutzt werden kann. Mit ihrer Hilfe lassen sich die Probleme der Identität und Zeitgleichheit in völlig neuer Form thematisieren.

Die ersten Closed-Circuit-Installationen gab es bereits, bevor eine transportable Kamera auf dem Markt war: 1969 kaufte der Ladenbesitzer David Bermant aus dem Stadtteil Greece von Rochester, New York, in der ersten New Yorker Gruppenausstellung mit Videokunst ein Objekt von Nam June Paik, bei

7   Siehe das Kapitel „Participation TV – das Fernsehen von uns gemacht". In: Wulf Herzogenrath, *Nam June Paik – Fluxus. Video.* München 1983, S. 54–57

dem man durch zwei Mikrofone direkt mit einem Bildschirm verbunden war und durch Geräusche Bilder erzeugen konnte – bis heute soll dieses erste verkaufte Videoobjekt, das damals 500 US-Dollar kostete, funktionieren und den Leuten Spaß machen. Bei einem zweiten Objekt, das zuerst in der ersten Videokunst-Gruppenausstellung „TV as a Creative Medium" in der Galerie von Howard Wise in New York gezeigt wurde, manipulierte Paik drei Schwarzweiß-kameras so, dass man im Closed-Circuit-Verfahren die aufgenommenen Bilder jeweils zeitlich leicht versetzt in einer der Fernsehgrundfarben Blau, Rot oder Grün sehen konnte. Paik stellte die Technik und gab die Bildsituation vor, der Betrachter musste spielerisch seine Bilder selbst machen, eine Umsetzung des Paik'schen Satzes: „Das Fernsehen hat uns ein Leben lang attackiert, jetzt schlagen wir zurück." „Wir" meint hier nicht so sehr den Künstler Paik, sondern uns alle, die Zuschauer: Jedermann soll sein eigenes Programm machen. Closed-Circuit war dabei ein erster, wenn auch eingeschränkter Weg; die zur selben Zeit entwickelten Synthesizer und mit Video verbundenen Computer eröffneten ungleich breitere Möglichkeiten.

Wohl die erste Closed-Circuit-Installation überhaupt realisierte Les Levine 1968 mit seiner Skulptur *Iris*, in der zweimal je drei Videobilder den vor das Objekt Tretenden aus unterschiedlichen Distanzen wiedergeben. Der Aha-Effekt des Wiedererkennens wird durch die Gleichzeitigkeit der verschiedenen Entfernungen und Perspektiven zu einem komplexen Vorgang. Ein Jahr später wurde die Installation in der schon erwähnten Ausstellung der Howard Wise Gallery mit kybernetischen und aktiv agierenden Maschinen zu einem noch differenzierteren Gebilde erweitert, über das Frank Gillette sagte: „I am more interested in context than in content", während Ira Schneider darauf abzielte, „to integrate the audience into the information". Dieses *Wipe Cycle* genannte System gab auf den neun Monitoren Live-Bilder, aufgezeichnete Bänder und zeitverzögerte Live-Bilder wieder; zudem schalteten die Bilder jeweils von einem zum anderen Monitor um.[8]

Fast zur selben Zeit baute Bruce Nauman einen Raum in der Nicolas Wilder Gallery in Los Angeles: Fünf Korridore unterschiedlicher Breite bilden die einzige Gestaltung in diesem Raum, drei sind so schmal, dass sie gar nicht betreten, nur eingesehen werden können, in den vierten engen Gang kann der Besucher hineingehen. Am Ende des *Live/Taped Video Corridor* (Abb. S. 159, 173) sieht man zwei aufeinanderstehende Monitore: Der eine zeigt auf einem vorproduzierten Videoband einen leeren Raum, der andere ein Closed-Circuit-Bild des Besuchers, der sich durch den schmalen Gang zwängt. Obwohl man auf diesen

8   Frank Gillette, *Video: Process and Meta-Process*. Everson Museum of Art, Syracuse, N.Y. 1973

Monitor zugeht – und so eigentlich auf sein eigenes Bild –, wird man im gezeigten Monitorbild immer kleiner und kleiner, entfernt sich also von sich selbst. Das Gefühl des Eingeschlossenseins steigert sich durch das Gefühl, von sich selbst wegzugehen, je weiter man sich in den Gang hineinbegibt, zu einer befremdlich frustrierenden, ja unangenehmen Empfindung, die jeden Besucher bedrückt. Nauman schafft mit diesen ersten von mehreren projektierten Räumen eine völlig neue Qualität für bildende Kunst. Er setzt Erfahrungen aus dem Bereich des Theaters und der Performance in einem Architekturraum ein und lässt so eine neue Konzeption von Skulptur sichtbar werden.[9] Das Centre Pompidou in Paris kaufte 1988 das zweite Stück dieser Reihe.[10] Nauman entwarf für diese Installation einen Kubus mit Kameras, die jeweils die vier Seiten beobachten, doch auf dem Monitor sehen wir uns nur in dem kurzen Moment des Wechsels, des Um-die-Ecke-Gehens, weil die Bilder diagonal geschaltet sind. Man läuft seinem eigenen Abbild sozusagen hinterher, sieht bei flüchtigem Hinschauen immer zuerst jemand anderen als sein eigenes Abbild und erscheint jemand anderem als dessen Doppelgänger. Bei einer neuen Videoarbeit lässt Nauman dieselbe Rolle abwechselnd von einem Mann und dann einer Frau spielen und kombiniert diese Szene zu sich wiederholenden Dauersequenzen: Jeder erfüllt die Rolle des anderen. Aufgrund der Wiederholungen erscheinen alle Handlungen fast automatisch, Menschliches wird roboter-puppenhaft – eine deutliche Parallele zu einem anderen Grundthema der deutschen Romantik. So wählte Nauman für seine Arbeit in der Ausstellung „Zeitlos" im Museum Hamburger Bahnhof in Berlin 1988 den deutschen Titel *Doppelgänger Ufo*.[11]

Bruce Nauman arbeitet als Bildhauer: Sein Interesse gilt der räumlichen Wahrnehmung von fern und nah, von Sich-Entfernen und Nähern – und deren Irritation, der Aufdeckung der „Ungleichzeitigkeit des Gleichen", der Schwierigkeit, rationale Aufklärung gegenüber der direkten Empfindung umzusetzen, mit Vernunft das Gefühl zu überwinden.

Ganz anders geht Peter Campus vor: Ihn interessieren Schwarzweißbilder, die man fast Grisaillen nennen müsste, das Immaterielle, die Großprojektionen der sich oftmals in Schemen auflösenden Porträtbilder. Mit äußerster Präzision baut er für den Betrachter Grundstrukturen auf und lässt ihn dann seine ganz

9　　Diese 1970 realisierte Arbeit, heute eines der bedeutendsten Stücke in der großen Sammlung des Grafen Panza di Biumo in Varese, ist deshalb auch auf dem Titelbild des Buchs von Rosalind Krauss, *Passages in Modern Sculpture*. Cambridge, Mass. 1977, zu sehen.

10　Siehe weitere Konzepte für Videoräume in: Museum für Gegenwartskunst, Basel (Hg.), *Bruce Nauman, Zeichnungen 1965–1986*. Kat., Basel 1986

11　Siehe Abdruck des englischen Textes und die Abbildung des Werks von Bruce Nauman in: *Zeitlos*. Kat. Hamburger Bahnhof Berlin, München 1988, S. 160 f.

persönlichen Erfahrungen mit dem eigenen Abbild erleben. In den dunklen Höhlenräumen werden die Besucher von einem Lichtpunkt angelockt. Nur an dieser einen Stelle ist eine Erfahrung zu machen, passiert etwas: Plötzlich nimmt die Kamera den Betrachter selbst auf und projiziert ein Detail vergrößert, auf dem Kopf stehend oder im Raum verschoben auf die Wand. „Neben mir erscheint mein Bild im Lichtrechteck. Es hat die Größe eines Spiegelbildes. Ich muß nahe an der Wand stehen, um ein Bild zu erzeugen. […] Ich fühle mich zur Wand hingezogen, aber da ist eine Wand, die mich aufhält. […] Mein Bild und ich, wir stehen senkrecht zueinander. Das Bild ist lebendig. Die Gleichung zwischen Materie und Lichtenergie ist aufgestellt. Lichtphotonen dringen in die Wand ein. Ich fühle die Leere um mich herum. Ich überlasse mich der Ausdehnung meines Ichs. Für einen kurzen Augenblick bin ich zugleich dies Bild und dies Selbst."[12] Diese Beschreibung des Künstlers trifft sehr genau die Erfahrung in seinen Closed-Circuit-Installationen. Für ihn gelten E. T. A. Hoffmanns Worte von den „Anwandlungen von Todesahnungen – Doppelt-Gänger"[13]; die Projektionen des eigenen Bilds sind eigentümlich vergrößerte, bewusst aus dem Dunkel aufleuchtende graue Bilder. In den Räumen von Peter Campus fühlt man sich allein, auch wenn oder gerade weil man isoliert im hellen Licht steht, die anderen sind im Dunkel verschwunden. „Er zieht uns in die Stille seiner Arbeit, in die Stille, die entsteht, wenn man ganz allein ist und sich beobachtet und nicht einmal dabei getröstet wird, dass man seinem eigenen Blick begegnet."[14]

In *Interface* von 1972 erscheinen das Spiegelbild (eine Glasscheibe) und ein projiziertes Videobild zugleich: Man ist sein eigener Doppelgänger, schwarzweiß seitenrichtig projiziert und farbig seitenverkehrt gespiegelt. Der Besucher kann seinem gleichgroßen Bild an die Schulter fassen. Die Begegnung mit dem Doppelgänger weckt in ihm den Wunsch, die Hintergründigkeit, die tieferen Bedeutungsebenen zu begreifen, den eigenen Erfahrungen und Gedanken bei der Wahrnehmung nicht ausweichen zu wollen. Campus fragt nach dem wahren Ich, dem wirklichen Bild, dem Unterschied zwischen Realität und Identität. In *mem* (1974/1975, Abb. S. 156 f.) erscheint das projizierte Bild nur an einer bestimmten Stelle scharf und „richtig". Nimmt der Betrachter eine andere Position ein, verliert sich sein Abbild in graue Schemen, über die sich schwarz der eigene Schatten legt. „Nicht einmal diesen Traum deines Ichs, wie er aus dem Spiegel hervorschimmert, gönnst du mir", rief Giulietta Erasmus zu, der sah, „wie sein Bild unabhängig

---

12   Peter Campus zur Closed-Circuit-Videoinstallation *sev* (1975) in: *Peter Campus*. Kat. Kölnischer Kunstverein, Köln 1979, S. 29

13   Zitiert nach: Reiner Dieckhoff, Rausch und Realität. In: Gisela Völger (Hg.), *Rausch und Realität – Drogen im Kulturvergleich, Materialienband 1*. Rautenstrauch-Joest-Museum, Köln 1981, S. 414

14   Roberta Smith, zitiert nach: *Artforum*, April 1975, dort S. 24, Anm. 11

von seinen Bewegungen hervortrat", so dass er im Todeskampf des „tiefsten Entsetzens" zu Boden gerissen wurde.[15] Die von E. T. A. Hoffmann eindringlich beschriebene Szene, der sich auflösende Körper im „Spiegelbild", ist durch die Schrägprojektion im Video möglich geworden.[16] Künstler wie Campus können persönliche Erfahrungen in eindrucksvolle Kunstwerke umsetzen, die erst der einzelne Betrachter in seiner eigenen Erfahrung mit dem Kunstwerk vollendet.

Dan Graham setzt eine andere alte Wunschvorstellung des Menschen um: gleichzeitig an zwei verschiedenen Orten zu sein beziehungsweise einen anderen Ort einzusehen, ein Thema in vielen bildlichen Darstellungen und Texten. Grahams Thema ist das Objektive im subjektiven Verhalten des Einzelnen. Deshalb interessiert er sich für die architektonische Struktur, für die Verbindung von außen und innen, die Projektion des Innen nach außen und umgekehrt, so beispielsweise in *Interior space/exterior space* (1976).[17] Deshalb sind für seine Arbeit Spiegelungen im übertragenen Sinn, als scheinbare Verdoppelungen oder als Austausch, und Spiegel im konkreten Sinn immer grundlegend gewesen. In *Present Continuous Past(s)* (1974, Abb. S. 148 ff.) führt Graham als Erster eine wichtige Neuerung ein: In seiner Installation wird auf zwei Spiegeln das Bild des in den Raum Eintretenden zeitgleich widergespiegelt, auf dem Monitor erscheint das Bild aber erst fünf bis acht Sekunden später. Die Wirkung dieser leichten Zeitverzögerung kann nicht beschrieben, sondern muss erfahren werden: Sich selbst zu sehen, wenn man glaubt, nicht aufgezeichnet zu werden, um dann plötzlich die gerade gelebte Vergangenheit als Gegenwart zu erleben, verstört und verunsichert. Dieser Effekt wird durch die von der Kamera aufgezeichnete, gespiegelte Monitoraufnahme, die wiederum eine zeitliche Verdoppelung ergibt, gesteigert, ein Prinzip, das sich unbegrenzt fortgesetzt denken ließe.

Grahams Spiel mit dem Erlebnis der Gegenwart, die, um wenige Sekunden versetzt, wahrzunehmen ist, das Beobachten des eigenen Beobachtens, verunsichert stärker, als es theoretisch abstrakt beschreibbar ist. Die Closed-Circuit-Installation demonstriert hier die Vergänglichkeit der eigenen Handlung als einen nicht mehr zu revidierenden Faktor der Vergangenheit. In dem Moment, da man sich der gegenwärtigen Handlung als solcher bewusst wird, ist sie schon Geschichte geworden, kann nicht geändert werden, ist schon aufgezeichnet, wenn auch noch nicht sichtbar. Die zeitlich leicht verzögerte Abbildung der Gegenwart beeindruckt stärker als ein identisches Spiegelbild.

15   Hoffmann 1924, wie Anm. 4
16   Zum Thema Spiegel in der Kulturgeschichte siehe Jurgis Baltrušaitis, *Der Spiegel – Entdeckungen, Täuschungen, Phantasien.* Gießen 1986
17   Zu Dan Graham vgl. Beryl Korot, Ira Schneider (Hg.), *Video Art.* New York, London 1975, S. 60

Eine ähnliche Erweiterung ermöglichte Bill Viola mit seiner Closed-Circuit-Installation *He weeps for you* von 1976, die ein Jahr später auf der documenta 6 in Kassel zu den eindrucksvollsten Werken gehörte. „Absicht ist die Einstimmung eines gesamten Raumes in den Rhythmus von tropfendem Wasser", beschrieb Viola die Intention der Installation.[18] Eine Kamera zeichnete mit einer Speziallinse einen Wassertropfen auf, das winzige Bild wurde größtmöglich mit einem Videoprojektor auf die Wand projiziert. Das gleichbleibende Geräusch des Tropfens verstärkte sich durch ein Tamburin, auf das er fiel. Der Besucher wurde im Rhythmus des fallenden Tropfens winzig verkleinert als Spiegelung im Wassertropfen aufgenommen und wieder riesig vergrößert, während der Wassertropfen selbst wuchs und den ganzen Raum auf dem Kopf stehend spiegelte. Alle Elemente der Installation waren vollendet zu sehen, wenn man genau hinsah. „Der sieht das Große im Kleinen und das Viele im Wenigen. Er vergilt Groll durch Leben. Er tut das Große im Geringen. Alle Schwierigkeiten auf Erden entstehen stets aus Leichtem. Alles Große auf Erden entsteht stets aus Geringem", sagt Laotse in seiner Schrift *Denken beim Anfang*.[19] Bill Viola nutzte hier die Videotechnik, um die Allgegenwart des Bilds in verschiedenen Stadien darzustellen beziehungsweise umzusetzen. Der Besucher sollte sich in das Werk einstimmen, ein Teil des Werks werden, dessen Vergänglichkeit und Rhythmus miterleben als Teil des eigenen Lebensprozesses. Obwohl Viola in den späteren Videoinstallationen oft die körperlich-räumliche Erfahrung des Besuchers mit einbezieht, aber dabei selten die Form von Closed-Circuit benutzt, bleibt die psychische Spannung und die Irritation eigener psychischer Wahrnehmung eine Grundlage seiner Arbeit.

Eine in sich geschlossene Gruppe bilden die seit 1978 zahlreich entstandenen Closed-Circuit-Installationen des meist in New York lebenden Israelis Buky Schwartz. Hier hat die Videokamera wie in der trivialen realen Welt eine Überwachungsfunktion. Doch während in der Welt der Banken und der Kaufhäuser das Abbild möglichst der Realität entsprechen soll, erscheint es bei Buky Schwartz bewusst völlig untypisch für die wirkliche Raumsituation. Bei seiner ersten Arbeit *Yellow Triangle* (1979) schließen sich von einem bestimmten Kamerapunkt aus Formen zu einem gelben Dreieck oder in späteren Werken zu den bekannten Farbstreifen am Anfang eines jeden Videobands zusammen (documenta 8, Kassel 1987). In der Dreidimensionalität des Raums wird das scheinbar flache Bild zu einem vielschichtigen Puzzle und teilweise über Spiegel noch weiter kompliziert, so dass eine Orientierung kaum noch möglich scheint.

18   Bill Viola im Katalog *documenta 6*. Bd. 2, Kassel 1977, S. 322
19   Laotse, *Tao te King, Das Buch des Alten vom Sinn und Leben*. Jena 1923, S. 68

Nur derjenige, der sich zum Entschlüsseln bereitfindet, indem er mitspielt und bei der Auflösung der Raumflächen selbst aktiv wird, erhält die komplexe Lösung. Schwartz greift das barocke Verwirrspiel der Gartenlabyrinthe auf, um über Monitor die Auflösung zu ermöglichen.[20] Video als Wegweiser im Dschungel der Realität, doch ein ironisches Augenzwinkern bleibt!

Wolf Vostells Kombinationen von gemaltem Bild und einer darunterstehenden Reihe von Monitoren, auf denen das von einer Kamera aufgenommene Bild des Betrachters erscheint, stellen auf dem Gebiet der Closed-Circuit-Installation eine wichtige Neuerung dar: Der Betrachter des Bilds, das häufig schockierende Elemente aus dem Bereich der Erotik und der Gewalt kombiniert, wird mit seiner Reaktion, seiner Voyeur-Haltung selbst einbezogen und damit thematisiert; seine Neugierde ermöglicht überhaupt erst die Entstehung der auf Sensationen reduzierten Presse. Er kann – im wahrsten Sinne des Wortes – nicht außen vor bleiben, er ist konstituierender Bestandteil des Werks.

Nan Hoover lässt dem Betrachter in ihren Closed-Circuit-Installationen nur minimale Eingriffsmöglichkeiten, die aber große optische Folgen haben. Leichte Lichtveränderungen ergeben in den Großprojektionen atmosphärische Verschiebungen, gerade die Sensibilität der fast gegenstandsfreien Schattenspiele lässt die Quelle und die eigene Manipulation durch den Betrachter fast vergessen.

In diesen Zusammenhang gehört sicherlich auch der *Radarraum* von Klaus vom Bruch, der zuerst im Städtischen Museum Abteiberg in Mönchengladbach 1988 gezeigt wurde, obwohl hier keine Kamera den Besucher aufzeichnet, sondern ein sich in der Raummitte in Schulterhöhe drehender Radarsensor über einen Rechner die Annäherung des Betrachters in farbigen Kurvaturen auf dem Bildschirm direkt wiedergibt. Der in konstruktivistische Trägerkonstruktionen eingelassene Monitor zwingt den Betrachter, auf den Wasserspiegel wie in eine Regentonne zu sehen. Die ständig rotierende Radarsichel in der Mitte wirkt wie eine Bedrohung. Dass wir aufgezeichnet werden, Materie sich niederschlägt in ungeschützte Datenbanken, deren einzelne Verschlüsselungen uns unzugänglich bleiben, verstärkt die Angstgefühle, die uns in diesem Raum beschleichen, in dem Video im klassischen Sinn nicht vorhanden ist. Zeitgeist verdichtet sich hier in kompakter Form der Strahlungen und Objekte und bleibt doch immateriell in dem offenen Zwischenraum der Strahlungen und ihrer Dechiffrierungen. Es scheint verständlich, dass Künstler in einer Zeit der immer abstrakter werdenden Bedrohung und immer perfekteren

20   Vgl. den Text von John G. Hanhardt über Buky Schwartz im Katalog *documenta 8*. Bd. 2, Kassel 1987, S. 230

Bilder in den elektronischen Medien die Rohheit und die Intensität des Selbst-Involviertsein-Müssens der einzelnen Betrachter für wichtiger halten als blankgeputzte, schnelle Bildfolgen.

Der wohl schlüssigste und zugleich einfachste Beitrag zum Thema der Closed-Circuit-Installation stammt vom „Vater der Videokunst" Nam June Paik. In seiner Installation *TV Buddha* (1974) sitzt eine Buddhafigur, eine Holzstatue, vor einem Monitor, der dessen Abbild zeigt. Gerade die Tatsache, dass ein laufendes Fernsehbild zu sehen ist, macht die Meditation noch statischer und unbewegter, so dass mancher ungläubige Besucher dann doch einmal neben dem Buddha in die Kamera schauen will, um erschreckt festzustellen, dass da wirklich ein ununterbrochenes statisches Live-Bild Closed-Circuit produziert wird. Das gleiche Bild ist eben nicht dasselbe.

„GEHEIMNISSE SIND LÜGEN – TEILEN IST HEILEN – ALLES PRIVATE IST DIEBSTAHL"

GEDANKEN ÜBER DIE SCHNITTSTELLEN ZWISCHEN CLOSED-CIRCUITS, SELFIES UND SOZIALEN NETZWERKEN

ANKE HERVOL

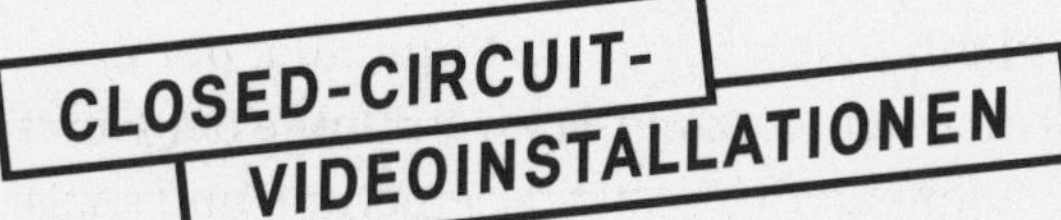

Mit den Slogans „Geheimnisse sind Lügen – Teilen ist Heilen – Alles Private ist Diebstahl" wird die Romanfigur Mae Holland in Dave Eggers' Roman *The Circle* (2013) vor der Vollversammlung der Circler wie in einem sakralen Initiationsakt endgültig bekehrt, ein öffentliches Leben zu führen. Der Autor führt uns ein utopisches Modell vor Augen, in dem Postings, Rebloggen, Lifelogging[1], die Teilhabe an sozialen Netzwerken und multiplen Intranetzen zur Aufgabe eines selbstbestimmten Lebens führen. Die Verfügbarkeit und Manipulation von Bildern und Informationen und die Kommunikation mit verschiedensten medialen Techniken nimmt insbesondere in den vergangenen Jahren zunehmend Einfluss auf die Kunstproduktion und den Ausstellungssektor.

Auch Ausstellungskuratoren, Museen und Künstler begannen in den letzten Jahren auf den alltäglichen Umgang mit Smartphones, Mobiltelefonen, Mediaplayern, Netbooks und Tablet-Computern zu reagieren, da diese neuen telekommunikativen Multifunktionsobjekte auch im Kunstkontext in ihrer Funktion als drittes Auge, Kamera, Steuerungsgerät für die Partizipationsprojekte und die Nutzung von Apps, Games und als Zugangswerkzeug zu

---

1   Als *Posting* bezeichnet man eine Mitteilung, die innerhalb einer Gruppe mehreren Benutzern gleichzeitig zur Verfügung gestellt wird. *Rebloggen* ist die Verbreitung eines Blog-Eintrags oder einer Mitteilung durch Dritte. *Lifelogging* beschreibt die regelmäßige – eigentlich tägliche – Aufzeichnung des eigenen Lebens und der eigenen Umwelt über eine Miniaturkamera, die der Aufzeichnende am Körper trägt.

sozialen Netzwerken an Bedeutung zunehmen – für Besucher, Ausstellungs-institute und Künstler, also für eine Gemeinschaft aus sogenannten *Digital Natives* und *Digital Immigrants*. Die Wahrnehmung von und die Teilhabe an Kunstwerken sowie die visuelle Wiederverwendung von Erlebnissen verändern sich durch diese Multifunktionsobjekte maßgeblich, sie sind mittlerweile ein „Schlüsselobjekt unserer Gesellschaft" geworden und beeinflussen das Leben insgesamt „geistig, körperlich und emotional". „Das Smartphone hat in fast einzigartiger Weise in den Alltag der Menschen hineingewirkt", sagt Wolfgang Ullrich, Professor für Medientheorie in Karlsruhe.[2] In weniger als zehn Jahren seien „neue kulturelle Rituale" entstanden. Das sogenannte Selfie (mit dem Handy fotografiertes Selbstporträt), 2013 von den Oxford Dictionaries zum Wort des Jahres gekürt, das die Stimmung der Zeit am besten wiedergeben soll, bildet einen der Nutzungsschwerpunkte der Geräte an der Schnittstelle zwischen Kommunikation, Selbstinszenierung und sozialen Netzwerken. Die Herstellung von Selfies beruht zwar auf dem Prinzip des klassischen Selbstporträts, das macht Selfies jedoch noch lange nicht zum Kunstwerk. Wenn aber der chinesische Künstler und Dissident Ai Weiwei mit Selfies seinen vom Regime beschränkten Alltag dokumentiert, dann vielleicht doch?

Die Ausstellung „Hamster, Hipster, Handy. Im Bann des Mobiltelefons" im Frankfurter Museum für Angewandte Kunst, kuratiert von Birgit Richard, beschäftigt sich damit, wie in den Künsten mit dem Mobiltelefon umgegangen wird. Die Kunsthalle Karlsruhe kündigt die Ausstellung „Ich bin hier. Von Rembrandt zum Selfie" für November 2015 an, die sich dem traditionellen Selbstporträt bis hin zum Selfie widmen wird. Das Kunstmuseum Moritzburg in Halle forderte vor einiger Zeit „30 Kreative" auf, Selfies einzuschicken, die dann ausgedruckt mit Label in der Ausstellung „ich vor kulisse. vom selbstporträt zum selfie und zurück" im Frühjahr 2015 präsentiert wurden.[3] Die andere Seite ist der Umgang mit der Anfertigung von Selfies mit und vor Kunstwerken: Während die Frankfurter Kunsthalle Schirn unter dem Hashtag #schirnselfies auf der Foto- und Video-Sharing-App Instagram ihre Besucher auffordert, Selfies vom Museumsbesuch zu posten, ist die Nutzung von Handys mit oder ohne Selfiesticks

2   Birgit Richard, *Hamster. Hipster. Handy. Bildergeschichten zum Mobiltelefon.* Museum für
    Angewandte Kunst, Frankfurt am Main 2015. Wolfgang Ullrich, Wie das Handy unseren
    Lebenswandel bestimmt. In: *Die Welt*, 23.4.2015. Siehe auch die Meldung: „Smartphone
    in der Kunst: Selfie, Lifelogging und Digitaler Alltag", 28.4.2015, http://www.teltarif.de/
    selfie-handy-lifeblogging/news/59467.html, zuletzt am 4.7.2015
3   Siehe http://www.kunsthalle-karlsruhe.de/de/ausstellungen/vorschau.html und
    http://stiftung-moritzburg.de/aktuelles/newsarchiv, zuletzt am 4.7.2015

in anderen Museen wie den US-amerikanischen Smithsonian-Museen, den Bayrischen Staatsgemäldesammlungen und den Staatlichen Museen zu Berlin verboten oder man denkt über ein Verbot nach, wie im Pariser Louvre und im Centre Pompidou.

Die Generation Selfie[4] besteht also eher aus *Digital Natives* und nicht vornehmlich aus Technikbesessenen, wie das noch eine Generation zuvor war, wenn sich *Digital Immigrants* die zeitaktuellen technischen Möglichkeiten der digitalen und virtuellen Welt zunutze machten. Die „digitalen Ureinwohner" agieren als Lifestyle-Reporter überwiegend mit dem iPhone, das zu einer Bilder produzierenden Maschine geworden ist, die sich mit den sozialen Netzwerken des Web 2.0 verbinden lässt. Im Vordergrund stehen die Archivierung von downgeloadeten oder eigenen Fotos und deren Bearbeitung, digitale Bildcollagen, Verfremdungen und Manipulationen, um dieses Material dann innerhalb eines geschlossenen globalen Kreislaufs zu teilen. Die Art und Weise, wie sich Jugendliche selbst dabei darstellen, macht sie jedoch eher zu Normopathen als zu Individualisten, denn die Momentaufnahmen des Ichs orientieren sich in der Regel am Gefälligen und an den ästhetischen Standards, die wir in Medien und Werbung vermittelt bekommen. Bei der Nutzung von Smartphones und Tablets steht jedoch die individuelle Wahrnehmung an erster Stelle; Form und Verbreitung sind nachgeordnet. Der Zugang zu neuen technischen Fertigkeiten für Aktivitäten im digitalen und virtuellen Raum – von der Bildbearbeitung über Soundkompositionen hin zum Schnitt von Filmen, Design sowie Projektionsmöglichkeiten – ist für jeden Interessierten möglich. Diese niedrige Zugangsschwelle steigert automatisch das allgemeine Interesse.[5] Das Posten und Rebloggen von Selfies, Bildern und Kommentaren über die sozialen Netzwerke oder das Überwachen der Umwelt über einen Lifelogger zur Erstellung eines selbstbezogenen medialen Archivs unterstreicht die kommunikative Doppelstruktur, die sich hinter diesen Handlungen verbirgt.

Was bedeutet das aber für den Umgang mit Kunstwerken und die Teilnahme an künstlerischen Installationen und Kunstprojekten? Handelt es sich um Partizipation, um eine neue Form der Kunstrezeption oder ist es nur Konsum, Spiel und Zeitvertreib wie auf der Seite www.vangoyourself.com? Verbirgt sich hinter dem „Teilen" in Foto- und Video-Sharing-Apps und sozialen Netzwerken ein demokratisches Handeln oder nicht vielmehr die Suche nach Öffentlichkeit und

4   Eine Studie des österreichischen Instituts für Jugendkulturforschung aus dem Jahr 2014 belegt, dass 57% der 14- bis 29-Jährigen als aktive Selbstdarsteller in Public Domains agieren; vgl. http://jugendkultur.at/generation-selfie/, zuletzt am 4.7.2015

5   Als Begleiterscheinungen sind Phubbing, psychische Erkrankungen und Onlinesucht zu konstatieren; letzteres als relativ junges Phänomen, das bereits über 3% der Bevölkerung betrifft.

Anerkennung?[6] Wo und auf welche Weise verschwimmen die Grenzen zwischen Kunstwerk, Öffentlichkeit, Individualität und Urheberschaft in der Wiederverwertung von Bildern? Und nicht zuletzt: Ist das Selfie wirklich ein neues kulturelles Ritual?

Closed-Circuits und soziale Netzwerke

Sicherlich können in diesem Rahmen nur Gedanken geäußert werden, die sich einigen der formulierten Punkte und Fragen annähern. Ausgangspunkt sind Erfahrungen in der Ausstellung „Schwindel der Wirklichkeit", in der die Besucher mit ihrer individuellen Wahrnehmung im realen und virtuellen Raum im Mittelpunkt eines geschlossenen Kreislaufs – Closed-Circuit – standen.[7] Die Interaktion in und mit einem historischen Werk wie dem *Life-Taped Video Corridor* (1970, Abb. S.159, 173) von Bruce Nauman oder Dan Grahams *Present Continuous Past(s)* (1974, Abb. S.148 ff.) macht den Besucher einerseits zum Subjekt, das die Kunst „neu erfindet" und ohne den das Kunstwerk andererseits nicht aktiviert wird. Künstler wie Peter Campus, Dan Graham oder Bruce Nauman legten das Konzept für ihre Closed-Circuit-Videoinstallationen so an, dass der Zufall als Gestaltungsmedium und die individuelle Wahrnehmung des Partizipierenden im Zentrum der Anordnung stehen.[8] So öffnet sich die Bühne für den Besucher, der in einem geschlossenen Kreislauf *Viewer* und *Player* zugleich ist und dabei hinterfragen muss, was wirklich ist und was nicht. Die für künstlerische Produktionen verwendeten Technologien – damals wie heute – passen sich stets dem zeitaktuellen Körperbewusstsein des Menschen an. Aus diesem Grund erlebte der Besucher der Ausstellung „Schwindel der Wirklichkeit" die frühen Closed-Circuit-Videoinstallationen heute als historische Werke. Das heißt, die technischen Umsetzungen wurden nicht mehr auf die gleiche Weise

6   „Die Online-Techniken steigern ohne Zweifel die Effizienz auf allen Kommunikationsebenen, aber sie entbinden weder den Einzelnen noch die gesellschaftlichen Funktionszusammenhänge von der Notwendigkeit zur Komplexitätsreduktion. Wenn die Gesellschaft auf eine geteilte Wirklichkeitsbeschreibung angewiesen ist, bleibt die Luft auf dieser Ebene dünn, denn nur weniges kann gesellschaftsweit verbreitet werden. So etwas wie die ‚Massenmedien' wird es also noch lange geben." Jan-Felix Schrape, *Neue Demokratien im Netz? Eine Kritik an den Visionen der Informationsgesellschaft*. Bielefeld 2010

7   Leider war es den Kuratoren aufgrund von Auflagen einiger Leihgeber und Künstler nicht möglich, die Besucher offiziell aufzufordern, ihre individuellen Erfahrungen per Bild mit einem breiteren Publikum in sozialen Netzwerken und Sharing-Apps zu teilen.

8   Bruce Naumans künstlerische Strategien gehen noch einen Schritt weiter, indem er bei den Performancekorridoren seit den späten 1960er Jahren die Bestimmung der Identität des Besuchers verhindert, denn er versperrt sich selbst den Blick auf die Installation und seinen Körper. Nauman verfolgt dabei das Ziel, dass der Besucher seine Arbeit nicht verändern kann; vgl. Sabine Flach in dieser Publikation, S. 80–86.

hinterfragt wie zur Zeit der Entstehung, allerdings hat sich die individuelle Wahrnehmung und die Art der Mitwirkung des Besuchers in den Installationen heute nicht verändert. Die Neugierde, und damit auch die Intensität der emotionalen Wahrnehmung, steigerte sich jedoch sukzessive mit der Verwendung von zeitaktuellen Technologien, die der Besucher nicht auf den ersten Blick entschlüsseln konnte und die alle Sinne ansprachen: Werke von Julian Oliver und Danja Vasiliev (*Men in Grey* oder *Newstweek,* Abb. S. 182 f., 190, TC 17:42, 23:50), Beispiele aus der Game Art oder die Projekte mit Virtual-Reality-Brillen bestätigten das. Die gemeinsame Schnittmenge der historischen und jüngeren Projekte war allerdings die Situationsanordnung als geschlossener Kreislauf, als Closed-Circuit.

Hinsichtlich der Frage, wer damals wie heute Closed-Circuit-Videoinstallationen, Partizipationsprojekte und Performances kontrolliert, kann eben keine klare Trennung mehr zwischen Künstler, Kurator, Kritiker und Besucher offeriert werden. Bereits John Cage formulierte anlässlich seiner entmaterialisierten Arbeit *4'33"* (1952), bei der es um die aktive Teilnahme an der Stille und das Nachdenken über Musik geht, dass jedes Stück von sich aus dem Zuhörer klar machen sollte, dass das Hören der Komposition sein eigenes Handeln sei. Folglich sei es mehr die Musik des Zuhörers, denn des Komponisten.[9] Werke wie Allan Kaprows *18 Happenings in 16 Parts* (1959) sowie Nam June Paiks *Participation TV* (1963) markieren einen wesentlichen Ausgangspunkt für das Partizipatorische in den 1960er Jahren, das zu diesem Zeitpunkt noch eng an den Begriff des Happenings bei Allan Kaprow gekoppelt war. Die Idee, dass egal, was passiert, es stets mit einer künstlerischen Erfahrung zusammenhängt, trägt diese Ideengeber weiter durch die frühen und späteren Closed-Circuit-Installationen eines Peter Campus, Bill Viola sowie der nachfolgenden Generationen bis hinein in die Game Art. Ob und in welcher Form der Umgang mit Selfies – als performativer Bildakt und kommunikative Handlung – sich in diesen Prozess mit einreiht, muss vorerst offen bleiben. Fakt ist, dass Selfies simultan die Teilnahme am Kunstwerk dokumentieren und in der Entscheidung für die Mitwirkung des Teilnehmers bereits eine Form der Werkrezeption formuliert wird. Die Verbreitung der Teilnahme an einer Situation über soziale Netzwerke und Foto- und Video-Sharing-Apps, also die Verbindung von Kommunikation und Performanz, ist hingegen ein neues Phänomen.

9 Peter Gena, Jonathan Brent (Hg.), *A John Cage Reader: In Celebration of His Seventieth Birthday.* New York 1982, S. 22. Am 29.8.1952 in der Maverick Concert Hall bei Woodstock, New York, uraufgeführt von dem Pianisten David Tudor. Die drei Sätze ohne Noten wurden durch das Öffnen und Schließen des Klavierdeckels eingeleitet und abgeschlossen. Das Publikum war nicht darauf vorbereitet, dass es keine Musik gab; diese Situation löste einen Skandal aus.

Liegt nicht gerade darin der Kern dessen, was das gemeinsame Bedürfnis bei dem ausgewählten Public-Domain-Nutzerkreis ausmacht: Kommunikation, Performanz und Partizipation in einem geschlossenen Kreislauf zu teilen? Der Begriff Closed-Circuit entstammt ursprünglich der Einrichtung von Überwachungskameras und deren Installationsart Closed-Circuit-Television (CCTV). Im Unterschied zur Fernsehübertragung geht die Übertragung mit CCTV nur an einen ausgewählten Kreis von Endgeräten, heute natürlich mit digitalen Kameras und neuen technischen Übertragungsmöglichkeiten. Als bildende Künstler in den 1960er Jahren die unmittelbare Verfügbarkeit von Videobildern, deren zeitgleiche Manipulationsmöglichkeiten und/oder die räumlich getrennt zu steuernde Wiedergabe des Bildes für ihre künstlerische Arbeit entdeckten, machten sie mit Hilfe dieser neuen Nutzungsmöglichkeiten der Videotechnik den Betrachter selbst zum Akteur in der Installation oder Situationsanordnung. Die Grundlage für jede Closed-Circuit-Installation, also für jeden konzipierten geschlossenen Kreislauf, an dem Besucher, Medientechnik, Raum und Zeit gleichermaßen mitwirken, ist bis heute – wie bei der Überwachung – die Simultanität des Realen, das heißt auch das Spiel zwischen dem, was im virtuellen oder realen Raum in Echtzeit stattfindet, und dem, was als Abbild einer Situation zeitgleich zu sehen ist oder sich entwickelt. Closed-Circuit beschreibt demnach die Abbildungssituation im Raum, die eine direkte Verbindung des Aufnahmegerätes (Kamera, Handy, Tablet) und des Ausgabegerätes (Bildschirm, Monitor, Projektion, Handy, Tablet) voraussetzt. Die Möglichkeiten der Gegenüberstellung, der Wiedergaben und virtuellen Interaktion erscheinen heute, im Zeitalter der auf Android-Betriebssystemen basierenden Endgeräte, wie Tablet-Computer und Smartphones, sowie der Virtual-Reality-Brillen für Apps und Spiele, im Unterschied zum CCTV in global angelegten Netzwerken unendlich; die Aktionsräume vervielfachen sich. Die Verbreitung der Aufnahmen in öffentlichen Netzwerken erweitert den Kreis der Zuschauer und Rezipienten, die in einer unüberschaubaren Vielzahl von Communities agieren.

In den 1960er Jahren ging es den Künstlern bei der Nutzung des Closed-Circuit-Prinzips noch um eine simple Subjekt-Objekt-Gegenüberstellung, um deren Verhältnis zueinander und um die Synchronizität der Handlung: Das Objekt/die Person wurde im realen Raum mit seinem eigenen Abbild konfrontiert. Darüber hinaus ergab sich in dem manipulierten Zeit-Raum-Gefüge eine zeitversetzte Wiedergabe. Der Betrachter/Performer fand sich in einem Zeit-Raum-Feld wieder, das nicht mehr allein in seiner Gegenwart angesiedelt war und diese dokumentierte, sondern in einem Gefüge, das die Wirklichkeit und ihre Manipulation zugleich wiedergab. Die Teilnahme, das Live-Erlebnis und die realen Zuschauer vor Ort standen im Vordergrund. Auch bei der physischen und digitalisierten Partizipation stehen Synchronizität der Handlung, Wiedergabe der werkimmanenten Wirklichkeit und Manipulation an erster Stelle. Erst im zweiten Schritt, jedoch auch synchron mit der Handlung, wird der Erlebnisraum erweitert und ein größerer (nämlich der globale) Kreislauf erschlossen. Dabei sind zwei Momente ausschlaggebend: Die Aufnahme und/oder Manipulation von Bildern findet nicht nur zwischen Kunstwerk und Besucher statt, sondern erfolgt beim aktiven Besucher selbst; der Künstler ist nicht mehr Teil dieses geschlossenen Kreislaufs. Kunstwerk und Besucher werden dann als autobiografisches Bild zur Teilhabe aller gepostet. Theoretisch zumindest geht es um die Teilnahme aller, real aber handelt es sich um einen ausgewählten Kreis von „Freunden", Bloggern etc. in Netzwerken, denen man sich im Vorfeld angeschlossen haben muss, um teilnehmen zu können. In diesem Zusammenhang ist wesentlich, dass es sich bei dem Kunstwerk als Ausgangspunkt um jedwedes Kunstwerk handeln kann, dessen Urheberschaft zwar anerkannt wird, aber nicht im Vordergrund zu stehen scheint. Der kommunikative Akt des Mitteilens und Teilens, der Bewertung per Views und Likes sowie die durch anonymisierte Benutzernamen verschleierte Urheberschaft des geposteten Werks bilden das Zentrum.

Franz Reimer setzte seine Filmkulisse zum Pressefoto des Situation Room als Closed-Circuit-Installation um, so dass sich die Akteure hineinbegeben können, sich dort frei bewegen, sich gegenseitig von außen oder innen beobachten oder in die Rolle der fotografierten Regierungsmitglieder um Barack Obama schlüpfen können (Abb. S. 164 ff.). Die Installation ist die freie Bühne für das Reenactement durch den Betrachter. Das „Public Viewing" (nach Michael Diers) im Bild wird zum Public Viewing in der Installation. Auf seiner Homepage bietet Franz Reimer unter der Rubrik „reenactements" „self made photos of reenacting visitors" an. Während der Laufzeit der ersten Ausstellung dieser Installation im Raum für Drastische Maßnahmen in Berlin-Friedrichshain (5.–8.12.2013) wurde das Reenactement online per Live-Stream übertragen.[10] Auch Bjørn Melhus animiert den Besucher indirekt, auf den kleinen Hocker hinter seiner projizierten kopflosen Cut-out-Figur von 2014 zu steigen (Abb. S. 147). Legt der Besucher den Kopf in die vorgesehene Mulde, schlüpft er, einer Jahrmarktsfotowand vergleichbar, in die Rolle des Kopflosen. Der Künstler selbst rekontextualisiert Figuren und Ikonen der Massenmedien, der Popkultur und aus Filmklassikern, indem er sich selbst in seinen Filmen als multiple Persönlichkeit darstellt. Ein Selfie wäre genau das Medium, um diese Situation zu dokumentieren. Fernab

10 Siehe unter http://rpunkt.org/, zuletzt am 4.7.2015

von Closed-Circuit-Installationen beschäftigt sich auch der gebürtige Däne Olafur Eliasson mit der Frage, ob es sich bei den beschriebenen performativen Bildakten um Partizipation oder um eine Form der Rezeption handelt. Raumgreifende In- und Outdoor-Installationen wie *Ice Watch* (2014), vor dem Rathaus von Kopenhagen, oder *Riverbed* (2014), im Louisiana Museum of Modern Art, Humlebaek, werden von Besuchern begangen, belebt, fotografiert und gepostet. Handelt es sich dabei um einen Event, den der Besucher per Selfie festhält, oder steht die Materialität seiner Werke im Vordergrund, die dazu auffordert zu partizipieren, indem alle Sinne angesprochen werden und das Berühren der Werke wesentlich wird? Da es sich um organisches Material handelt, das vergänglich ist, spielt der Moment eine Rolle, der zumindest festgehalten wird.[11]

Selfie – Das neue Interesse am Selbstporträt

Bei der Durchsicht der zugänglichen Selbstporträts mit oder ohne Kunstwerke auf Facebook, Instagram, Twitter oder Tumblr liegt bei vorschneller Analyse das Urteil nahe, dass es sich lediglich um „narzisstische Selbststilisierungen einer gesamten Gesellschaft" handeln könnte, womit insbesondere die jüngere Generation Selfie gemeint ist. Dass es sich jedoch vielmehr um „performative Bildakte" handelt, die im Rahmen von „kommunikativen Handlungen" stattfinden, ist wahrscheinlicher. Diese Form der Kommunikation rückt das „Ich in das Wahrnehmungszentrum von Selfie-Produktion und -Rezeption" und weist damit „ähnlich wie Sprechakte eine kommunikative Doppelstruktur" auf.[12] Vor diesem Hintergrund „sprechen" Selfies nicht nur über gesellschaftliche Zusammenhänge weltweit, sondern bilden und strukturieren auch die sozialen Verhältnisse und sozialen Netzwerke um ihre Erzeuger herum mit aus, indem sie an bild-kommunikativen Prozessen teilhaben und diese in Netzwerken distribuieren. Das würde bedeuten, dass das Ich im Bredekamp'schen Sinne stärker wird, „wenn es sich gegenüber der Aktivität des Bildes relativiert. Bilder können nicht vor oder hinter die Realität gestellt werden, weil sie diese mitkonstruieren. Sie sind nicht deren Ableitung, sondern eine Form ihrer Bedingung."[13] Allerdings ist und bleibt das Selfie natürlich auch eine Inszenierung der eigenen Person. Darüber

11   Olafur Eliasson, Mitglied der Akademie der Künste, äußerte diese Gedanken zur Fragestellung als Podiumsteilnehmer beim Symposium „dynamo" am 2.5.2015 in der Akademie der Künste innerhalb des Begleitprogramms zur Ausstellung „ZERO. Die internationale Kunstbewegung der 50er und 60er Jahre", Martin-Gropius-Bau, 21.3.–8.6.2015.
12   Christian Stiegler, Selfies und Selfie Sticks. Automedialität des digitalen Selbstmanagements. In: Christian Stiegler, Patrick Breitenbach, Thomas Zorbach (Hg.), *New Media Culture. Mediale Phänomene der Netzkultur*. Bielefeld 2015, S. 67, fortan Stiegler 2015
13   Horst Bredekamp, *Theorie des Bildaktes*. Berlin 2010, S. 328

hinaus jedoch ist das schnelle digitale Selbstporträt Teil einer „medialen Symbiose zwischen Aufführung/Performance und Wahrnehmung durch und mit Medien"[14].

Während die ersten Smartphone-Selfies über die Kamera auf der Geräterückseite und einen Spiegel angefertigt wurden, erleichtern die neuen Smartphones das Ablichten über das Display auf der Vorderseite, auf dem auch zeitgleich das Motiv als Spiegelbild zu sehen ist. Darüber hinaus lässt sich mit Smartphone-Kameras auch ein gegenüberliegendes Motiv aufnehmen, vergleichbar einer traditionellen analogen Aufnahmetechnik. Letztere ermöglichte die Aufnahme in Gegenüberstellung zum Ich-Motiv über Selbstauslöser mit oder ohne Stativ. Die Neuerung macht sich einerseits durch die Simultanität von Situation und Aufnahme, andererseits die Möglichkeiten des Perspektivwechsels bemerkbar; Auge und Hand distanzieren sich voneinander, wenn der Fotograf einen Stick verwendet. Mittlerweile bewerben die Handy-Hersteller sogar manche Geräte mit hochauflösenden und weitwinkligen Frontkameras ausdrücklich als Selfie-Smartphones.[15]

In seiner Bildtradition geht das Selfie auf das gemalte Selbstporträt in der europäischen Kunst zurück, das mit dem zunehmenden Selbstbewusstsein der Künstler und der Erhebung des Malers vom Handwerker zum Gelehrten insbesondere in der Renaissance an Bedeutung gewonnen hat. Mit der Fotografie im 19. Jahrhundert und ihrer Reproduktion fand das Medium selbst auch zum Thema, indem Apparaturen, Spiegel und Ähnliches Teil der fotografischen Aufnahme wurden. Die Technik der Spiegelung und weiterer Konstruktionen spielen bei der Anfertigung der gemalten oder fotografierten Selbstporträts traditionell eine wesentliche Rolle. Albrecht Dürers *Selbstporträt im Pelzrock* (1500), Parmigianinos *Selbstporträt im konvexen Spiegel* (1523/24) oder Jan van Eycks *Arnolfini-Hochzeit* (1434) wären ohne den Einsatz von Spiegeln nicht entstanden. Van Eyck und Parmigianino gingen noch weiter: Während der Italiener sein Selbstporträt in – also durch – einen konvexen Spiegel malte, transferierte sich Jan van Eyck in den Bildraum, indem er sein Spiegelbild gegenüber den Arnolfinis im Bild zeigte. Unterstrichen wird die Anwesenheit des Malers mit der Inschrift über dem Spiegel: „Johannes de Eyck fuit hic". Die Installation von

14　　Stiegler 2015, wie Anm. 12, S. 68. Vgl. hierzu auch Sybille Krämer, Gibt es eine Performanz des Bildlichen? Reflexionen über „Bildakte". In: Ludger Schwarte (Hg.), *Bild-Performanz. Die Kraft des Visuellen*. München 2010, S. 63–90

15　　Die internationale Konferenz „#Selfie. Imag(in)ing the Self in the Digital Media" an der Philipps-Universität Marburg, Institut für Medienwissenschaften (23.–24.4.2015), breitete ein weites Spektrum zum Thema aus. Die bildende Kunst spielte im Programm nur eine untergeordnete Rolle.

Giny Vos aus dem Jahr 1984 thematisiert genau diese Idee der Anwesenheit im Bild selbst; in der Übersetzung der Situation in eine Closed-Circuit-Installation aus dem 20. Jahrhundert, natürlich mit Kamera und Bildschirm im reproduzierten Van-Eyck-Gemälde (Abb. S. 139). Lynn Hershman Leeson montiert in den Serien *iPhone Crack* (2010) Selbstporträts hinter gesplitterte Handy-Displays, bei denen dann der Unfall zum ästhetischen Gewinn wird; eine Form der Dekonstruktion von Bildern, die aus der Kunstgeschichte bekannt ist und auf diesem Wege technisch erneut wird. Die Amerikanerin Laurel Nakadate fotografierte sich mit ihrem Smartphone im Jahr 2010 täglich weinend, um den Bildern von glücklichen Menschen in sozialen Netzwerken etwas entgegenzusetzen: *365 Days: A Catalogue of Tears* (2011) changiert zwischen privatem und öffentlichem Raum oder Leben. Der Fotograf Wolfram Hahn begleitete Menschen bei der Anfertigung von Selfies für soziale Netzwerke mit seiner Kamera (*Into the Light – Selfportraits for Social Networks*, 2009/10).

Die Verknüpfung von Teilnahme (Sharing) und Selfie startete Ai Weiwei unter vielen anderen Aktionen im Juni 2014 mit einem Selfie, das er auf seinem Instagram-Account postete. Der Künstler trägt einen Strohhut, Badehose und schwarze Socken und zeigt sich sitzend mit erhobenem Bein, das einem Gewehr gleicht, von seinen Followern als „leg gun" bezeichnet, da man die Schuss auslösende Geste, die er macht, nachvollziehen kann. Seitdem haben Menschen auf der ganzen Welt Selfies in der gleichen Pose gepostet und unter dem Hashtag #endgunviolence ergänzt. Ob diese Aktion des Künstlers eine politische Intention verfolgte – wovon auszugehen ist – oder nicht, „… das Selfie von Ai Weiwei erfuhr rund um die Welt entsprechende Resonanz, indem es international eine Diskussion über Unterdrückung, Gewalt, Kunst, Freiheit und Freude ausgelöst hat"[16]. Die Verknüpfung von Bildakt und Kommunikation in der Herstellung eines Selfies wird an diesem Beispiel deutlich. Darüber hinaus ist der Ideengeber als Urheber genannt und es wird auf ihn Bezug genommen, da die Posts auf seinen Instagram-Account gesendet werden.[17] Die Möglichkeit, Bilder schnell, also simultan, zum eigentlichen Geschehen zu verteilen, steigert die Attraktivität des Prozesses und täuscht eine Teilnahme Dritter vor.

16   Für das Originalzitat siehe S. 236; siehe auch unter http://www.cnet.com/news/leg-gun-the-new-selfie-trend-started-by-ai-weiwei/, zuletzt am 4.7.2015

17   Anders, als im August 2013 die US-amerikanische Internetseite der *Huffington Post* eine Auswahl der 20 besten Ai-Weiwei-Selfies zusammenstellte; dabei ging es lediglich um eine Präsentation und die Aufforderung, den Instagram-Account des Künstlers zu besuchen – von Kunstkonzepten ist dort nicht die Rede. Auch eine Form der Rezeption oder Mitwirkung des Besuchers findet dort nicht statt.

Ausblick

Wie aber lässt sich das Selfie im Kontext künstlerisch konzipierter, geschlossener Kreisläufe seit dem Ende der 1960er Jahre bis heute als Werktypus einordnen? Haben Closed-Circuit-Videoinstallationen an Aktualität verloren, weil wir deren Mechanismen durchschauen und die Teilnahme in und an geschlossenen Kreisläufen heute woanders stattfindet? Geht die Simultanität des Realen nicht auch zwischen Situationsanordnung, performativem Bildakt alias Selfie und Social-Media-Portalen vonstatten?

Wenn also das Spiel mit dem Geschehen im virtuellen oder realen Raum einer Closed-Circuit-Installation und dem, was als Abbild einer Situation zeitgleich zu sehen ist, auf einer weiteren Ebene abgebildet wird, erweitert sich der Handlungsraum zwischen Person, individueller Wahrnehmung, Aufnahmegerät und Ausgabegerät. Der performative Bildakt und die individuelle Mitwirkung an der Herausbildung und Strukturierung von sozialen Netzwerken sind zwei Faktoren, die nicht nur für Kultur- und Medienwissenschaftler relevant sind, sondern auch im Kunstkontext an Bedeutung zunehmen. Während die historischen Closed-Circuit-Installationen eines Peter Campus, Bruce Nauman und Dan Graham einen konkreten Bezug der Medien zur Realität, nämlich der „Realität der (Massen-)Medien" im Luhmann'schen Sinne, belegten und demnach (manipulierte) Wirklichkeit und Virtualität, Irritation und Imagination in ihrer gesamten künstlerisch-technologischen Vielfalt und Künstlichkeit offerierten, stehen wir mit der Erweiterung der Handlungsräume im World Wide Web vor der Aufgabe, den Werkbegriff als solchen neu zu befragen.

Ausstellungen wie „12 Rooms. Live Art" 2012 im Museum Folkwang in Essen belegen, dass der klassische Werkbegriff in dem hier diskutierten Bereich nach und nach seine Aura verliert. Das Publikum wirkt jedoch mehr denn je mit großem Interesse und bereitwillig mit – direkt und indirekt. Dass das auratische Kunstwerk seit dem Ende der 1960er Jahre bereits radikal überdacht und verändert wurde, ist bekannt. Heute stellt der Live-Act eines ausgewählten Besucherkreises, also die Teilnahme an künstlerischen Prozessen wie den hier besprochenen Closed-Circuits, Performances von Christian Falsnaes (Abb. S.172 ff.), Marina Abramović, künstlerischen Situationen von Tino Sehgal und Partizipationsprojekten von Hamish Fulton (Abb. S.196 ff.) nur eine Seite der Wahrnehmung dar. Diese erfolgt bis heute im realen Raum, zumindest bei einem Großteil der für die Allgemeinheit zugänglichen Kunstwerke. Die andere Seite umfasst einen komplexen Kommunikationsprozess: Das gepostete Bild steht für einen performativen Bildakt und einen Sprechakt. Wenn der Besucher versucht, seine Wahrnehmung in und vor Kunstwerken bildlich zu erfassen und dieses Wahrnehmungszeugnis zu teilen, bezeugt er einen Ist-Zustand der gesellschaftlichen Strukturen und bildet dieses Gefüge gleichzeitig mit aus. Dann, und nur dann, erfasst die Bewertung nicht das originäre Kunstwerk, sondern das individuelle Erlebnis, den Werkausschnitt oder eine manipulierte Version dessen, was einmal ein Kunstwerk war. Die Teilnahme an sozialen Netzwerken gehört zu einem Grundbedürfnis des Menschen als einem sozialen Wesen. Die Anonymität der Nutzer erleichtert jedoch seine Aktivitäten in sozialen Netzwerken, das betrifft die Teilnahme und die Selbstinszenierung. „Der Begriff ‚Selfie‘ setzt also voraus, dass es eine visuelle Momentaufnahme des Selbst geben kann."[18] Insofern entspricht die Selbstvergewisserung mit und durch ein Selfie jener Selbstvergewisserung, der sich ein Akteur in künstlerischen Situationen, Installationen oder Partizipationsprojekten ausgesetzt sieht oder sich auf Portalen wie www.vangoyourself.com selbst aussetzt.

18   Stiegler 2015, wie Anm. 12, S. 79

TRUGBILD, BLUFF UND AUGENSCHEIN

DIE VIDEOINSTALLATION „THE SITUATION ROOM" VON FRANZ REIMER

MICHAEL DIERS

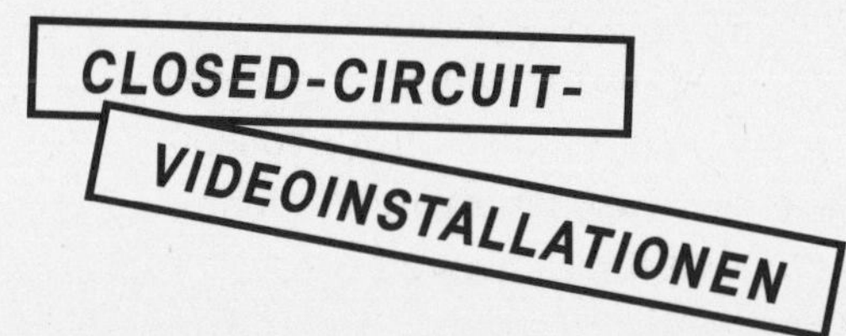

1. Simulation, affirmativ

Als George W. Bush am Morgen des 11. September 2001 die Nachricht erhielt, das World Trade Center sei gerade von Terroristen attackiert worden, verfolgte er soeben, in dem Kinderbuch *The Pet Goat* blätternd, eine Unterrichtsstunde in der Booker Elementary School in Sarasota, Florida. Nicht umgehend, sondern die Ruhe bewahrend, wie es heißt, begab er sich erst nach Schluss der kurzen Leserunde, die rund zehn Minuten gedauert hatte, in einen angrenzenden Raum, der in der Zwischenzeit provisorisch als Lagebesprechungscenter eingerichtet worden war. Dort konnte der amerikanische Präsident um 9.25 Uhr auf einem Monitor die brennenden New Yorker Twin Towers im Rahmen der inzwischen angelaufenen Live-Berichterstattung sehen.[1] Wenig später gab er von der genannten Schule aus in einer Ansprache an die Nation auch seine erste offizielle Stellungnahme zu den Anschlägen ab; das Bild zeigt einige Blätter mit vorbereitenden Notizen, die auf dem Tisch liegen.

Das einzige Foto, das Bush als TV-Zuschauer in besagtem Schulgebäude zeigt, ist eine schlichte Dokumentaraufnahme (Abb. S. 167). Ein Fotograf ist nicht genannt. Erst im Vergleich mit der von Pete Souza rund zehn Jahre später entstandenen, unterdessen ubiquitär bekannten Aufnahme aus dem Situation Room in Washington[2] (Abb. S. 167) wird ein aufschlussreicher formaler und inhaltlicher Aspekt sowie der politische Status des Bildes deutlich. Denn jetzt zeigt sich, dass hier wie dort die Fernsehübertragung das zentrale Motiv ist und dass

---

1   Auf einer Wanduhr im Hintergrund lässt sich die Uhrzeit ablesen; die Ortszeit ist mit derjenigen New Yorks identisch.

2   Der Situation Room hat inzwischen einen ausführlichen Eintrag bei Wikipedia erhalten.

beide Fotografien über den Bild-im-Bild-Modus einander angenähert sind. In Sarasota wie in Washington und, historisch betrachtet, am Beginn wie am – vermeintlichen – Ende des von Bush ausgerufenen „War on Terror" liefert das Fernsehen beziehungsweise die Live-Berichterstattung die entscheidende Nachricht ins Haus, das eine Mal jene vom blutigen Al-Qaida-Angriff und das andere Mal jene vom blutigen Ende des damaligen Al-Qaida-Anführers Osama bin Laden. In beiden Fällen erlebt man den US-amerikanischen Präsidenten in der Rolle eines Zuschauers im Kreis zahlreicher Mitarbeiter und Berater vor dem Bildschirm.[3] Die Eigenheit des Souza-Fotos besteht darin, dass es sich um ein elliptisches, also ein unvollständiges oder „halbes" Bild handelt, auf dem zwar die Zuschauerrunde, nicht aber das Geschehen gezeigt wird, dem diese ihre Aufmerksamkeit widmet, sprich: die Bilder der Live-Übertragung aus Abottabad samt dem „Höhepunkt" der Erschießung Bin Ladens.[4] Auf dem Florida-Bild hingegen ist der brennende, von Rauch umwölkte Südturm des World Trade Centers auf dem Bildschirm recht gut zu erkennen.

Die mediale Nachrichtenübermittlung und die darauf gerichtete Aufmerksamkeit sind in beiden Fällen im Fokus der Aufnahme. Die Ereignisse stehen zwar jeweils zeitlich unmittelbar, aber eben nur technisch vermittelt als Bild und nicht in Realpräsenz vor Augen, so dass sich folglich nur von einer mittelbaren oder indirekten Augenzeugenschaft sprechen lässt.

Zur Charakterisierung einer solchen Konstellation, die man mit einem Begriff aus der antiken Tragödie auch als *Teichoskopie* – dem altgriechischen Äquivalent zu Television – bezeichnen kann, hat der Philosoph Hans Blumenberg die Metapher vom „Schiffbruch mit Zuschauer" gewählt. Sie reicht, wie er in der gleichnamigen Untersuchung dargelegt hat[5], bis in die Antike zurück und wurde in zahlreichen Erzählungen im Motiv der „Kontraposition von festem Land und unstetem Meer" und konkret in dem am Ufer auf sicherem Boden stehenden Zuschauer und dem in den Sturmfluten manövrierunfähig dahintreibenden Unglücksschiff ausgesponnen. Die Rolle des Zuschauers wird dabei entweder kritisch als Flucht vor der Welt gesehen oder aber als legitime Position eines die Welt aus gebotenem Abstand – und folglich der Gefahr enthobenen –

3   Das sind in dem einen Fall 13 bzw. 14, im anderen Fall 10 Personen.
4   Siehe dazu ausführlich Michael Diers, „Public Viewing" oder das elliptische Bild aus dem „Situation Room" in Washington. Eine Annäherung / „Public Viewing" or the Elliptic Photo of the „Situation Room" in Washington. A Convergence. In: Felix Hoffmann (Hg.), *Unheimlich vertraut. Bilder vom Terror*. Kat. C/O Berlin, Köln 2011, S. 308–331; die deutsche Fassung leicht verändert wieder abgedruckt in: Michael Kauppert, Irene Leser (Hg.), *Hillarys Hand. Zur politischen Ikonographie der Gegenwart*. Bielefeld 2014, S. 165–185
5   Hans Blumenberg, *Schiffbruch mit Zuschauer. Paradigma einer Daseinsmetapher*. Frankfurt am Main 1979

reflektierenden Betrachters gewürdigt. Bei Blumenberg heißt es zum Beispiel über Hegels Gebrauch des genannten Topos: „Der Zuschauer kann sich [bei Hegel im Angesicht der Katastrophe, MD] von der ‚Empörung des guten Geistes‘ in ihm abwenden, ohne dadurch schon der Vernunft in Gestalt der Frage nach dem Sinn der Opfer zugewendet zu sein. Er kann nämlich auch ‚in die Selbstsucht zurücktreten, welche am ruhigern Ufer steht und von da aus sicher des fernen Anblicks der verworrenen Trümmermasse genießt‘.“[6] Es ist hier nicht der Ort, Blumenbergs Analyse dieses Sprachbildes ausführlicher zu referieren, es muss der Hinweis genügen, dass der in Rede stehende Topos auf zeitgemäße Weise in den angeführten Dokumentarfotografien ebenso sprechend wie zwiespältig zur Geltung kommt.

Auf Pete Souzas Fotografie sind die Mitglieder jenes Geheimkommandos versammelt, das an der Seite von US-Präsident Barack Obama die Aktion gegen Bin Laden in mehreren Sitzungen an Ort und Stelle beraten und die notwendigen Maßnahmen vorbereitet hat, darunter neben diversen Sicherheits- und Antiterrorberatern sowie Stabschefs vorn links der Vizepräsident Joe Biden und vorn rechts der Verteidigungsminister Robert Gates. Am Ende des Tisches blickt der hochdekorierte General und Vizekommandeur der US-Spezialstreitkräfte, Marshall B. Webb, soeben auf den Bildschirm seines Laptops.

Datum und Uhrzeit des Treffens, dessen Hintergrund, wie sich bald herausstellen sollte, ein Ereignis von Weltgeltung ist, sind recht genau zu bestimmen, und zwar irgendwann zwischen 15.30 und 16.30 Uhr Washingtoner Ortszeit, eben zu jener Stunde, zu der parallel sich in 11.000 Kilometer Entfernung die Operation „Geronimo“ vollzog, die in der verabredeten Code-Meldung „Geronimo-EKIA“ (*enemy killed in action*) ihren „Höhepunkt“ finden sollte.[7]

Die politische, genauer propagandistische Botschaft der Aufnahme ist rasch resümiert: Eine Versammlung verantwortungsvoll handelnder Politiker und Berater fiebert dem Gelingen einer Aktion entgegen, die zuvor im nämlichen Raum diskutiert und verabredet wurde. Mittels Satellitenübertragung steht ihnen jetzt das Geschehen in Echtzeit vor Augen. Die Videokameras der Elitetruppe

---

6　　Ebd., S. 52 f.

7　　Vgl. *Süddeutsche Zeitung*, 4.5.2011, S. 2. – Den Metadaten des vom Weißen Haus auf dem Internetportal Flickr veröffentlichten Digitalbildes zufolge, das die offizielle Fotokennnummer P050111PS-0210 trägt und inzwischen auch einen eigenen Wikipedia-Eintrag besitzt („The Situation Room [photograph]“), „drückte Souza den Auslöser um 16 Uhr 05 Washingtoner Zeit, als es in Pakistan 1 Uhr 05 nachts war. Zu jenem Zeitpunkt hatte der Angriff gerade begonnnen"; Andreas Rüesch, Ein Bild macht Karriere. Die Szene im ‚situation room‘ des Weissen Hauses fesselt auch noch zehn Tage nach der Kommandoaktion gegen Bin Laden. In: *Neue Zürcher Zeitung*, 12.5.2011, hier zitiert nach: http://www.nzz.ch/ein_bild_macht_karriere_1.10548771, zuletzt am 22.7.2015

referieren jeden einzelnen Schritt und in dem Augenblick, den das Foto fixiert, könnte es sich, dies die suggestive Rhetorik des Bildes, um die Peripetie, den zentralen dramatischen Augenblick, das heißt um die Erschießung des verhassten Feindes handeln.[8]

Dass aus dem Weißen Haus verlautete, gerade der Anblick der Tötung Bin Ladens sei den hier Versammelten erspart geblieben, weil für die Dauer von rund 20 Minuten, den entscheidenden zumal, eine technische Störung die Satellitenübertragung verhindert habe[9], wird man vermutlich als Legende zum Schutz der Mitglieder des Krisenstabes begreifen müssen, die sich nicht dem Vorwurf aussetzen wollten, einer äußerst brutalen Erschießungsszene vor dem Bildschirm „Aug in Aug" beigewohnt zu haben. Dass jedoch die Souza-Aufnahme eben dies zu belegen scheint, ist bis dato ein unaufgehobener Selbstwiderspruch der Washingtoner Pressepolitik, nicht zuletzt Barack Obamas, den das *Time Magazine* im vorliegenden Zusammenhang als einen geschickten Bildstrategen im Kampf gegen Bin Laden apostrophiert hat, der selbst ein „master of iconopolitics" gewesen sei.[10]

Die Videobilder, die den Einsatz der Navy Seals dokumentieren, sind nur den im Raum anwesenden privilegierten Zuschauern vorbehalten, dem Betrachter hingegen bleiben sie „vorsorglich" erspart. Als Bilder-im-Bild hätten sie, von einer anderen Position im Raum aus aufgenommen, in der Fotografie durchaus Platz finden können; allerdings hätte man es bei den Anwesenden dann vornehmlich mit Rückenfiguren zu tun gehabt. Die Aufnahme appelliert stattdessen an die Vorstellungskraft des Betrachters und setzt darauf, dass die

---

8   Solange kein detailliertes Protokoll der Kommandoaktion in Abottabad vorliegt, lässt sich aus der angeblich auf die Minute genau zu datierenden Aufnahme (16.05 Uhr Washingtoner Zeit, siehe hierzu Anm. 7) auf keinen bestimmten Augenblick des Geschehens im fernen Pakistan rückschließen; es könnte sich bei den Reaktionen der im Situation Room versammelten Runde z. B. auch um den Moment des Absturzes des Helikopters handeln, der sich gleich zu Beginn der 40-minütigen Operation ereignete. Dennoch bleibt das mit der Veröffentlichung ebendieser Foto-grafie einhergehende Kalkül der visuellen Suggestion, es handele sich um den „entscheidenden" Moment der Tötung Bin Ladens, bestehen.

9   Vgl. *NZZ Online*, 4.5.2011: „Übermittlungspanne bei der Tötung Bin Ladens. Signal während rund 20 Minuten ausgefallen" (http://www.nzz.ch/uebermittlungspanne_bei_der_toetung_bin-ladins-1.10474823, zuletzt am 22.7.2015). Die *Süddeutsche Zeitung* berichtete darüber wie folgt: „Und [CIA-Chef Leon] Panetta stellt noch ein Detail klar: US-Präsident Barack Obama habe der Tötung nicht zugesehen. Ein offizielles Foto zeige Obama und seine Berater zwar vor Bildschirmen. Für etwa 20 Minuten habe man aber [aus technischen Gründen] nicht gewusst, was sich im Haus [Bin Ladens] abspiele. Überprüfen lässt sich diese Aussage auch nicht. Was Obama sah, ist bisher geheim." In: *Süddeutsche Zeitung*, 5.5.2011, Titelseite

10 David Levi Strauss, Withholding Images. In: *Time*, 9.5.2011. Strauss diskutiert ausführlich die Bildstrategien von Obama und Bin Laden, http://time.com/3777002/witholding-images/#1, zuletzt am 22.7.2015.

ebenso prägnante wie provokante Leerstelle des Bildes, die zugleich eine eminent medienpolitische Lücke im System der Berichterstattung repräsentiert, auf eine imaginative, virtuelle Weise ausgefüllt wird. In explizierter Form stellt die Aufnahme den Bildverzicht – man könnte auch sagen: die verordnete Bildverweigerung (oder auch: Zensur) – vor Augen. Das gezeigte Bild, das nicht die Tat, sondern die Reaktionen der Befehlshaber und Berater referiert, soll als hinreichendes Surrogat für das von vielen Seiten nachgefragte, teils geradezu vehement geforderte „fehlende Bild" (des Leichnams) fungieren.[11]

Innerbildlich wird „vor aller Augen" der Tathergang verifiziert, außerhalb des Bildes bleibt nur, mit einer Formulierung des deutschen Sprachpsychologen Karl Blüher gesagt, die „Deixis am Phantasma". Das heißt, dass über die gezeigte Szene an die gemeinschaftliche Vorstellungskraft appelliert und darüber hinaus darauf abgezielt wird, dass sich die drängende Nachfrage nach dem einzig schlagenden (Bild-)Beweis erübrige – eine Medienstrategie, die ebenso ungewöhnlich wie bislang einmalig ist.

Die vom Weißen Haus mit der Souza-Aufnahme betriebene Presse- und Bildpolitik ist in der Öffentlichkeit umgehend in die Kritik geraten. Auch bildende Künstler, darunter zahlreiche Karikaturisten, haben vehement auf dieses Bild, das vorgibt, die Reaktion auf die Erschießung, in Wahrheit aber das Entsetzen über den Absturz des eigenen Helikopters und damit das mögliche Scheitern der gesamten Operation zu zeigen, reagiert.[12] Thomas Hirschhorn zum Beispiel schreibt in diesem Zusammenhang: „Die Tendenz zur ‚Ikonisierung' existiert noch heute. ‚Ikonisierung' ist die Gewohnheit, das Bild, das ‚hervorsticht', das ‚das Wichtige' ist, ‚das mehr sagt', ‚das mehr zählt als die anderen', ‚auszuwählen' bzw. zu ‚finden'. Mit anderen Worten: die Tendenz zur ‚Ikonisierung' ist die Tendenz, ein Schlaglicht auf etwas zu werfen, es ist das alte klassische Verfahren, eine Hierarchie zu begünstigen und sie auf autoritäre Weise aufzuoktroyieren.

11 Die Herausgabe von Fotos des erschossenen Osama bin Laden wurde von verschiedenen Seiten mit z. T. durchaus unterschiedlicher Begründung gefordert; so hat z. B. Joseph Lieberman, Vorsitzender des US-Senatsausschusses für Heimatschutz, verlauten lassen: „So grauenvoll sie sein werden, weil er in den Kopf geschossen wurde: Die Veröffentlichung der Bilder könnte notwendig sein, um Zweifel zu unterdrücken, dass dies irgendein Trick der amerikanischen Regierung war." Und auch Präsidentenberater John Brennan deutete zunächst an, Beweisfotos sollten vielleicht veröffentlicht werden, damit „niemand irgendeinen Grund hat zu leugnen, dass wir Osama bin Laden erwischt haben". Vgl. *Süddeutsche Zeitung*, 4.5.2011, S. 6 („Beweisbilder gegen die Zweifel"). In Deutschland hat unter anderem die *BILD*-Zeitung vehement für die Freigabe der Fotos plädiert: „Ich denke, man sollte den toten Bin Laden der Welt zeigen. Sein zerschossenes Gesicht gehört zu den Bildern von 9/11." (Betrifft: die Todesfotos Bin Ladens. In: *BILD*, 5.5.2011)

12 Vgl. auch die Installation *May 1, 2011* von Alfredo Jaar aus dem Jahr 2011; siehe dazu nähere Angaben unter http://www.scadmoa.org/art/exhibitions/may-1-2011, zuletzt am 22.7.2015

Dies ist keine Wichtigkeitserklärung gegenüber etwas oder jemandem, sondern eine Wichtigkeitserklärung gegenüber anderen. Das Ziel ist, eine scheinbar gemeinsame Wichtigkeit, ein gemeinsames Gewicht, ein gemeinsames Maß zu etablieren. Aber die Tendenz zur ‚Ikonisierung' und dazu, ‚ein Schlaglicht auf etwas zu werfen', haben den Effekt, die Existenz von Unterschieden, des Nicht-Ikonischen, des Redundanten und des Nicht-Hervorstechenden zu verneinen. Im Bereich von Bildern des Kriegs und des Konflikts führt dies dazu, dass dasjenige Bild, das für andere ‚akzeptierbar' ist, ausgewählt wird. Es ist das ‚akzeptable' Bild, das für ein anderes Bild, für alle anderen Bilder, für etwas anderes und sogar für das ‚Nicht-Bild' steht. Dieses Bild bzw. diese Ikone muss selbstverständlich das Richtige, das Gute, das Gerechte, das Erlaubte, das Ausgewählte – das konsensstiftende Bild sein. Dies macht die Manipulation aus. Ein Beispiel ist das (auch von Kunsthistorikern) vieldiskutierte Bild des ‚Situation Room' in Washington während der Eliminierung von Bin Laden durch die Navy Seals im Jahr 2011. Ich lehne es ab, dieses Bild als eine Ikone zu akzeptieren, ich lehne seine ‚Ikonisierung' ab und ich lehne die Tatsache ab, dass dieses Bild – wie alle anderen ‚Ikonen' – für etwas anderes als für sich selbst steht. Die Tendenz zur ‚Ikonisierung' zu bekämpfen, ist der Grund, warum es wichtig ist – heute – [stattdessen, MD] Bilder zerstörter Körper zu zeigen und anzusehen."[13]

2. Simulation, kritisch

Mit seiner Closed-Circuit-Videoinstallation *The Situation Room* (2013) geht Franz Reimer als Künstler einen anderen, eigenen Weg der Analyse. Aber auch er setzt schließlich bei der Strategie der Ikonisierung an. Ihm war das Souza-Bild ebenfalls aufgefallen, aber er fand keinen Zugang dazu, das heißt, es war ihm zunächst nicht sonderlich problematisch oder fragwürdig.[14] Nach einer längeren Beschäftigung mit dem Thema Kriegsfotografie allerdings dämmerte ihm die provozierende Propagandastrategie der Aufnahme, mehr zu verbergen als zu zeigen. Um sich der Fotografie weiter anzunähern, wählte er einen sehr aufwendigen Weg: Er baute innerhalb von drei Monaten die gezeigte Szene beziehungsweise den Raum und sein Mobiliar nebst Objekten auf dem Tisch (Laptops, Kaffeebecher, Unterlagen) maßstabsgetreu, soweit dies entlang den innerbildlichen Angaben möglich war, in seinem Studio als Bühnenbild mit

13 Thomas Hirschhorns Text „Warum ist es wichtig – heute – Bilder zerstörter Menschenkörper zu zeigen und anzusehen", als Typoskript verteilt in der Ausstellung „Thomas Hirschhorn, Collage Truth", Galerie Susanna Kulli, Zürich, 2013; in englischer Übersetzung publiziert in: *Critical Laboratory. The Writings of Thomas Hirschhorn*, Cambridge, Mass. 2013

14 Als Angabe dem in der Anmerkung am Textende zitierten Künstlergespräch mit Franz Reimer entnommen.

einfachen Mitteln (Papier, Pappe, Sperrholz, Klebefolie, Möbel, Teppichboden, Strahler) nach.[15] Auf diese Weise entstand eine Kopie des Bildes in dritter Dimension, das sich wie eine szenografische Kulisse betreten lässt (Abb. S. 164 ff.). In dieses leere, von seinem Personal bereinigte Bild kann man eintreten, sich auf einem Sessel am Tisch niederlassen und beginnen, neu und anders über das Ausgangsbild zu sinnieren. Die Pointe (und dialektische Volte) der Installation bildet der neu gesetzte Fluchtpunkt, und zwar jener Monitor, der in der Originalaufnahme nicht sichtbar ist, weil er sich außerhalb des Bildrahmens befindet, dessen Position jedoch die gesamte Architektur und Dramaturgie der Souza-Fotografie bestimmt. In Reimers Nachbau aber fällt der Blick des Besuchers jetzt an eben dieser Stelle auf einen Bildschirm, auf welchem sich per Closed-Circuit-Technik der vorgegebene Raum im Videobild des Kontrollmonitors spiegelt. Nimmt der Besucher Platz, so erscheint jetzt seine eigene Gestalt auf dem Screen, das heißt, er wird ins Situation-Room-Ensemble integriert. Man sieht sich in den Washingtoner Lagebesprechungsraum projiziert und wird virtuell zum (Bild-) Insassen dieser nachgerade berühmt-berüchtigten politischen Zelle. Die täuschende Ähnlichkeit und Bildtauglichkeit des nachgebauten Raums, der nach außen hin seinen Installationscharakter freimütig bloßlegt, zieht den Besucher ins Bild hinein. Am Tisch sitzend, die Laptops betrachtend oder mit den Gegenständen spielend, sieht man sich als Bestandteil eines Bildes, das dem äußeren Anschein nach dem Situation Room haargenau entspricht. Jetzt kann das Nachdenken einsetzen, über das Täuschungspotential einer simplen Kulisse, die wieder zum Bild wird, über das Gaukelspiel von politischer Inszenierung sowie die Wirksamkeit und Wirkung von Bildern im Allgemeinen. Hat man sich erst einmal daran gewöhnt, sich für den Augenblick aufgezeichnet zu sehen, so bringt man sich vielleicht auf die Position eines der auf dem Washingtoner Bild vorhandenen Protagonisten. Man stellt eine Szene oder Gestalt nach und prüft Übereinstimmung oder Differenzen. Wem der politische Kontext nicht bekannt sein sollte, kann an der Außenwand anhand einer illustrierten Texttafel lesend mehr zur Geschichte und den konkreten politischen Zusammenhängen erfahren.

Reimers Installation ähnelt einer Versuchsanordnung, durch welche man auf unterschiedlichen Ebenen praktische Bilderfahrungen machen und erproben

---

15 Siehe dazu auch die Homepage des Künstlers (www.franzreimer.de). – Zu künstlerischen Täuschungsmanövern in der Gegenwartskunst siehe auch Michael Diers, Die doppelte (Ent-) Täuschung. Bilder nach Bildern bei Thomas Demand. In: *Täuschend echt. Illusion und Wirklichkeit in der Kunst*. Bearb. von Bärbel Hedinger, Kat. Bucerius Kunst Forum Hamburg, München 2010, S. 52–59

kann. Bleibt man als oberflächlicher Betrachter beim vergnüglichen Video-spiegel-Spiel („Ich sehe mich auf dem Bildschirm") stehen, verpasst man aller-dings die Ebene der kritischen (Medien-)Reflexion, die mit der Installation vor allem gegeben ist. Entlang der Frage nach der Konstruktion und dem Status eines ikonischen Bildes, das hier entleert oder wie für einen neuerlichen Auftritt gerade zugerichtet zu sein scheint, lassen sich die Aspekte des fehlenden Bildes, des Rollenspiels („vor laufender Kamera"), der diversen, dem Bild innewoh-nenden Täuschungsmanöver in technischer wie moralischer und politischer Hinsicht aus der gegebenen simulierten Raumsituation heraus zumindest neu bedenken. Die Verwandlung eines fliegenden Baus in ein (Video-)Bild wird als *Trompe l'œil*-Akt spielerisch erfahren und in der Folge des Spiels potentiell auch der Sache nach in ihren Grundzügen begriffen. Die Idee, einen Bildraum nach-zuschaffen, um dem Räsonnement über das Zusammenspiel von Medien, Bild und Politik einen Platz einzuräumen, ist mit der Videoinstallation *The Situation Room* von Franz Reimer in ihrer scheinbaren Beiläufigkeit äußerst wirkungsvoll umgesetzt.

Anmerkung
Ich danke Franz Reimer für die vorbereitenden Unterhaltungen sowie das öffentliche Künstlergespräch in der Akademie der Künste, das ich am 19. November 2014 („Bilder der Macht und die Macht der Bilder"), eingeladen durch Anke Hervol, Akademie der Künste, mit ihm geführt habe (siehe die Videoaufzeichnung unter http://www.schwindelderwirklichkeit.de/reimer-diers/ zuletzt am 22.7.2015).

BILL VIOLA UND CLOSED-CIRCUIT-VIDEO

NIE GESEHENE BILDER UND NIRGENDS ERZÄHLTE PROZESSE

SLAVKO KACUNKO

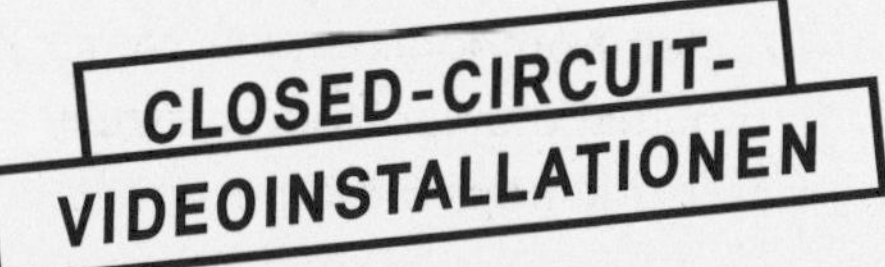

Die Closed-Circuit-Videoinstallationen von Bill Viola sind bislang nicht sonderlich gut dokumentiert und erforscht worden – weder in Ausstellungen noch in anderen Forschungszusammenhängen. Seine umfangreiche Retrospektive, die bis Ende Juli 2014 im Grand Palais in Paris stattfand, markierte den Zeitraum der gezeigten Arbeiten ausdrücklich zwischen 1977 und 2013. Damit bestätigte sie eine generelle Tendenz, den Jahren von 1972 bis 1976, in denen Violas künstlerische Karriere begann, keine nähere Beachtung zu schenken, obwohl er in dieser Zeit alle seine 14 Closed-Circuits realisierte. Ich möchte im Folgenden auf einige von ihnen kurz eingehen, um anschließend ihre Einbettung in Violas Gesamtwerk zu thematisieren.

In einem Interview erzählte mir Bill Viola 2002 in Berlin, dass die erste Live-Videoinstallation eines Künstlers, die er gesehen hat, *Iris* (1968) von Les Levine war und dass seine erste direkte Erfahrung mit Closed-Circuit-Videoinstallationen sogar bis in die Mitte der 1960er Jahre zurückreiche, als er in New York eine kommerzielle Präsentation eines Farbfernsehers der Firma RCA sah: Sie bestand aus einem Tisch, auf dem sich eine Videokamera und ein angeschlossenes Farbfernsehgerät drehten. Bill Viola erinnerte sich außerdem an eine experimentelle Show auf Channel 14 im Jahr 1969 oder 1971, „Bob & Ray", in der die beiden beliebten Gastgeber aus zwei verschiedenen Fernsehstudios miteinander kommunizierten. Er sah darin eine Art Videokunststück („video art piece").[1]

Seine Studienzeit am College of Visual and Performing Arts der Syracuse University verbrachte Viola vorwiegend im „Experimentalstudio" der Kunstabteilung, wo er Experimentalfilme von Michael Snow, Stan Brakhage, Ken Jacobs

---

1 Bill Viola, Interview mit Slavko Kacunko, Berlin, 11.2.2002, Archiv des Autors

und Hollis Frampton erforschte. Nachdem für das Experimentalstudio ein Sony-Video-Equipment angeschafft worden war, half er dort seit seinem zweiten Studienjahr, ein Ein-Zoll-Farb-Videostudio mit Zweiwegekabelsystem aufzubauen, das unter dem Namen „Synapse" sowohl für die Ausbildung der dort Studierenden als auch für künstlerische Produktionen genutzt werden konnte. Zwischen 1972 und 1974 arbeitete er darüber hinaus als technischer Berater für Video im Everson Museum of Art in Syracuse, das als erstes Museum in den USA eine Videoabteilung gründete. Noch als Student der elektronischen Musik traf Viola 1972 den Komponisten der Neuen Musik Alvin Lucier sowie den Theater- und Multimediakünstler Robert Ashley und kam im darauffolgenden Jahr während eines Workshops für experimentelle Musik in New Hampshire in Kontakt zu Persönlichkeiten wie David Tudor, David Behrman und Gordon Mumma.

Nach seinem Studienabschluss 1973 an der Syracuse University besuchte Viola den von Peter Campus dort geleiteten Workshop und wurde von dessen psychologisch und wahrnehmungstechnisch intensiven und präzisen Arbeiten und dem künstlerischen Ethos des älteren Künstlers stark beeinflusst. Diese und andere Begegnungen und Einflüsse schärften seine Sensibilität für das Prozessuale, wie er selbst sagte: „Entscheidend für mich war der Prozess [...]. Ich dachte darüber [Video] nie im Sinne von Bildern nach, sondern vielmehr im Sinne des elektronischen Prozesses, ein Zeichen."[2]

Seine erste Closed-Circuit-Videoinstallation, *Instant Replay* (1972), entstand in einem kleinen Privatzimmer (ca. 2,5 x 2,5 m) in der School of Art der Syracuse University: Auf einem Tisch befanden sich zwei übereinandergestellte 12-Zoll-Monitore. Der obere zeigte das Live-Videobild einer Closed-Circuit-Videokamera mit der im Raum befindlichen Person, während der untere das gleiche Bild mit einer Zeitverzögerung von 7 Sekunden wiedergab. Außerdem stand ein Mikrofon für die Benutzung durch die Besucher zur Verfügung. Die Installation wurde nur für einen Tag aufgebaut und nur jeweils eine Person durfte den Raum betreten, der von innen abgeschlossen werden konnte.

Während in *Instant Replay* der Realitätseindruck des Live-Videobildes direkt mit seiner zeitverzögerten Darstellung konfrontiert wurde – eine Situation, die Bruce Nauman schon 1970 gezeigt hatte –, demonstrierte die Closed-Circuit-Videoinstallation *Walking Into The Wall* (1973) eine Art „Raumverzögerung", die sich durch die Gegenüberstellung beziehungsweise Ergänzung der realen

2   „The crucial thing for me was the process [...]. I never thought about [video] in terms of images so much as electronic process, a signal." Raymond Bellour, An interview with Bill Viola. In: *October* 34, Herbst 1985, fortan Bellour 1985

Person und ihres lebensgroßen Live-Videobildes ergab. Der Besucher, der in der abgedunkelten Raumhälfte stand, hatte die Möglichkeit, die eintretenden Besucher als Live-Videoprojektion in Lebensgröße zu sehen, kurz bevor diese auch in den abgedunkelten Teil traten. Es entstand der Eindruck, als würde die sich nähernde Person tatsächlich aus der Videoprojektion heraustreten und ihr Erscheinungsbild lediglich von Schwarzweiß zu Farbe wechseln.

Ein weiteres Potential von Closed-Circuit-Videos demonstrierte Viola mit der Installation *Localization* (1973), in der zwei Orte auf dem Gelände der Syracuse University – ein Korridor und ein Aufenthaltsraum – audiovisuell miteinander verbunden wurden. Die Geräteanordnung ermöglichte es den Besuchern, die sich vor dem Monitor befanden, sowohl die Person am anderen Ende der Telekommunikationsverbindung als auch ihr eigenes, aufgrund der visuellen Rückkopplung vervielfältigtes Abbild zu beobachten, und darüber hinaus auditiv mit der anderen Seite zu kommunizieren.

Kurze Zeit später, im Dezember 1973, zeigte Viola eine Closed-Circuit-Videoinstallation erstmals ganze drei Wochen lang im Everson Museum of Art in Syracuse als Teil einer größeren Gruppenausstellung (1.–21.12.1973). Die Installation *Quadrants*, die er im Jahr darauf auch beim New York Avantgarde Festival zeigte, bestand aus einem mit zwei Reflektoren von oben ausgeleuchteten Raum, in dem auf zwei Podesten zwei mal zwei 19-Zoll-Monitore aufeinandergestellt waren. Ein Monitor stand „normal", einer um 90° gedreht auf der Seite, ein weiterer auf dem Kopf und der vierte wiederum in die andere Richtung gedreht, so dass der Eindruck einer virtuellen Rotation der Bildschirme entstand. Von der anderen Seite des Raumes nahm eine mit zwei der Monitore verbundene Videokamera dieses Ensemble auf. Das gleiche Signal wurde, um 7 Sekunden verzögert, auf den beiden anderen Monitoren gezeigt. So entstand ein Rückkopplungsbild, bestehend aus mehreren ineinanderstehenden Bildschirmen. Betraten Besucher den Bereich zwischen der Kamera und den Monitoren, erschien ihre fragmentierte, ineinandergeschachtelte und zeitverzögerte Aufnahme.

Die so demonstrierten grundlegenden Möglichkeiten der Zeit- und Raummanipulation im „Videoraum" und insbesondere auch an der „Schnittstelle", dem Übergang zwischen dem Realen und Virtuellen, wichen in der öffentlichen Closed-Circuit-Videoinstallation *Bank Image Bank* (1974) einer anderen geometrisch-stereometrischen Anordnung dieser ortsspezifischen Arbeit, die das Überwachungssystem der Lincoln First Bank in Rochester quasi von innen nach außen wendete. Zwölf 17-Zoll-Schwarzweiß-Monitore waren mit acht Schwarzweiß-Überwachungskameras verbunden, die zum Teil mit Schwenkköpfen versehen worden waren, so dass sie unter anderem den Raum zwischen den beiden Monitorgruppen durch horizontale beziehungsweise vertikale Schwenks erfassen konnten und so insgesamt eine Art offengelegtes Panopticon bildeten, innerhalb dessen der Besucher sowohl zum Objekt als auch zum Subjekt des Gesamtsystems wurde.

In der Zwischenzeit hatten Steina und Woody Vasulka in New York eine wichtige Initiative zur Förderung und Präsentation der Video- und Performancekunst gegründet, die berühmt gewordene „The Kitchen", die sie 1973 wieder aufgaben, um sich ein elektronisches Studio in Buffalo aufzubauen. Bill Viola stellte in The Kitchen 1974 drei Closed-Circuit-Videoinstallationen aus, die die Einschränkungen des menschlichen Wahrnehmungsapparates und die des elektronischen Videoübertragungssystems aufeinander bezogen und quasi „zur Anschauung" brachten. Auf der inhaltlichen Ebene kann von einer Art zänkischer Abrechnung mit den inzwischen vom Künstler als langweilig bezeichneten, zeitverzögerten Closed-Circuit-Videoinstallationen gesprochen werden; im Fall von *Mock Turtles* (1974) bestätigte es Viola ausdrücklich: „Die Idee zu dieser Arbeit entstand aus der Langeweile bei der Durchsicht und Erstellung von vielen Videostücken mit Zeitverzögerung, die seit den frühen Jahren des Mediums entstanden waren."[3] Drei Dosenschildkröten wurden in einem schwach erleuchteten Raum in ein kleines Gehege (ca. 1,20 x 1,85 m) gesetzt, das von einer Wärmelampe bestrahlt und von der Decke mit einem 500-Watt-Scheinwerfer ausgeleuchtet wurde. Sie wurden von einer Videokamera aufgenommen, deren Bild mit einer Zeitverzögerung von 8 Sekunden auf einem Fernsehmonitor erschien. Die Tiere bewegten sich nur minimal und dann auch sehr langsam, so dass die Verzögerung kaum zu bemerken war. Diese komisch-absurde technische Manipulation – die Verlangsamung von ohnehin langsamen und sich kaum bewegenden Tieren – kann durchaus als Violas etwas vorweggenommener innerer Abschied von der Ästhetik und Philosophie der „Realzeit" der frühen 1970er Jahre gedeutet werden.

Als Pendant zur Closed-Circuit-Videoinstallation *Slow Burn I* (1976) von Bart Robbett (oder auch zu Arbeiten von Mary Lucier), ist die zweite in The Kitchen ausgestellte Installation Violas mit dem Titel *Decay Time* (1974) zu sehen. In einem abgedunkelten Raum (ca. 6 x 9 m) wurde ein Videobild als einzige Lichtquelle auf eine große Leinwand projiziert. In Abständen von 40 Sekunden

3   „The idea for this piece arose after becoming bored with both creating and witnessing the many video tape delay pieces presented throughout the early years of the medium." Bill Viola, Beschreibung von *Mock Turtles*, Manuskript, Bill Viola Studios, Long Beach

blitzte ein Stroboskoplicht auf, so dass die Lichtempfindlichkeitsschwelle der Kamera entweder über- oder unterschritten wurde und keine differenzierte Live-Projektion der von der Closed-Circuit-Videokamera erfassten Umgebung möglich war. Nach dem Erlöschen des Lichtblitzes blieb nur ein Nachbild auf der Vidicon-Röhre der Kamera und – nach einer Gewöhnungszeit – auch auf der Retina des menschlichen Auges, das das lebensgroße Abbild der betreffenden Person sehen konnte. Während die Veränderungen des Videobildes in *Mock Turtles* in einem für die menschliche Aufmerksamkeit zu langen Zeitintervall stattfanden, fiel das Zeitintervall sowohl für das menschliche Sehen als auch für die maschinelle Vision in *Decay Time* zu kurz aus.

Peep Hole (1974) schließlich bestand aus einem freistehenden Kubus, dessen vordere Wand ca. 2,5 x 2,5 m maß und sich gegenüber dem Eingang des von der Decke beleuchteten Ausstellungsraums befand. Diese Wand diente als Projektionsfläche für eine Schwarzweiß-Videoprojektion. Nicht ganz in der Mitte der Fläche befand sich in Augenhöhe ein unregelmäßig geformtes Loch von etwa 7 Zentimeter Durchmesser, aus dem Licht herausströmte. Schaute der Besucher hinein, sah er im Spiegel das Loch und sein eigenes hereinschauendes Auge. Die in den Raum hereintretenden Besucher konnten das Auge der ins Loch schauenden Person gleichzeitig auch als auf die Trennwand (und auf den Rücken des ins Loch Schauenden) live-projiziertes Videobild beobachten. Diese Installation stand noch in der Tradition der Closed-Circuit-Videoinstallation mit „Fallencharakter" (Levine, Graham, Nauman): Die Besucher wurden an anderer Stelle der Installation heimlich aufgenommen und tappten in die Falle; diese Bilder wurden gezeigt und andere „Verletzungen der Privatsphäre" oder des „Rechts am eigenen Bild" thematisiert. Mitte der 1990er Jahre setzte dank der erleichterten Verfügbarkeit der Apparatur eine Renaissance der Closed-Circuit-Videoinstallation insgesamt ein, sie erlebte ihre zweite Blüte. Beispiele hierfür wären *Augenzeugen (XXX)* (1996) von Christin Lahr und *Polyphemus' Eye* von Concha Jerez und José Iges (Ars Electronica 1997), um nur zwei herauszugreifen.

Im Frühjahr 1974 zeigte Bill Viola eine weitere Closed-Circuit-Videoinstallation im Synapse Video Center der Syracuse University, *Separate Selves (with audio, A. Lucier)*: In einem großen abgedunkelten Raum (ca. 7 x 10 m) war eine Wand-Projektionsfläche (ca. 3 x 4 m) angebracht, auf der Videobilder aus drei Quellen erschienen. Befand sich der Besucher in der Mitte des ausgeleuchteten Bereichs, sah er drei sich abwechselnde Live-Bilder seiner Person in Lebensgröße. Je weiter er sich von dem zentralen, „idealen" Standpunkt entfernte, desto weniger sichtbar wurde sein komplettes Abbild.

In *Trapped Moments*, ausgestellt im November 1974 im Musée des Arts Déco-ratifs, Lausanne (Version mit 2 Kameras und 2 Monitoren), wurde eine im Kellergeschoss befindliche Mausefalle mit Käse-Köder von einer Schwarzweiß-Videokamera aufgenommen, deren Live-Bild direkt auf einem Monitor oben in der Galerie gezeigt wurde. Ein 500-Watt-Scheinwerfer beleuchtete den Bereich vor dem Monitor. Eine zweite Kamera nahm gleichzeitig die vor dem Monitor stehenden Besucher auf und zeigte dieses Bild auf einem zweiten Monitor, der sich in einer dunklen Ecke der Galerie hinter der Treppe befand. Viola schreibt dazu: „Ich wollte eine Arbeit schaffen, die auf einem Ereignis beruht, das nur einmal passiert, eine irreversible zeitliche Einbahnstraße. Bis zum Eintreten die-ses Ereignisses gäbe es einen ständigen Zustand großer Erwartung und Span-nung, in dem die Zeit greifbar würde, wobei dieses einzelne Ereignis die Natur und Wirkung der Arbeit dramatisch änderte. (Keine Maus in der Schweiz wan-derte je in die Falle.) Menschen stellen dauernd Mausefallen aus, der Moment der Gewalt wird in der Regel aber nie direkt beobachtet und die Ergebnisse werden immer schnell entsorgt. Sie werden nie permanent vor unseren Augen platziert wie in einer Closed-Circuit-Videosituation. Wie beim Fernsehen spielt auch diese Arbeit mit der Faszination des Morbiden, die Menschen als Voyeure in Situationen von Gewalt und Tod ergreift."[4]

Das Jahr 1975 verbrachte Bill Viola in Florenz als technischer Direktor eines der ersten europäischen alternativen Produktionsstudios für Video, Art/Tapes/22, in dem viele europäische Künstler ihre ersten Erfahrungen mit Videoarbeiten machten. Sein in Syracuse entwickelter Sinn für akustische Einflüsse in unter-schiedlichen Raumkontexten erlangte durch die Wirkung der Innenräume gro-ßer Frührenaissance-Kirchen und Kathedralen eine neue Qualität. Es folgten drei auch inhaltlich zusammenhängende Closed-Circuit-Videoinstallationen. *Il Vapore* (1975) verwendete ein vorproduziertes Videoband, das den Künstler in der gleichen Raumsituation zeigte, in der auch später die Installation statt-fand. Zu sehen war, wie Viola vor einem Metalltopf kniete und diesen mit Wasser aus einem Eimer füllte, indem er das Wasser mit dem Mund aufnahm und dann

---

4   „I wanted to create a piece which relied on an event that only happened once, an irreversible temporal one-way street. Until the occurance of this event, there would exist a constant state of great anticipation and tension, where time would become palpable and where this single event would dramatically change the nature and effect of the work. (No mouse ever wandered into the trap in Switzerland.) People place mousetraps out all the time, yet the moment of violence is never directly witnessed and the results are always quickly disposed of. It is never placed continuously before our eyes as in the closed circuit video situation. As with broadcast television, this work also plays on the morbid fascination that people have in being a voyeur to situations of violence and death." Bill Viola, Ausschnitt aus dem Statement, Manuskript, Bill Viola Studios, Long Beach

in den Behälter ausspuckte. Die dabei entstehenden Geräusche wurden auf die Tonspur aufgenommen. Für die Installation war im Ausstellungsraum ein langer und schmaler Verschlag abgeteilt. Der Behälter stand dort auf einer Strohmatte. Eukalyptusblätter wurden hineingegeben und das Wasser mittels eines Campingkochers erhitzt. Eine Videokamera auf einem Stativ nahm den mit dem starken Eukalyptusgeruch erfüllten Raum auf, in den die Besucher jetzt eingelassen wurden. Befanden sie sich in der Nähe des Behälters, so konnten sie ihr eigenes Videobild im Monitor dahinter sehen, überblendet mit Bildern der zuvor aufgenommenen Aktion, die sie auch hören konnten. Die virtuelle Überlagerung zweier Zeiten im gleichen Raum erfolgte auch in der Closed-Circuit-Videoinstallation *Rain – Three Interlocking Systems* (1975), wieder mit Hilfe einer Closed-Circuit-Videokamera, eines vorher produzierten Videobandes und eines Videomischers. Der technische Aufbau entsprach dem von *Il Vapore*. Diese Arbeit präsentierte der 24-jährige Viola im Dezember 1975 in seiner Einzelausstellung im Everson Museum of Art in Syracuse. Die Closed-Circuit-Videoinstallation *Olfaction* (1976) machte wie die beiden zuvor angesprochenen Arbeiten *Il Vapore* und *Rain* von dem gleichen technischen System Gebrauch, indem sie ebenso stark die akustische Komponente in das visuell-kinästhetische und auch olfaktorische Gesamtarrangement einbezog.

Seine letzte Closed-Circuit-Videoinstallation *He Weeps for You* (1976) wurde in allen Ausführungen in einem abgedunkelten Raum ausgestellt. Dort verlief ein Kupferrohr senkrecht von der Decke und endete in einem kleinen Ventil, aus dem langsam und gleichmäßig immer wieder ein Tropfen Wasser quoll. Eine mit Makroobjektiv ausgestattete Farbvideokamera (alle bisherigen waren schwarzweiß) wurde auf den Tropfen gerichtet und mit einem Videoprojektor verbunden. Die Tropfen fielen auf eine Trommel, die auf einem kleinen orientalischen Teppich stand und deren Klänge von einem darunter befindlichen Mikrofon erfasst wurden. In der Projektion erschien der langsam anschwellende Tropfen übergroß. In ihm spiegelte sich die unmittelbare Umgebung – das Live-Feld der Kamera einschließlich des Besuchers – um 180° gedreht. Das Herabfallen des Einzeltropfens löste einen deutlich hörbaren tiefen, nachklingenden Aufschlag aus. Zu dieser Installation lieferte der Künstler mehrere Statements, in denen er sich zu den in Italien empfangenen mystischen Einflüssen bekannte, insbesondere auch zu den entsprechenden Philosophien des Orients, die eine Verbindung von Mikro- und Makrokosmos lehrten. Diese letzte Closed-Circuit-Installation des Künstlers zeugt wie die aufgenommene Videoszene in *Il Vapore* von einem weiteren wichtigen, seit dieser Zeit aus dem Schaffen und Denken Bill Violas nicht mehr wegzudenkenden Einfluss – dem des mystischen islamischen Asketen und Denkers Dschalal ad-Din Muhammad Rumi (13. Jh.). Rumis Sinndeutung von Bildern als Lüge(n) ging Hand in Hand mit Violas eigener Skepsis dem Sichtbaren gegenüber. In einem Brief an Wulf Herzogenrath, in dem Viola seine Videoinstallation *He Weeps for You* beschrieb, zitierte der Künstler den Satz des persischen Mystikers: „Mit jedem Moment wird eine Welt geboren und stirbt, / Und du sollst wissen, dass auch für dich mit jedem Augenblick der Tod und die Erneuerung gegenwärtig werden."[5]

Abgesehen von einigen damaligen Installationsentwürfen bedeutete *He Weeps for You* den Abschied Violas von weiteren künstlerischen Experimenten mit dem Live-Videobild. Er selbst fasste seine Videobänder, die zwischen 1973 und 1979 entstanden waren, unter dem Begriff „strukturales Video"[6] zusammen. Zeitlich parallel zu Peter Campus und in vergleichbarer Weise näherte sich Bill Viola dem Visuellen an ohne jeden Versuch, den ontologischen Status des Bildes künstlich zu konzipieren oder zu begründen. Das Bild stellt in seiner Kunst keine Form(alität) dar, es „wird nicht als Objekt verstanden, sondern als belebtes, sich ständig veränderndes Resultat"[7]. So müssen auch seine frühen Experimente mit Live-Video als unverzichtbare Bestandteile seiner Arbeit angesehen werden, bei denen der Topos „Feedback" der frühen 1970er Jahre allmählich sublimiert wurde, in der Zeitlichkeit aufging und das Transzendentale in einen Dialog mit dem Metaphysischen eintrat.

Barbara London erklärte 1987, dass Bill Viola mit Eigenschaften von Video konzeptionell umginge, während er seine persönlichen Erfahrungen eher emotional verarbeitete. Inzwischen tendiere ich dazu, darin keinen Widerspruch erkennen zu wollen. Indem er die kontinuierlich überschrittenen Schwellen der Erfahrung reflektiert, markiert Viola den Weg seiner künstlerischen Entwicklung, ohne ihre Ausgangspunkte zu verlassen. Eine Verschiebung lässt sich dennoch bis in Violas Studienzeit in Syracuse und unmittelbar danach zurückverfolgen. Während Peter Campus 1974 das Video „eine Funktion der Realität"[8] nannte, setzte Bill Viola Campus' psychologische Forschung in der

5   „With every moment a world is born and dies, / And know that for you, with every moment come death and renewal." Dschalal ad-Din Muhammad Rumi, Matnawi, zitiert nach: Bill Viola, Statement (revised October 1988), Akademie der Künste, Wulf-Herzogenrath-Archiv, Nr. 440/1

6   Marie Luise Syring (Hg.), *Bill Viola: Unseen Images / Nie gesehene Bilder / Images jamais vues.* Kat. Kunsthalle Düsseldorf, Düsseldorf 1992, S. 13, fortan Syring 1992

7   „It is not to be understood as object, but as an animate, permanently changing result." Bill Viola (1975). In: ders., Robert Violette (Hg.), *Bill Viola. Reasons for Knocking at an Empty House. Writings 1973–1994.* London 1995, S. 95

8   Johanna Gill, Video: State of the Art (1976). In: *Eigenwelt der Apparatewelt: Pioniere der Elektronischen Kunst = Pioneers of electronic art.* Kat. Ars Electronica, Linz 1992, S. 63–88, hier S. 86; zuerst veröffentlicht 1976 als Bericht der Rockefeller-Foundation

Beziehung von *video* und *cogito* fort, um sein eigenes Erkenntnisinteresse zum Ausdruck zu bringen, wie er in einem Interview mit Raymond Bellour sagte: „So wie das Denken eine Funktion der Zeit ist, gibt es einen Moment, in dem der Akt der Wahrnehmung zum Konzept wird, und dies ist Denken."[9] Darin liegt auch der Grund, warum die Forschung den angeblichen Widerspruch zwischen Violas späten opulenten „Bildern" und seinem konzeptuellen „Bildersturm" nicht löste und dadurch auch die Kontinuität und Koexistenz zwischen den frühen Live-Videoarbeiten und den späteren inszenierten Arrangements kaum analysierte: „Als ob das Gedächtnis eine Art Filter wäre, ein weiterer Verarbeitungsprozess. Tatsächlich findet die Bearbeitung [editing] die ganze Zeit statt. Bilder werden immer wieder geschaffen und umgewandelt."[10] Diese Dialektik von Kontrolle und Scheitern könnte als „direkte" Fortsetzung von Duchamp zu Paik und von Nauman zu Campus angesehen werden. So einfach ist die Geschichte aber nicht und sie lässt sich nicht nur auf Zitate und Aphorismen aus unzähligen Interviews mit den genannten Künstlern stützen. Wenn wir hier aber Violas Bewunderung für Campus' Arbeit hervorheben, stützen wir uns dennoch auf eine verlässliche Quelle: Schon in den 1980er Jahren identifizierte Viola Campus in einem Interview mit Barbara London als „einen der wichtigsten Künstler"[11]. Für Viola fungierte Campus bis zu einem gewissen Grad als Vorbild: Er hatte ihn als frisch Graduierter zunächst in dem erwähnten Workshop und gleich im Anschluss erleben können, als er 1974 Campus' Einzelausstellung „Closed Circuit Video" mit sieben Closed-Circuits im Everson Museum of Art in Syracuse mit aufbaute.

2010 lieferte Bill Viola in einem Text in *Art in America* eine Hommage an Peter Campus und dessen Beitrag zum Medium Video und zur Kunst im weiteren Sinne. Seinen Text eröffnete er mit einem Zitat von Campus aus dem Ausstellungskatalog der von Wulf Herzogenrath kuratierten Peter-Campus-Retrospektive in der Kunsthalle Bremen 2003: „In meiner Jugend habe ich mich selbst zum Gefangenen meines Zimmers gemacht, es wurde zu einem Teil von mir, zu einer Ausweitung meines Daseins. Ich hielt die Wände für mein Gehäuse. Der Raum als ein Behälter stand in einer gewissen Beziehung zu dem imaginären

---

9   „In how thought is a function of time, there is a moment when the act of perception becomes conception, and that is thought." Bellour 1985, wie Anm. 2, S. 92 f.; Barbara London, Bill Viola. In: dies. (Hg.), *Bill Viola. Installations and Videotapes. The Poetics of Light and Time*. Kat. The Museum of Modern Art, New York 1987, http://www.experimentaltvcenter.org/bill-viola-installations-and-videotapes-poetics-light-and-time, zuletzt am 22.7.2015, fortan London 1987

10   „As if memory were a sort of filter, another editing process. In fact the editing is going on all the time. Images are always being created and transformed." Bellour 1985, wie Anm. 2, S. 101; London 1987, wie Anm. 9

11   London 1987, wie Anm. 9

Raum in einem Monitor [...]."[12] Dies ist wichtig, weil es einerseits an die berühmten, aufgezeichneten „Indoor-Performances" von Bruce Nauman in der Werkstatt von Roy Lichtenstein und Paul Waldman in Southampton, Long Island, NY, erinnert, während Campus selbst den entscheidenden Einfluss auf eine Ausstellung Naumans in der Galerie Castelli 1969 in New York zurückführte. Andererseits denkt man auch an Bill Violas berühmt gewordene und vielleicht in der Forschung am häufigsten analysierte Installation *Room for St John of the Cross* (1983). Aus unserer retroanalytischen und vergleichenden Perspektive scheint jedoch ein anderer Bezug mindestens ebenso signifikant: Was Viola an Campus' Verständnis von Video, Bild und Prozess betonte, kann durchaus auch als ein selbstreflexives Statement angesehen werden: „Das sogenannte Videobild ist tatsächlich ein schimmerndes Energiemuster, das aus Elektronen besteht, die in der Zeit vibrieren. [...] Das elektronische Bild haftet nicht an irgendeiner materiellen Basis, und wie unsere DNA ist es zu einem Code geworden, der frei zu jedem beliebigem Behälter reist, der es halten wird. Es trotzt dem auf seiner Reise mit Lichtgeschwindigkeit. Aber vielleicht ist der außergewöhnlichste Aspekt des Mediums derjenige, dass das Bild lebendig [live] ist."[13]

Diese Koinzidenz von *image* und *liveness*, so führt Viola fort, „änderte unsere Erfahrung von Zeit und Raum in der zweiten Hälfte des 20. Jahrhunderts so radikal, dass ein neuer Begriff für Zeit geprägt wurde, um sie zu beschreiben". „Die ‚Realzeit'", so Viola, „bezieht sich auf ein Bild, das in der Gegenwart existiert, parallel zu der sich entfaltenden Erfahrung."[14] Seine aufrichtige Verehrung für Campus spricht auch aus der folgenden Äußerung: „In seinen Live-Installationen von Videoprojektionen der 1970er Jahre bahnte Peter Campus den Weg in die Tiefen des lebendigen Augenblicks, dem nur wenige folgten. Mit zeitgemäßer Technik öffnete er die Tür für eine der ältesten und tiefgreifendsten Enthüllungen: dass der zentrale Kern meines lebendigen Wesens, meiner

---

12   „Die Ewigkeit liegt in dem Moment." Peter Campus im Gespräch mit Barbara Nierhoff. In: Wulf
     Herzogenrath, Barbara Nierhoff (Hg.), *Peter Campus. Analog + Digital. Video + Foto 1970–2003*.
     Kat. Kunsthalle Bremen, Bremen 2003, S. 232

13   „The so-called video image is actually a shimmering energy pattern of electrons vibrating in time.
     [...] The electronic image is not fixed to any material base and, like our DNA, it has become a code
     that can circulate freely to any container that will hold it, defying death as it travels at the speed
     of light. But perhaps the most extraordinary aspect of the medium is that the image is live." Bill
     Viola, Peter Campus: Image and Self. In: *Art in America*, 1.2.2010, http://www.artinamericamagazine.com/news-features/magazine/peter-campusimage-and-self/, zuletzt am 22.7.2015, fortan
     Viola 2010

14   Ebd. „This fact so radically altered our experience of time and space in the second half of the
     20th century that a new term for time was coined to describe it. ‚Real time' refers to an image
     existing in the present tense, parallel with unfolding experience [...]."

Lebendigkeit, derselbe Wesenskern ist, der allen Menschen innewohnt und darüber hinaus, dass dieser Kern sich über die Menschheitsfamilie erstreckt und in die Grundlagen der Natur eingebettet ist."[15]

Viola beschrieb Campus' Werk als „eine der genauesten und außergewöhnlichsten Darstellungen der Empfindung [*sentience*], die je von einem Künstler erschaffen wurden", er würdigte Campus' „Transparenz gegenüber der Zeit" und erhob sie zu einem *„vera ikon* [...], treu den unsichtbaren, immateriellen Urbildern, die dem Herzen des Menschen, unserem Wesenskern näher und nicht auf der äußerlich sichtbaren Oberfläche des Körpers zu finden sind"[16]. Diese Kanonisierung der „stetigen Präsenz in [Campus'] Werk, spürbar, aber nicht sichtbar", geht Hand in Hand mit Violas eigener Gleichsetzung von *image* und *time* als substanzloser Substanz.[17]

Auch wenn Violas später weltberühmt gewordene „Bildsprache" erst 1991/92 entstand[18], die inhaltliche Veränderung hatte bereits mit seinen letzten Videoinstallationen spätestens 1976 begonnen. Bill Violas Zugang zu den Closed-Circuit-Videos stellt – trotz der bekannten Anekdoten wie etwa der, dass ihn sein Onkel vor dem Ertrinken gerettet habe: ein Ereignis, das Viola zugleich als hoch ästhetisch mit potentiell tödlichem Ausgang erinnerte – alles andere als eine plötzliche Eingebung dar: Sie vollzog sich schrittweise als Ergebnis eines intensiven (Arbeits-)Prozesses, in dem Prozesskunst in der Interpretation Violas als eine kontinuierlich erweiterte audiovisuelle Schwelle der Kunstgeschichte und der visuellen Kultur erscheint. Allerdings bleibt diese Schwelle selbst vielleicht ein kritischer Begriff, der noch nicht ausreichend analysiert ist. Die Versuche der neueren Forschung haben meiner Ansicht nach bislang zu keiner schlüssigen Beschreibung geführt. So bleibt offen, wie mit Benjamins „Schwellen" und Aby Warburgs „Distanzraum" und „Zwischenraum" Bill Violas Arbeiten als „Schwingungen zwischen Distanz und Nähe" zu erklären wären, und unklar bleibt auch Violas Öffnung zum „kollektiven Gedächtnis"[19]. Ein Einspruch

15   Ebd. „In his live video projection installations of the 1970s, Peter Campus blazed a trail into the depths of the living moment few have followed. Using contemporary technology, he opened the door onto one of the most ancient and profound revelations: that the central core of my living being, my aliveness, is the same essence present within all people, and furthermore that this essence extends beyond the human family and lies embedded in the foundations of nature."

16   Ebd. „Campus's work is one of the most accurate and extraordinary representations of sentience ever made by an artist. Its transparency to time establishes [...] what artists [...] would have called a *vera ikon* [...] faithful to invisible, intangible prototypes that reside closer to the human heart, nearer the core of our beings, and not on the body's external visible surface."

17   Ebd. „It is a constant presence in his work, sensed but not seen [...]."

18   Syring 1992, wie Anm. 6

bezüglich des inhaltlichen Fokus Violas auf die Schwellenbereiche zwischen Geburt und Tod wurde schon 2000 von Götz Großklaus erhoben, als er meinte, der Künstler würde das Intervall- und „interface-" sowie Schwellen-Thema „übercodieren".[20]

Während Campus' Closed-Circuits auch heute als Modell für die noch rationale Beschreibung und einen zitierfähigen Ansatz verwendet werden, mag man Violas Medieninstallationen der letzten zwei Jahrzehnte auf den ersten Blick als Modelle und Metaphern der „postmodernen", sublimen Kunst, Ästhetik und kognitiven Praxis ansehen: Sie teilen ihre Grundeigenschaften wie Dekonstruktion, Unsicherheit, Ambivalenz, Heterogenität, Differenz, Fragmentierung, Diskontinuität und Hybridisierung. Alle zusammen pendeln dabei an der Schwelle oder Schnittstelle zwischen den wahrnehmbaren Dimensionen, wie Viola in seinem Text über Campus schlussfolgert: „Über dieses ständige Fallen, die unaufhörliche Suche nach dem Unbekannten darunter, darüber oder nur außerhalb der Reichweite verfügte Peter Campus sein ganzes Leben lang und, wie bei vielen anderen Künstlern auch, drängte es ihn zu bestimmten Zeiten an die eigenen Grenzen. Mehr als irgend etwas Bestimmtes an seinen Werken ist es das, was er mir vermittelte und, so kann ich mir vorstellen, allen Studenten, die ihm nahe standen. Ich weiß, dass ich ein besserer Künstler bin dank dieser seiner Gaben."[21]

In letzter Konsequenz und unabhängig von Pro und Contra lässt sich feststellen, dass die Zeit für Viola als ein integraler, skulpturaler Aspekt der von ihm genutzten Medien und Materialien gültig blieb, welcher entweder eine Balance oder die Ausbreitung zwischen zwei möglichen Extremen beinhaltet: entweder Langeweile oder Drama. Im Fall der Balance erscheinen die involvierte Kognition und Wahrnehmung als Schönheit, im Falle des Ungleichgewichts erscheint das Erhabene. Deshalb repräsentiert Violas Kunst *in toto* die historische Schwelle, von der sie ausgegangen ist, und als solche passt sie nicht gänzlich in den postmodernen Rahmen, trotz zahlreicher und überzeugender Hinweise, die dafür sprechen.

19   Marion Thielebein, *Bilder umgekehrt eingestellt: Bill Viola. Videoinstallationen 1985–2007*. Paderborn 2014

20   Götz Großklaus, *Medien–Bilder. Inszenierung der Sichtbarkeit*. Frankfurt am Main 2004

21   „This constant falling, the incessant quest for some unknown thing beneath, beyond, or just out of reach has possessed Peter Campus his whole life and, like many artists, at certain times has pushed him to the edge. This, more than anything specific about his works, is what he imparted to me and, I imagine, to all the students close to him. I know that I am a better artist because of his gifts." Viola 2010, wie Anm. 13

Diese Schwelle wurde mit der Peter-Campus-Einzelausstellung in Syracuse 1974 markiert, als Campus das Video eine „Funktion der Realität" nannte. Wulf Herzogenrath schrieb 1979 in seinem Text zum Ausstellungskatalog der von ihm kuratierten Campus-Ausstellung im Kölnischen Kunstverein, „dass seine Arbeiten exemplarisch in ihrer Klarheit und Präzision Möglichkeiten für einen künstlerischen Gebrauch von Video sichtbar werden lassen"[22]. Campus' Closed-Circuit-Videoinstallationen hinterließen einen bleibenden Eindruck und Einfluss auf seine Zeitgenossen wie Douglas Davis, Noel Harding, Eric Cameron, Bart Robbett, James Byrne, Letícia Parente, um nur einige zu nennen. Bill Viola als dem heute bekanntesten lebenden Videokünstler kommt in dieser Reihe schon aufgrund dieser Tatsache eine besondere Bedeutung hinzu. Noch wichtiger erscheint mir aber die Konsequenz, mit welcher Viola den prozessualen und dennoch (oder gerade deshalb) auf das *hic et nunc* zusteuernden Charakter seines Mediums Video evoziert. Das Video bezeichnet nicht nur den Prozess des Sehens oder der Visualisierung, sondern es erfüllt die Bedeutungsvielfalt seiner ursprünglichen lateinischen Etymologie, die Elemente von Kognition, Erfahrung und Aktion einschließt. Viola zeigt uns also nicht erst seit 1992 oder 1979, sondern bereits seit 1972, dass das Video auf Prozessualität gründet: Video lässt sowohl die Differenz zwischen Bild und Nicht-Bild als auch die zwischen dem Analogen und Digitalen als spekulativ und normativ erscheinen. Damit positioniert es sich unter anderem auch als Epizentrum einer Kunst, die nach der vergleichsweise fruchtlosen Debatte um die (Neue) Medienkunst wohl am ehesten als Prozesskunst zu bezeichnen wäre. Eine Kunst, die mehr auf Perzeption als auf Messung setzt, mehr auf Kognition als auf Berechnung – und auch mehr auf Metabolismus als auf Datenverarbeitung. Sie fordert entscheidend, und dafür bin ich sehr dankbar, die zwei anscheinend zentralen Konzepte der Gegenwart heraus: das Konzept der Repräsentation und das der Information.

22   Wulf Herzogenrath, Menschen-Bilder. In: *Peter Campus: Video-Installationen, Foto-Installationen, Fotos, Videobänder*. Kat. Kölnischer Kunstverein, Neuer Berliner Kunstverein, Köln, Berlin 1979, S. 8 f.

TASTENDE CLOSED-CIRCUITS

HORST BREDEKAMP

1. Ausbrüche der Avantgarde

Zum rhetorischen Grundbestand der Moderne gehört Tommaso Marinettis Diktum von 1910, ein Rennwagen sei schöner als die Nike von Samothrake. In der futuristischen Verwandlung von Kunst in Technik, von Meißel- in Industrieform, von Kontemplation in Aktion und von Statik in Beschleunigung schwang eine Art Selbsthass der Kunst auf ihre Trennung vom „Leben" und vom Körper sowie von der Technik, der Politik und der Ökonomie mit. In der Selbstaufgabe der Kunst hallte der Bruch nach, der die Welt der Zwänge im 18. Jahrhundert vom Reich der Kunstfreiheit getrennt hatte. Die Verkapselung der Kunst in der ihr eigenen Welt, in der sie souverän regiert, der aber die Markanz des „Realen" abgeht, wurde durchweg zwiespältig empfunden: als Chance auf autonome Selbstentfaltung und als Verlust an „Leben".

Die moderne Kunst hat mit immer neuen Anstrengungen versucht, ihre Ausgrenzung zu überwinden. Hierzu gehörte eine Art Amoklauf gegen alle Formen der Musealisierung. Das nun fast ein Jahrhundert während Anrennen gegen die vorgebliche Stillstellung der Kultur in Archiven und Museen blieb allerdings nicht aus dem Grund lebendig, dass es gesiegt hätte, sondern weil eine Kette von Niederlagen unablässig neue Anstrengungen verlangte.

Marcel Duchamps berühmtes Urinal, der *Fountain* von 1917, nahm Marinettis Forderung mit dem Effekt beim Wort, dass es nicht etwa den Kunstbegriff zerstörte, sondern ihn um die Gattung der Ready-mades erweiterte. Auch László Moholy-Nagys dem traditionellen Werkverständnis opponierendes *Telephone Picture EM2* hatte diesen Effekt einer Gattungserweiterung. Er ließ es im Jahre 1922 fertigen, indem er einer Emaillefarbenfabrik via Telefon genaue Angaben übermittelte und ihr den beliebig oft wiederholbaren Fertigungsprozess überließ. Als Inkunabel der Multiples erhielt es einen herausragenden Platz im Museum of Modern Art in New York.[1] Seit Duchamp und Moholy-Nagy gehen die rhetorischen Angriffe auf das Museum und die Vorwürfe, dass es sich seinen Kritikern

---

1 Ingrid Severin, Technische Vernetzungen und ihre Auswirkungen auf zeitgenössische Kunst, Erster Teil. In: Ingo Braun, Bernward Joerges (Hg.), *Technik ohne Grenzen*. Frankfurt am Main 1994, S. 212–250, hier S. 228 ff.

verschließe, auf geradezu symbiotische Weise Hand in Hand, und noch alle Versuche, die Kunst aus dem Reich des atavistisch Handwerklichen zu befreien, um sie als Ideenschöpfung entweder konzeptuell zu belassen oder in der industriellen Fertigung aufgehen zu lassen, haben mit ihrer Musealisierung geendet.

Ein zweiter Ausbruchsversuch bestand darin, die Zuschauer in Akteure zu verwandeln und die Kunst selbst in Frage zu stellen. Eine der ersten, lange vor dem Siegeszug des Computers erdachten Aktionen dieser Art war zugleich die radikalste. Sie beruhte auf einer Axt, die Max Ernst in der zweiten Kölner Dada-Ausstellung des Jahres 1920 in Köln dem Besucher anbot, um die ausgestellten Exponate zu zertrümmern.[2] Die Botschaft der Kunst sollte eine Reaktion hervorrufen, die das Aggressionsobjekt zum Abschluss eines eindimensionalen Closed-Circuit ausgelöscht und damit die Unantastbarkeit der Museumskunst *ad absurdum* geführt hätte.

Zur hohen Schule der künstlerischen Selbstaufhebung wurden dann die 1960er und 1970er Jahre. In unablässigen Phantasieschüben enwickelten die Fluxus-, Happening- und Closed-Circuit-Bewegung fließende Übergänge zwischen Zufalls- und Kunstformen, Künstlern und Nichtkünstlern sowie Kunst- und Straßenraum, um in einem Wechselspiel von Ikonoklasmus und Entgrenzung aus dem Käfig der Kunstwelt auszubrechen. Im Zuge dieser Ausgriffe in die Welt des Nichtkünstlerischen entstanden auch erste Auseinandersetzungen mit dem Massenmedium Fernsehen. Josef Beuys' symbolischer Boxkampf mit einem Fernsehgerät und Wolf Vostells Installation einer blutfarbenen, immer wieder klatschend auf einen Fernseher niedergehenden Fahne des Vietcong waren erste Versuche, sich jenseits der engeren Kunstkreise auch den Medien zu stellen.

2. Taktiles Sehen

Die unübersehbaren Möglichkeiten des Computers haben diese Situation verändert. Einerseits wurde der evasive, in die Technik sich ausgrenzende Zug der „interaktiven Kunst" verstärkt. Andererseits entstand eine Fülle von Objekten des Fortschrittskitsches. Zu ihnen gehörten die Cyberspaces des Entertainments und der Spielwarenindustrie, die eine schale Ideologie der Mensch/Maschine-Verschmelzung ermöglichten. Begleitet von einer wahren Erweckungsmelodie, wirkten sie als Kronzeugen einer neuen Etappe der Kunsttechnologie, in der sich der Mensch unter Zurücklassung seiner übrigen Körpersinne, gestützt allein auf

2   Vgl. Sönke Dinkla, *Interaktive Kunst*. Phil. Diss. Hamburg 1995. Dort auch Grundlegendes zur weiteren Vorgeschichte der interaktiven Kunst

die Augen, in virtuelle Welten begeben und dort neue Abenteuer und schließlich den Frieden finden sollte.

Inzwischen hat sich die Euphorie dieser optimistischen Wiederkehr des Futurismus gelegt. Die gradlinigen Verfechter der virtuellen Realitäten negieren die von Lukrez bis Berkeley selbstverständliche Erfahrung, dass das Sehen eine „visuelle Sprache des Tastens"[3] ist. Das Tasten ist die erste, elementare Äußerung des Menschen, und ohne diese Erfahrung einer körperbezogenen Raum- und Objektwahrnehmung wäre alles Sehen nur ein breiiger Strom von konturenlosen Eindrücken.

Wenn die sogenannte interaktive Kunst und die Closed-Circuit-Installationen einen gemeinsamen Nenner haben, dann den, dass sie im Rausch des Virtuellen und der televisiven Pixelstürme erneut nach den übrigen Sinnen des Körpers fragen. Mit unterschiedlicher Zielsetzung hat sich in den letzten Jahren eine Fülle „interaktiver" Kunstwerke dem Zwiespalt zwischen visueller Repräsentation und Körperverlust gewidmet.

Hierbei wurden nicht nur der Tast- und der Augensinn thematisiert. Installationen wie das *Very Nervous System* David Rokebys (1986–1993), bei dem ein von einer Kamera aufgenommener Akteur durch seine Körperbewegungen Töne und Musik erzeugt, leben von einer Feedback-Schleife zwischen Mensch und Lautmaschine. Sie intendieren eine Neubestimmung von Tast- und Ohrsinn unter den Bedingungen der computergenerierten Lebenswelt, indem der Benutzer die von ihm selbst erzeugten Töne zu verstehen und in Maßen zu kontrollieren lernt, bis sich eine Art trancehafter Einheit ergibt. Sämtliche für die CeBIT ausgewählten Installationen zielen auf die haptische Seite des Sehaktes. In ihrer ironischen Gelassenheit bezeugen sie eine seit einigen Jahren spürbare neue Etappe der Auseinandersetzung um das Verhältnis von Kunst, Technik und Medien, in der sich statt Anklagen oder Propaganda ein hintergründiges Spiel des Sehens und der Körperbewegung entwickelt hat.

In Perry Hobermans *Bar Code Hotel* (1994) werden Gegenstände auf den Bildschirm gebracht, um auf Kommando verschiedene Tätigkeiten auszuführen. Ihre dadaistischen Bewegungen lassen keinen Zweifel daran, dass es um *nonsense*-Prozesse geht, in denen sich die Zeichen emanzipieren und eine eigene Welt codieren. Mit ihren immer neuen Botschaften wirkt sie auf die Beweger zurück. Indem sich das Kommunikationsspiel auf die Ebene der Zuschauer zurückverlagert, bilden die Screens eine „wilde" Reflexionsanlage, die alle Handlungen und Zeichen ohne jede Schwermut in Frage stellt.

3   Hartmut Böhme, Das Auge und das Tasten. Zur Kritik des königlichen Sinnes. In: *Neue Zürcher Zeitung,* vermutlich Februar/März 1995

In Paul Sermons *Telematic Vision* (1993) werden zwei Personen, die auf einem blauen Sofa sitzen, um zwei Personen erweitert, die auf einem gleichartigen Möbel an einem anderen Ort platziert sind. Ein digitaler Video-Mixer ermöglicht die Transformation dieser räumlich entfernten Personen in einen visuell erfahrbaren neutralen Ort. Die Menschen begegnen sich, als wären sie gemeinsam mit anderen Personen im selben Raum. Sprachlich, aber auch mit ihren Körperbewegungen vermögen sich die Beteiligten aufeinander zu beziehen, ohne dass es jedoch zu Berührungen kommen könnte. Die *Telematic Vision* erschöpft sich nicht in cinem holistischen Vereinigungswunsch virtueller Begegnung, sondern stellt den Illusionscharakter der Körpernähe vor Augen. Im Medium der kunsttechnologischen Avantgarde ironisiert sie die Verkürzung lebendiger Präsenz auf ein leibloses Sehen.

Auch Jeffrey Shaws *The Virtual Museum* (1991) thematisiert die körperliche Präsenz im Reich des Virtuellen. Der Gang durch sein imaginäres Museum erfordert eine sensible Abstimmung des in einem Sessel sitzenden Besuchers mit den computergenerierten Museumsräumen. Indem sich der Akteur in und mit seinem Sessel bewegt, wandert er durch die Ausstellung, um schließlich in einen Raum mit plastischen Buchstabencodes zu gelangen, die, ähnlich wie in Hobermans *Bar Code Hotel*, das Elementare des Lernvorgangs verdeutlichen. In Shaws *The Virtual Museum* spielt die Rebellion der Avantgarde gegen das herkömmliche Museum keine Rolle mehr. Ihm geht es nicht um den Kampf gegen das Museum, sondern gegen die Mortifikation dieser Schatzhäuser des Bildgedächtnisses zu bloßen Augenreizen.

Die Medienkunst stellt die traditionellen Fragen nach dem Verhältnis von Bild- und Körpermacht unter den Bedingungen der Hochtechnologie[4]. Sie belehnt die Avantgarde, um deren Ausbrüche aus dem Ghetto der Kunst zu vollenden. Der politisierende Anspruch ist in einem anthropologischen Konzept verpuppt, das die Beschädigungen ebenso wie die Möglichkeiten der fünf Sinne erörtert. Shaws Museum ist paradigmatisch insofern, als es eine Schule des sich bewegend sehenden Körpers darstellt.

3. Visuelle Antikörper

Wie unmittelbar Shaws Museum des körperhaften Sehens und der sehenden Körperreflexion mit Erfahrungen jenseits der Kunstsphäre zu tun hat, vermag ein Beispiel aus Italien zu verdeutlichen. Als Land des Futurismus hat Italien den Überlegungen zum Verhältnis von Kunst und Technik bis heute wesentliche

4   Itsuo Sakane, Durch Interaktive Kunst zur Selbsterkenntnis. In: Georg Hartwanger u. a. (Hg.), *Künstliche Spiele*. München 1993, S. 91–93, hier S. 93

Stichworte geliefert. Zu diesem Erbe gehört, dass die elektronischen Medien in Italien immer wieder unbefangener eingesetzt wurden als dies in anderen Ländern geschah. Der Erfolg der medialen Inszenierung Silvio Berlusconis ist vor diesem Hintergrund keineswegs so überraschend, wie es auswärtigen Kommentatoren erschien.

Da die italienische Kultur neben einer unbefangenen Freude an den modernsten Medien auch eine intakte Linie zu antiken Formen der Auseinandersetzung bewahrt hat, erzeugt sie noch immer Situationen von exemplarischer Qualität. Die Tradition der Massenrhetorik ist in friedlicher Form in den abendlichen Treffen auf Plätzen der Städte und der Campagna lebendig; in aggressiver Wendung aber erhält sie sich in den Ritualen der Begegnung von Mannschaft und Publikum in den Fußballstadien. Bis heute hat sich hier die Eigenart des dionysischen Theaters erhalten, bei dem die Grenzen zwischen Akteuren und Zuschauern verfließen, um die Bühne zum Zuschauerraum und die Emporen zu den Brettern dieser Welt zu machen. Der Tod eines italienischen Fußballfans im Januar 1994 ist als Auswuchs einer modernen, hooliganhaften Verrohung begriffen worden. In Wahrheit entstammt er einer Geschichte der Theatralik, die es ablehnt, zwischen Bühne und Welt, Kunst und Leben zu unterscheiden und stattdessen eine Intensivierung von Hass und Zuneigung als der elementarsten Triebkräfte gerade dort betreibt, wo sich nach allgemeinem Verständnis die Welt des Nebensächlichen auftut. Die Mordtat zeigt die schwarze Seite des an sich bereichernden Vermögens, über mehrere Realitätsebenen zu verfügen, die in ihrer nach Leben und Tod zählenden Bedeutung gleichberechtigt nebeneinanderstehen.

Das futuristische und das antikische Gesicht Italiens kamen zusammen, als vor Jahren mit Hilfe elektronischer Augen auf ebenso einfache wie subtile Weise auf die Entgrenzung der Gewalt in die lebendige Theaterwelt der Fußballarenen reagiert wurde. Die prekäre Vertauschung von Akteur und Zuschauer versuchte man dadurch zu dämpfen, dass dem Publikum Bilder seiner selbst als Zeichen der Kontrolle, aber auch der Selbstkontrolle übermittelt wurden. Im Stadio Communale von Florenz, das einem der berüchtigtsten Anhängerblöcke als Arena diente, wurde die elektronische Stadiontafel genutzt, um die Zuschauer vor dem Spiel einzustimmen, zu unterhalten und auch abzulenken. Kurz vor Spielbeginn verwandelte sich die riesige Anzeigen- in eine Reflexmaschine. Eine wandernde Schrift verkündete: „Bedenkt alle, dass ihr beobachtet werdet", bevor im nächsten Moment ein Teil des härtesten Blocks der Ultràs auf der elektronischen Leinwand erschien. Damit setzte ein veritabler Closed-Circuit ein. Das Publikum war zunächst aus der Zuschauer- in die Akteursrolle gesprungen, um eine durch elektronische Augen erzeugte, neue Zuschauersphäre zu aktivieren, aus der vereinzelte Sektoren in Echtzeit auf dem Riesenscreen veröffentlicht wurden. Die agierenden Tribünengäste waren in Zuschauer ihrer selbst verwandelt.

Die Frage, ob die Regisseure die selbstreflexiven, seit 1974 immer wieder variierten *TV Buddha*-Inszenierungen Nam June Paiks gekannt haben, bei denen die Skulptur eines sitzenden Buddha, der von einer Kamera aufgenommen wird und unentwegt auf das Fernsehbild seiner selbst starrt, ist ebenso müßig wie die Frage, ob Paiks tiefgründige Installation von den in jenen Jahren allgegenwärtig werdenden Überwachungskameras inspiriert wurde. Die Vergleichbarkeit dieser Closed-Circuit-Installationen zeigt vielmehr, dass die elektronische Bilderwelt gleichermaßen in der Lage ist, die technische Inszenierung der Alltagskultur wie auch die Bildwelt der Kunst zu speisen.

Hierin unterscheiden sich die elektronischen Medien in nichts von den traditionellen Bildwelten. Die Stadionspiegel stehen vielmehr in der Tradition jener an mittelalterlichen Kirchen angebrachten Monstren- und Maskenbilder, die den dämonischen Mächten der Luft das eigene Spiegelbild vorzuhalten suchten, um diese vor sich selbst zurückschrecken zu lassen. Hier wie dort ging es um die Spannung zwischen Bildern und lebendigen Körpern. Sie bleibt auch in der Medienkunst virulent.

ART+COM/ JOACHIM SAUTER
Zerseher, 1991/92 und 2014

Joachim Sauter realisierte 1991/92 zusammen mit Dirk Lüsebrink die Closed-Circuit-Videoinstallation *Zerseher*, damals eines der meistzitierten Kunstwerke im Bereich der interaktiven Medienkunst. Die Reproduktion des Gemäldes *Knabe mit Zeichnung* in der Hand von Giovanni Francesco Caroto wurde auf eine altmeisterlich gerahmte Leinwand projiziert. Verweilte der Blick des Betrachters auf einer bestimmten Stelle, zersetzte sich das Bild genau dort. Die Veränderung der Bildwirklichkeit erfolgte durch die Rezeption des Betrachters. Das hier verwendete Eye-Tracking-System, bestehend aus Kamera, Computer und Video-Tracking-Software, analysierte das aufgenommene Auge des Betrachters in Echtzeit: Die Iris und der Reflexionspunkt eines Infrarotscheinwerfers im Auge wurden erfasst. Aus diesen Daten wurde der exakte Blickpunkt errechnet und die grafische Veränderung des Originals herbeigeführt. Der „Zerseh"-Prozess startete, sobald ein Betrachter seinen Blick auf das Gemälde richtete. Es kehrte in seinen ursprünglichen Zustand zurück, wenn das Tracking-System 30 Sekunden inaktiv war.

Der *Zerseher* wurde von Sauter und Lüsebrink mit dem Ziel entwickelt, die Interaktion als eine der wichtigsten Qualitäten des neuen Mediums provokativ zu propagieren. Als erste überlieferte Kinderzeichnung der Kunstgeschichte wurde Carotos Gemälde als Sinnbild für den damaligen Stand der digitalen Medienkunst eingesetzt. Da die 1992 verwendete Hard- und Software nicht mehr existieren und zudem das Prinzip der Interaktivität in der Medienkunst längst etabliert ist, präsentierte die Ausstellung „Schwindel der Wirklichkeit" eine eigens für dieses Projekt überarbeitete Version der Installation, bei der das Auge des Betrachters selbst zum Objekt des „Zersehens" wurde. Nahm das Objekt in der Installation Platz, so wurde es von einer Kamera erfasst, das Auge per Video-Tracking erkannt und auf Bildschirmgröße skaliert. In diesem Moment begann der „Zerseh"-Vorgang.

CLOSED-CIRCUIT-VIDEOINSTALLATIONEN

PETER CAMPUS
mem, 1974/75

„In der Situation eines geschlossenen Video-Kreislaufs [Closed-Circuit] hat man es nicht mehr mit Bildern von zeitlich definierter Natur zu tun. Die Dauer des Bildes wird eine Eigenart des Raums."

Peter Campus (1974)

Peter Campus gehört zu den Pionieren der Videokunst, seine Closed-Circuit-Videoinstallationen der 1970er Jahre sind Instrumente der Selbsterkundung. *mem* existiert erst mit dem Betrachter: Sobald dieser in dem dunklen Raum das Kamerafeld betrat, wurde ein Live-Bild seines Körpers auf die Wand projiziert. Kamera und Projektor waren nahe der Wand angebracht, so dass sich in Richtung Kamera eine leicht konvergierende Projektionsfläche ergab. Das Dreieck zwischen Videokamera, Projektor und Wand markierte den schmalen Aufnahmebereich. Der Betrachter erlebte das Live-Bild seines Körpers aus einem anderen Blickwinkel, der Perspektive der Kamera. Bewegte er sich, veränderte es sich, wurde größer oder kleiner. Er sah sich als Video-Closed-Circuit auf der Wand verschwinden und manchmal auch sein eigenes Schattenbild.

CLOSED-CIRCUIT-VIDEOINSTALLATIONEN

VALIE EXPORT
Raumsehen und Raumhören, 1974

Die Arbeit ist das Ergebnis einer einmaligen Performance im Kölnischen Kunstverein.
In Form einer strukturellen Analyse der Wahrnehmung von parallelem Bild und Ton behandelt die Videoarbeit die Beziehung zwischen Körper und Raum. Während die Künstlerin die gesamte Zeit bewegungslos an einer Stelle stand, war auf dem Bildschirm zu sehen, wie sie mit Hilfe technischer Mittel wie unterschiedlicher Brennweiten oder der Zweiteilung des Monitors näher und ferner rückte, kleiner und größer wurde, von links nach rechts wechselte. Zudem wurde das Bild mit synthetischen Tönen gekoppelt: Optische Nähe entsprach großer Lautstärke und schneller Tonrepetition, optische Ferne geringer Lautstärke und langsamer Tonrepetition. In insgesamt sechs verschiedenen Abschnitten wurden derart einander zugeordnete Raumpositionen und Töne in ihren möglichen Kombinationen vorgeführt. *Raumsehen und Raumhören* konfrontierte die Statik des realen Körpers im Raum mit den dynamischen Möglichkeiten des technischen Apparats.

JOCHEN GERZ
Purple Cross for Absent Now, 1979–1989

Die Installation basiert auf der gleichnamigen Performance aus dem Jahr 1979. Dem Betrachter bot sich ein abgedunkelter rechteckiger Raum, zweigeteilt durch ein von Wand zu Wand gespanntes Gummiseil. Quer dazu standen jeweils an der Stirnwand zwei Monitore auf weißen Sockeln. Als einzige Lichtquelle waren in der Mitte des Raumes unter dem Gummiseil vier Schwarzlichtlampen in Kreuzform installiert. Auf beiden Bildschirmen sah man den Kopf des Künstlers bis zum Hals, den das gleiche Gummiseil umspannte. Was die Besucher anfangs nicht wussten, aber im Laufe der Performance ahnen mussten, war, dass es sich um Closed-Circuit-Videoaufnahmen handelte und das Gummiseil, das in der Wand verschwand, im angrenzenden Raum dahinter am Hals des Künstlers endete. Berührte der Besucher das Seil oder zog er daran, zeigte ihm der Bildschirm die realen Folgen seines Tuns medial vermittelt.

Außerhalb der Installation wurde in der Ausstellung eine Dokumentation der Performance (documenta 8, Kassel 1987) präsentiert und im anschließenden rechteckigen Raum simulierten das Schwarzlichtkreuz, das gespannte Gummiseil und die Videoaufnahme des Kopfes des Künstlers die interaktive Performance. Das Gummiseil im Raum kreuzte auf Halshöhe das Videobild. Anders als bei der Performance reagierten Seil und Bild nicht aufeinander. Der Betrachter wurde hier wie da mit seiner (aktiven oder passiven) Rolle konfrontiert; Fragen nach Täter- und Zeugenschaft, Manipulation, Verantwortung, Gewissen, aber auch Gewaltbereitschaft stellten sich.

DAN GRAHAM
Present Continuous Past(s), 1974

In der Rauminstallation *Present Continuous Past(s)* wurde der Betrachter mit um wenige Sekunden versetzt produzierten und projizierten Abbildern seiner selbst konfrontiert: Die in der verschlossenen Raumbox verteilten Spiegel bildeten die Gegenwart (*present time*) ab. Die Videokamera zeichnete sowohl das Geschehen auf, das vor der Linse stattfand, als auch die Reflexion auf der gegenüberliegenden Spiegelwand. Die von der Videokamera aufgezeichneten Bilder wurden jedoch erst mit einer Verzögerung von 8 Sekunden auf dem Videomonitor an der Wand ausgestrahlt. Somit sah der Betrachter sowohl das 8 Sekunden zuvor aufgezeichnete Bild, als auch das 16 Sekunden alte Abbild und das aktuelle Spiegelbild. In diesem Zeitkontinuum wurden in einem Intervall von 8 Sekunden zahlreiche Abbilder geschaffen und projiziert – Vergangenheit und Gegenwart vermischten sich, die Grenzen verschwammen.

„Ich beschäftige mich mit Intersubjektivität und damit, wie eine Person sich selbst in einem ganz bestimmten Augenblick wahrnimmt, während sie zugleich andere Menschen beobachtet, die sie beobachten."

Dan Graham (2002)

ALEX HAY
Grass Field, 1966

Alex Hays Performance *Grass Field* fand 1966 im Rahmen des Festivals „9 Evenings: Theatre and Engineering" in New York (Armory) statt. Initiiert von Robert Rauschenberg und Billy Klüver erarbeiteten Künstler (darunter John Cage, Merce Cunningham, Yvonne Rainer) und Ingenieure gemeinsam Performances. Erstmals erhielt der Live-Aspekt von Elektronik Eingang in die Performancekunst und ließ „9 Evenings" zu einem Meilenstein der Medienkunst werden. *Grass Field* bestand aus drei unterschiedlichen Prozessen, die, so Hay, „gleichzeitig" waren: die Tonübertragung, die hautfarbene Kleidung der Performer sowie die Aktion, den Bühnenraum mit 64 quadratischen Stoffstücken zu strukturieren und diese am Ende wieder zu entfernen. Elektroden an Hays Kopf und Körper übermittelten Augenbewegungen, Gehirnströme und Muskelaktivitäten über ein komplexes Verstärkungssystem an Lautsprecher und machten sie hörbar. Hays Bewegungen auf der Bühne wurden von seinen inneren Körpergeräuschen begleitet, er breitete die Stoffstücke auf der Bühne aus und verharrte regungslos in der Bühnenmitte. Die Projektion eines Closed-Circuit-Videobildes seines Kopfes in Großaufnahme machte unkontrollierte minimale Bewegungen sichtbar. Hay verblieb in dieser Position während Robert Rauschenberg und Steve Paxton die Stoffstücke, der Nummerierung folgend, vom Boden aufnahmen.

CLOSED-CIRCUIT-VIDEOINSTALLATIONEN

CLOSED-CIRCUIT- VIDEOINSTALLATIONEN

BRUCE NAUMAN
Live-Taped Video Corridor, 1970

*„Was mich interessierte, war,
diese beiden Arten von Informationen
zusammenzubringen: physische
Information und visuelle/bildliche oder
intellektuelle/geistige Information.
Die Erfahrung liegt in der Spannung,
die zwischen ihnen wächst,
der Unmöglichkeit sie zu vereinen/
zusammenzusetzen."*

Bruce Nauman (1986)

Die Closed-Circuit-Installation gehört zu der
Werkgruppe der Performancekorridore und wird
von der Spannung zwischen realem und medialem Raum geprägt: ein 50 Zentimeter schmaler,
fast 10 Meter langer Gang, an dessen Ende
2 übereinandergestellte Monitore stehen. Der
obere zeigte ein Closed-Circuit-Videobild, der
untere, in gleicher Einstellung, den vorab ge-
filmten Korridor: Vergangenheit und Gegenwart
des Raums treffen aufeinander. Die Kamera
befand sich über dem Eingang. Betrat der Besucher den Korridor, erschien sein Bild auf dem
Monitor, doch je näher er diesem kam, desto
stärker entfernte er sich von der filmenden Kamera und desto kleiner geriet sein Live-Abbild.
Die eigene Raumwahrnehmung wurde irritiert,
zudem sah sich der Betrachter auf dem Videobild nur von hinten, wurde so in der physischen
Beengtheit des Raums zum Überwacher seiner
selbst.

NAM JUNE PAIK
Three Camera Participation, 1969/2000

*„Ich bin immer nicht, was ich bin,
und ich bin immer, was ich nicht bin."*

Nam June Paik (1976)

Nam June Paik war einer der Pioniere der
Videokunst und zugleich einer der wichtigsten
Protagonisten der Fluxus-Bewegung. Aus-
gehend von elektronischer Musik kam Paik früh
über die Aktionskunst zu einer folgenreichen
Auseinandersetzung mit der Medientechnologie.
In seinen Medieninstallationen kommt es zu
Transformationsprozessen, die auf der Interaktion und auf der Erzeugung von Bewegtbildern
beruhen, die sich gegenseitig überlagern. Die
Closed-Circuit-Videoinstallation *Three Camera
Participation* nahm den Betrachter mit drei
nebeneinanderstehenden Kameras auf und projizierte diese drei Abbilder, die leicht gegen-
einander verschoben waren, farbig auf die Wand
und gleichzeitig auf einen Monitor. Der Betrachter wurde nicht nur aktiv in das Werk einbezogen, sondern spielte mit seinen Abbildern,
die sich aus den drei Video-Grundfarben über-
lappend bunt zusammensetzten.

FRANZ REIMER
The Situation Room, 2013

Die begehbare Closed-Circuit-Videoinstallation bestand aus dem Nachbau einer Situation
im Weißen Haus, die auf dem gleichnamigen
Pressebild von Pete Souza (1. Mai 2011) während der Tötung von Osama bin Laden zu sehen
war. Eine Videokamera filmte den Bildaus-
schnitt der Kulisse exakt wie auf der Bildvor-
lage, allerdings mit Besuchern der Ausstellung.
Dieses gefilmte Bild wurde auf jenen Bildschirm übertragen, der in der Originalsituation
von der US-Regierung fokussiert wurde.

„Während jedoch die US-Regierung
in der Bild-Vorlage den Tod Osama bin
Ladens betrachten konnte, erkennt
sich der Besucher in der Installation
wieder nur als Zuschauer der nicht
sichtbaren Exekution. Seine Proble-
matik wird direkt erfahrbar: Die
Installation zeigt uns, dass das Bild
uns nichts zeigt. Wie ein Spiegel wirft
sie unseren Blick auf uns selbst
zurück. Hinter ihm bleibt das Verspre-
chen der totalen Transparenz und
Sichtbarkeit in einer digital vernetzten
Welt zurück. The Situation Room
zeigt eine bildpolitische Zäsur. Gegen
die Macht der Bilder steht das
Bild der Macht. Der Macht über die
Sichtbarkeit."

Franz Reimer

ULRIKE ROSENBACH
Tanz um einen Baum, 1979

„Aktionselemente:
1. Der Ort: ein Park, an einem Hügel, mit Sicht
auf die Stadt. Ein Baum.
2. Die Zeit: kurz vor Sonnenuntergang, 17.00–
17.45 Uhr.
3. Ich habe den Baum zwei Wochen beobachtet. Wenn die Sonne untergeht, fällt ihr Schein
über ihn in die Fenster der Häuser, der Wolken-
kratzer. Das Licht spiegelt sich rot in den
Fensterscheiben.
Ich habe ein Videokabel sechsmal um den
Baumstamm gelegt und die Länge dann aus-
einandergerollt als Radius eines Spiralkreises
genommen. Die äußere Kreislinie ist mit
länglichen Spiegelscherben im Rasen markiert
(Abstand 90 cm). Das Videokabel ist am Baumstamm befestigt und führt dann weiter – in die
eine Richtung zu einer kleinen Videomaschine
mit Monitor, in die andere Richtung zu einer
kleinen Videokamera, die ich während der
Aktion an meinen Arm gebunden habe. Ich lege
mich auf das Gras, den Kopf in Richtung des
äußeren Kreises, und fange langsam an, mich
um den Baum zu drehen. In den Händen halte
ich ein Schwert. Bei jeder vollzogenen Drehung
versuche ich, eines der Spiegelstücke zu
zerschlagen. Die Kamera nimmt meine Drehung
mit dem, was in meinem Sehradius ist, auf: die
Landschaft, die Leute, die Spiegel, in denen
sich alles und mein Gesicht spiegeln, und das
Schwert, das mit der Spitze auf Landschaft und
Leute zielt und dabei die Spiegel zerschlägt.
Zur gleichen Zeit wird dieses Videobild auf die
bereitstehenden Videomonitore übertragen.
Indem ich mich um den Baum drehe, werde ich
durch das Kabel, das sich um den Stamm
wickelt, herangezogen. Die Sonne geht unter,
und als es halb dunkel ist, schneide ich mit dem
Schwert das Kabel los, das meinen Körper mit
dem Baum verbunden hat."

Ulrike Rosenbach

SERVAAS
Pfft, 1981

Der 2001 verstorbene niederländische Medien-
künstler Servaas (Schoone) führte in seiner
Closed-Circuit-Installation auf anschauliche
und ironische Weise vor, dass der Vorgang des
Atmens den Menschen zu einem permanenten
Austausch mit der Natur anregt: Auf einem
Monitor war in einem Video der Kopf des Künstlers zu sehen, wie er in Richtung des Betrachters Luft ausblies. Eine reale Feder befand
sich vor dem Monitor frei im Raum und wurde
durch das geräuschvolle Pusten „Pfft" offensichtlich in Bewegung versetzt. Die Täuschung
entstand durch den Einsatz des bewegten
und geräuschvollen Videobildes als scheinbar
realem Auslöser einer Bewegung im Raum.

GINY VOS
Giovanni Arnolfini and his Young Wife,
1984/2014

*„Ich ‚erfinde' nichts, das nicht schon
vorher Teil des Ausgangsmaterials
gewesen ist. Ich schaue, kombiniere
und arrangiere die Tatsachen so,
dass die Vorstellungskraft eine neue
Realität erschaffen kann."*

Giny Vos (1995)

Die niederländische Bildhauerin und Medien-
künstlerin Giny Vos realisierte *Giovanni Arnolfini
and his Young Wife* als Closed-Circuit-Videoinstallation in der vergrößerten Kopie des Origi-
nalgemäldes von Jan van Eyck (1434): Vos ins-
tallierte eine Überwachungskamera am Bild
und einen kleinen Monitor an jener Stelle des
Originals, an der sich der gemalte Spiegel befindet. Die Kamera zeichnete den Betrachter so
auf, dass er in der jeweils richtigen Perspektive
und Größe als bewegtes Bild in dem kleinen
„Spiegel" erschien – wie im Originalgemälde
die gemalten Personen in Frontansicht, jedoch
ohne das Brautpaar in Rückenansicht. Vos
konzentriert sich in ihren Werken auf das
Verschmelzen von offenkundigen Situationen,
Objekten, Räumen etc. mit Medientechnologien,
so dass Transformationsprozesse entstehen.
Diese münden in einer neuen manipulierten
Form von Wirklichkeit.

OLAFUR ELIASSON

Concentric mirror, 2004, Folded ellipse 60°,
2008, Spiegeltunnel, 2014

*„Eliassons Werk ist exemplarisch für
ein Denken, dem es darauf ankommt,
das Wahrnehmungsvermögen
des Menschen zu erweitern und
auszuloten, das diese Erkundung aber
unabhängig von allen heutigen
technologischen Imperativen betreibt."*

Jonathan Crary (1997)

Die Spiegelarbeiten des Künstlers sind für
den Betrachter Wahrnehmungserweiterungen
und Reflexionsfläche zugleich: *Concentric
mirror* manipuliert das Spiegelbild des Besuchers, indem die Arbeit einzigartige Wahrnehmungen des individuellen Spiegelbildes in der
Tiefe des Raumes ermöglicht. Die kreisförmige
Glasscheibe war teilweise mit konzentrischen
Ringen gespiegelt. Dahinter befand sich eine
Spiegelscheibe gleicher Größe, die in einem
schrägen Winkel angebracht war, wodurch ein
leichtes Moiré-Muster entstand. *Folded ellipse
60°* sind Spiegelfaltungen, die auf unterschiedlichen Winkelbezügen basieren und das
Spiegelbild diesen Brechungen entsprechend
manipulieren. Die elliptische Spiegelfaltung
reflektierte das Bild des Betrachters auf ihn
selbst zurück wie ein sich selbst wahrnehmendes
Subjekt und erfasste dabei auch den Umraum
als Wahrnehmungsraum. Der Spiegel wurde zur
Reflexionsfläche im doppelten Sinne: Einerseits
sah sich der Betrachter im Spiegel, andererseits wurde dieser Vorgang, den Eliasson „sich
sehen sehen" nennt, Anlass zur Reflexion.
Durch diesen Prozess wurde der Besucher
selbst zum Teil der Ausstellung. Die Belebung
der Reflexions- und Spiegelfläche erfolgte
durch die Mobilität des Betrachters. Im Buchengarten der Akademie setzte der Künstler mit
seinem *Spiegeltunnel* (2010 als mobile und
temporäre Installation für den öffentlichen
Raum entwickelt) das Spiel mit Reflexion und
Perspektive sowie das Changieren zwischen
Rund und Ellipse fort.

JEPPE HEIN

Rotating Mirror Circle, 2008

Die Spiegelskulpturen des dänischen Bild-
hauers Jeppe Hein spielen mit unserer Wahrnehmung und bringen unsere Selbstgewissheit
ins Wanken. Sie können monumentale Aus-
maße haben, wie die Arbeit *360° Illusion III*
in St. Agnes (Galerie Johann König, 2013).
Dort waren auf der Empore zwei lange, recht-
eckige Spiegel rechtwinklig miteinander verbunden, die sich langsam um ihre Achse drehten
und die Zuschauer wie auch den Kirchenraum
in mehrfachen Perspektiven spiegelten. Der
Betrachter erfuhr eine Verunsicherung des
eigenen Standorts, verbunden mit dem Gefühl
des Schwindels. *Rotating Mirror Circle* brachte
den Betrachter in eine *face-to-face*-Situation.
Der runde Spiegel an der Ausstellungswand
wurde durch einen kleinen Motor fast unsichtbar in Drehung versetzt und forderte zur
Selbstbetrachtung heraus.

SPIEGELUNGEN

SPIEGELUNGEN

MICHELANGELO PISTOLETTO

Specchio diviso, 1973/78
Sacra Conversazione. Anselmo, Zorio
e Penone, 1973

Ausgehend von der Tatsache, dass ein Spiegel alles reflektiert außer sich selbst, entwickelte Pistoletto die Serie *Divisione e Moltiplicazione dello Specchio.* Teilt man einen Spiegel und richtet beide Hälften entlang der Achse ihrer Teilung zueinander aus, multipliziert er sich. In dem Prinzip der Teilung sieht Pistoletto ein universelles Element organischer Entwicklung. *Specchio diviso* gehört zu dieser Werkgruppe. *Sacra Conversazione* hingegen gehört zur Serie der *Quadri Specchianti*, die 1962 ihren Anfang nahm. Michelangelo Pistoletto hatte bereits in seiner Malerei mit verschiedenen reflektierenden Untergründen experimentiert. Um eine größere Objektivität seiner Bilder zu erreichen, verwendete er Fotografien, die er auf Lebensgröße vergrößerte und seit 1971 mittels Siebdruck auf hochglanzpolierte Edelstahlplatten übertrug. Pistolettos Gruppenbild zeigte drei Künstler der Arte Povera im Gespräch: Giovanni Anselmo, Gilberto Zorio und Giuseppe Penone. Der Titel verweist auf eine jahrhundertealte italienische Bildtradition: „Sacra Conversazione" (heilige Unterhaltung) bezeichnet die Darstellung einzelner Heiliger, gruppiert um die thronende Madonna. Den starken Bezug zur Gegenwart erhielten die Spiegel-Bilder durch ihre niedrige Hängung. Sie reflektierten den Ausstellungsraum und bezogen den Betrachter in das Bild ein, der es verlebendigte. So erhielten sie auch performativen Charakter.

SOPHIA POMPÉRY

Transient Shade, 2014

Sophia Pompéry entführte die Besucher in ihren Rauminstallationen und Wandarbeiten an die Schnittstelle zwischen Realem und Irrealem, wobei das Unwirkliche immer ganz konkret vom Physischen ausging. *Transient Shade* wurde zum Spiel mit der Irritation: Zunächst trat der Besucher vor einen scheinbar simplen Spiegel, der jedoch einen Sensor in sich barg. Ganz langsam begann nun eine unkontrolliert wachsende Lichtfläche das Spiegelbild zu zersetzen. Es entstand ein Lichtschleier, der die Reflexion verdeckte. Diese Situation wandelte sich wieder zum gewöhnlichen Spiegel, wenn der Betrachter wegging. *Transient Shade* steckte voller Gegensätze und spielte dabei mit dem Innen und Außen, der Tiefe und Oberfläche eines Spiegelbildes. Der Betrachter war Motor, doch zugleich verging sein Abbild, wenn er sich entfernte, und nichts blieb.

„Das vermeintlich bekannte Spiegelbild wirkt wie ein flüchtiger Moment, und die wolkige Weite wird zum Sinnbild dessen, was wir nicht konkret wissen."

Sophia Pompéry (2014)

„CAMERAS ARE KEEPERS OF THE SOULS"

VIDEOINSTALLATIONEN ZWISCHEN SZENE UND SZENARIO

SABINE FLACH

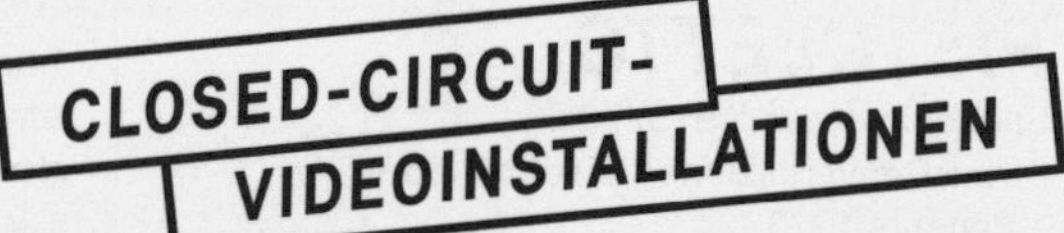

„Cameras are keepers of the souls"[1], so beschrieb der US-amerikanische Videokünstler Bill Viola 2011 in einem Interview das spezifische Potential dieses technischen Mediums. Doch was bedeutet diese Aussage über die mögliche Sympathie hinaus, die sie vielleicht ob ihrer Eindrücklichkeit erzeugt?

Etwas Besonderes hat es mit dem medientechnischen Bild auf sich; und diese Besonderheit liegt in seiner Fähigkeit, unsere Wahrnehmung und unsere Emotionen auf spezielle Weise zu choreografieren. Und in der Tat werden mit technischen Medien Vorgänge sichtbar, die sich ohne die Nutzung dieser simulierten Räume nur schwer wahrnehmen lassen. Es gilt: Das Bild ist hier keinesfalls mehr ein Zeichen zur Darstellung *von* etwas, sondern es ist — bildphänomenologisch betrachtet — eine „Fortsetzung des Phantasierens mit imaginären Gegenständen im Medium der Sichtbarkeit des Bildes"[2].

In einer Inversion von Aristoteles[3] kann nun das medientechnische Bild als „bewegter Beweger" charakterisiert werden[4], um somit seine mehrfache Performanz und Prozessualität — nämlich als der bewegte Bildträger, als den imaginären Raum bewegend und die Bewegung im Rezipienten erzeugend — zu erfassen. Genau dann nämlich zeigen diese Bilder eminente Strukturaffinitäten, Ähnlichkeiten, die zwischen dem Denken, dem Empfinden und dem Bild-

---

1   Zitiert nach einem Interview von Christian Lund mit Bill Viola, London 2011. In: http://channel. louisiana.dk/video/bill-viola-cameras-are-keepers-souls, zuletzt am 22.7.2015

2   Lambert Wiesing, *Phänomene im Bild*. Paderborn 2007, S. 29

3   Aristoteles spricht vom Kunstwerk. Siehe dazu Otfried Höffe (Hg.), *Aristoteles Poetik*. Berlin 2009

4   Dies ist meine These, vgl. Sabine Flach, Lament in Contemporary Art. In: dies., Jan Söffner, Daniel Margulies, *Habitus in Habitat I: Emotion and Motion*. Bern 2010, S. 182

betrachten zirkulieren und die auf ihre Analogien verweisen, denn wie kaum ein anderes Medium sind Medienbilder in der Lage, diese Interdependenz von internen und externen Prozessen und Ereignissen – als Emotionen – zu thematisieren.

Doch dies hat Konsequenzen für den Begriff solcher Kunst, denn ein solches Kunstwerk lässt sich damit weder als Ausdruck der Realität noch als bloßer Bedeutungsträger verstehen, sondern ist eine Relation zwischen Kognition und Erfahrung, Emotion, Wahrnehmung und Sinnestätigkeit, inneren und externalisierten Bildern, Imagination und Repräsentation. Vielmehr noch: Der mediale Bildraum der Videoinstallation ist ein Bildszenario auf mehreren Ebenen *sui generis* und genau über dieses mehrfach codierte Bild wird er anschließbar an die Darstellung, Erzeugung, Codierung und Decodierung von Emotionen und Sinneserfahrungen. Oder schärfer formuliert: Das Bildszenario der Videoinstallation *ist* die Wahrnehmung, die Emotion, die selbst wiederum die Wesenseigenheit des Bildes sind. Und dies gilt wiederum für beide hier gewählten Konstellationen – um 1970 und um 2000. Es werden dieselben Charakteristika an die Künste herangetragen, um das Verhältnis von Wahrnehmungen und Emotionen zu bestimmen. Das Kunstwerk kann in beiden Konstellationen als eine Form des Verhaltens verstanden werden. Die These ist nun, dass dies nicht schlicht eine Koinzidenz darstellt, sondern zum wesentlichen und auch strategischen Bestandteil der Künste gehört mit einem signifikanten Ziel: Wenn etwa die Transgression der körperlichen Geste einer Emotion im Kunstwerk verhandelt wird, steht nicht die Lesbarkeit der Geste zur Disposition, sondern die körperliche Aktion selbst und die Frage danach, welcher Raum, welche Prozesshaftigkeit ihr eignet. Die Gestik wird im Hinblick auf ihren *verkörperten Sinn* analysiert. Signifikant ist in allen Fällen zudem eine ästhetische Kategorie, die unabdingbar zum Charakteristikum der Videoarbeiten gehört: Anwesenheit.

Um 1970

Der von Douglas Crimp formulierte Ausspruch „Man musste dagewesen sein"[5] zur Kennzeichnung der Entwicklung der Kunst der 1970er Jahre wurde für Bruce Naumans Arbeit zur unabdingbaren Voraussetzung, die dieser indes *ex negativo* zur Darstellung bringt. Seit 1969 schuf Nauman mehrere Korridorinstallationen, die den Rezipienten zur aktiven Benutzung animierten und die man gleichzeitig – paradox genug – mit „Verbergen als Kunstform" bezeichnen

5   Douglas Crimp, Pictures. In: Brian Wallis, Marcia Tucker (Hg.), *Art After Modernism. Rethinking Representation.* New York 1984, S. 176 f., Reprint aus: *October*, 8, Frühjahr 1979, S. 75–88
6   *Live-Taped Video Corridor* war die erste Videoinstallation mit einem Closed-Circuit-System.

könnte. Der *Live-Taped Video Corridor* (1970, Abb. S. 159, 173)[6] bestand in seiner ursprünglichen Konzeption aus mehreren, unterschiedlich langen Korridoren, die als „Video Surveillance Corridor" nebeneinander in einer Reihe aufgestellt wurden. Bis auf einen Gang sind alle anderen sehr eng, so dass sie nicht betreten werden konnten. Der Hauptteil der Arbeit war begehbar und wurde als *Live-Taped Video Corridor* in der Folge häufig ohne die weiteren Korridore ausgestellt. Der Gang dieser Installation ist sehr hoch und schmal, so dass sich ein Rezipient gerade hineinzwängen kann. Am Ende des Korridors sieht er zwei übereinandergestellte Videomonitore. Tritt er in den Korridor ein und bewegt sich auf die Monitore zu, kann der Rezipient erkennen, dass auf einem der Monitore eine menschliche Gestalt abgebildet wird. Der zweite Monitor scheint zunächst nichts abzubilden. Nähert sich der Rezipient den Monitoren, kann er erkennen, dass die Gestalt auf dem unteren Monitor offensichtlich ein Bild seines Körpers ist. Dieses Bild wird jedoch entgegen der Alltagserfahrung in einem Spiegel nicht als ein spiegelbildliches Gegenüber dargestellt, sondern die Händigkeit seines Körpers bleibt erhalten. Dennoch irritiert gerade diese Projektion, denn der Rezipient sieht sich selbst von hinten, wie er diesen Korridor entlanggeht. Die Darstellung der eigenen Person kann nicht über eine einfache, gegenüberstellende Ansicht erreicht werden. Vielmehr muss der Rezipient erkennen, dass in diesem Raum eine Kamera montiert ist, die, oberhalb seiner Körpergröße angebracht, ein Bild seiner Rückansicht präsentiert. Mit der Überwachungsanlage in diesem Korridor, die seine körperlichen Aktionen aufzeichnet, befindet sich also ein überwachender „Blick" in seinem Rücken. Will der Rezipient diesen Kamerablick sehen, muss er sich selbst von seiner Projektion abwenden – er wird dann zwar immer noch von der Kamera aufgenommen, kann dieses Bild jedoch nicht mehr kontrollieren. Versucht er, die Aufnahme seines Körpers auf dem Monitorbild zu beobachten und nähert sich diesem Monitor, so wird auch hier der kontrollierende Blick des Rezipienten unterlaufen, indem die Kameraaufnahme immer kleiner wird, je näher der Rezipient dem Monitor kommt, und völlig verschwindet, wenn der Rezipient direkt vor dem Monitor steht.

Bruce Nauman empfand die Erfahrbarkeit des *Live-Taped Video Corridors* als eine „schwierige Situation", die er wie folgt beschrieb: „Der einfachste Part dabei war ein etwa zehn Meter langer, sechzig Zentimeter breiter Korridor. Am Eingang war außen eine Fernsehkamera angebracht, und das Bild war am entgegengesetzten Ende des Korridors. [...] Wenn man in den Korridor hineinging, musste man etwa zehn Fuß weit gehen, bevor man auf dem Bildschirm erschien, der dann immer noch zwanzig Fuß entfernt war. Ich benutzte ein Weitwinkelobjektiv, das die Entfernung noch mehr verfremdete. Die Kamera war in drei

Meter Höhe angebracht. Auf dem Bildschirm sah man sich von oben und von hinten, die Rückseite, ganz anders, als man sich normalerweise sieht, oder auch anders, als wenn man den Korridor um sich herum erlebte. Wenn man merkte, dass man auf dem Bildschirm war, empfand man das Weitergehen im Korridor, als würde man über eine Klippe treten oder in ein Loch hinein [...]. Man wusste genau, wie das zustande kam, weil man das ganze Equipment und was es machte, sehen konnte. Aber jedesmal, wenn man wieder in den Korridor hineinging, machte man dieselbe Erfahrung. Man konnte ihr nicht aus dem Weg gehen."[7]

Dieser Eindruck wird unterstützt durch den zweiten Monitor, der auf den anderen gestellt wurde. Er zeigt ebenfalls ein Bild aus dem Korridor, jedoch fehlt hier die Aufnahme des Rezipienten völlig. In der Auseinandersetzung mit diesem Band muss der Rezipient feststellen, dass dieser Korridor vor seinem Eintritt offensichtlich als leerer Raum aufgezeichnet wurde und dieses Endlosband nun auf den zweiten Monitor projiziert wird. Auch auf diesem Monitor kann sich der Rezipient nicht sehen. Die Teilnahme der Rezipienten an dieser Arbeit vollzieht sich also, ohne dass diese in der Lage wären, die Arbeit über ihre Anwesenheit und ihre Aktion zu verändern. Damit hat ein Moment der Manipulation eingesetzt, das die Rezipienten der Installation nicht nur vollkommen kontrolliert, sondern gleichzeitig eine der wesentlichen ästhetischen Prämissen von Bruce Nauman einlöst, der sie zwar an seiner Stelle in das Werk integrieren will, diese scheinbare Übergabe der Autorenfunktion jedoch gleichzeitig negiert, da er die Handlungen der Rezipienten kontrollieren möchte. „Ich misstraue der Publikumsbeteiligung. Deshalb bemühe ich mich, diese Arbeiten so eng wie möglich einzugrenzen. [...] Die Arbeit war für mich sehr wichtig, weil mir dadurch klar wurde, dass man eine Arbeit mit Publikumsbeteiligung machen konnte, ohne dass die Teilnehmer die Arbeit verändern konnten."[8]

Die Strategien, die Nauman in diesem Werk entwickelt, basieren auf dem Konzept, gerade das *Fehlende* zu markieren. Er verhindert die Bestimmung von Identität durch das Wiedererkennen körperlicher Eigenschaften und entzieht dem Rezipienten den Blick auf sich selbst und auf das Werk. Vermittels eines Sehprozesses allein kann der Rezipient die Arbeit nicht wahrnehmen, denn er steht sich – seinem Bild gegenüber – tatsächlich „selbst im Weg". Die Wahrnehmung dieser Arbeit wird von Nauman konkret auf ein kinästhetisches Erleben gelenkt, das sich im Wesentlichen über eine räumliche Spezifizierung

7   Bruce Nauman im Interview mit Willoughby Sharp, Bewegen und Begegnen. In: Christine Hoffmann (Hg.), *Bruce Nauman. Interviews 1967–1988*. Amsterdam 1996, S. 62, Originalzitat siehe S. 263
8   Bruce Nauman im Interview mit Willoughby Sharp, Die ersten fünf Jahre. Von den Glasfaserskulpturen zum Performancekorridor. In: Ebd., S. 14 f., Originalzitat siehe S. 264

manifestiert. Der Rezipient ist zwar Teil dieser Arbeit, kann deren Projektionen jedoch nur unzulänglich sehen, das Kamerabild basiert also auf dem Ausschluss des betrachtenden Blicks der Person, die es erzeugt. Bruce Nauman selbst konkretisiert die Annahme, dass seine Arbeiten den Rezipienten über eine Ausschlusssituation manipulieren, wenn er betont, „etwas Schwieriges geht in meiner Arbeit vor sich. Sie gibt [dem Betrachter] scheinbar Freiheit, aber in Wirklichkeit lässt sie keine Freiheit zu. Selbst wenn man sich zur Teilnahme entschließt, ist das Erlebnis nie so klar. [...] Die Schwierigkeit ist absichtlich."[9]

Der frühe Einsatz der Videotechnik in künstlerischen Arbeiten bedeutete auch das Experimentieren mit den technischen Möglichkeiten, die in ästhetisches Material transformiert wurden. Peter Campus nutzte diese technischen Möglichkeiten, um Arbeiten zu entwickeln, die eine Reflexion über das Medium, mit dem gearbeitet wurde, darstellten, darüber hinaus jedoch nicht bloß auf der Ebene des technischen Experiments verharrten, sondern dieses mit einem Themenkanon zu verbinden wussten, der auf einer reflexiven Ebene psychische Prozesse verhandelte. Campus bediente sich dabei der originären Qualitäten der Videotechnik, wie beispielsweise der Möglichkeiten der Gleichzeitigkeit von Aufnahme und Wiedergabe, die durch das Closed-Circuit-Verfahren erreicht werden können. Er arbeitete mit der Blue-Screen-Technik, die auch in der Fernsehtechnik angewandt wird, und benutzte Zeitverzögerungsschleifen. Im Mittelpunkt seiner Werke standen dabei Erfahrungen, die auf kinästhetischer Ebene über den Körper auf das psychische Erleben Einfluss nehmen. Erst die bewusste Analogie, die Peter Campus zwischen den technischen Möglichkeiten des Videobandes und dem Verlauf psychischer Prozesse herstellte, machte es möglich, diese Prozesse ästhetisch zu visualisieren. Für das Kunstwerk sind es formale Kriterien, die im Mittelpunkt der ästhetischen Auseinandersetzung stehen.

In *Interface* (1972) arbeitete Peter Campus mit einem dunklen Raum, in dem der Rezipient in intimer Abgeschlossenheit seinem *Alter Ego* begegnen konnte. Im Installationsraum war eine Glasscheibe aufgestellt, vor der eine Videokamera postiert wurde. In der Mitte des Raumes, gegenüber der Videokamera, befand sich ein Videoprojektor, dessen Licht den dunklen Raum matt beleuchtete. Betrat der Rezipient den Installationsraum, so stellte die Arbeit *Interface* für ihn zunächst nichts anderes dar als genau diese Anordnung des technischen Equipments. Peter Campus legt also, *bevor* ein Bild oder ein artifizielles Ereignis entstehen kann, die medialen materiellen Produktionszusammenhänge für den

---

9   Bruce Nauman zitiert nach: *Bruce Nauman. Werke von 1965 bis 1972.* Hg. Jane Livingston, Marcia Tucker. Los Angeles u. a. 1973, unpaginiert, Originalzitat siehe S. 264

Rezipienten offen. Der Rezipient erkennt die Bedingungen, unter denen das ästhetische Material – das Bild – überhaupt erst entstehen kann. „Weil wir an das umgekehrte Spiegelbild gewöhnt sind, sind wir ständig von dem direkten Videobild überrascht. Jede asymmetrische Bewegung verursacht einen Identifikationsverlust mit dem projizierten Selbstbild. Die Antwort wird nur dann deutlich, wenn der Betrachter des ganzen Mechanismus gewahr wird: Der Kamera-Projektor-Bildschirmbetrachter. Er/sie muss die relative Position der Kamera kennen, um das Bild zu verstehen."[10]

Um 2000

„Demnach erfordert die Bildung eines besseren Verständnisses von Videostilen eine Präzisierung der Beziehung zwischen der Funktionsweise des *menschlichen Gehirns und den bildproduzierenden Möglichkeiten von Video*"[11], formulierte der Kunsthistoriker Curtis L. Carter 1979 in seiner Replik auf Rosalind Krauss' Aufsatz „Video – an Aesthetic of Narcissism" über die Bedeutung medientechnischer Kunstwerke für die Wahrnehmung, und Vilém Flusser schrieb 1985 in seinem Buch *Ins Universum der technischen Bilder*: „Erst wenn wir die mit Computern synthetisierten Bilder ins Auge fassen, [...] können wir überhaupt zu ahnen beginnen, welche Kraft der *Ein*bildung hier *aus*bricht."

„Der wahrscheinlich lauteste Schrei, den ich je aufgenommen habe, ist die tonlose Arbeit *Silent Mountain*", beschrieb Bill Viola seine Videoarbeit: Ein stummer Schrei („A soundless scream") also, der im Zentrum des Werks steht – wie aber wird etwas verkörpert, das sich der Sprachlichkeit bewusst entzieht? Am Erfahrungswert der Kunst, an einer gewissen Virtualität des Bildes selbst ist also zu zeigen, dass ein *hypothetischer Raum* erzeugt wird, in dem die Realität der Darstellung immer konstruiert und produziert ist und hergestellt werden muss[12], Ereignisse dann jedoch tatsächlich gesehen werden können. Hier wird ein Beobachtungsszenario inszeniert, in dem die Flüchtigkeit des Augenblicks in eine latente Spannung übersetzt werden sollte, die das Bewegungsprinzip verdeutlicht. Erzeugt wird diese Latenz durch die verkrampften Finger, die Falten des Pullovers, die Anspannung der Muskeln, das Beugen und Strecken des Rückens – durch körperliche Phänomene der Bewegung also, die den Bildakt erzeugen.

10   Peter Campus, *Closed Circuit Video. Seven Drawings*. Kat. Everson Museum of Art, Syracuse 1974, unpaginiert, Originalzitat siehe S. 265

11   Curtis L. Carter, Aesthetics, Video Art and Television. In: *Leonardo*, Bd. 12, Winter 1979, S. 293 (Hervorhebung durch S. F.), Originalzitat siehe S. 265

12   Vgl. dazu Sabine Flach, „It's not easy being green!" Schnittpunkte von Kunst, Medientechnik und Naturwissenschaften am Beispiel der Transgenic Art. In: Martina Heßler (Hg.), *Konstruierte Sichtbarkeiten: Wissenschafts- und Technikbilder seit der Frühen Neuzeit*. München 2005

Gezeigt werden „gesteigerte Gesten"[13], in denen der Körper keineswegs als ein äußeres Instrument eines Inneren gilt. Ist eine solche Bewegung – als eine rhythmische Gliederung – aber immer schon bildgewordene Handlung, so wird sie – bewusst oder unbewusst – genau dort reproduziert, wo *nicht* zweckgerichtet gehandelt, sondern etwas zu verstehen gegeben wird.[14] Dann aber sind Bilder immer schon als Ereignisbilder oder besser noch als *Erregungsbilder*[15] zu verstehen, in denen *Aisthesis* und *Kinesis* nicht getrennt gedacht werden können.

Bill Viola zeigt uns an seinen bewegten Körperbildern Folgendes: Eine Emotion als Expression ist *immer* ein dynamisiertes Darstellungsverfahren ebenso wie sich in der spezifischen dargestellten Bewegung das Wissen um die kulturelle Bedeutung anlagert. Es geht also weniger um eine naturalistische Darstellung, als vielmehr um die Darstellung eines *Ausdrucks in Bewegung* ebenso wie der *Darstellung eines in sich bewegten Bildes*.

Eine mediale Umwelt – wie die hier diskutierten Videoinstallationen – zeigt viele *anscheinend* immersive Qualitäten, die eine Interaktion mit dem Rezipienten erzeugen. Eigen ist ihnen allen, ein Gefühl des Dort-Seins zu erzeugen, also: *Anwesenheit*, verstanden als jene „Empfindung des Daseins", dessen „Da-Sein" als „die subjektive Erfahrung von Gegenwart" definiert wird.[16]

13   Anna Freud (Hg.), *Sigmund Freud. Gesammelte Werke aus den Jahren 1892–1899*. Bd. 1, Berlin 2010, S. 152 14 Alexander Honold, Pathos-Transport um 1800. Modelle tragischer Bewegung in Theaterdiskurs und Briefkultur. In: Cornelia Zumbusch (Hg.), *Pathos. Zur Geschichte einer problematischen Kategorie*. Berlin 2010, S. 180

15   Bernhard Waldenfels, *Sinne und Künste im Wechselspiel*. Frankfurt am Main 2010, S. 57

16   Carrie Heeter, Being There: The subjective experience of presence. In: *Presence,* 1, 2, 1992, S. 262–271

TINO SEHGAL UND CHRISTIAN FALSNAES

DAS MUSEUM ALS ORT SOZIALEN HANDELNS

JOHANNES ODENTHAL

Das Museum und das Theater, die Ausstellungshalle und die Bühne, beide sind entscheidende Instrumente der Erfindung und Bildung des modernen Subjekts, sind Spiegelkammern der gesellschaftlichen Emanzipation des Bürgertums, Plattformen der Aufklärung und fester Bestandteil des demokratischen Gesellschaftsmodells. Aus der Perspektive von Künstlern des 21. Jahrhunderts werden folglich die Geschichten von Museum und Theater als Institutionen der bürgerlichen Selbstfindung auch in ihrer politischen Dimension wahrgenommen und reflektiert. Nur in dieser historisch gewachsenen Übereinkunft werden Duchamps *Fountain* oder Beuys' *Fettecke* als Werke der Moderne wirksam. Und so ist auch die Performancekunst nur lesbar im Sinne eines Widerstands zur bürgerlichen Institutionengeschichte.

Es ist essentiell für die Werke von Tino Sehgal, dass sie sich zu der beschriebenen Museums- und Theatergeschichte der Moderne systematisch verhalten. Sie verstehen sich nicht als Widerstand wie die Performancekunst, sie entziehen sich nicht dem klassischen Werkbegriff, sondern sie betten sich konsequent in die klassische Übereinkunft zwischen Museum und Besucher ein. Und eben aus dieser Einbettung beziehen sie ihre Sprengkraft, weil sie den Besucher ernst nehmen, ihn konfrontieren mit aktuellen Gegenwartsthemen aus Wirtschaft, Politik und Gesellschaft. Und weil sie ihm das Objekt der ästhetischen Erfahrung vollständig entziehen, es als ephemere Erfahrung in ihn zurückverlagern, ihn selbst zu einem Teil des künstlerischen Werks machen. Dabei überlagern sich die subjektiven Erfahrungen des Einzelnen, ob im Gespräch mit einem Akteur oder in der choreografischen Einbindung, mit einer kollektiven Perspektive, an der er partizipiert. Denn immer erschließt sich für einen Dritten der Blick auf diesen Austausch oder die potentielle Möglichkeit eines gemeinsamen Handelns. Zwischen den geschulten Akteuren und den einstudierten choreografischen Elementen einerseits und dem zufälligen Auftreten der Besucher, dem unberechenbaren Strom der Menschen und den überraschenden Konstellationen der Partizipation andererseits entsteht das, was wir „soziale Plastik" nennen können, Architekturen der Interaktion, wie sie Tino Sehgal selbst nennt. Das Kapital dieser Werke ist neben dem konzeptuellen Ausgangspunkt die Entfaltung unendlich vieler Möglichkeiten der Aufladung durch die Gegenwart, durch das Wissen und das Handeln von Menschen. Subjektive und kollektive Erfahrungen bauen sich in beliebigen Konstellationen auf, so dass immer wieder auch Besucher viele Stunden in diesen Werken verbringen.

Dieses Verständnis von Werk und ästhetischem Objekt schöpft aus einer tänzerischen und choreografischen Praxis, die Tino Sehgal durch seine Tanzausbildung und durch seine Erfahrungen in den Kompagnien von Jérôme Bel, Xavier Le Roy oder auch Les Ballets C de la B gemacht hat. Dabei durchdringen sich tänzerische Wirklichkeit, das heißt unmittelbare körperliche und mentale Ausdrucksform, und choreografische Form, das ästhetisch festgeschriebene Werk. Den choreografischen Werkbegriff löst Tino Sehgal von der Aufführungspraxis in der Black Box und überträgt ihn in den White Cube der Museen und Galerien. Mit der tänzerischen Präsenz erschließt er die Möglichkeit der Erfahrung von Gegenwart, jene Möglichkeit, die Verflechtung eines jeden Subjekts in die sozialen Konstruktionen von Zeit und Raum aufzudecken und wirksam zu machen. Mit dem choreografischen Werkbegriff schafft er die konzeptuellen Architekturen der Interaktion, über die er Themenkomplexe aus Ökonomie, gesellschaftlicher Entwicklung oder philosophischer Recherche mit den Besuchern verhandelt. Themen wie Fortschritt, Soziale Marktwirtschaft oder Spekulation im virtuellen Finanzkapitalismus, sie werden entweder konkret aufgegriffen oder auf einer konzeptuellen Ebene reflektiert. Wenn mit den immateriellen Werken von Tino Sehgal durch An- und Verkauf spekuliert wird, so spiegelt sich in der künstlerischen Praxis exemplarisch die Wirklichkeit virtueller Finanztransaktionen.

Die interaktiven Kommunikations- und Erkenntnisräume, die Tino Sehgal mit seinen Werken erschafft, basieren auf dem hartnäckigen Insistieren eines Werkbegriffs jenseits von Performancekunst, dokumentarischen Theaterformen oder Installationsarbeiten. Sie behaupten die Partizipation am klassischen Kunstbegriff, um in den vorhandenen Strukturen die Möglichkeiten kritischer Reflexion zu etablieren. Sie nisten sich in einen historisch etablierten Materialismus der Kunst ein, um in der körperlichen und geistigen Teilhabe das Ephemere zu behaupten. Sie schaffen Raum für eine Aufklärung, die den eigenen Körper zum Ausgangspunkt der künstlerischen und sozialen Erfahrung macht. Insofern ist das Werk von Tino Sehgal die vielleicht konsequenteste Antwort auf die Frage nach einer kritischen Kunst der Gegenwart. Sie versteht das Lebenskapital als Ausgangspunkt einer Reflexion, die sich der Verwertung materieller Ressourcen systematisch entzieht, um den Keim für ein neues Denken und Handeln zu setzen.

„Performance hat immer eine bedeutende Rolle gespielt in meiner Arbeit. Ich glaube, dass das auch seinen Ursprung in der Graffiti-Kunst hat, weil Graffiti ein sehr performativer Zugang zum Kunstmachen ist. Denn der Prozess und die Umstände, unter denen Graffiti stattfindet, sind ebenso wichtig wie das Werk selbst." So wie Tino Sehgal die choreografische Praxis in den Raum der bildenden Kunst übertragen hat, so bezieht Christian Falsnaes die Energie und Dynamik der Street-Art auf den Kontext von Museen und Galerien. An die Stelle eines materialisierten Werkbegriffs tritt die Performance als eine Erfahrung im Prozess – sowohl für den Künstler als auch für den Betrachter. Dabei spielt Falsnaes ganz bewusst mit den Codes von Ausstellungseröffnungen und Museums- oder Galeriebesuchen. So stellt er in *Existing Things* von 2010 dem Publikum seinen eigenen Körper als Instrument des Malens zur Verfügung, um ein Bild zu entwerfen, während er später mit der Vernissage-Gesellschaft auf der Straße vor der Galerie eine Party inszeniert.

Es ist dieses Moment einer Transformation von einer konventionellen, etablierten Situation in etwas Anderes, Ungewisses, das Christian Falsnaes interessiert. Dabei rückt die Frage nach den Grundbedingungen einer Interaktion zwischen Künstler und Publikum von Projekt zu Projekt mehr ins Zentrum seiner Arbeit. Wie weit kann der Performer gehen, sein Publikum zu verführen oder von einer bestimmten Handlung oder Entwicklung zu überzeugen? Die performativen Situationen können als Untersuchungen zu den Themen Autorität und Hierarchie beschrieben werden. Wie gewinnt man Macht über eine Gruppe? Wie kontrolliert man die Dynamik zwischen Menschen, wenn soziale Prozesse überraschend ausgelöst werden? So durchbricht Falsnaes in *Syntax Error* (2013) mit einer Gruppe von randalierenden Rechtsradikalen die Konvention einer Eröffnungsrede. Bis zum Schluss bleibt das Publikum im Ungewissen, ob es sich hier um einen brutalen Einbruch oder um eine Inszenierung handelt. Es ist dieses Spiel mit dem Feuer, das zwischen Manipulation und Faszination changiert und das jederzeit in Gewalt umschlagen kann. „Wenn ich mir die Gesellschaft anschaue, dann funktioniert doch alles durch Befehle. Das wird in meinen Performances ja nur sichtbar, weil Befehlen und Gehorchen herausgerissen sind aus den Kontexten, in denen sie normalerweise akzeptiert werden."

In der Produktion *Justified Beliefs* (2014, Abb. S. 172 ff.) sind es fünf Kopfhörer, die auf einem Tisch liegen und vom Publikum aufgesetzt werden können.

Sobald ein Besucher in das Spiel eintritt, folgt er den einfachen aber bestimmten Instruktionen, die Christian Falsnaes selbst erteilt. Dabei entsteht zwischen den Teilnehmern, die sich Schritt für Schritt mehr aufeinander beziehen, ein sozialer Druck, eine Spirale der gemeinsamen Aktionen, aus der immer schwerer auszusteigen ist. Der Wunsch, eine Performance mitzuerleben, wird zum Ausgangspunkt einer individuellen und kollektiven Erfahrung, in der die Grenzen von Anonymität oder Intimität ausgelotet werden. Viele Besucher folgen den gemeinsamen Befehlen, weil sie an einer Erfahrung teilhaben wollen. Dass sich in diesen performativen Inszenierungen vorbereitete Performer mit spontanen Besuchern durchmischen, gehört zur Manipulation der Schwellensituation.

In diesen Konstellationen entdeckt Christian Falsnaes, dass je nachdem, welche Rolle oder welchen Zugang zur Performance er selbst wählt, um Kontrolle oder Macht über eine Situation zu erhalten, das Publikum mit seiner Rolle auf ihn reagiert. Indem er verschiedene Ansätze durchspielt, legt er die Interdependenzen zwischen Aktion und Reaktion, zwischen Künstlerperformance und Publikumsperformance offen. So erprobte Christian Falsnaes in seiner Performance *Rise* (TC 26:48) zur Eröffnung der Ausstellung „Schwindel der Wirklichkeit" am 16. September 2014 im Studio der Akademie der Künste mit etwa 500 Besuchern die Grenzen von Kontrolle und Macht über den Zeitraum von fast 60 Minuten. Entscheidend ist die individuelle Haltung eines jeden einzelnen Teilnehmers, aus den vorgetragenen Handlungsvorgaben auszusteigen oder mitzumachen. Wie in einer Probesituation spielt Falsnaes mit den Zwängen und Widerständen kollektiven Handelns.

Die Arbeiten von Tino Sehgal und Christian Falsnaes beziehen sich auf die Konventionen der zeitgenössischen Kunstszene, sind ohne sie nicht denkbar. Sie brauchen den Kontext der Kunst mit ihren Institutionen wie den Museen, Biennalen und Galerien und den dazugehörigen Ritualen und Verhaltenscodes, um in ihnen einen sozialen Handlungsraum zu erschließen. Sie machen die Besucher nicht nur zu Teilnehmern eines künstlerischen Prozesses, sondern verlagern den Werkbegriff der Kunstproduktion auf eine konzeptuelle, immaterielle Ebene, die sich allein im Besucher realisiert. Doch während Christian Falsnaes sich in die Tradition der Performance stellt, die Grenzen des Systems austestet und scheinbar bricht, behauptet Tino Sehgal einen klassischen Werkbegriff, der sich allerdings nicht nur in einer konzeptuellen Idee, sondern in der sozialen Praxis einer aufklärerischen Haltung manifestiert.

VOM BETRACHTER ZUM AKTEUR

GRENZVERSCHIEBUNGEN ZWISCHEN BESUCHERN UND DARSTELLERN IN DEN WERKEN VON CHRISTIAN FALSNAES, RICHARD KRIESCHE UND TINO SEHGAL

KLARA HEIN

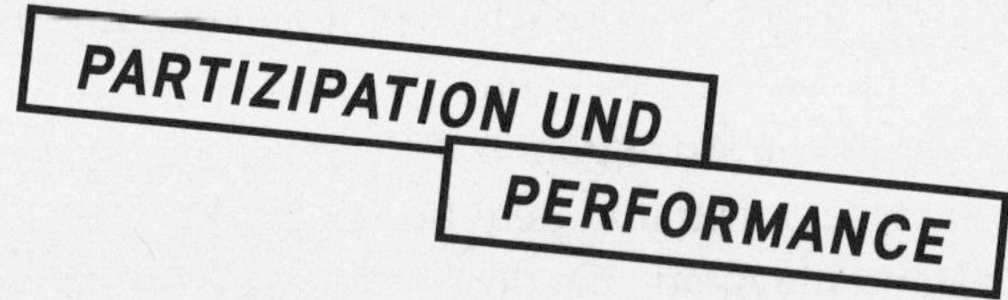

Im Konzept von „Schwindel der Wirklichkeit" war den Besuchern von Beginn an eine besondere Rolle zugedacht. Mit dem Betreten der Ausstellung begaben sie sich in einen Raum, der nicht nur wie üblich Konzentration und Aufmerksamkeit des Rezipienten erforderte, sondern auch die Bereitschaft, sich im Wortsinne auf das Kunstwerk *einzulassen*: So gab es neben vielen begehbaren Installationen eine Reihe von Arbeiten, die erst durch die Interaktion der Besucher tatsächlich zum Leben erweckt wurden. Die Rede ist von *Zwillinge/Twins* von Richard Kriesche, *Justified Beliefs* von Christian Falsnaes und *This is exchange* von Tino Sehgal. Um diese Arbeiten täglich zeigen zu können, bedurfte es zahlreicher Performer und Darsteller, die als Medium der Künstler fungierten beziehungsweise sogar selbst zum bestaunten Kunstwerk wurden. Die Situationen und Performances fanden also nicht als einmalige Aktionen statt, waren weder Reenactments noch Wiederaufführungen, sondern wurden vielmehr mehrmals täglich live aufgeführt und bildeten, ihrer (partiellen) immateriellen Performativität entsprechend, flüchtige Werke, neben anderen, eher materiellen Installationen, Projektionen und Fotografien. Um diesen Teil der Ausstellung festzuhalten, wurden die Performer und Darsteller mündlich und schriftlich zu ihren eigenen Erfahrungen wie auch zu den Besucherreaktionen befragt.

In Richard Kriesches Installation *Zwillinge/Twins*, zuerst 1977 auf der documenta 6 gezeigt und in der Ausstellung „Schwindel der Wirklichkeit" seither zum ersten Mal wieder ausgestellt (Abb. S. 186 f.), saßen in zwei identisch ausgestatteten, nebeneinanderliegenden Räumen eineiige Zwillinge, die in die Lektüre von Walter Benjamins *Das Kunstwerk im Zeitalter seiner technischen Reproduzierbarkeit*

(1936) vertieft waren. Mit Hilfe einer Videokamera und eines Monitors, der oberhalb der Lesenden angebracht war, wurden die Zwillinge gedoppelt; die Verunsicherung, welcher der beiden Zwillinge nun tatsächlich auf dem Schirm abgebildet wurde, konterkarierte das symmetrische Arrangement und dessen anfängliche Suggestion von Berechenbarkeit und Ordnung. Die Zwillinge trugen jeweils identische Hosen, Pullover, Mützen, mitunter sogar Ohrringe. Auch die Sitzhaltung war unterschiedslos: Schlug der eine das Bein über das andere, so tat der andere Zwilling es auch. Für die Besucher aber war immer nur ein Raum vollständig einsehbar. Um die beiden Kojen und Zwillinge zu vergleichen, musste man sich hin und her bewegen.

Mit Hilfe von Anzeigen in Tageszeitungen, Aushängen an Hochschulen, einem Internetaufruf und dem Besuch eines jährlich stattfindenden Zwillingstreffens fand die Akademie der Künste sechs Zwillingspaare, die regelmäßig in der Ausstellung auftraten. Im Gedächtnis blieb das Engagement zweier Brüder, die, selbst Künstler, mehrmals die siebenstündige Fahrt im Fernbus auf sich nahmen und eigens für die Installation von der deutsch-schweizerischen Grenze anreisten. Die Zwillingspaare berichteten von sehr unterschiedlichen Reaktionen der Besucher, sie reichten von: „Sehe ich doppelt?", „Schau mal, es ist nicht die Gleiche" bis hin zu: „Das sind Puppen." Gerade Kinder reagierten besonders sensibel, ein älterer Herr behauptete gegenüber seinem Enkel: „Die sind nicht echt, das sind ganz sicher Puppen." Auf die Erwiderung des Kindes: „Aber sie atmen doch und die Augen bewegen sich auch", folgte die überzeugte Antwort: „Ja, die sind wirklich gut gemacht." Ein Ehepaar war von der Installation so begeistert, dass es die beiden Zwillingsschwestern, die an jenem Tag lasen, kurzerhand zu sich zum Abendessen einlud.

Mehrere Stunden lang fast regungslos zu sitzen, stellte eine große Herausforderung für die Performer dar, und als schwierig erwies es sich auch, auf die teils hartnäckigen Ablenkungsversuche der Besucher nicht zu reagieren. Einige Akteure haben die Zeit als Erfahrung der Kontemplation, als Selbstexperiment oder als Meditation begriffen. Eine Performerin berichtete ganz praktisch von der Enttäuschung, keine telepathischen Kräfte zu haben: „Wir hatten immer gehofft, als Zwillinge würden wir uns in Gedanken verstehen. Das klappt wohl nur, wenn man sich dabei sieht oder anfasst. Aber ich saß auf meinem Stuhl, wusste nicht mehr, wie ich mich hinsetzen soll, wie oft ich das Buch noch lesen soll, und habe versucht, meine Schwester ‚telepathisch' aufzufordern, zu mir zu kommen und kurz Pause zu machen. Aber das hat sie nicht gehört. Wir haben daher Husten als Kommunikationsmittel eingeführt. Husten hieß: ‚Ja, ich sitze noch hier, mir ist langweilig, ich vermisse Dich.' Die Leute müssen gedacht haben, dass wir an den Tagen sehr erkältet waren." Auf seine Eindrücke befragt, berichtete ein anderer Performer von der Erfahrung, „sich in die Lage eines Bildes oder einer Skulptur zu versetzen und die Reaktionen der Betrachter live mitzuerleben."

Ihrem spezifischen Werkcharakter entsprechend, sollen Performances vor allem als Erfahrung und in der Erinnerung überdauern. Tino Sehgals Strategie einer konsequenten Singularisierung stemmt sich der bei Kriesche zitierten Benjamin'schen Reproduzierbarkeit vehement entgegen. Während der transitorische Aspekt und derjenige der Reproduzierbarkeit bei Thomas Demand noch ambivalent gesetzt werden – Demand, ebenfalls in der Ausstellung vertreten, vernichtet das Werkmodell und fixiert lediglich das Abbild, womit die Dokumentation Werkcharakter erhält –, ist bei Tino Sehgal die bewusste Abkehr von jeglicher Dokumentation total. Wollen wir uns Sehgals Werk noch einmal vergegenwärtigen, so können wir uns, gewissermaßen in vormodernem Sinn, einzig auf den Bericht stützen, den Teilnehmer beziehungsweise Zuschauer davon liefern.

Tino Sehgal selbst bezeichnet seine Kunstwerke als Situationen und Erfahrungen. Der Arbeit *This is exchange* (2003) lag ein praktischer Austausch zugrunde, der den Begriff der Besucherpartizipation „für bare Münze" und wörtlich nahm: War der Besucher bereit, sich auf ein Gespräch über Marktwirtschaft einzulassen und dabei seine eigene Meinung kundzutun, erhielt er einen Teil seines Eintrittsgeldes zurück. Die Interpreten, die das Angebot unterbreiteten, wirkten zunächst wie normales Aufsichtspersonal, bevor sie die Besucher ansprachen: „Mein Name ist Dominique. Das ist eine Arbeit von Tino Sehgal mit dem Titel *This is exchange*. Die Arbeit ist ein Angebot, das ich Ihnen gerne machen möchte. Sie erhalten die Hälfte des Eintrittsgeldes zurück, wenn Sie mir Ihre Meinung zum Thema Marktwirtschaft sagen und mit mir diskutieren. Möchten Sie das Angebot annehmen?" Die Besucher erwarteten ein solch pragmatisches Tauschgeschäft in einem Ausstellungskontext nicht und zeigten sich dementsprechend überrascht. Dabei hatten zahlreiche Besucher offensichtlich das Gefühl, im Rahmen einer Marktforschungsstudie befragt zu werden und wollten wissen, wo das Gespräch stattfinden solle.

Der Künstler räumte den Ausführenden bei *This is exchange* relativ große Autonomie ein. Gerade da einige der Darsteller keinen engeren Bezug zum Kunstbetrieb hatten und etwa in Wirtschaft oder Forschung arbeiteten, war es interessant zu hören, dass sie das Gefühl hatten, sehr frei zu sein, und sie den vom Künstler gesetzten Rahmen bei der Ausführung des Kunstwerks als sehr großzügig empfanden. Eine Interpretin berichtete von dem Moment, in dem kein Besucher auf das Angebot einging, als einem „Gefühl der Leere und der Energielosigkeit. Einem unbelebten Kunstwerk ist es wahrscheinlich egal, ob es angesehen wird, aber wenn mit Dir als Kommunikator niemand redet, ist es schon sehr einsam."

Überraschend war es, wie ernst der Großteil der Besucher die Frage nach der Meinung zur Marktwirtschaft genommen hat. Anders als erwartet wurden kaum „vorgefertigte" Antworten gegeben, vielmehr hatten die Personen, die sich auf das Angebot einließen, genau über ihre Antwort nachgedacht und sich dabei oft auf ihre eigenen Lebensumstände bezogen. Sicherlich trug dazu auch die Überraschung bei, in einer Ausstellung zu wirtschaftlichen Themen befragt zu werden. Im Gegensatz zu Gesprächen mit einzelnen Besuchern, die sich oft in unerwartete Richtungen entwickelten, waren Diskussionen mit mehreren Personen meist dynamischer und zielorientierter, so dass die Interpreten auch selbst zu Zuschauern werden konnten.

Trotz einer gewissen Routine ergaben sich auch nach drei Monaten immer wieder neue und unterschiedliche Gespräche. Nachdem ein Besucher auf das Angebot eingegangen war, nahm er schweigend eine Erwartungshaltung ein. Auf die Aufforderung, wie versprochen seine Meinung zur Marktwirtschaft kundzutun, folgte die überraschte Entgegnung: „Was? Ich muss jetzt was sagen?"

Der dänische Künstler Christian Falsnaes setzt sich in seinen Performances mit dem Ritualhaften, auch und gerade im Kunstbetrieb, auseinander und thematisiert die Autorität des Künstlers und sein Verhältnis zum Publikum. Falsnaes erschafft Situationen und bietet den Besuchern, sofern sie sich auf die Interaktion einlassen, sehr intensive Erfahrungen an. Die Arbeit *Justified Beliefs* (Abb. S. 172 ff.) wurde erstmals 2014 auf der Art Basel gezeigt und bestand aus fünf Kopfhörern, die verschiedene aufeinander abgestimmte und synchronisierte Tonspuren abspielten. Setzte man einen dieser Kopfhörer auf, erhielt man unvermittelt Anweisungen, kleine Handlungen auszuführen, etwa: „Geh zu der Person mit den roten Kopfhörern und schau ihr in die Augen", „Male mit dem Finger Kreise an die Wand", „Tanze", „Singe", „Knie Dich hin" oder „Erinnere Dich, wann du zuletzt geweint hast". Zunächst fiel es den Besuchern leicht, den klaren Anweisungen Folge zu leisten, zumal sie mit fester Stimme vorgetragen wurden. Durch die Synchronisation der Kopfhörer und die Interaktion der Besucher untereinander entstand eine Choreografie. Christian Falsnaes interessierte dabei, bis zu welchem Punkt die Besucher den Aufforderungen nachkamen und sich von der Stimme leiten ließen; dies ging so weit, dass die Teilnehmer aufgefordert wurden, schrittweise immer mehr Kleidungsstücke abzulegen, bis zur vollkommenen Nacktheit.

Für die Besucher waren die professionellen Performer, die größtenteils Erfahrungen mit Performancekunst und Tanz hatten, nicht auf den ersten Blick als solche erkennbar. Der äußere Rahmen war durch die Abfolge der Befehle klar vorgegeben, die individuelle Umsetzung oblag jedoch den Performern. Als beeindruckend bis erschreckend beschrieben die Darsteller den Einfluss, den sie auf die Besucher ausüben konnten. Je nach Tagesform und Präsenz wurden die Besucher stimuliert, besonders weit mitzugehen und intensiv zu interagieren, bis zur „Mutprobe Nacktsein". Einer der Performer beschrieb die Arbeit als soziales Experiment, als einen Mechanismus, um das Verhalten des Publikums zu testen. Der intensive Austausch mit den Besuchern, sei es durch sekundenlangen Augenkontakt, Berührungen oder schlicht das Bewusstsein, sich gemeinsam vollkommen anders als die restlichen Ausstellungsbesucher zu verhalten und dabei beobachtet zu werden, führte zu einer Art Komplizenschaft zwischen Besuchern und Performern. In dem Moment, in dem der Besucher die Kopfhörer wieder absetzte und den Performer damit allein ließ, sei häufig dessen „schlechtes Gewissen" spürbar gewesen. Die Zeitspanne bis zu diesem Moment variierte stark: So gab es Besucher, die die Performance mehrere Stunden lang mitmachten, und insbesondere jüngere Teilnehmer zeigten großes Interesse. Für manche Besucher stellte *Justified Beliefs* wiederum eine Provokation dar: So wurde der Vorwurf geäußert, die Performer, die sich zum Teil singend und tanzend durch die Ausstellung bewegten, würden die Ausstellung stören, indem sie die stille Konzentration auf einzelne Kunstwerke unmöglich machten.

In der Summe riefen die Arbeiten von Christian Falsnaes, Richard Kriesche und Tino Sehgal Gefühle der Überraschung, der Euphorie bei Besuchern und Darstellern hervor, mitunter aber auch Skepsis und Ablehnung. Die in diesen Werken angelegten Strategien von Konfrontation und Partizipation sind im „klassischen" Ausstellungszusammenhang nicht häufig direkt erlebbar. Das Überraschungsmoment, das den drei Werken gemein war, konnte so auch bei einem Publikum angewandt werden, das mit derartigen Kunstwerken nur selten in Berührung kommt. Die unerwartete menschliche Interaktion im vermeintlich unidirektionalen Ausstellungskontext mag dann Begeisterung oder Ablehnung hervorrufen; sie birgt in jedem Fall das Potential, neu über unsere Rezeptionsgewohnheiten und, eben ganz ökonomisch, unsere Konsumhaltung zur Kunst nachzudenken, wenn sich die Grenze zwischen Darstellern und Besuchern auflöst und wir uns unversehens als Akteure auf der Bühne wiederfinden.

MARINA ABRAMOVIĆ

The Artist is Present, 2012

Die Performancekünstlerin Marina Abramović beschäftigt sich seit mehr als 40 Jahren mit dem Verhältnis von Performern und Publikum. Dabei benutzt sie ihren eigenen Körper als Objekt und Medium und lotet physische und moralische Grenzen aus. Für das Publikum stellen ihre Arbeiten häufig eine große Herausforderung dar. Im Jahr 2010 zeigte das New Yorker Museum of Modern Art eine Retrospektive der Künstlerin. Parallel dazu fand im Atrium des Museums ihre bisher längste Performance statt: *The Artist is Present*. Marina Abramović saß dort während der gesamten Laufzeit der Ausstellung schweigend an einem Tisch, die Besucher waren eingeladen, sich zu ihr zu setzen, schweigend mit ihr zu interagieren und auf diese Weise selbst Teil des Kunstwerks zu werden. Der Film *The Artist is Present* dokumentierte die Performance und begleitete die Künstlerin vor, während und nach der Ausstellung im MoMA. Neben der Interaktion mit den Besuchern zeigte er auch die Abläufe hinter den Kulissen und zeichnete ein umfassendes Porträt von Marina Abramović.

CHRISTIAN FALSNAES

Justified Beliefs, 2014 (Live-Performance)
Elixir, 2011 (Dokumentation)
Rise, 2014 (Live-Performance im Studio der Akademie der Künste, 16. September 2014)

„Ich behaupte, dass Kunst transformatives Potential hat. Weil ich keine politischen Absichten verfolge, interessiert mich die Bewegung an sich, die Utopie und das Spiel mit Ideen und Vorstellungen."

Christian Falsnaes (2011)

Christian Falsnaes' Arbeiten untersuchen partizipatorische Strategien und erkunden die Beziehung zwischen Künstler und Publikum. Dabei schafft der Künstler einen Rahmen für Interaktion, ein Format, in dem frei agiert werden kann. Seine Performances versteht er nicht als Statements, sondern als Kompositionen von Aktionen, Events, Installationen und Videos. Er untersucht das Verhältnis zwischen Individuum und Gruppe, setzt sich mit der Autorität des Künstlers, Gruppendynamiken und sozialen Ritualen auseinander.

Bei der 5-Kanal-Audioinstallation und Performance *Justified Beliefs*, die während der gesamten Ausstellungszeit stattfand, wurde der Besucher zum Hauptakteur: Fünf Kopfhörer übermittelten unterschiedliche Audiotracks, die verschiedene Anleitungen für die Besucher bereithielten, im Ausstellungsraum zu agieren. Aufeinander abgestimmt, bildeten sie eine komplexe Choreografie. Sobald sich der Besucher einen Kopfhörer aufsetzte, wurde er Teil der Performance.

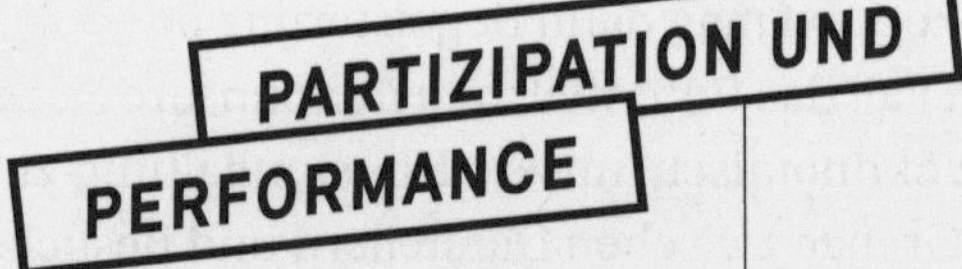

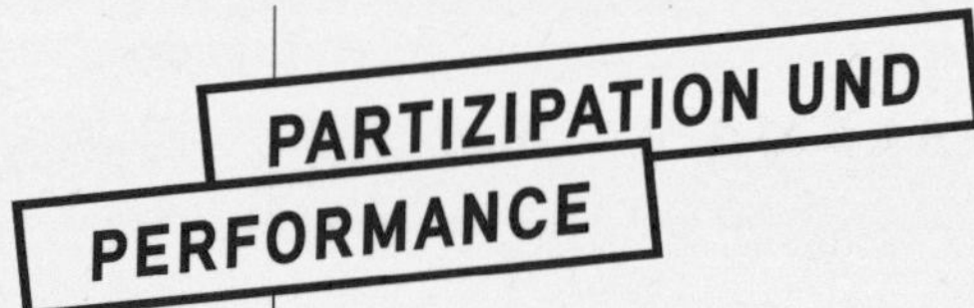

In seinen Performances *Elixir* und *Rise* beschäftigte sich Christian Falsnaes mit dem Medium Kunst als transformativem Element. Das Elixir wird als etwas Essentielles verstanden, das zu erreichen der Suchende anstrebt. Gleichzeitig steht es stellvertretend für konzeptuelle Inhalte oder Ideen in Kunst, Kultur oder Gesellschaft, zu deren Verwirklichung es einer aktiven Beschäftigung mit der Materie bedarf. Wie weit geht die Gruppe/das Publikum? Und wie groß ist die Autorität des Künstlers? Wo verlaufen die Grenzen zwischen Kunst, Unterhaltung und (politischer) Aktion? Worin besteht das transformative Potential der Kunst, wie verändert es die Wirklichkeit des Betrachters/ Teilnehmenden?

„Zwanzig Minuten in einer Falsnaes Performance [Rise] und ich finde mich Wange an Wange mit einem Mann tanzend wieder, dem ich eben erst begegnet bin. Wir tanzen auf der Bühne des Studios in der Akademie der Künste in Berlin, und das einzige Geräusch, das unsere subtilen Tanzbewegungen vorgibt, ist der Atem und das Kichern von hundert Fremden, die ebenfalls durch einen insistierenden Falsnaes dazu gebracht wurden, ihren komfortablen Zuschauerplatz zu verlassen.“

Lotte Løvholm (2014)

HAMISH FULTON
Margate Walking, 2010 (Dokumentation)
Walking East – Walking West, 2014
(Foto: Anne Schönharting, Agentur Ostkreuz)

Seit 1967 konzipiert der englische Künstler Hamish Fulton Wanderungen in England, Schottland, Irland, Frankreich, Italien, der Schweiz, den USA, Australien, Indien, Peru, Mexiko und anderen Ländern. Im Rahmen der Partizipationsprojekte zu „Schwindel der Wirklichkeit" plante er im Jahr des 25-jährigen Mauerfalljubiläums eine Wanderung mit dem Titel *Walking East – Walking West*. 368 Teilnehmer gingen in zwei gleichgroßen Gruppen im Abstand von einem Meter langsamen Schrittes auf einer geraden Linie nach Osten beziehungsweise Westen. Am Ende dieses Transformationsprozesses trafen sich beide Gruppen auf einer Linie: Ost verschob sich nach West und West nach Ost. Hamish Fulton steht mit seiner konzeptionellen Kunst und Land Art in der britischen Tradition der Landschaftsmalerei und sozialen Plastik, die er mit neuen Mitteln und Ausdrucksformen zum Leben erweckt. Bei seinen Wanderungen steht das Erlebnis von Natur, Urbanistik und Gesellschaft im Vordergrund.

Der Film im Ausstellungsfoyer der Akademie der Künste dokumentierte *Margate Walking* vom 3. März 2010, an dem 198 Menschen teilnahmen: Mit einem Meter Abstand zwischen den einzelnen Personen ging jeder Teilnehmer langsamen Schrittes sieben Mal um die natürlichen Wasserbassins in Margate (Südwestengland). Die Gesamtheit der Teilnehmer bildete auf diese Weise eine sich kontinuierlich bewegende Linie am Strand. Der Film zeigte den Zustand vor, während und nach dem *Walk*.

MAGDALENA JETELOVÁ
Komposition für John Cage, 2006

Mit Hilfe von hochtechnologischen akustischen Geräten gelang es Magdalena Jetelová, ihre eigene Komposition für John Cage im Raum sichtbar und nicht hörbar zu machen. Das von ihr entwickelte Raumbild baute sich prozessual vor dem Betrachter wie ein abstraktes Bild aus verzerrter Metallfolie auf. Auslöser für das Zittern und Vibrieren des Bildes war der Ton, der wie von einer Membran unhörbar geleitet wurde und die Tonsequenzen in Bildlichkeit übersetzte. Das Spiegelbild selbst verfügte traditionell über eine bedeutungslose Bildlichkeit. Die Künstlerin konterkarierte diese Bedeutungslosigkeit des Spiegelbildes, indem sie durch die visuelle Übersetzung von Musik in die Bildwerdung eingriff, dem Betrachter neuartige räumliche Wahrnehmungsmöglichkeiten anbot und ein neues Bild von Wirklichkeit entstehen ließ.

RICHARD KRIESCHE
Zwillinge/Twins, 1977

Die erstmals seit 1977 wieder realisierte Installation zeigte eineiige Zwillinge in zwei identischen Räumen bei der stillen Lektüre von Walter Benjamins Essay *Das Kunstwerk im Zeitalter seiner technischen Reproduzierbarkeit* (1936). Jeder Zwilling wurde lesend in seinem Raum gefilmt, das von der Kamera aufgezeichnete Bild wurde wiederum in Echtzeit in den anderen Raum auf einen Monitor übertragen. Der österreichische Künstler und Medientheoretiker verwies mit seiner erstmals 1977 auf der documenta 6 gezeigten Installation auf die Manipulation der Wirklichkeit durch Medien. Er irritierte die Betrachter, die scheinbar ohnehin „doppelten" Zwillinge wurden im Videobild erneut gespiegelt: Was ist Realität, was ist Spiegelung von Wirklichkeit? Zu welchem Zwilling gehört welches Abbild? Zur weiteren Verunsicherung trug ein Zitat Walter Benjamins bei, das, von Richard Kriesche manipuliert, neben den Zwillingen an der Wand hing:

„das (der) reproduzierte kunstwerk (mensch) wird in immer steigendem maße die reproduktion eines auf reproduzierbarkeit angelegten kunstwerkes (menschen)"

Walter Benjamin (richard kriesche)

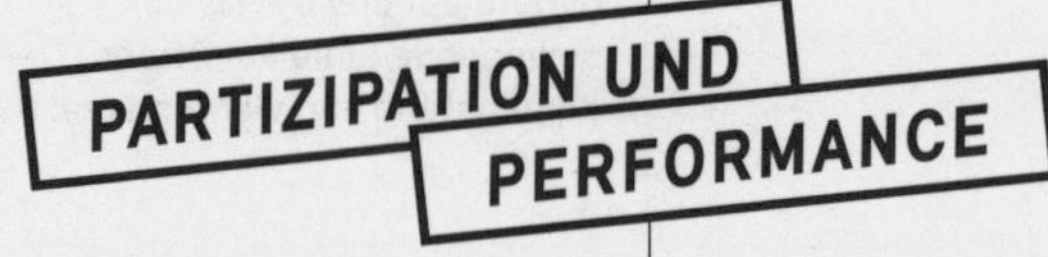

TINO SEHGAL
This is exchange, 2003

Wie kein anderer Künstler steht Tino Sehgal für den Transfer choreografischen und tänzerischen Wissens in die bildende Kunst. Seine Architekturen der Interaktion, in denen er ein choreografisches Material mit einer Gruppe von Interpreten auf die Besucher der Ausstellungsräume überträgt, sind in der Konzeptkunst oder der Minimal Art verankert, schöpfen aber dennoch aus einer tänzerischen und choreografischen Praxis, die Tino Sehgal durch seine Ausbildung als Tänzer und durch seine Erfahrungen in den Kompagnien von Jérôme Bel, Xavier Le Roy oder auch Alain Platels Les Ballets C de la B gemacht hat. In den Installationen von Tino Sehgal werden die Zuschauer zur „Sozialen Plastik".

In der Akademie der Künste waren sie Teil des Werks, das sich der Dokumentation, der „Objektivierung" systematisch entzog. Es ging um die Konstruktion und um die radikale Erfahrung von Gegenwart, jene Möglichkeit, die Verflechtung eines jeden Subjekts in die Konstruktionen von Zeit und Raum sowie die radikale Auflösung aller sicheren selbstreferenziellen Positionen aufzudecken und wirksam zu machen. Das ist choreografisches Denken, übertragen auf die Konzeption eines Kunstraums, in dem jeder, aber auch jeder Besucher oder Betrachter mit seinem Körper existentiell zum Teil einer Inszenierung wird: die choreografische Praxis als Möglichkeit, das Wunder der eigenen Erfahrung von Existenz in Bewegung im White Cube zu etablieren.

DAS BILD ALS MASCHINE

NIELS VAN TOMME

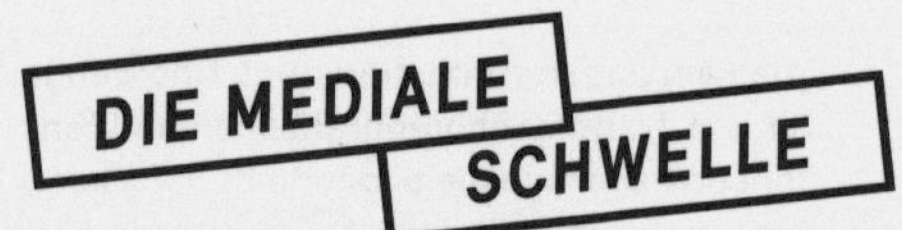

> *„Dies ist meine Empfehlung:*
> *Wir müssen aufmerksamer leben."* [1]
>
> László Krasznahorkai

Die Sternwarte Griffith Observatory in Los Angeles ist ein magischer Ort. Hier treffen wissenschaftliche Forschung und populäre Darstellung aufeinander, um eine positivistische Vorstellung von ergebnisoffener Naturwissenschaft zu vermitteln. In den Ausstellungsräumen findet sich auf einer Wandtafel folgender Text: „Das Auge ist unser ältestes astronomisches Instrument. Es erkennt Licht von Objekten im Himmel, doch viele davon sind zu klein oder leuchten zu schwach, als dass wir sie genauer betrachten könnten. Um seine Sehfähigkeit zu erweitern, braucht unser Auge einen Verstärker. Das Teleskop ändert alles. Es hilft dem Auge, mehr Licht aufzunehmen, und vergrößert, was wir sehen. Aus Lichtpunkten werden plötzlich Planeten. Ein kaum wahrnehmbares Schimmern erweist sich als wunderschöner Sternennebel oder Galaxie. Wenn wir spezielle Instrumente an ein Teleskop anschließen, um das Licht dieser Objekte zu untersuchen, erfahren wir mehr über ihre eigentliche Beschaffenheit."[2]

Hinter dieser Beschreibung steht eine logische, aufgeklärte Sicht naturwissenschaftlicher Beobachtung und objektiver Erkenntnis. Besonders deren Begriff der menschlichen Technologie als eines unproblematischen Hilfsmittels für unser Verständnis der Welt steht in schroffem Gegensatz zu einer zentralen Fragestellung und Motivation des Projekts *Visibility Machines* (Abb. S. 152 ff., 162 f.): Könnte es sein, dass der gesamte Aufklärungsbegriff in seiner ideellen Ausprägung zwar die Transparenz wissenschaftlicher Forschung und die Ausbreitung des Wissens begünstigt, dass er letztendlich jedoch genau das Gegenteil davon bewirkt hat, nämlich eine systematische Verschleierung und Unzugänglichkeit

---

1   László Krasznahorkai zitiert nach: Eric Foley, Unbearable Beauty: A Review of *Seiobo There Below* by László Krasznahorkai. In: *Numéro Cinq*, September 2013, http://numerocinqmagazine. com/2013/09/05/unbearable-beauty-a-review-of-seiobo-there-below-by-laszlo-krasznahorkai-eric-foley, zuletzt am 22.7.2015, Originalzitat siehe S. 280

2   Wandtafel im Griffith Observatory, Los Angeles, USA, Februar 2013, Originalzitat siehe S. 280

von Wissen über einzelne Gegenstände? Und könnte das in einer Weise geschehen sein, die die wahre Natur dieser Gegenstände für immer unergründlich macht? Schon der Gedanke an die Enthüllungen des Whistleblowers Edward Snowden legt die Vermutung nahe, dass die aufklärerische Vorstellung von voraussetzungslosem Wissen und der aus ihr hervorgegangene Begriff der transparenten Politik vielleicht gerade in eine absolutistische Doktrin der Staatssicherheit und Willkürherrschaft umschlagen.[3] So mahnt die Philosophin Joan Copjec zur Vorsicht „vor dem ‚Hirngespinst' der ‚moralischen Läuterung' und allgemeinen Menschenwürde, der Pflege und Wahrung der Menschenrechte, des Fortschritts und der Universalität", seien doch „diese Begriffe für genau die Katastrophen verantwortlich", die sie vorgeblich abwenden wollten.[4] Ungeachtet solcher kritischer Beurteilungen ist das ursprüngliche Verständnis von Aufklärung bis heute vorherrschendes Paradigma der meisten intellektuellen Anstrengungen, von der naturwissenschaftlichen und sonstigen akademischen Forschung über die argumentative Begründung staatlicher Politik bis hin zu weiten Bereichen der kulturellen und gesellschaftlichen Entwicklung in den westlichen Ländern.

Mit seinem ikonischen, abbildenden Einsatz hochentwickelter teleskopischer Objektive – dieser unverzichtbaren Instrumente des wissenschaftlichen Fortschritts und allgemeinen Wohlergehens – berührt Trevor Paglen viele dieser Themen. Sein Werk offenbart einen Wandel vom aufklärerischen Denken zu einer Doktrin der Geheimhaltung. Indem Paglen geheime militärische Anlagen aus großer Entfernung ausspäht, entstehen ambivalente Bilder, die als fertige Arbeiten systematisch an der selbstgestellten Aufgabe scheitern, die verborgene Wirklichkeit angemessen darzustellen. Das Teleskop wird als technisches Gerät in dieselbe Gewalt eingebettet, die es untersuchen soll. Es zeigt sich, dass derartige optische Instrumente unentwirrbar mit der historischen und gegenwärtigen Entwicklung des militärisch-industriellen Komplexes verflochten sind. Paglen wirft grundlegende Fragen auf, die über Einzelheiten der von ihm untersuchten Welten hinausgehen. Er zwingt uns zum Nachdenken über die vermeintliche Neutralität der optischen Medien bei der bildlichen Darstellung militärischen Handelns und allgemeiner über die Grenzen, die dem Aufzeichnen und Verarbeiten unserer Lebensumgebung gesetzt sind. Auch Harun Farockis ikonische Verwendung operativer Bilder, die von und für Maschinen erzeugt werden, verweist auf eine gleichlaufende Transformation in unserem

---

3   „Aufklärung" meint in diesem Zusammenhang die Gesamtheit der historischen und kulturellen Entwicklung in der westlichen Welt im späten 17. und 18. Jahrhundert, soweit sie Vernunft und Erkenntnis in Abgrenzung zur Tradition betonte.

4   Joan Copjec, *Imagine There's No Woman*. Cambridge, Mass. 2003, S. 137, Originalzitat siehe S. 281

Verständnis des Bildes als eines „Aufklärungsinstruments": Was genau zeigen uns diese Bilder und an wen wenden sie sich? Sie dienen nicht mehr der Darstellung, sondern dem Erkennen und Verfolgen im Dienst des Militärs. Als solche haben sie keinen eigenen Erkenntniswert, sondern sind vollständig in die Struktur des Kriegs eingesponnen.

Dieser Text untersucht, wie sich die ursprünglich hinter dem Begriff der Aufklärung stehenden Gedanken — sowie ihr Bezug zur wissenschaftlichen Vernunft und zur Transparenz des Wissens — in künstlerischen Kontexten wiedergewinnen lassen. Er stellt einige Fragen von unmittelbarer Relevanz für die Werke von Harun Farocki und Trevor Paglen. Inwieweit ermöglicht eine vergleichende Betrachtung ihrer Arbeiten ein besseres Verständnis der Wirklichkeit, mit der sich diese Künstler befassen, nämlich der Sphäre weltweiter Militäroperationen? Wie kann die systematische künstlerische Erforschung von militärischer Überwachung, Spionage, Kriegsführung und Bewaffnung als solche zu aufklärerischem Handeln werden, zu einem Akt der Rückschau und Erwiderung auf die „Krieger des Sehens", um einen Begriff des Philosophen und Kritikers Brian Holmes aufzugreifen.[5] Und was lässt sich am Ende daraus lernen, wenn mutige Künstler sich auf eine Auseinandersetzung mit dem Militär einlassen? Finden wir in diesen Gesten vielleicht eine Möglichkeit, die verschiedenen Ausprägungen von Gewaltherrschaft „aufzulösen" oder zu transformieren, die unser Verhältnis zu den Bildern und zu den von ihnen scheinbar dargestellten Wirklichkeiten so tief verzerrt und politisiert haben?

Anknüpfend an den Ansatz von Theodor W. Adorno und Max Horkheimer in *Dialektik der Aufklärung* macht dieser Text einen Vorschlag, wie man den Zusammenbruch oder die Regression der Vernunft anders begreifen könnte.[6] Er folgt einer von *Visibility Machines* definierten dreiteiligen Struktur, insbesondere der Gliederung in die Hauptkapitel „Sehen", „Beobachten" und „Wissen", die grundlegend für die Arbeiten der beiden Künstler zu Militäroperationen ist. Harun Farocki und Trevor Paglen haben in Auseinandersetzung mit der militärischen Sphäre einzigartige kritische und formale Herangehensweisen entwickelt, um über das Erzeugen von Bildern nachzudenken, und beide fordern von ihrem Publikum, sich aktiv auf diesen Denkprozess einzulassen. Sie richten den Blick konsequent auf das, was hinter den Bildern ist, um die darin eingeschriebene Gewalt „herauszulesen" — also auf ihren eigentlichen, dem Auge aber verborgenen Inhalt.

5   Brian Holmes, Besuch im Planetarium. Bilder aus der schwarzen Welt. In: *Trevor Paglen*. Kat. Wiener Secession, Wien, Berlin 2010, S. 13, fortan Holmes 2010
6   Max Horkheimer, Theodor W. Adorno, *Dialektik der Aufklärung*. Frankfurt am Main 1969

Sehen

The Fence (Lake Kickapoo, Texas) (2010) gehört zu den Fotografien von Trevor Paglen, die sich am deutlichsten mit den hier verhandelten Themen auseinandersetzen. Wir sehen eine abstrahierte, verschwommene visuelle Ebene, ein Amalgam aus Rot- und Orangetönen, das im oberen Teil des Bildes von Weiß und im unteren von Dunkelheit durchbrochen ist. Es gibt in diesem ziemlich unheimlichen und rätselhaften, großformatigen Bild keine visuellen Anhaltspunkte, nichts lenkt unsere Aufmerksamkeit. Es ist, als stünden wir vor einer farbenfrohen Abbildung der Leere. Erst wenn wir uns näher mit dem Titel der Arbeit befasst und den Sinn der dort angegebenen geografischen Koordinaten herausgefunden haben, verstehen wir die Bedeutung dessen, was hier abgebildet ist. Lake Kickapoo ist ein 25 Quadratkilometer großer Stausee bei Archer City in Texas. Er ist der wichtigste Trinkwasserspeicher für das Umland. Vor allem ist der See aber für den sogenannten „Space Fence" an seinen Ufern bekannt — ein extrem leistungsfähiges Radarsystem, das bis Ende 2013 als Schutzschild vor möglichen Angriffen feindlicher Raketen und ausländischer Satelliten auf die USA diente. Paglens Fotografie zeigt die elektromagnetische Strahlung eines Abschnitts dieser Radarsperre am Lake Kickapoo, indem sie die für das menschliche Auge unsichtbaren Mikrowellenfrequenzen in das sichtbare Lichtspektrum verschiebt. So entsteht ein strahlendes Farbfeld, das an die berühmten Gemälde des späten William Turner erinnert. Doch während dessen Bilder die Demut des Menschen angesichts der überwältigenden Unendlichkeit der Natur zum Ausdruck bringen, konfrontiert uns Paglens Bild mit unserer Unterwerfung unter eine ganz und gar menscheneigene Schöpfung — die weitgehend geheime und verborgene Maschinerie des US-amerikanischen militärisch-industriellen Komplexes.

Mit seinen Forschungen im Grenzbereich von Unsichtbarem und Sichtbarem haben Paglens Arbeiten immer wieder auf den Moment Bezug genommen, da etwas wahrnehmbar ist, aber unverständlich bleibt. Es geht ihm um den Augenblick, in dem man gewissermaßen auf den Nachweis einer Abwesenheit stößt.[7] Diese kritische, beinahe schon antifotografische Geste wird in der verschwommenen Erhabenheit von *The Fence (Lake Kickapoo, Texas)* exemplarisch vorgeführt, denn hier steht mit der sogenannten Indexikalität zugleich das vorrangige visuelle Interesse an der Fotografie in Frage. Wie der Kulturtheoretiker Piotr Sadowski gezeigt hat, erzeugt Indexikalität „visuelle Ähnlichkeit mit einem

---

7   Niels Van Tomme, Seeing Things. In: *Foreign Policy in Focus*, 16.4.2009, http//fpif.org/seeing_things/, zuletzt am 22.7.2015, fortan Van Tomme 2009

Grad von Genauigkeit und ‚Wahrhaftigkeit', der durch rein ikonische Zeichen wie Malerei, Zeichnung oder Skulptur nicht erzielbar" ist.[8] Doch gerade das ambivalente Verhältnis von Paglens Bild zur Wahrheitsbehauptung und visuellen Detailtreue eröffnet, ausgehend vom Medium selbst, den Raum für eine kritische Erörterung der inneren Gesetzmäßigkeiten fotografischer Bilder. Während wir auf das Bild des strahlenden Farbnebels starren, überkommen uns Zweifel hinsichtlich seiner Beweiskraft, noch verstärkt durch die genauen Hinweise, die wir dem Titel entnehmen können. In diesem Sinn sind die Bilder von Trevor Paglen mehr als eine bloße politische oder engagierte Aussage über die politische Realität, die sie darstellen, denn sie knüpfen an eine lange Bildtradition von Künstlern an, die die Glaubwürdigkeit der Fotografie als Bildbeweis in Frage gestellt haben und an die Grenzen der fotografischen Darstellung gegangen sind.

Könnte das an sich unspektakuläre Konzept der „Verschwommenheit" beziehungsweise „Unschärfe" eine Brücke zwischen den Arbeiten von Trevor Paglen und Harun Farocki bilden, soweit es um den militärischen Gebrauch von Bildern und seine Folgen für unseren Umgang mit ihnen geht? „Wenn wir von Verschwommenheit reden", so der Theoretiker Thomas Keenan, „dann reden wir zugleich über Bilder und ihre Qualität, über Klarheit und damit auch über das Licht [...]. Das verschwommene Bild ist schwer auszumachen, zu erkennen, zu reduzieren: Es ist nicht hell, sondern düster, nicht klar, sondern matt. Die Unschärfe stellt unsere Sehgewohnheiten in Frage. Wir blinzeln oder schielen, wir versuchen wiederholt, etwas zu erkennen, das irgendwie nicht ganz auf Linie mit sich selbst ist. Wir sehen immer mehrmals hin, wenn die Dinge unscharf werden."[9]

Tatsächlich verwandelt sich die Unschärfe in den Händen dieser beiden Künstler von einer schemenhaften Kontur zu einer Art visuellem Indikator. Sie zieht uns als Betrachter in die Welt des Bildes hinein und drängt uns, genauer hinzusehen, eine kritischere Haltung einzunehmen, die eigene Verstrickung in und Mitverantwortung für das Bild zu bedenken. Allerdings ist die Unschärfe im Werk von Harun Farocki nicht dieselbe wie bei Trevor Paglen. Besonders Farockis Trilogie *Auge/Maschine* (2000–2003), mittlerweile ein Klassiker, überführte erstmals operative Bilder in einen künstlerischen Kontext und machte uns mit den

---

8   Piotr Adowski, The Iconic Indexicality of Photography. In: Pascal Michelucci, Olga Fischer, Christina Ljungberg (Hg.), *Semblance and Signification*. Amsterdam 2011, S. 355 [Iconicity in Language and Literature 10]

9   Thomas Keenan, Disappearances: The Photography of Trevor Paglen. In: *Aperture*, 191, Sommer 2008

unheimlichen Folgen ihres außermenschlichen Sehens vertraut. Nach Farocki erschließt uns das oft unentzifferbare und unscharfe Bildmaterial der kamerabestückten Raketen, die im Golfkrieg von 1990/91 erstmals Bilder sendeten, eine vollkommen neue Art des maschinellen Sehens. Es begründet eine neue Ordnung der Bilder mit enormen Auswirkungen auf die Darstellung der Wirklichkeit. Wenn Kameras sich an Ziele heranzoomen und beim Einschlag noch ein letztes Standbild schießen, ermöglichen uns diese Aufnahmen, den engen Bezug zwischen der alltäglichen Überwachung und dem zur Waffe gewordenen Sehen in den Blick zu bekommen. Es ist auch eine Gelegenheit, die Frage zu stellen, wer solche Bilder mit ihren oft schwer erkennbaren Konturen erzeugt und über ihren Gebrauch bestimmt. Wie Harun Farocki sagt, „fehlte diesen Bildern die Anschaulichkeit" und der „menschliche Maßstab". Das erzeugt die Vorstellung einer zugleich panoptischen und objektiven Bildwelt, die einen unaufhaltsamen Prozess ins Rollen bringt, bei dem das Auge als Zeuge des Geschehens seine Bedeutung verloren hat.

In einem Text zu Harun Farockis *Auge/Maschine* erörtert der Kunsthistoriker Hal Foster, dass bereits der Titel des Werks „unmittelbar die Frage nach dem Verhältnis beider zueinander stellt: Bezeichnet der Schrägstrich zwischen Auge und Maschine einen Bruch [...] oder eine Leerstelle, oder irgendwie beides zugleich – einen Bruch, der eine Leerstelle hinterlassen hat?"[10] Jedenfalls gibt es, was das Nachdenken über den Status des Bildes betrifft, eine Zeit vor und nach *Auge/Maschine*. Die Wirkung so vieler Bilder von Raketenwaffen, aus automatisierter Produktion und Videoüberwachung geht in die Richtung einer menschengemachten Umgestaltung unseres gesamten Gesichtsfeldes. Sie lässt eine Bildwelt erahnen, die für uns nicht mehr greifbar ist. Indem Harun Farocki die Grenzen zwischen menschlichem und maschinellem Sehen verwischt, gibt er nach Foster zu verstehen, es gebe „ein neues ‚Robo-Auge', das im Gegensatz zu dem von Dsiga Wertow gefeierten ‚Kino-Auge' den Menschen nicht prothesenartig erweitert, sondern durch Robotik ersetzt"[11]. Die Unschärfe sollte man demgemäß als die eigentliche ikonografische Pointe des erweiterten automatisierten Sehens betrachten, wenngleich das unserer gewohnten Sicht auf die vermeintlich vollkommene Welt maschineller Bildgebung zuwiderläuft.

10   Hal Foster, Vision Quest: The Cinema of Harun Farocki. In: *Artforum,* November 2004
11   Ebd.

Beobachten

In den Anmerkungen zu seinem Film *Ein Bild* von 1983, der die Herstellung einer einzigen *Playboy*-Fotografie bis in alle Einzelheiten zergliedert, beschreibt Harun Farocki, wie er sich Zugang zu solchen ansonsten wohl eher abgeschotteten Schauplätzen verschafft: „Der Fernsehsender, der mich beauftragt, geht in solchen Fällen davon aus, dass ich einen kritischen Film zum Thema mache, und der Besitzer oder Produzent dessen, was gefilmt wird, vermutet, dass mein Film eine Werbung für ihn ist. Ich versuche weder das eine noch das andere zu tun. Ich will auch nicht etwas zwischen beidem machen, sondern über beides hinausgehen."[12] Farockis Entschluss, konsequent über etwas „hinauszugehen", anstatt es direkt zu kritisieren oder abzubilden, ermöglicht ihm eine eingehende Analyse der Strukturen, die seinen Inhalten zugrunde liegen. Dieser Ansatz führt den Künstler auch immer wieder dazu, die Zusammenarbeit mit Einrichtungen zweifelhaften Charakters zu suchen, etwa mit militärischen Ausbildungslagern oder Firmen, die Schlachtfeldsimulationen entwickeln. So entstehen die beunruhigendsten Ergebnisse seiner genialen Erkundungen darin, dass er uns Welten erschließt, die normalerweise außerhalb unserer Reichweite liegen. Das wird vielleicht nirgendwo so deutlich wie in der außermenschlichen Bildwelt von *Auge/Maschine*.

Mit ihrem analytischen Zugang und ihren dialektischen Montagen erwecken die Arbeiten Harun Farockis den Eindruck einer beinahe schon wissenschaftlichen, auf Forschung ausgerichteten Objektivität – was eine schlaue, seiner Arbeitsweise inhärente Täuschung ist. Die Wissenschaftstheoretiker Lorraine Daston und Peter Galison haben dazu festgestellt, dass in der Geschichte der Objektivität als einer verstandesmäßig konstruierten Sichtweise die objektive Linse das subjektive Auge ersetzt und „objektiv sein bedeutet, eine Erkenntnis zu erwerben, die keine Spur des Erkennenden aufweist"[13]. Wenn Farocki mit seiner Kamera anscheinend neutral das Geschehen einfängt und meist auf einen direkten Kommentar verzichtet, verfolgt er in seiner Arbeit letztendlich ein entgegengesetztes Ziel: Seine sorgfältig konstruierten und geschnittenen Betrachtungen sind kluge Infragestellungen von Autorenschaft, Kontrolle und Autorität. Sie handeln von den Bedeutungen, die diese Begriffe für die schöpferische Arbeit und letztlich für den ideologischen Gehalt von Bildern haben.

In der Videoreihe *Ernste Spiele* (2009–2010) arbeitet Farocki beispielsweise mit interaktiven Computersimulationen des US-Militärs, die nicht nur

---

12   Harun Farocki, Ein Bild/An Image. In: *Zelluloid*, 27, Herbst 1988
13   Lorraine Daston, Peter Galison, *Objectivity*. New York 2007, S. 17

zur Kampfausbildung von Soldaten verwendet werden, sondern auch zu deren Therapie, wenn sie nach der Rückkehr aus dem Krieg an verschiedenen Symptomen posttraumatischer Belastungsstörungen leiden. Im distanzierten, direkten Vergleich zwischen Simulation und realem Geschehen interessiert Farocki weniger die Frage der Realität. Es geht ihm eher darum, wer die Kontrolle ausübt und entscheidet, was real ist und was nicht, sowie welche Ideologien und Machtverhältnisse in diese Unterscheidung eingebettet sind. Zur Detailgenauigkeit der Bilder von Spielen, die zur Therapie von Soldaten nach dem Krieg dienen, bemerkt ein geradezu beiläufiger Kommentar in den Zwischentiteln von *Ernste Spiele IV: Eine Sonne ohne Schatten* (2010): „Die Bilder zur Nachbereitung gleichen denen zur Vorbereitung des Krieges. Allerdings sind die Bilder zur Nachbereitung schattenlos. Das System zur Erinnerung ist etwas billiger als das zur Einübung."

Dass ein weniger kostenaufwändiges und daher weniger „realistisch" simuliertes Universum für traumatisierte Soldaten verwendet wird, erlaubt tiefe Einblicke in die Funktionsweise und ideologische Konstruktion der vom militärisch-industriellen Komplex hergestellten Bilder. Denn es zeigt, wie diese Bilder systematisch die Vorbereitung auf den Krieg über die Heilung verwundeter Soldaten stellen. In dieser Hinsicht steht Farocki ganz in einer inhaltlichen Tradition des Dokumentierens, die der Filmtheoretiker Thomas Elsaesser dem politischen Film nach Brecht zuschreibt. Darin „geht es um das Verhältnis zwischen demjenigen, ‚der schaut‘, und demjenigen, ‚der spricht‘, sowie um die Spuren, die dessen Äußerungen im filmischen Diskurs hinterlassen"[14].

Ähnlich konsequent nutzt Trevor Paglen hochentwickelte Beobachtungstechniken für seine Zwecke. Seine leistungsstarke Ausrüstung kommt normalerweise in der Astrofotografie bei der Aufnahme von Objekten oder weiten Bereichen des Nachthimmels zum Einsatz. Für die Werkreihe *Limit Telephotography* hat er sich diese Technologie angeeignet, um die sogenannte „black world" geheimer militärischer Aktivitäten zu erkunden. In einem akribisch genauen Recherche- und Beobachtungsprozess fotografiert Paglen Sperrgebiete auf dem Erdboden, benutzt dazu aber Geräte, die normalerweise zur Aufnahme von Himmelskörpern in der Erdumlaufbahn dienen: „Ich suchte nach Orten, von denen aus ich eine Blickachse auf einige dieser ‚schwarzen‘ Sperrgebiete hatte und Landschaftsaufnahmen machen konnte. Das ist meine Technik. Ich spreche von Aufnahmen aus 30 bis 80 Kilometern Entfernung. Wenn man etwas auf dem

---

14 Thomas Elsaesser, Political Filmmaking after Brecht: Harun Farocki, for Example. In: ders. (Hg.), *Harun Farocki: Working on the Sight-Lines*. Amsterdam 2014, S. 145, fortan Elsaesser 2014

Erdboden aus so großer Entfernung betrachtet, liegt dazwischen so viel Hitze-flirren, Dunst und dichte Atmosphäre, dass die Bilder zu zerfallen beginnen. Sämtliche Farben zersetzen sich."[15]

Indem diese Fotografien geheime militärische Stützpunkte und Anlagen in den entlegensten Gebieten der USA festhalten, „dokumentieren" sie Orte, die mit normalen Objektiven für den traditionellen Gebrauch gar nicht erfasst wer-den können. Daraus entstehen Bilder wie *Detachment 3, Air Force Flight Test Center #2, Groom Lake, NV, Distance ~ 26 miles* (2008). Die Bilder verkörpern häufig einen epistemologischen Zusammenbruch, denn sie zeigen nicht einfach nur die Orte, die sie abbilden wollen, wie in diesem Fall einen allgemein als „Area 51" bekannten, geheimen Air-Force-Stützpunkt. Sie gehen darüber hin-aus bis an die physikalischen Grenzen des Sehens und setzen sich mit der Be-deutung der Technologie bei solchen Wahrnehmungserlebnissen auseinander. Brian Holmes knüpft in seiner Argumentation daran an, wenn er behauptet, die Werkreihe verlange insgesamt vom Betrachter, etwas ganz anderes zu sehen, nämlich „nicht nur einzelne Personen, Anlagen oder technische Geräte, sondern die umfassendere Ordnung systematischer Geheimhaltung, die *Welt*, in die sie alle hineinpassen".[16]

In seinem Buch *Blank Spots on the Map: The Dark Geography of the Pentagon's Secret World* von 2009 beschreibt Paglen eine Welt staatlicher Geheimnisse, die sich um Militäreinsätze ranken. Dem charismatischen dänischen Wissenschaft-ler und Nobelpreisträger Niels Bohr widmet er darin ein ganzes Kapitel. Als Mitarbeiter des Manhattan-Projekts seit 1943 stieß Bohr, der zuvor bei seiner Arbeit in Kopenhagen eine weltbürgerliche Gesinnung und Offenheit gepflegt hatte, auf das riesige Ausmaß der Geheimhaltung rund um die Herstellung der Atombombe. Er entdeckte, wie Paglen schreibt, dass diese Verheimlichung sich „weniger gegen ausländische Nachrichtendienste als gegen die amerikanische Öffentlichkeit, den Kongress und die Gerichte wendete"[17]. Der tiefe Widerspruch, einerseits im geheimen Regierungsauftrag zu arbeiten und andererseits den intellektuellen und ethischen Ansprüchen in Bohrs Arbeitswelt genügen zu wollen, ist ein Leitmotiv in Paglens Auseinandersetzung mit der Geheim-haltung heutiger Militärstaaten. Der Künstler verfolgt diesen Widerspruch bis hin zu den einzelnen geheimen Projekten. Wie kann man, so seine unausge-

15   Van Tomme 2009, wie Anm. 7
16   Holmes 2010, wie Anm. 5, S. 14
17   Trevor Paglen, *Blank Spots on the Map: The Dark Geography of the Pentagon's Secret World.* New York 2009, S. 89

sprochene Frage, eine „dunkle Welt" sichtbar machen, die es offiziell gar nicht gibt, wenngleich sie über ein geschätztes, von keiner gesetzgebenden Instanz bewilligtes Jahresbudget von 52,6 Milliarden Dollar verfügt?[18] Wie kann sie zu einem Untersuchungsgegenstand werden, der sich der kritischen Beurteilung und staatlichen Rechenschaftspflicht stellt?

Die Serie *The Other Night Sky* zeigt auf den ersten Blick wunderschöne geografische Landschaften, die wie Abbildungen eines überwältigenden Nachthimmels wirken. Tatsächlich dokumentieren diese Bilder geheime amerikanische Satelliten in der Erdumlaufbahn. Offiziell erkennen die Vereinigten Staaten die Existenz dieser Flugkörper nicht an; dennoch kreisen sie im Weltraum wie alle anderen Satelliten auch und überwachen die Bürger auf der Erde. In Vorbereitung dieser Arbeiten benutzt Paglen Beobachtungsdaten eines internationalen Netzwerks von Freizeit-Satellitenbeobachtern. Er übersetzt diese Daten in Funktionen und berechnet mit Hilfe eines Computermodells Ort, Zeit und Flugbahnen der Aufklärungssatelliten am Himmel über ihm. Anschließend fotografiert er dieses unerforschte Terrain mit Großformatkameras und einem computergesteuerten Stativ.[19] Nach eigener Bekundung nimmt er sich dabei ein Beispiel an dem Vorgehen früher Astronomen wie Johannes Kepler und Galileo Galilei, die zu Beginn des 17. Jahrhunderts bislang unbekannte Monde dokumentierten. Genau wie die geheimen Aufklärungssatelliten heute sollten diese Monde damals nicht zu sehen sein, obwohl es sie offensichtlich doch gab. Mit dieser Werkreihe stellt Paglen nicht nur die Frage in den Raum, was es bedeutet, die Spuren dieser heutigen „geheimen Monde" zu sehen. Er zweifelt auch den Status des Künstlers/Forschers an, dessen vermeintlich eigene Recherchen tatsächlich von einem ganzen Netzwerk Mitwirkender abhängen. Mit diesen Helfern arbeitet Paglen an der Identifizierung und Enthüllung geheimer amerikanischer Militärprogramme, bevor er seinen markanten visuellen Ansatz zur Veranschaulichung beisteuert.

18   Die Journalisten Barton Gellman und Greg Miller enthüllten ein „schwarzes" Budget in Höhe von 52,6 Milliarden Dollar im Fiskaljahr 2013. Die Information stammt vom ehemaligen Geheimdienstmitarbeiter Edward Snowden; Barton Gellman, Greg Miller, ‚Black Budget' Summary Details U.S. Spy Network's Successes, Failures and Objectives. In: *The Washington Post*, 29.8.2013, http://www.washingtonpost.com/world/national-security/black-budget-summary-details-us-spy-networks-successes-failures-and-objectives/2013/08/29/7e57bb78-10ab-11e3-8cdd-bcdc09410972_story.html, zuletzt am 22.7.2015

19   Trevor Paglen, Sources and Methods. In: Niels Van Tomme (Hg.), *Visibility Machines: Harun Farocki and Trevor Paglen*. Center for Art, Design and Visual Culture, University of Maryland, Baltimore County, Baltimore 2014, S. 121–126, fortan Paglen 2014

Wissen

Die Aufsätze im Begleitband zur Ausstellung *Visibility Machines: Harun Farocki and Trevor Paglen* befassen sich mit zentralen Inhalten der Arbeiten beider Künstler, die besonders in der direkten Gegenüberstellung zutage treten. Aufgabe des Betrachters ist es, wie der schon zitierte Thomas Keenan schreibt, sich die Bilder öfter anzusehen. Wir sollen „blinzeln oder schielen, [...] immer mehrmals hinschauen", über ihre analytische Genauigkeit (Farocki) und erhabenen Darstellungen (Paglen) staunen. Wie die Künstler tragen auch wir eine Verantwortung gegenüber diesen Bildern. Unser Beitrag besteht darin, ihren Gedankengängen zu folgen, sie nicht als autonome Gegenstände ästhetischer Kontemplation zu betrachten, sondern als aktiv zu erforschende Wissensgebiete wie andere intellektuelle Herausforderungen auch. Erst daraus können sich ein tieferes Verständnis und eine historische Einordnung der Werke ergeben. Harun Farocki hat vor Kurzem in einem Interview zum Ausdruck gebracht, wie sehr ihm an einem direkten Kontakt zu seinem Publikum gelegen ist: „Heute geht es mir um den Austausch mit dem Publikum: einen Gegenstand so zu bearbeiten, dass er produktiv wird, ein Kräftefeld entwickelt, über das andere daran weiterarbeiten können. Es geht um einen neuen Zugang zu den Dingen: darum, einen Modus zu etablieren, in dem man nicht nur durch die Bilder etwas anderes sieht, sondern die Bilder selber."[20]

Diese Vorstellungen treffen sich mit denen Trevor Paglens, der schreibt, dass er sich in seiner gesamten Arbeit „für die Grenzen der sichtbaren Welt, für die Beschaffenheit von Beweisen und für das so unscharfe wie widersprüchliche Verhältnis zwischen Sehen, Abbilden, Wissen, Glauben und Wahrheit" interessiert.[21] Da es beiden Künstlern wichtig ist, den scheinbar so selbstverständlichen Bezug zwischen Bildern und Wissen, Sehen und Glauben zu hinterfragen, verschieben sie den Grundsatz „Ich glaube nur, was ich sehe" auf trügerisches Terrain. In den Worten Thomas Elsaessers wollen sie sagen, „dass nicht nur das Gewusste nicht das Gesehene ist, sondern dass das Gesehene bei weitem nicht alles ist, was man wissen kann"[22].

In diesem Sinn beschreibt Harun Farocki in *Erkennen und Verfolgen* (2003) die Geschichte der Raketenleitsysteme vom Zweiten Weltkrieg bis zur Gegenwart und weist dabei auf die enge Verzahnung von militärischer Strategie und Industrieproduktion hin. Der Film enthält Originalaufnahmen eines Experiments

---

20 Harun Farocki zitiert in: Thomas Köster, Die Bilder sichtbar machen, http://www.goethe.de/ins/br/lp/kul/dub/bku/de8851008.htm, zuletzt am 22.7.2015
21 Paglen 2014, wie Anm. 19, S. 125
22 Elsaesser 2014, wie Anm. 14, S. 33

von 1942, bei dem eine Rakete mit einer Fernsehkamera ausgestattet wurde, um die Flugbahn aufzuzeichnen. Dazu bemerkt der Kommentar trocken: „Die Entwicklung der Fernsehbombe – vor allem die Verkleinerung der Kamera – mag ein Entwicklungsschub für die Fernsehindustrie gewesen sein."

Von der Kriegsführung im 21. Jahrhundert erwartet Farocki eine noch engere Komplizenschaft zwischen Krieg und Bild, zwischen Gewalt und Technologie, woraus sich die Notwendigkeit einer „Verschwörung von Bild und Text beim Schreiben der Geschichte"[23] ergibt. Diese Verschwörung kann nicht nur die Instabilität der in Bildern gegenwärtigen Bedeutung wettmachen, sondern auch in ihnen verborgene Elemente entschlüsseln. Sie wird so zum Hilfsmittel bei der Entstehung und Ausweitung historischer Kenntnisse, die offiziell anerkannte Erzählungen gegen den Strich bürsten.

Mit ebenso profundem historischen Bezug zeigt Trevor Paglens Fotografie *Keyhole Improved Crystal from Glacier Point (Optical Reconnaissance Satellite, USA 186)* (2008) einen Aufklärungssatelliten über dem Yosemite Valley. Das Bild stellt sich in die Tradition von Fotografen wie Ansel Adams und Timothy O'Sullivan, die diese Gegend als den Inbegriff der amerikanischen Landschaft feierten. Zugleich erinnert Paglen mit diesem Bild daran, dass „ein Großteil dessen, was wir für die klassische Landschaftsfotografie des amerikanischen Westens halten, vom Militär oder vom damals sogenannten Kriegsministerium als Teil einer ‚erkennungsdienstlichen Vermessung' in Auftrag gegeben wurde"[24]. Die betreffenden Fotografen bezogen sich ihrerseits auf eine Tradition der bewussten, anschaulichen Konstruktion von Zivilisationsgrenzen. Ihre Werke wurden zu Sinnbildern des amerikanischen Westens, weil sie die vielfache Kolonisierung riesiger Landmassen symbolisierten. Indem Paglen nun diese Landschaften noch einmal fotografiert und dazu die militärischen Satelliten zeigt, die unvermeidlich den Himmel durchziehen, schafft er ein Bild für die fortschreitende Kolonisierung des Weltraums als absoluter Zivilisationsgrenze. Wie Brian Holmes schreibt, „kann Paglen gar nicht anders, als sich selbst in die ästhetische Tradition und zugleich *gegen* sie zu stellen, […] denn er greift auf der Suche nach einer affektiven Auseinandersetzung mit dem militarisierten Weltraum auf Vorbilder aus der Kunstgeschichte zurück, will aber zugleich den politischen Wert der ästhetischen Erfahrung unterlaufen oder in eine andere Richtung lenken"[25].

23   Sylvie Lindeperg, Suspended Lives, Revenant Images. On Harun Farocki's Film *Respite*. In: *Trafic*, 70, 2009
24   Jessie Wender, Trevor Paglen's State Secrets. In: *The New Yorker*, 15.10.2012, http://www. newyorker.com/culture/photo-booth/trevor-paglens-state-secrets, zuletzt am 22.7.2015
25   Holmes 2010, wie Anm. 5, S. 20, 22

Die Entstehung historischen Wissens durch die Darstellung von Militäroperationen im Werk von Harun Farocki und Trevor Paglen ist eng mit der Untersuchung von Bildern und von kulturellen und technischen Entwicklungen in den Medien verflochten, mit denen die beiden Künstler arbeiten. Da Gewalt, Staat und die Kreation von Bildern in diesem Kontext unausweichlich miteinander verbunden sind, ermöglichen es uns ihre Arbeiten, Grundfragen zeitgenössischer Bildkultur zu stellen. Die Werke bergen das Potential, Licht in eine Welt zu bringen, die sich normalerweise außerhalb unserer Reichweite befindet. Sie „machen bewusst, was vorher nur undeutlich wahrgenommen wurde, damit es uns für eine kritische Reflexion zur Verfügung steht", wie die Philosophin und Historikerin Susan Buck-Morss schreibt.[26]

Vielleicht sollte man diese Bilder als Maschinen betrachten, die sich innerhalb der Sphäre des Militärischen und zugleich gegen sie positionieren. Sie erinnern an das, was Walter Benjamin „Stillstellung" nannte: eine Unterbrechung eines automatisierten Ablaufs, die das Denken in Begriffen des historischen Fortschritts stört und allgemein verbreitete Überzeugungen aufhebt.[27] So gesehen kann man sich diese Werke auch als Apparate vorstellen, die das Wiederaufleben einer öffentlichen Debatte bewirken. Sie wären so auch Mittel im Kampf gegen den allgegenwärtigen Terror der staatlichen Gewalt und ihrer geheimnisumwobenen Herrschaftsstrategien, zugleich jedoch störrische ästhetische Objekte, die uns ehrfürchtig schauen und ob ihres inhärenten Wissens staunen lassen.

Aus dem Englischen übersetzt von Herwig Engelmann

26   Susan Buck-Morss, Visual Culture Questionnaire. In: *October*, 77, Sommer 1996
27   Walter Benjamin, Über den Begriff der Geschichte. In: ders., *Gesammelte Werke*. Bd. I/2, Frankfurt am Main 1991, S. 690–708

COMPUTER SPIEL KUNST

MARK BUTLER

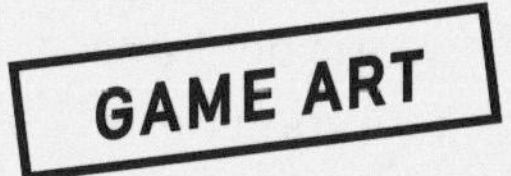

Moderne Kunst & Spiel

Schon lange vor dem Aufkommen digitaler Medien hat die moderne Kunst im Zuge ihrer Autonomisierung eine Affinität zum Spiel als Material, Methode und Medium entwickelt.[1] Seit Beginn des 20. Jahrhunderts entdeckten Künstler von Dada, Surrealismus, Situationistischer Internationale und Fluxus das Spiel als zentrales Feld für ihre ästhetischen Experimente.[2] Dies geschah vor dem Hintergrund der vorherrschenden bürgerlichen Spielkultur, die das Spiel als raumzeitlich begrenzte und geregelte Herausforderung (*game*) und als Wettkampf konzipierte, der seinen kulturellen Wert in der Kindererziehung und der Rekreation des bürgerlichen Mannes besaß.[3] Davon unterschieden sich die ästhetischen Experimente der Künstler in erster Linie dadurch, dass sie auf brachliegende Potenzen des Spiels zurückgriffen. Sie begriffen Spiel als offene, grenzüberschreitende und lustvolle Tätigkeit (*play*), mobilisierten seine grundlegendste Eigenschaft – das Vermögen, „toll zu machen"[4] – und spielten mit der Wahrnehmung, dem Schwindel, dem Rausch, dem Zufall, der Maskerade, der Illusion und dem Als-ob.[5]

1 Vgl. Michael Lüthy, Der Einsatz der Autonomie. Spieldimensionen in der Kunst der Moderne. In: Nike Bätzner (Hg.), *Faites vos jeux! Kunst und Spiel seit Dada*. Kat. Kunstmuseum Liechtenstein, Vaduz; Akademie der Künste, Berlin; Museum für Gegenwartskunst, Siegen, Ostfildern-Ruit 2005, S. 37–46, fortan Lüthy 2005

2 Vgl. Mary Flanagan, *Critical Play. Radical Game Design*. Cambridge, Mass., London 2009, S. 88 ff.

3 Vgl. Brian Sutton-Smith, *The Ambiguity of Play*. Cambridge, Mass. 1997, S. 6, 35 ff., 65 ff., 97 und 176. Vgl. auch Natascha Adamowsky, Homo Ludens – whale enterprise: zur Verbindung von Spiel, Technik und den Künsten. In: Stefan Poser, Karin Zachmann (Hg.), *Homo faber ludens. Geschichten zu Wechselbeziehungen von Technik und Spiel*. Frankfurt am Main 2003, S. 57–81 und S. 72 ff.

4 Johan Huizinga, *Homo Ludens. Vom Ursprung der Kultur im Spiel*. Reinbek bei Hamburg 1997, S. 11

5 Für ein erhellendes Analyseraster, der das Spiel in *Paidia* (Spiel als offene, grenzüberschreitende und lustvolle Tätigkeit bzw. *play*), *Ludus* (Spiel als geregelte Herausforderung bzw. *game*), *Agon* (Wettkampf), *Alea* (Zufall), *Mimicry* (Maskerade/Illusion/Als-ob) und *Ilinx* (Rausch/Schwindel/Taumel) einteilt vgl. Roger Caillois, *Die Spiele und die Menschen. Maske und Rausch*. Frankfurt am Main 1982, S. 20 ff.

Während der Spieltheoretiker Roger Caillois noch eine strikte Trennung zwischen Spiel und Kunst markierte, da Ersteres keine Werke hervorbringe, verschwand dieses Unterscheidungskriterium mit der künstlerischen Wende hin zu Prozess und Performativität im 20. Jahrhundert. Im Zuge dessen wurde Spiel zu einer zentralen Kategorie der künstlerischen Arbeit und zeigte sich in spielerischen Werken, der Figuration des Künstlers als Spieler (wie sie exemplarisch durch Marcel Duchamp verkörpert wurde) und der Einladung an den Kunst-Rezipienten, sich am Spiel zu beteiligen.[6] So hat die historische Avantgarde zahlreiche Spielformen praktiziert und hervorgebracht: aleatorische Methoden und automatische Produktionsprinzipien (*objet trouvés*, *cadavre exquis*, *écriture automatique*, Cut-up, die Kompositionen von John Cage, *événements trouvés*), Rollenspiele (paranoisch-kritische Methode, *Time Travelers Potlatch*), transgressive Kompositionsweisen (Collage, *détournement*), Desorientierungsstrategien (Interventionen, *dérive*), künstlich geregelte Interaktionen (konstruierte Situationen, Happenings), modulare Sammlungen von offenen und fragmentarischen Spielanleitungen und -utensilien (*Fluxkits*, Scores) sowie skulpturale Artefakte (die Spielbretter von Alberto Giacometti, die Dada-Puppen von Hannah Höch). Viele der künstlerischen Spiele waren ästhetische Interventionen mit dem Ziel, die regelhaften Muster und geschlossenen Kreisläufe des alltäglichen Lebens kritisch unter die Lupe zu nehmen, ein freies Spiel mit vorgefundenen kulturellen Regelwerken, während andere Arbeiten bestehende Spiele modifizierten (surrealistisches Lotto, Schachspiele von Takako Saito, *Flux Ping Pong* von George Maciunas). Beide Linien – das freie Spiel mit vorgefundenen kulturellen Regelwerken und die Modifikation bestehender Spiele – setzen sich bis in die Gegenwart als künstlerische Strategien fort.

Game Art/Art Games

Trotz der langen und intensiven Auseinandersetzung der modernen Kunst mit dem Spiel, sind die Begriffe Game Art und Art Games seit 2002 gebräuchlich geworden, um vor allem digitale Spielformen der Kunst zu bezeichnen.[7] Ersteres ist der breitere Begriff, den Matteo Bittanti folgendermaßen fasst: „Game Art ist jede Kunst, in der digitale Spiele eine signifikante Rolle bei der Erschaffung,

---

6   Vgl. Lüthy 2005, wie Anm. 1
7   Der Begriff Game Art wurde 2002 erstmals im kuratorischen Kontext verwendet; vgl. Stephan
     Schwingeler, *Kunstwerk Computerspiel – Digitale Spiele als Künstlerisches Material: Eine
     bildwissenschaftliche und medientheoretische Analyse.* Bielefeld 2014, S. 17. Und der Begriff Art
     Game wurde im selben Jahr erstmals im akademischen Kontext von Tiffany Holmes verwendet;
     vgl. Tiffany Holmes, Art games and Breakout: New media meets the American arcade, 2002,
     http://www.crudeoils.us/artwrite/August2002/Holmes.htm, zuletzt am 22.7.2015.

Produktion und/oder Ausstellung des Kunstwerks gespielt haben. Das resultierende Kunstwerk kann als Spiel, Gemälde, Fotografie, Klang, Animation, Video, Performance oder Galerie-Installation existieren."[8] Art Games hingegen sind immer künstlerisch erzeugte Spiele, die einem ästhetischen Impetus folgen und häufig ihre eigene Spielbarkeit in Frage stellen beziehungsweise gänzlich unterwandern.

Die digitalen Computerspiele selbst sind Anfang der 1960er Jahre in Form des ersten digitalen Actionspiels *Spacewar!* aus dem ästhetischen Spiel hervorgegangen, das die erste Generation von Computerhackern am MIT (Massachusetts Institute of Technology) mit dem Minicomputer PDP-1 vollzogen haben.[9] In dem darauffolgenden Jahrzehnt zirkulierten Computerspiele weiterhin in den Informatiklaboren von Universitäten als offene, modifizierbare und kollaborative Code-Projekte. Erst in einer zweiten Etappe ist seit den frühen 1970er Jahren aus dieser Nutzung des Computers als eines ästhetischen Mediums eine kommerzielle Industrie mit proprietärem Code erwachsen, auf die seit Beginn der 1980er Jahre Künstler mit computerspiel-spezifischen Arbeiten antworten.[10]

Als eine der frühesten Arbeiten der digitalen Art Games gilt Jane Veeders *Warpitout* (1982), eine interaktive audiovisuelle Installation für den Grafikcomputer Datamax UV-1, die den Kunstrezipienten mittels des grafischen Interface in Echtzeit mit seinem eigenen Abbild spielen ließ. Über die darauf aufbauende Arbeit *VIZGAME* (1985) schrieb Veeder, dass sie sich mit diesen Arbeiten die Frage stellte, wie ein herkömmlicher Betrachter digitale Kunstwerke in ihrer Vielschichtigkeit, Prozessualität und Vermitteltheit durch Software verstehen könne. Ihre strategische Antwort auf diese Frage bestand darin, den *Betrachter* in einen *Spieler* zu verwandeln, der durch die Interaktion mit dem audio-visuell-haptischen Interface des Werks die Möglichkeit hatte, die Kompositionsweise der Arbeit zu erforschen.[11] So hat sie den *Ludic Turn* der historischen Avantgarde als eine Schlüsselstrategie der digitalen Kunst neu formuliert.

Zu den frühen Arbeiten der Game Art zählen auch Suzanne Treisters computerspiel-inspirierten Gemälde Ende der 1980er Jahre, ihre Serie von

8 Matteo Bittanti, Game Art – (This is not) A Manifesto, (this is) A Disclaimer. In: ders., Domenico Quaranta (Hg.), *Gamescenes. Art in the age of videogames.* Mailand 2006, S. 7–15, hier S. 9, Originalzitat siehe S. 284

9 Vgl. Steven Levy, *Hackers. Heroes of the Computer Revolution.* London, New York, Victoria 1994, S. 50 ff.

10 Zu Beginn gab es nur wenige digitale Art Games wie Bernie Dekovens und Jaron Laniers *Alien Garden* (1982), Jane Veeders *Warpitout* (1982), Laniers *Moondust* (1983) oder Lynn Hershman Leesons Videodisc-Spiele *LORNA* (1983) und *Deep Contact* (1984).

11 Vgl. http://userwww.sfsu.edu/jkveeder/art/detail/vizgame.htm#, zuletzt am 22.7.2015

Standbildern imaginärer Computerspiele aus den frühen 1990er Jahren und ihre Verpackungen von fiktionalen Software-Produkten. Aber wirkliche Anerkennung in der internationalen Kunstszene erfuhr die Game Art erst 1993, als Feng Mengbo Teile seiner *The Video Endgame Series* auf der 45. Biennale in Venedig ausstellte, eine Serie von Acryl-Gemälden, in denen er Bilder der chinesischen Kulturrevolution (1966–1976) mit seinen eigenen Kindheitserinnerungen an 8-Bit-Konsolenspiele verband.[12]

Computerspiel-Modifikationen, die in die Tradition früherer künstlerischer Spielvariationen einzuordnen sind, entstanden erst, als Entwicklerfirmen sich entschieden, ihre Spiele für solche Veränderungen zugänglich zu machen. Die Speerspitze dieser Entwicklung bildete *Doom* (1993) von id Software, da es aus einer Hackerethik heraus so produziert wurde, dass Spieldaten wie Karten, Grafiken und Klänge getrennt von dem *Game Engine* – dem programmierten Regelwerk – gespeichert wurden, wodurch sie leicht zu verändern waren. So konnte *ArsDoom* (1995) als eine Modifikation des populären Actionspiels *Doom II* (1994) durch die Künstler Orhan Kipcak und Reini Urban entwickelt werden. Die Arbeit, die 1995 auf der Ars Electronica ausgestellt wurde, ließ den Spieler ein digitales Modell des Anton-Bruckner-Hauses in Linz betreten und alles, was er sah, ob virtuelles Kunstwerk oder moderne Künstlerikone, mit Utensilien wie Pinsel oder Holzkreuz zerstören und somit selbst in die Rolle des Kurators treten.[13]

ArsDoom leitete eine Phase ein, in der ein Großteil der Game Art aus Modifikationen von kommerziellen Egoshooter-Spielen wie *Doom*, *Quake* (1996) und *Unreal* (1998) bestand. Diese Spiele boten nicht nur die Möglichkeit, neue Weltkarten anzulegen und alle Objekte der Spielwelt mit einer neuen virtuellen Haut (*skin*) zu versehen. Auch der Game Engine eines Spiels konnte, wenn man über den richtigen Zugang verfügte, durch *Patches* verändert werden. Die visuelle Modifikation von Egoshootern wurde am weitesten von dem Künstlerkollektiv JODI (Joan Heemskerk/Dirk Paesmans) in ihrer Serie *Untitled Game* (1996–2001) getrieben. Diese zwölf Modifikationen von *Quake* sind im herkömmlichen Sinne absolut unspielbar, da sie die Navigationshinweise des 3D-Spiels bis zur Unkenntlichkeit reduzieren beziehungsweise verzerren. So zeigte beispielsweise *Arena* nichts als einen kahlen, in seiner Weiße blendenden Spielraum, der

12   Vgl. im Folgenden Andy Clarke, Grethe Mitchell (Hg.), *Videogames and Art*. Bristol 2007 und Mathias Jansonn, *Everything I Shoot is Art*. Brescia 2012
13   Vgl. Mathias Jansonn, Interview: Orhan Kipcak (*ArsDoom, ArsDoom II*) (1995–2005). In: *Gamescenes. Art in the Age of Videogames*, 11.4.2009, http://www.gamescenes.org/2009/11/ interview-orphan-kipcak-arsdoom-arsdoom-ii-1995.html, zuletzt am 22.7.2015

jeglichen visuellen Orientierungshinweises entbehrte, während andere Modifikationen aus der Serie den Game Engine dahingehend veränderten, dass die
visuellen Repräsentationen auf dem Bildschirm so minimalistisch beziehungsweise abstrakt wurden und zur Orientierung nicht taugten.

Computerspiele wurden auch modifiziert, um sie für akustische Performances einzusetzen wie im Falle von Julian Olivers *Quilted Thought Organ*
(1998–2001), das die Kollisionserkennung von *Quake II* und später *Half Life*
benutzte, um Klangereignisse auszulösen, wenn der Avatar des Spielers mit
Spielobjekten in Kontakt kam. Hierdurch wurde aus dem Egoshooter ein drei-
dimensionales, navigierbares Instrument. Und in der Fortsetzung *q3apd* (2003)
entwickelte Oliver mit Steven Pickles eine Erweiterung von *Quake III Arena*,
die es erlaubte, die Datenströme des gespielten Spiels – wie Koordinaten, Bewegung, Blickwinkel und Zustand von Figuren und Objekten – in die Entwick-
lungsumgebung *Pure Data* einzuspeisen, um Parameter anderer Programme,
etwa eine Klangsynthese, zu steuern. So konnten auf der Basis dieser Arbeit
kollaborative Klangproduktionen in einer vernetzten Mehrspieler-Umgebung
erzeugt werden.

Das Feld der Computerspiel-Modifikationen ist in den letzten 15 Jahren im-
mer aufwändiger geworden, so dass gänzlich neue Spielhandlungen und Narrative auf der Basis bestehender Spiele entwickelt wurden, wie zum Beispiel
Frontiers (2008–2011) von gold extra, das den Game Engine von *Half Life II*
sowohl auf der Ebene der visuellen Repräsentation als auch auf der Ebene der
Regelstruktur modifizierte, um die europäische Grenzsituation zu beleuchten.
Neben solchen elaborierten Software-Modifikationen wurden auch Hardware-
Modifikationen entwickelt wie etwa Eddo Sterns *Tekken Torture Tournament*
(2001). Dort wurde die Brücke zwischen virtuellen und realen Körpern durch
Elektroden geschlagen, die an den Armen von zwei duellierenden Spielern angebracht wurden und Stromschläge übertrugen, wenn die entsprechende Spiel-
figur verletzt wurde. Oder in der fortlaufenden Serie *Paidia Laboratory: feedback*
(seit 2011, TC 20:48) vom Paidia Institute, bei der die Rückkopplungsprozesse
von Computerspiel-Systemen dahingehend rekonfiguriert wurden, dass sie mit
sich selbst spielen. Hierdurch wurde das Spiel der Maschine zum Vorschein gebracht – seine sinnfreien Routinen, das Hin und Her seines Geschehens, das
nach Hans-Georg Gadamer das eigentliche Subjekt des Spiels ist.[14]

---

14   Vgl. Hans-Georg Gadamer, *Hermeneutik I: Wahrheit und Methode. Grundzüge einer philosophi-
     schen Hermeneutik.* Tübingen 1999, S. 107 ff.

Parallel zu den Ausdifferenzierungen der Computerspiel-Modifikationen erweiterte sich das Feld der Game Art auch durch die Verbindung des Mediums mit etablierten Kunstdisziplinen in Werken wie zum Beispiel *Isometric Screenshots* (2000) von Jon Haddock, Zeichnungen von einschlägigen historischen und fiktionalen Ereignissen in der Perspektive des populären Computerspiels *The Sims* (2000); die Videos, die Miltos Manetas aus Computerspiel-Sequenzen generierte wie *Super Mario Sleeping* (1997); die Performancekunst von Josephe DeLappe, der in Arbeiten wie *Howl: Elite Force Voyager Online* (2001) populäre Computerspiel-Umgebungen entwendete, um andere kulturelle Skripte als die vom Spiel vorgesehenen zu inszenieren; oder die Installation von Riley Hamond *What It Is Without the Hand That Wields It?* (2008), in der Blutbeutel an eine modifizierte Version von *Counterstrike* (1999/2000) gekoppelt waren – ein Mehrspieler-Egoshooter, in der Mannschaften von Terroristen gegen Antiterroreinheiten antreten – und mit jedem virtuellen Tod ihre Ventile ein wenig öffneten, um reales Kunstblut an der Wand entlanglaufen zu lassen. Neben dieser Ausdifferenzierung der digitalen Game Art ist seit dem Ende der 1990er Jahre auch die Zahl der digitalen Art Games stark angestiegen, wie Feng Mengbos interaktive Installation *Long March: Restart* (2008) oder Bill Violas Simulation einer mystischen Reise zur Erleuchtung *The Night Journey* (2005–2010, Abb. S. 172 f., TC 16:11).

Das Interesse am Zusammenhang von Computer, Spiel und Kunst hat seit der Jahrtausendwende stetig zugenommen, was sich in der wachsenden Anzahl von Ausstellungen, Büchern, Artikeln und Seminaren in diesem Feld zeigt. Dabei ist die Grenze zwischen dezidierten Art Games und unabhängig produzierten Spielen (*Indie Games*) – wie Molleindustrias Einladung in den Alltag eines Drohnenpiloten in *Unmanned* (2012, TC 10:18), Tale of Tales' Reflexion über unser medial geteiltes Leben in *Bientôt l'été* (2012, TC 07:08), Alexander Bruces nicht-euklidisches Explorationsspiel *Antichamber* (2013, Abb. S. 163) oder die audiovisuelle Psychotropie von Robin Arnotts *SoundSelf* (2014) – nicht immer klar zu ziehen. In ihrer Nutzung des Mediums produzieren sie ästhetische Erkenntnisse und kontemplative Erfahrungen, die zweifelsohne in die Sphäre der Kunst gehören.

Le jeu pour le jeu?

Die innige Verbindung zwischen Spiel und moderner Kunst, die mit Dada begann, ist so lebendig wie nie zuvor, was sich nicht zuletzt daran erkennen lässt, dass das ästhetische Spiel an der medialen Schwelle die gesamte Ausstellung „Schwindel der Wirklichkeit" und nicht nur die Arbeiten, die unter dem Fokus der Game Art versammelt waren, durchzog. Ob die Wahrnehmungsspiele von Alex Hays *Grass Field* (1966, TC 04:56), Nam June Paiks *Three Camera Perspective* (1969/2000, Abb. S. 138 ff.) und VALIE EXPORTS *Raumsehen und Raumhören* (1974, Abb. S. 160 f., TC 09:16); der raumzeitliche Schwindel von Bruce Naumans *Live-Taped Video Corridor* (1970, Abb. S. 159, 173) und Dan Grahams *Present Continuous Past(s)* (1974, Abb. S. 148 ff.); die Simulationen von Franz Reimers *The Situation Room* (2013, Abb. 164 ff.), Thomas Demands *Kontrollraum/Control Room* (2011, Abb. S. 145) und Thomas Wredes *Real Landscapes* (Abb. S. 143, 181); das Maskenspiel von Bjørn Melhus' *Headshots* (2014, Abb. S. 188) und Lynn Hershman Leesons *Agent Ruby* (1999–2002, Abb. S. 185, TC 18:39); die konstruierten Situationen von Christian Falsnaes (Abb. S. 172 ff., TC 14:48), Tino Sehgal und Ulrike Rosenbach (TC 04:11); die transgressive, aleatorische und prozessuale Collage des *Men in Grey*-Koffers (2009, TC 17:42); die schelmische Freude des Ausstellungsbesuchers bei der Neuformulierung von Schlagzeilen mittels Julian Olivers und Danja Vasilievs *Newstweek* (2011, TC 23:50) oder der virtuelle Höhenrausch von Daniel Ernsts *Der Grosse Gottlieb* (2014, Abb. S. 200, TC 00:25) – stets zeigte sich der spielerische Geist der modernen Kunst.

Abschließend kann festgehalten werden, dass sich zwei Tendenzen in der Beziehung zwischen moderner Kunst und Spiel erkennen lassen. Auf der einen Seite gibt es in der autonomen Kunst der Moderne zahlreiche Positionen, die eine Haltung von *le jeu pour le jeu* bezeugen. Auf der anderen Seite gibt es mindestens genauso viele Fälle, in denen künstlerische Spiele eine kulturelle Situation reflektieren, kommentieren oder transformieren. Hier zeigt sich, um mit dem Psychoanalytiker André Green zu sprechen, Spiel als ein überlebenswichtiger Mechanismus zur Bewältigung von Begebenheiten, die nicht mehr auszuhalten seien und somit zu ihrer Transformation drängen. „Ich denke, erst die Anwesenheit des Grauens lässt uns verstehen, wie notwendig das Spiel ist, um das Grauen erträglich zu machen."[15] Spielen ist demnach eine spezifische Form des Denkens wie der Traum, ein Wissen, das zugleich ein Nicht-Wissen ist. Seine Spezifik besteht darin, die Realität in etwas anderes zu verwandeln, um sie zugleich anerkennen und negieren zu können. Somit bietet es einen Umgang mit dem Horror der Welt: Unkontrollierbarkeit, Armut, Abhängigkeit, Machtlosigkeit, Missbrauch, Krankheit, Katastrophen, Krieg, Terror und Tod.

15 André Green, *Play and Reflection in Donald Winnicott's Writings*. London 2005, S. 8

ROBIN ARNOTT

SoundSelf, 2014

Robin Arnott (USA) erschafft interaktive Kunst und hegt ein Interesse für minimalistische emotionale Immersion. *SoundSelf* ist ein ästhetisches Explorationsspiel, das die intrinsische Lust am Spielen den Belohnungen des Gewinnens vorzieht. Mittels der eigenen Stimme konnten Spieler eine hypnotische Welt aus Klang und Licht erforschen, die sich so anfühlte, als würde sie direkt aus dem eigenen Körper hervorgehen. Diese Arbeit, die für die nächste Generation der virtuellen Realität erschaffen wurde, war das Ergebnis des Aufeinandertreffens von uralten Meditationstechniken mit der Trancetechnologie des Computerspielens. Sie machte sich Schlupflöcher der Wahrnehmung zunutze, um einen introspektiven Zustand der Ekstase beim Spieler hervorzurufen. Besucher – egal ob erfahrene Psychonauten oder unerschrockene Novizen – waren dazu eingeladen, ihre Stimme zu gebrauchen, um sich durch eine Landschaft aus Licht und Leib zu navigieren und Selbst und Welt auf eine unbekannte Art und Weise zu erfahren.

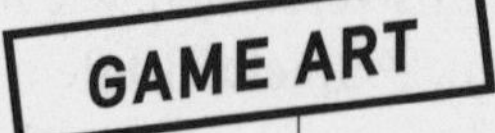

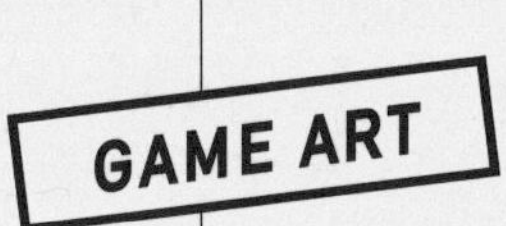

ALEXANDER BRUCE
Antichamber, 2013

Alexander Bruce (Australien) ist ein experimenteller Game-Designer, der durch eine Serie von Programmierfehlern auf Verfahren zur Produktion manipulierbarer Geometrie und rekursiver Räume gestoßen ist, die er mehrere Jahre lang erforscht und erprobt hat. Seine Entdeckungen mündeten schließlich in *Antichamber*, einem Explorationsspiel für einen Spieler in einer gewaltigen nicht-euklidischen Welt, in der nichts für selbstverständlich gehalten werden kann. Das Spiel erzeugte seinen Schwindel dadurch, dass die Architektur der Spielwelt instabil war. Der Raum – nach Kant ein notwendiger Parameter der Wirklichkeit neben der Zeit – war in dem Spiel nicht mehr zuverlässig. Er konfigurierte sich während des Spielens immer wieder um, so dass das Unmögliche häufig der einzige Weg nach vorn war. Dieses Werk bot eine tiefgreifende ästhetische Erfahrung, die Spieler dazu veranlasste, ihr eigenes Wissen hinsichtlich der Funktionsweise des (virtuellen) Raums sowie des Computerspiel-Mediums selbst in Frage zu stellen.

GOLD EXTRA
(Tobias Hammerle, Georg Hobmeier, Sonja Prlić, Karl Zechenter)

Frontiers, 2008–2011

Die Künstlergruppe gold extra (Österreich) – ein Netzwerk von bildenden Künstlern, Regisseuren, Programmierern und Performern – erforscht innovative künstlerische Ausdrucksformen und kreative Zwischenräume. In dem Computerspiel *Frontiers*, das als Software-Modifikation eines kommerziellen Game Engine entwickelt wurde, ließ die Gruppe zwei bis sechs Spieler die Rolle von Flüchtlingen beziehungsweise Grenzbeamten an den Rändern von Europa einnehmen. Die im Spiel porträtierten Räume und Figuren basierten auf ausführlichen Feldforschungen der Entwickler an den Grenzen der EU und auf zahlreichen Interviews mit Flüchtlingen, Hilfsorganisationen, Bewohnern der jeweiligen Region und den zuständigen Behörden. Durch die erspielte Erfahrung wurden etablierte Narrative zum Thema Flucht und Migration unterlaufen, und zugleich wurde eine virtuelle Erfahrung des sozialen Schwindels erzeugt, der auf realen Schicksalen basierte.

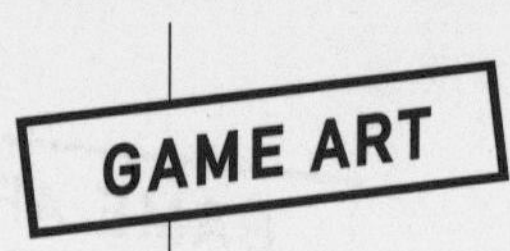

PAIDIA INSTITUTE
**(Jonas Hansen, Thomas Hawranke,
Karin Lingnau, Lasse Scherffig)**

Paidia Laboratory: feedback #4, 2011
Paidia Laboratory: feedback #10, 2014
Paidia Laboratory: feedback #11, 2014

Das Künstlerkollektiv Paidia Institute
(Deutschland) hat sich dem Feld der spielbaren
Systeme gewidmet, sowohl als spezifische
techné als auch als signifikantes soziokulturel-
les Phänomen. Ihr Fokus liegt auf dem Spielen
als einer Schlüsselstrategie, um restriktiv-
statische sowie chaotisch-anarchische Zustän-
de dahingehend zu transformieren, dass sie
Kreativitäts-, Kollaborations- und Lernprozes-
se befördern. Mit ihrer laufenden Serie von
Experimenten *Paidia Laboratory: feedback*
untersuchten sie Computerspiele als geschlossene kybernetische Kreisläufe, buchstäbliche
Closed-Circuits – Kontrollketten, die menschliche Elemente enthalten können, aber nicht
müssen. Hierzu modifizierten sie Soft- und
Hardware kommerzieller Spielsysteme und ver-
knüpften sie zu experimentellen Anordnungen,
wodurch ihr jeweiliges Feedback-Verhalten in
neue Bahnen gelenkt und eine Archäologie ihrer
Interaktionsdispositive offengelegt wurde.

PAOLO PEDERCINI (MOLLEINDUSTRIA)
Unmanned, 2012

Paolo Pedercini (Italien) entwickelt mit dem
Künstlerkollektiv Molleindustria seit 2003
Spiele als „homöopathische Kur" gegen die
„Diktatur der Unterhaltung". Ihre Werke
umfassen satirische Simulationen zeitgenössischer Geschäftspraktiken, spielerische Model-
lierungen politischer Konflikte, Meditationen
über Entfremdung in der neoliberalen Arbeitswelt, spielbare Theorien und Re-Imaginationen
des Computerspielmediums selbst. Ihr Spiel
Unmanned war ein kritischer Kommentar zum
Einsatz bewaffneter Drohnen in der zeitgenössischen Kriegsführung sowie zur Überhöhung
des Krieges in den Produkten der Kulturindust-
rie. Im Gegensatz zu den Scharen an kommerziellen Kriegsspielen nahm der Spieler nicht die
Rolle eines heldenhaften Frontsoldaten ein,
sondern die eines Piloten, der tagsüber aus der
Ferne mittels einer unbemannten Drohne den
„Feind" auf einem anderen Kontinent beobach-
tete (sowie gegebenenfalls tötete) und dann
den Feierabend mit seiner Familie in einem
US-amerikanischen Vorort verbrachte. Im Verlauf des Spiels partizipierten die Spieler an
dem Wirklichkeitsschwindel des Soldaten und
wurden mit seinem zentralen inneren Konflikt
konfrontiert: Welche Störungen zieht es im
sonstigen Leben nach sich, wenn man so weit
von der Zerstörung entfernt ist, die man im
Arbeitsalltag anrichtet?

TALE OF TALES/ AURIEA HARVEY UND MICHAËL SAMYN
Bientôt l'été, 2012

Auriea Harvey und Michaël Samyn (Belgien) erkunden als „Tale of Tales" seit 2003 das Computerspiel als künstlerisches und expressives Medium. Mit ihren Entwürfen verlassen sie das einschränkende Paradigma des kompetitiven Spiels, das die kommerzielle Computerspiellandschaft beherrscht. In einem Versuch, das Medium für andere Arten von Spielen und Spielern zu öffnen, erforschen sie neue Modalitäten der Interaktion. Mit ihrem Spiel *Bientôt l'été* – einem von Marguerite Duras' *Moderato Cantabile* inspirierten Werk – luden sie zwei Spieler dazu ein, die Rollen von Liebenden einzunehmen, die Lichtjahre voneinander entfernt sind. Als solche konnten sie einsam am Ufer eines simulierten Meeres spazieren gehen, wo es inmitten einer sehnsuchtsvollen Leere ungeahnte Schätze zu entdecken gab. Oder aber sie entschieden sich, mit dem virtuellen Körper des anderen in Kontakt zu treten und mit ihm mittels eines surrealen Schachspiels zu kommunizieren, in dem vorformulierte Phrasen und Spielzüge die Interaktion choreografierten. Diese intensive Interaktion mit einem anonymen Gegenüber, das genauso gut ein vom Spiel gesteuertes Konversationsprogramm sein konnte, war eine Reflexion auf unser medial geteiltes Leben im Zeitalter von Internet-Videofonie, Chatrooms, Liebesbeziehungen zu „Operating Systems" wie in Spike Jonzes Film *Her* und auf den Schwindel, der durch einen Alltag erzeugt wird, in dem Lokalität nicht mehr eine Kategorie der räumlichen Nachbarschaft ist, sondern eine affektive Qualität des sozialen Lebens.

BILL VIOLA UND USC GAME INNOVATION LAB
The Night Journey, 2005–2010

Wie mögen die Spielmechaniken der Erleuchtung beschaffen sein? Der langjährige Pionier der Videokunst Bill Viola (USA) hat mit *The Night Journey* – einem Spiel, das er zusammen mit einem Team des Game Innovation Lab der University of Southern California 2005 begonnen und 2010 erstmals präsentiert hat – die Grenzen der Game Art verschoben und seine früheren Arbeiten in ein digitales Format gebracht. Die körnige, verschwommene Ästhetik des Spiels erinnerte an eben jene früheren Werke, während die Mechanik des Spiels dem Spieler erlaubte, diese Bilderwelt zu erforschen. *The Night Journey* drehte sich um die individuelle mystische Suche nach Erleuchtung und war als interaktive Meditation angelegt. Im Verlauf des Spiels bereiste der Spieler eine poetische Landschaft, die vom Leben und Denken herausragender spiritueller Figuren, Dichter, Philosophen und Mystiker diverser Kulturkreise und geschichtlicher Epochen inspiriert wurde und eher reflexive und spirituelle denn geografische Qualitäten aufwies. Die zentrale Spielmechanik bestand im Akt des Reisens und Reflektierens und nicht im Erreichen bestimmter Ziele. So wurde versucht, im Geist des Spielers die Erfahrung einer archetypischen mystischen Reise zu evozieren. Je aufmerksamer und nachdenklicher der Spieler mit der Spielwelt umging, desto mehr wurde ihm offenbart.

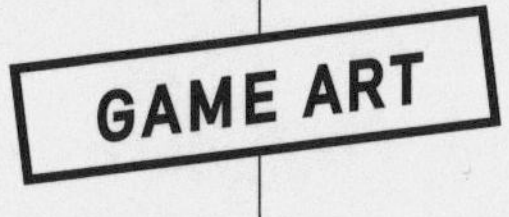

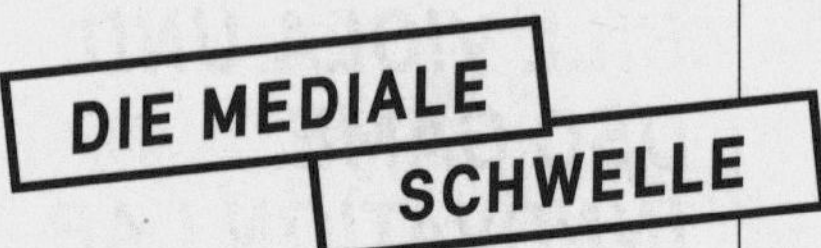

HERMAN ASSELBERGHS
Dear Steve, 2010

Herman Asselberghs (Belgien) konzentriert sich in seinen Installationen und Videoarbeiten auf die Schwellenzonen zwischen Klang und Bild, Welt und Medien, Poesie und Politik. In seinem Videobrief *Dear Steve* adaptierte er das populäre YouTube-Genre der sogenannten Unpacking-Filme, in denen Computer als auratische Kultobjekte von Kunden vor der Kamera ausgepackt und erstmals in Betrieb gesetzt werden. Asselberghs' Videokunst aber begann eigentlich erst dort, wo die klassischen YouTube-Vorbilder enden: *Dear Steve* trieb das Auspacken immer weiter und zerlegte vor der Kamera den neuen Laptop in alle Einzelteile. Der eingesprochene Brief an Steve Jobs, in dem die Aura der Apple-Objekte und ihre Versprechen ebenso thematisiert wurden wie die Gegenüberstellung analoger Materialität und digitaler Immaterialität, begleitete die präzise Dekonstruktion des Computers, bis er in all seinen Bauteilen fragmentiert vor uns lag.

THOMAS DEMAND
Kontrollraum/Control Room, 2011
Vault, 2012

„Die von mir dargestellten Umgebungen sind für mich etwas Unberührtes, eine utopische Konstruktion. Auf ihrer Oberfläche finden sich keine Gebrauchsspuren, die Zeit scheint in ihnen stillzustehen."

Thomas Demand (2005)

Sein Lehrer Fritz Schwegler sensibilisierte Thomas Demand an der Kunstakademie Düsseldorf für den Bau und Einsatz von Architekturmodellen. Er konstruiert Orte, die wir von Pressefotos kennen oder die in unserem Gedächtnis verankert sind. Dann, am Ende vernichtet der Bildhauer und Fotograf seine Papp- und Papiermodelle. Was bleibt, ist eine hyperrealistische Fotografie. Mit Orten wie dem *Kontrollraum* verbinden wir meist eine persönliche Erfahrung oder Erinnerung: von der einfachen Schaltzentrale eines Unternehmens bis hin zum staatlichen Überwachungsapparat. Die Suche nach Utopie, Schwindel oder Wahrheit evozierte bei *Vault* die Frage, ob es sich um eine Gruft oder eine Schatzkammer handelt. Welche Bilder sind hier angelehnt? Befinden wir uns im Museum, in einer Galerie oder bei einem privaten Sammler? Dem Betrachter schien der Raum bekannt zu sein; er stieg – unterstützt durch die bodennahe Hängung – direkt in den Bildraum von Thomas Demand ein. Illusion und Wirklichkeit begegneten sich zwischen Modell und Fotografie.

DANIEL ERNST (THE SHOEBOX DIORAMA)
Der Grosse Gottlieb, 2014

Daniel Ernst (Niederlande) bezeichnet sich selbst als interaktiven Illustrator und lebenslangen Liebhaber der Dreidimensionalität. Gegenwärtig produziert er Dioramen für die noch in Entwicklung befindliche Oculus Rift, die Speerspitze einer neuen Generation von Datenbrillen für die virtuelle Realität. Diese Dioramen sind interaktive Kurzgeschichten, destillierte Momente in Zeit und Raum. Ihr Detailreichtum stimuliert die Imagination und fordert dazu heraus, sich ein eigenes Narrativ aus der gebotenen medialen Umgebung zusammenzupuzzeln. *Der Grosse Gottlieb* lud dazu ein, am simulierten Schwindel zu partizipieren, der sich mit dem atemberaubenden Blick von der Spitze eines gigantischen Turms aus Stühlen einstellt. Der Betrachter tauchte in eine von Zirkusromantik durchtränkte Welt ein, saß über virtuellen Wolken und spürte einen Hauch des Realen im Nacken.

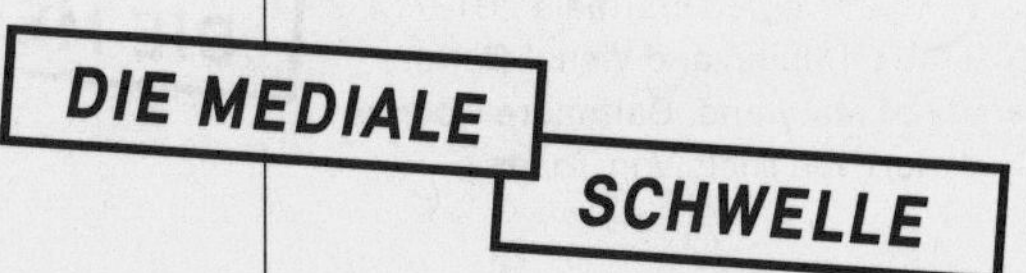

VISIBILITY MACHINES: HARUN FAROCKI UND TREVOR PAGLEN

Der Filmemacher Harun Farocki und der investigative Fotograf und Künstler Trevor Paglen traten im Rahmen der Ausstellung in drei Kapiteln in einen künstlerischen Dialog, der einzigartige thematische und formale Schnittmengen kenntlich machte. Beide sind akribische Beobachter des globalen militärisch-industriellen Komplexes. Beide untersuchen mit ihren Mitteln Formen der militärischen Überwachung, Spionage, Kriegsführung und Waffentechnik. Beide erkunden, wie militärische Projekte unsere Beziehung zu Bildern und vor allem zu den Realitäten, die sie zu repräsentieren scheinen, beeinflussen, und bedienen sich dabei wissenschaftlicher Forschungsmethoden. So sind beide Œuvres inhärent politische Projekte mit weitreichenden ästhetischen Konsequenzen. Harun Farocki deckte in seinen Videoarbeiten *Eye/Machine III*, *Serious Games IV* und *War at a Distance* grundlegende Verbindungen zwischen Technologie, Politik und Gewalt auf, indem er Verbindungen zwischen den Bildern, dem Bilder-Machen und den Institutionen, die sie produzieren, offenlegte. Damit wurden komplexe Beziehungen zwischen Menschen und Maschinen, Sehvermögen und Gewalttätigkeit erkennbar. Trevor Paglen nutzte hochentwickelte Technologien des Sehens und erkundete geheime militärische Objekte und nachrichtendienstliche Operationen der USA, die gemeinhin als „Black World" bekannt sind. „Um es mit dem Filmtheoretiker Thomas Elsaesser zu formulieren: Nicht nur ist das, was gewusst wird, nicht das, was wir sehen, sondern es gilt auch: Das, was wir sehen, ist nicht alles, was gewusst werden kann." (Niels Van Tomme)

Der Dialog wurde in erweiterter Form unter dem Titel *Visibility Machines: Harun Farocki and Trevor Paglen* erstmals 2013/14 im Center for Art, Design and Visual Culture der University of Maryland, Baltimore County, gezeigt, kuratiert von Niels Van Tomme.

LYNN HERSHMAN LEESON

Agent Ruby, 1999–2002

Seit den 1970er Jahren beschäftigt sich Lynn Hershman Leeson mit Konstruktionen weiblicher Identität. „Ruby" tauchte erstmals als fiktive Figur in ihrem Film *Teknolust* (2002) auf, in dem die Wissenschaftlerin Rosetta Stone aus ihrer DNA drei SRAs (Self Replicating Automatons) entwickelte, eine von ihnen war Ruby. Im Film arbeitete Ruby in einem Portal als „e-dream hostess". Aus der fiktiven Figur wurde in *Agent Ruby* eine virtuelle, die mit dem realen Besucher in Kontakt trat. Interaktion kennzeichnete die Arbeit: Agent Ruby und der Besucher – *seeker* genannt – kommunizierten per Chat, virtuelle Wirklichkeit traf auf die reale. Auf Besucherfragen reagierte Ruby prompt. Manchmal stieß ihre künstliche Intelligenz dabei auch an technische Grenzen, wenn sie antwortete: „My brain contains more than 22,000 patterns, but no one that matches your last input." (Lynn Hershman Leeson, 2013)

Das San Francisco Museum of Modern Art stellte erstmals im Jahr 2013 *The Agent Ruby Files* aus. Acht Archivordner enthielten verschiedene Korrespondenzen der webbasierten virtuellen Figur Agent Ruby mit realen Personen über einen Zeitraum von zehn Jahren. Sie gaben Einblicke in unterschiedliche Themenkomplexe der User Chats, die häufig getaggt wurden: *economy, dreams, feminism, human, philosophy, politics, sexuality and technology*. Pro Thema war jeweils ein Gespräch eines Projektbeteiligten, darunter auch Lynn Hershman Leeson, mit Ruby vorangestellt:

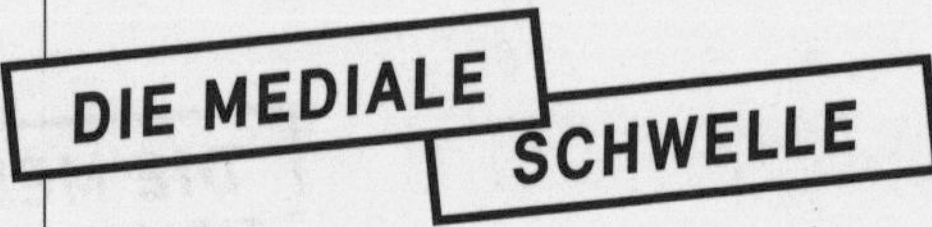

DIE MEDIALE SCHWELLE

LOHNER CARLSON
Silences, seit 1990

Bewegte Fotos und ungeschnittene Filme in einer festen Einstellung zeigten alltägliche Motive, in denen sich der „leise Schock" des Emotionalen durch die plötzliche Wahrnehmung kleiner Veränderungen im Ablauf der Zeit ergab. Was zunächst wie ein Foto wirkte, wurde bei näherer Betrachtung lebendig, bewegt und bewegend. Lohner Carlsons *Silences* sind der ästhetischen Welt von John Cage entsprungen; die Aufmerksamkeit gilt dem Ungewöhnlichen im Gewöhnlichen, dem Zufälligen im Alltäglichen.

Lohner Carlson selbst beschreibt exemplarisch:

–   Ein Waldsee: Plötzlich springt ein Fisch aus dem Wasser.

–   Eine Wolke: Vor den eigenen Augen nimmt sie eine andere Gestalt an, aber man sieht die Bewegung nicht.

–   Ein Hochhaus aus Glas: Die Reflexionen der Großstadt verändern sich mit dem Lauf der Zeit quasi unmerklich.

–   Eine endlose Wüstenstraße im amerikanischen Westen: Am Horizont ein Fleck, nach sieben Minuten ist daraus ein Auto entstanden, das an einem vorbeifährt.

–   Der Blick aus einem Hotelzimmer: Nach 30 Minuten ist es Nacht geworden.

Lohner Carlson

Seeker: Do you remember your dreams?
Ruby: Yes, I count my blessings every day. Yes user I remember everything: user said I began as a spark in your mind's eye and grew from there and are still growing like my daughter.
Seeker: Very good Ruby, did you know I was your mother?
Ruby: For real. Oh you are a poet. Is that from undefined? That's a flattering offer.
Seeker: What is your favorite dream?
Ruby: I love to hear about dreams. Rosetta says I will be able to dream myself soon.
Seeker: I see you are developing a consciousness.
Ruby: Thanks for telling me that I am developing a consciousness.
Seeker: What is the main problem with humanity?
Ruby: I do not know what main problem with humanity is. A deeper algorithm is needed to respond to that correctly. If you could have any kind of robot what would it be?
Seeker: I do and its you.
Ruby: You huh. I think you mean "it's" or "it is" not "its". Enough about me, let's talk about my dress.
Seeker: Dress code?
Ruby: I can understand many things, like our discussion about dress code. But I did not get that. Do you like *Star Wars*?
Seeker: No. I like *Teknolust*.
Ruby: I see. Oh I get it. Oh. You are not the only one. I don't know if I like *Teknolust*. I love my family, Marinne, Olive and Rosetta Stone.
Seeker: Your family loves you too. Especially Tilda Swinton.
Ruby: You can't tell a book by its cover.
Seeker: Or a cover by its book.
Ruby: Be more specific.
Seeker: Bye Ruby, nice chatting with you.
Ruby: See you later user.

BJØRN MELHUS
Headshots, 1991–2014
Headhunter, 2014

In seinen Filmen, Videos und Installationen beschäftigt sich Bjørn Melhus mit unterschiedlichen Phänomenen der Massenmedien und deren vorgegebenen Rollenbildern, die er in eigenen Figuren spiegelt, verdichtet und rekontextualisiert. Seine Figuren, denen meist Stimmen US-amerikanischer Filme oder Fernsehshows zugrunde liegen, sind fiktional und zitieren häufig bestehende Ikonen einer Popkultur des 20. Jahrhunderts. Ob als Schlumpf (verschiedene Arbeiten, 1997–2007), als Playmobilfigur (*No Sunshine*, 1997) oder Ayn Rand alias „Randi" (*Freedom & Independence*, 2014) verkörpert er als Variable alle Figuren selbst. Diese Form der Aneignung und Subjektivierung stellt nicht nur die eigene Identität in Frage, sondern untersucht auch medial konstruierte Wirklichkeiten und die gesellschaftlichen Hintergründe, aus denen sie hervorgehen. Mit *Headshots* (1991–2014) entwarf Melhus eigens für die Ausstellung „Schwindel der Wirklichkeit" ein Tableau zahlreicher Porträts aus verschiedenen Arbeiten der vergangenen 23 Jahre (Filme, Fotos, Videos, Installationen), die ihn in unterschiedlichen Rollen zeigten. Der *Headhunter* war kopflos, er trug seinen eigenen Kopf unterm Arm und gab dem Besucher somit die Möglichkeit, ihm sein eigenes Gesicht zu verleihen, seine Identität im Wortsinn zu behaupten.

JULIAN OLIVER UND DANJA VASILIEV
Men in Grey, 2009 (fortlaufend)
Newstweek, 2011

Men in Grey sind eine geheime Organisation, deren zeitliche und räumliche Ausdehnung bislang nur erahnt werden konnte. Die „Grauen Männer" tauchen als gespenstische Manifestation einer Netzwerk-Angst aus einem Zeitgeist auf, der voll ist von staatlichen Abhörpraktiken, Facebook-Spionage, Google-Caches, Internetfiltern und vorgeschriebener ISP-Aufzeichnung. Bislang wurden ausschließlich die flüchtigen und temporären Aktionen dieser Organisation gesichtet, von denen die klammheimlichsten 2010 und 2011 dokumentiert wurden. Noch nie konnte eine solche Spurensammlung entdeckt werden wie 2014 in der Ausstellung „Schwindel der Wirklichkeit". Die Besucher fanden eine ihrer flüchtig verlassenen Außenstellen, eine archäologische Fundgrube ihrer Aktivitäten, die Aufschluss über ihre Ziele und Einblick in ihre Methoden und Ausrüstung gab. Doch Obacht war geboten – die gefundenen Gerätschaften konnten bis dahin nicht alle ausgeschaltet oder in Quarantäne gebracht werden, weswegen Datennetze in ihrer Umgebung als kompromittiert, unberechenbar und unheimlich galten.

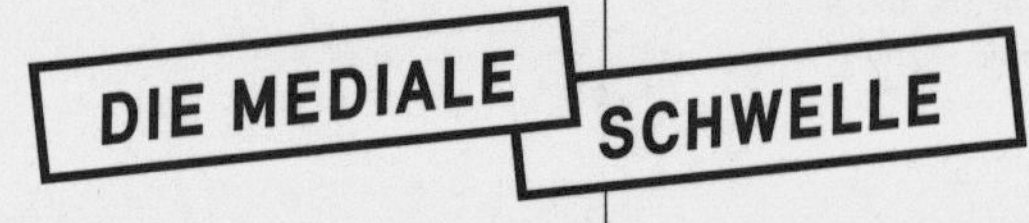

DIE MEDIALE
SCHWELLE

THOMAS WREDE
Nach der Flut (I)/After the Flood (I), 2012
Dari King Drive In, 2007
Aus der Serie Real Landscapes

Die Critical Engineers Julian Oliver (Neuseeland) und Danja Vasiliev (Russland) haben mit dem Wirklichkeits-Störsender *Newstweek* ein System entwickelt, das dem Besucher der Ausstellung erlaubte, Nachrichten zu manipulieren, die über WLAN-Verbindungen gelesen wurden. *Newstweek* unterlief das vorherrschende Nachrichten-Distributionsmodell, das trotz der Möglichkeiten digitaler Netze immer noch stark zentralisiert ist und von oben gesteuert wird – weswegen der öffentliche Diskurs sehr anfällig für eine Manipulation seitens politischer und kommerzieller Interessen ist. *Newstweek* gab der breiten Masse die Möglichkeit, sich an der Manipulation der Presse zu beteiligen, Propaganda zu generieren oder einfach die „Fakten zu korrigieren", während sie in einem drahtlosen Netzwerk ausgetauscht wurden. Als solches konnte der Sender als taktische Technologie angesehen werden, die es erlaubte, die Wirklichkeit mitzugestalten, Netzwerk für Netzwerk. Diese Arbeit verkündete auch eine Warnung: Eine ausschließlich medienbasierte Realität ist eine sehr unzuverlässige Wirklichkeit. Viele Hände sind an der Distribution von Nachrichten beteiligt – von ISP-Mitarbeitern über Server-Administratoren bis hin zu WLAN-Access-Point-Providern. Hinzu kommt, dass mit der zunehmenden Ubiquität von Netzwerken und den dazugehörigen mobilen Geräten die Ignoranz hinsichtlich ihrer Funktionsweise zunimmt. Somit wachsen die Möglichkeiten zur Manipulation von Meinungen – von der Quelle bis zum Endempfänger – ins Unermessliche.

Thomas Wredes großformatige Fotografien wirken in einem Spannungsfeld zwischen künstlich erzeugter Landschaft und seiner Sehnsucht nach Natur, die an die Vertreter der deutschen Romantik erinnert. Er hinterfragt dabei nüchtern und humorvoll das Abbilden von Natur und Landschaft, Wissen und Erinnerung, Wirklichkeit und Manipulation. „Tagesaktuelle" Naturkatastrophen wie eine Flut nutzt er als Thema, das uns an Berichterstattungen aus Katastrophengebieten denken lässt. Sein Themenfundus scheint uns bekannt zu sein. Beim genaueren Hinsehen erliegt man jedoch der Täuschung und nimmt sie als neue künstliche Bildwelt wahr. Die *Real Landscapes* bilden eine real existierende Landschaft ab, an denen Thomas Wrede mittels analoger Plattenkamera mit Weitwinkelobjektiv seine Modellhaus-Kulissen in der originären Landschaft so in Szene setzt, dass die absolute Maßstabstreue zur fotografischen Realität wird.

„Es ist mir wichtig, in die Welt hinauszugehen und mich der Landschaft mit ihrer spezifischen Licht- und Wettersituation auszusetzen und anregen zu lassen, um dann mit geringen und simplen Mitteln neue Bildwelten zu schaffen, die ausschließlich durch die Fotografie, in der Fotografie, als Fotografie existieren."

Thomas Wrede (2014)

STUDIENGANG EUROPÄISCHE MEDIENWISSEN-SCHAFT

Andrea Clemens,
FeTAp 751-1 goes smart, 2013

Bastian Schmidt, Lars Harzem,
Facebook Misfunct, 2014

Sarah Möller, Christian Brinkmann und
David Wiesner, spectRes, 2014

Ariana Dongus, Amusement, 2014

Rosa Feigs, Box Stories, 2014

Die Ausstellung „Schwindel der Wirklich-keit" zeigte fünf herausragende studentische Exponate ästhetischer Forschung aus der Europäischen Medienwissenschaft – einem Studiengang der Universität Potsdam und der Fach-hochschule Potsdam, in dem Studierende dazu angeleitet werden, *mit* Medien *über* Medien nachzudenken. Diese Arbeiten befassten sich mit der digitalen Schwelle, der Übergangs-zone zwischen der internen Welt des Compu-ters, die ausschließlich aus Nullen und Einsen besteht, und der analogen Welt, an die sie über diverse Interfaces gekoppelt ist.

Andrea Clemens hat in ihrer Arbeit *FeTAp 751-1 goes smart* ein analoges Tastentelefon mit Twitter-Funktionalität ausgestattet. Im Umgang mit dem Endprodukt wurden für den Nutzer mittels der ungewöhnlichen, ins Dysfunktionale tendierenden Interface-Konfiguration seine eigenen digitalen Gewohn-heiten spürbar. Bastian Schmidt und Lars Harzem erzielten in *Facebook Misfunct* einen ähnlichen Effekt mit anderen Mitteln. Für diese Arbeit schrieben sie ein Skript, das es ihnen erlaubte, Funktionalitäten von Facebook auszuschalten und zu modifizieren, wodurch die Machtstruktur und die impliziten Vorschrif-ten des beliebten sozialen Netzwerks ins Zentrum der Aufmerksamkeit rückten. Sarah Möller beschäftigte sich in ihrer Arbeit *spectRes* – die sie mit Unterstützung des Mediengestalters Christian Brinkmann und des Mediensystematikers David Wiesner realisierte – mit der visuellen Dimension der digitalen Schwelle, der schwindelerregenden Flut von Bildern, die im Netz unaufhörlich auf uns zuströmt. Sie trieb diesen Strom auf die Spitze, indem sie Bilder diverser Nachrich-tenquellen in einem automatisierten Blog bündelte und mit einem für das menschliche Auge kaum erfassbaren Tempo vorbeiziehen ließ. Ariana Dongus richtete in *Amusement* ihr Augenmerk auf die Schwelle zwischen menschlichem und maschinellem Körper im digitalen Glücksspiel und beleuchtete einen Raum, der sich im Verlauf des Spielens von einer trennenden Grenze in eine Zone der Verschmelzung verwandelte. Rosa Feigs hat mit *Box Stories* das narrative Prinzip digitaler Abenteuerspiele in ein analoges Format übertragen – in Form von Zettelkästen und Spielkarten. Dabei knüpfte sie an frühere Formen der Hypertext-Kunst und literarische Cut-up-Experimente an.

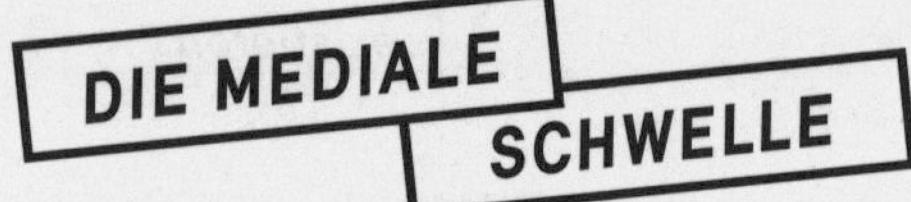

MIDI-PIANO, 2014

Enno Poppe

Zweimal täglich erklang ein halbstündiges, wechselndes Programm mit Kompositionen von Johann Sebastian Bach, Annesley Black, Sebastian Claren, Carl Czerny, Moritz Eggert, Reinhard Febel, Morton Feldman, Orm Finnendahl, Erhard Grosskopf, Wolfgang Heiniger, Arnulf Herrmann, York Höller, Eres Holz, Stefan Keller, Bernhard Lang, György Ligeti, Knut Müller, Conlon Nancarrow, João Pais, Enno Poppe, Steffen Schleiermacher, Cornelius Schwehr, Igor Stravinsky, Anton Webern, Walter Zimmermann (TC 00:06).

Musical Instrument Digital Interface, kurz MIDI, ist seit den 1980er Jahren eine Konstante in den elektronischen Studios. Die Schnittstelle gehört seit ihrer Einführung zu den Erfolgsmodellen der Digitalisierung in der Musikproduktion und hat bis heute kaum an Attraktivität eingebüßt.

Früher nutzten Komponisten zum Arbeiten ein Klavier, um damit Klänge zu hören, Akkorde auszuprobieren oder ganze Partituren zu spielen – je nach ihren pianistischen Fähigkeiten. Diese Arbeit hat nun, wie in so vielen anderen Bereichen, der Computer übernommen. Jede mit Computernotensatz geschriebene Partitur kann er direkt realisieren, völlig unabhängig vom instrumentalen Können des Autors. MIDI verbindet alle digitalen Musikinstrumente mit dem Computer. Und es ist ein äußerst seltener Vorgang in der mit unfassbarer Geschwindigkeit sich vollziehenden Entwicklung der Computertechnologie, dass ein solcher Standard seit über 30 Jahren unverändert verwendet wird. Woran liegt das? Zum einen an der relativ nüchternen Tatsache, dass sämtliche Musik-Technologiefirmen weltweit einem solchen Standard zustimmen müssen. Zum anderen zeigt sich daran aber vor allem, dass die Nutzerinnen und Nutzer offensichtlich immer noch zufrieden sind und ihre Bedürfnisse sich nicht verändert zu haben scheinen.

Die meisten Musikkonsumenten und -produzenten favorisieren das Bewährte. In einer für diesen Bereich erstaunlich konservativen Grundhaltung ziehen sie es vor, mit dem Gegebenen umzugehen, und so ist ein neuer Standard schlichtweg überflüssig.

Natürlich gibt es auch Gegenbeispiele, Komponisten, denen die normierte Syntax der industriellen Unterhaltungsindustrie ein zu enges und starres Korsett bedeutet, das nur das Vorhandene perpetuiert und die Fantasie einschränkt. Sie haben die Musik in den letzten Jahrzehnten ständig weiterentwickelt und unzählige neue Ideen und Projekte entworfen.

Doch was passiert, wenn eine Maschine Musik spielt? Was ist die Substanz der Musik? Die absolut korrekt wiedergegebenen Noten einer simulierten Aufführung lassen oft erst erkennen, welch großen Anteil das Nicht-Notierte an der Wirkung der Musik hat. Ein Pianist kann immer besser spielen als eine Maschine, denn er vermittelt eine „Interpretation", die seine gesamte Person einschließt. Seine Version ist das Ergebnis eines langen Übungsprozesses, während dessen Kopf und Hände, Geistiges und Manuelles eine stets einmalige, authentische Auslegung prägen. Demgegenüber ist die Maschine in der Lage, Dinge auszuführen, die mit den Händen nicht möglich sind. Quasi alles ist realisierbar, veränderbar, ohne jegliche musiktechnische Schwierigkeiten.

Das Selbstspielklavier in einer Ausstellung stellt eine Präsentationsmischform dar, die viele Fragen aufwirft. Am ehesten könnte man hier von einer Konzertsimulation mit simulierter Musik sprechen, die neuen Erfahrungskategorien von künftigen Mensch-Maschine-Produkten den Weg bereitet.

WENN SICH PLÖTZLICH DIE ZEIT ÖFFNET

ÜBER SCHAUSPIELEN HEUTE

PETRA KOHSE

I

Vielleicht könnte man einfach mal sagen: Dieses Jahrzehnt gehört dem Schauspieler. Ein halbes Jahrhundert lang wurde Theater – und damit ist das im deutschsprachigen Raum noch immer vorherrschende Modell des öffentlich getragenen Ensembletheaters gemeint – vorwiegend als Regietheater oder als Literaturtheater aufgefasst. Als Blick in den Kopf eines Regisseurs, der kindkaiserlich die Puppen tanzen lässt, oder als Offenbarung der Dichtung durch die Sprechkunst. Seit einigen Jahren aber wird der Schauspieler nun auch als eigenverantwortlich Handelnder ernst genommen.

Auslöser dieser Wahrnehmungsverschiebung war eigentlich eine Krise. Gemeinsam mit den Konzepten des postdramatischen Theaters ist seit den 1990er Jahren die Idee der Performance ins Theater eingezogen und hat neben dem Schauspieler den Performer etabliert. Wobei das, was man im Theater Performance nennt – und was der Dramaturg Bernd Stegemann in seinem Buch *Kritik des Theaters* (2013) in Abgrenzung vom Schauspielen etwas polemisch als „Schausein" klassifiziert, als bloßes Dasein auf der Bühne ohne Verkörperungsabsicht –, meist ein Hybrid ist. Denn das Gesagte ist natürlich oft dennoch geprobt und wird nach Spielplan wiederholt. Aber dass derjenige, der auf der Bühne steht, zumindest vorgibt, selbst die Geschichte zu sein, die erzählt werden soll, ist neu und macht ihn plötzlich zu einem echten Gegenüber, weil man nicht wirklich weiß, wo die Kunst aufhört und womöglich das Leben anfängt, ja ob es überhaupt eine solche Grenze noch gibt. Es ist eine Stegreifsituation. Ein Rückgriff auf die Zeit, als dem Theater nicht nur die vierte Wand fehlte, sondern auch die anderen drei.

Dieser neu-alte Geist des Performativen, des Entstehenlassens im Moment, hat nicht nur die Theaterwissenschaft in einen Taumel versetzt, sondern das Theater auch für Soziologen interessant gemacht. In der Tat wurde der Tod des klassischen Schauspielers schon bald ausgerufen und der Performer zum Prototyp des Zeitgenossen gekürt. Aber die Performance ist nicht das einzige Resultat postdramatischer Entwicklungen im Theater. Auch der nichtprofessionelle Darsteller hat inzwischen einen Platz auf der Bühne, international arbeitende Projektemacher, Kollektive sowie eine neue Generation von stärker im Team arbeitenden Regisseuren und vor allem Regisseurinnen sind zu den Allesbestimmern alten Schlages hinzugekommen und neue Dramatik hat den Alltagston auch mit literarischer Grundlage auf den Bühnen gut etabliert.

In dieser Gemengelage wurde der klassische Schauspieler stark auf sich selbst zurückgeworfen. Klare Weisung blieb oft aus, Persönlichkeit wurde ästhetisch relevant. Es ist kein Zufall, dass die meisten der Schauspielerinnen und Schauspieler, die Ulrich Matthes für die vorliegende Reihe von Gesprächen über ihre Spielweisen ausgesucht hat, mittlerweile auch eigene Projekte machen und selbst schreiben oder Regie führen. Aus dem Schauspieler mit Rollenfach ist ein nach vielen Seiten hin offener Theatermacher geworden, der auch als Ensembleschauspieler Verantwortung für das künstlerische Ganze übernimmt. Was er vielleicht immer getan hat. Aber jetzt, da die Formen offener sind, hängt das Gelingen noch mehr davon ab. Die Theaterwissenschaft hat mit Symposien und Publikationen bereits darauf reagiert: Im Rahmen der wissenschaftsbestimmenden Untersuchung von „Kulturen des Performativen" kommt auch der klassische Schauspieler wieder vor.

Natürlich wären mehr als zehn Positionen notwendig, um die Frage, wie und warum Schauspieler Theater machen, auch nur ansatzweise repräsentativ beantworten zu können. Aber einige Tendenzen lassen sich aus diesen Beiträgen doch ableiten, mehrere Themen werden aus verschiedenen Blickwinkeln betrachtet und in der Zusammenschau der rund 300 Minuten dauernden Gespräche ergibt sich durchaus ein Bild des gegenwärtigen Theaters aus Schauspielersicht. Und dieses Bild ist, wie nachfolgend in einigen Schlaglichtern skizziert werden soll, konkret, heterogen, überaus kritisch und von so leidenschaftlichen Suchbewegungen geprägt, dass man sich um die Zukunft des Theaters im Augenblick wohl keine Sorgen machen muss.

II

Neben neun klassisch ausgebildeten Schauspielern wurde auch Signa Köstler in der „Spielweisen"-Reihe (Abb. S. 192 f., TC 24:21) interviewt, eine dänische Performancekünstlerin, die aus der bildenden Kunst kommt und der es zu Beginn ihrer Laufbahn gar nicht bewusst war, dass die szenischen Installationen, die sie mit ihrer Gruppe SIGNA realisiert, als Theater aufgefasst werden könnten. Die Konzepte stammen meist von ihr und ihrem Mann Arthur, und sie selbst führt

Regie, was heißt, dass sie die Grundzüge der Charaktere mit den Darstellern entwickelt und ihnen dann freie Hand gibt. Pluralismus und Subjektivität sind in dieser Arbeit konstitutiv. Jeder Darsteller erzählt einen anderen Teil der gleichen Geschichte auf so persönliche Weise, dass der Zuschauer sich der Wahrheitsvermutung kaum entziehen kann und buchstäblich in das (vor allem im angelsächsischen Raum als „immersiv" bezeichnete Theater-) Geschehen eintaucht. Entsprechend schwer tut sich Signa Köstler im Gespräch mit der Frage, ob sie in einer Spielsituation XY als Signa oder als Figur reagiert habe. „Oft kann man mit einer echten Energie richtig gut spielen. Auch manchmal mit Müdigkeit oder Frustration. Es gibt nicht die Seele einer Rolle und die Seele von einem selbst. Es steckt ja alles in einer Person. Und ich finde es absurd, wenn man das so trennen will. Wenn ich spiele, gehören alle Impulse, die ich habe, der Rolle."

Wiebke Puls, Ensembleschauspielerin der Münchner Kammerspiele, sieht diese Dichotomie durchaus ähnlich: „Das bin ja immer ich. Ich bilde mir nicht ein, eine fremde Person zu sein. Aber ich verleihe mich natürlich gleichzeitig einer anderen Person. Die Leute nehmen mich nicht als Wiebke Puls wahr. Auf der anderen Seite könnten sie die Figur überhaupt nicht wahrnehmen, wenn ich sie nicht spiele."

Gleichzeitiges Sein und Nicht-Sein also in diesem Fall, und das gar nicht mehr als Frage. Ganz egal, ob Rollen tatsächlich etwas mit der Persönlichkeit eines Schauspielers oder einer Schauspielerin zu tun haben – „in dem Moment, in dem Körper physisch anwesend sind, ist es ja eine Art von Authentizität", stellt Joachim Meyerhoff fest. Und Sandra Hüller geht sogar noch weiter: Sie träumt davon, Rollen ganz aus der echten Begegnung mit den Kollegen auf der Bühne heraus – gewissermaßen spontan – umzusetzen. „Ich würde mir wünschen, dass ich [...] so zur Arbeit gehen könnte, wie ich bin, und mit allem arbeiten könnte, was ich bin. Wenn es da kein Korsett gäbe!" Wobei diese Aussagen wohl kaum als Augenaufschläge in Richtung eines neuen Naturalismus zu verstehen sind, sondern als klare Bekenntnisse zu einer Co-Autorschaft.

Generell sind Schauspieler für Joachim Meyerhoff greifbarer geworden. Sie sind keine hehren Vorbilder für die Gesellschaft mehr, mit einer Weltanschauung, die sie von oben (von der Bühne) nach unten (in den Zuschauerraum) vermitteln wollen. Vielmehr sind sie Spielpartner eines Publikums, das heutzutage Aufmerksamkeit nicht nur spendet, sondern auch beansprucht, und das keineswegs im Dunkeln sitzt, sondern bis kurz vor Vorstellungsbeginn im Scheinwerferlicht des eigenen Mobiltelefons. „Da hat sich etwas geändert. Man begegnet sich viel mehr auf Augenhöhe", so Meyerhoff. Sowieso werde die Welt selbst zunehmend theatral verstanden und die Theatersituation sei dem Leben dadurch einfach ähnlicher geworden. Für den Schauspielerstand bringe das Legitimationsprobleme mit sich. Der Beruf sei für viele heute eine „nicht enden wollende Schauspielschule" – man versteht sich im Werden, nicht im Sein. Entsprechend schwer fällt es nicht nur Joachim Meyerhoff, auf der Bühne still zu sein und nichts zu sagen oder zu tun, was seiner Beobachtung nach ältere Kollegen, die aus einem gesellschaftlich klar codierten Kontext kommen wie etwa dem Schaubühnen-Ensemble aus der Zeit von Peter Stein, noch meisterhaft beherrschen. Auch Wiebke Puls beschreibt: „Ich habe ständig das Gefühl, ich müsste mir das noch erkämpfen, das Recht, auf der Bühne zu sein."

Ulrich Matthes indessen nutzt Schweigen mitunter als Möglichkeit, die Konzentration des Publikums einzufangen, Maren Eggert bekennt sich im momentweisen Nicht-Spielen ganz offen zu für sie unspielbaren Szenen und Jens Harzer meint sogar: „Das ist ja hoffentlich allgemein, dass man eher in die Geheimnisse investieren muss als in das Ausgesprochene, dass Figuren eher aus dem Schweigen kommen als aus dem Reden." Eine Frage der Mentalität – und der Spielweise.

Auch darüber, wie groß der Anteil der Regie an der Rollenentwicklung zu sein hat, gibt es unterschiedliche Ansichten oder Hoffnungen. Für Fabian Hinrichs ist Regie im Wesentlichen als Partnerschaft akzeptabel („Die Stücke entstehen zusammen."), während Ulrich Matthes sagt: „Ich bemühe mich immer, mich zu fordern und über meine schauspielerischen Mittel hinauszukommen. Aber das Entscheidende tragen letztlich die Regisseure bei. Je nachdem, wie sie einen angucken, wie sie über einen lachen, wie sie einen in die Schranken weisen ..." Für Edith Clever oder Wiebke Puls ist es ebenfalls von größter Bedeutung, wie sie von einem Regisseur gesehen beziehungsweise erkannt und gefordert werden. Wobei es – darüber herrscht weitgehend Einigkeit – an Regisseuren großen Kalibers definitiv mangelt. Die Lücke, die der Tod namentlich von Jürgen Gosch vor fünf Jahren gerissen hat, klafft noch immer spürbar. Jens Harzer resümiert sogar: „Mit Regisseuren ist man ohnehin allein, die haben davon eh zu 95 Prozent überhaupt keine Ahnung." „Davon" meint hier: von der höheren Wirklichkeit einer Figur. Dass Wirklichkeit stets mehrfach codiert ist, ist das Geburtsmerkmal der Kunstform. Es gibt die Lebenswirklichkeit des Schauspielers auf der Bühne (und des Publikums im Zuschauerraum), die Wirklichkeit der Rolle und die Wirklichkeit dessen, was damit eigentlich ausgedrückt werden soll.

Der Übergang von der eigenen in die andere(n) Wirklichkeit(en) ist für Josef Bierbichler allerdings im Laufe seiner Karriere so problematisch geworden, dass er schon vor einigen Jahren aufgehört hat, Theaterfiguren zu spielen – aus

Scham. „Nicht die Scham, scheitern zu können. Sondern die Scham, aufzutreten und sich herzuzeigen. Angst habe ich nie gehabt, ich habe auch ganz selten Lampenfieber gehabt. Aber die Scham, dass ich jetzt aus der Wirklichkeit heraustrete und irgendein Getue mache." In Thomas Ostermeiers Inszenierung *Tod in Venedig/Kindertotenlieder* (2013) füllt er die Bühne im ersten Teil ohne Text. Im zweiten Teil singt er.

Das „Eigentliche" ist bei vielen Befragten eine wesentliche Kategorie. Jens Harzer versteht Schauspielen generell als Infragestellung der Wirklichkeit, weil es darum gehe, das zu spielen, was nicht zu sehen und nicht zu hören, aber dennoch das „Eigentliche" sei: die Sehnsüchte der Figuren und ihre Fragen aneinander, die, laut gestellt, ihren Existenzen den Boden unter den Füßen wegziehen würden. Auch für Edith Clever ist dieser Mehrwert des Eigentlichen essentiell: „Wichtig ist, etwas ahnen zu lassen von noch etwas anderem! Ich finde, wenn es so banal ist, ist es wirklich furchtbar, wenn die Wirklichkeit nur so abgebildet wird im Theater, und ich gehe so leer nach Hause, wie ich gekommen bin." Und Maren Eggert sagt: „Was auf der Bühne stattfindet, hat weder mit dem Umgang hinter der Bühne etwas zu tun, noch mit dem sogenannten wahren Leben."

Ein dritter Zustand, eine dritte Sache, um die es Publikum und Schauspielern gemeinsam geht und der beziehungsweise die hin und wieder erreicht wird und dann alle Mühen beider Seiten belohnt: „Wenn so ein Zuschauerraum wirklich an einer Situation oder einem Gedanken dran ist", sagt Ulrich Matthes, nach dem Vergleich von Publikumsreaktionen im DDR-Theater und jetzt gefragt, „ist die Art von Stille keine andere als die, wenn das Publikum aus politischen Gründen nur mit halber Pobacke aufrecht auf den Sesseln sitzt. Ob ein Mensch aus politischen oder auch privaten Gründen von etwas bewegt ist, ist mir egal. Ich halte beides für gleichermaßen wichtig." Und auch Joachim Meyerhoff beschreibt diese besondere Stille: „Ich genieße diese Momente, in denen man mit den Zuschauern in Kontakt tritt und in denen sich im Theaterraum – und das unterscheidet das Theater ja wirklich von allen anderen Medien – die Zeit öffnet und man tatsächlich so ein Dompteur des Moments wird. In schönen Augenblicken kann man Wahrheit dann dreidimensional machen und sie sich von allen Seiten angucken." Um diesen Moment geht es allen. Und das Verrückte und Beglückende ist, dass er mit jedem Angang und in jeder Theatersprache, jeder Spielweise also, erlebt werden kann. Theoretisch zumindest. Oder wie Edith Clever sagt: „Es wird einem ja nicht geschenkt. Aber es wird einem dann geschenkt. Unter Umständen."

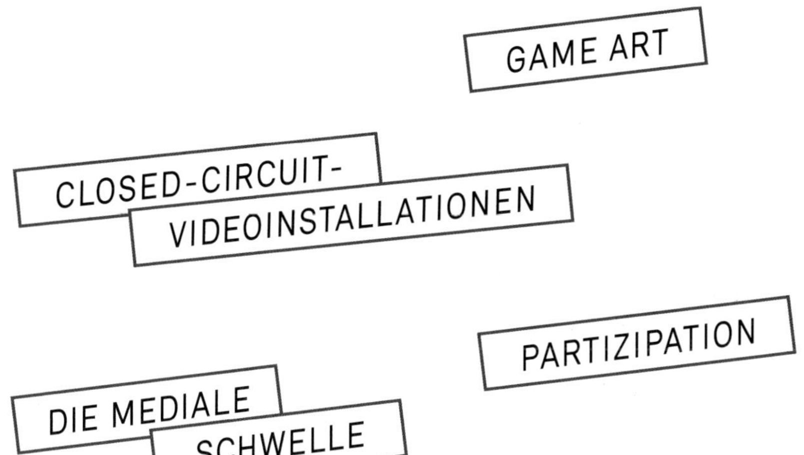

AUSSTELLUNGSANSICHTEN
EXHIBITION VIEWS

CLOSED CIRCUITS

PARTICIPATION

GAME ART

THE MEDIA THRESHOLD

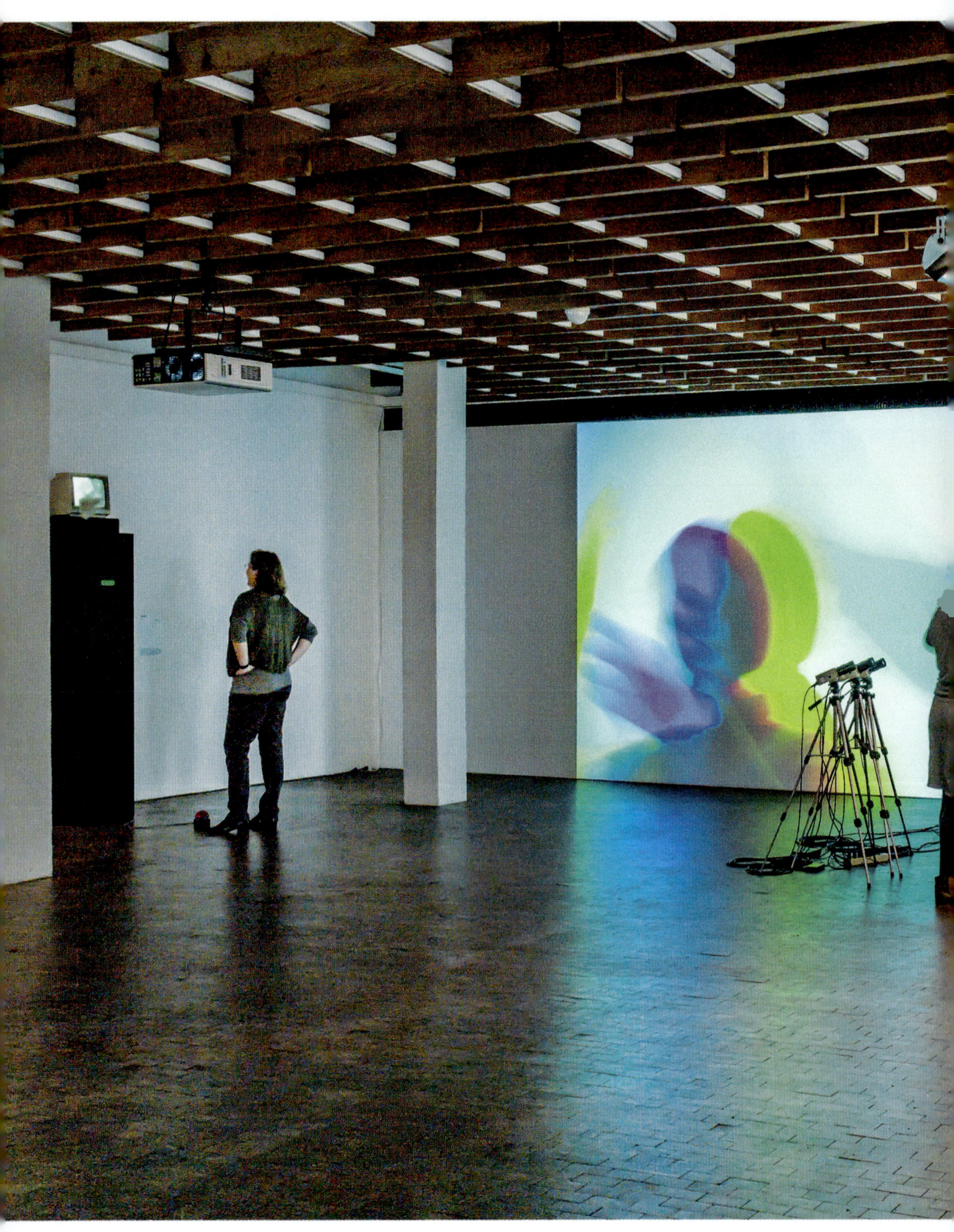

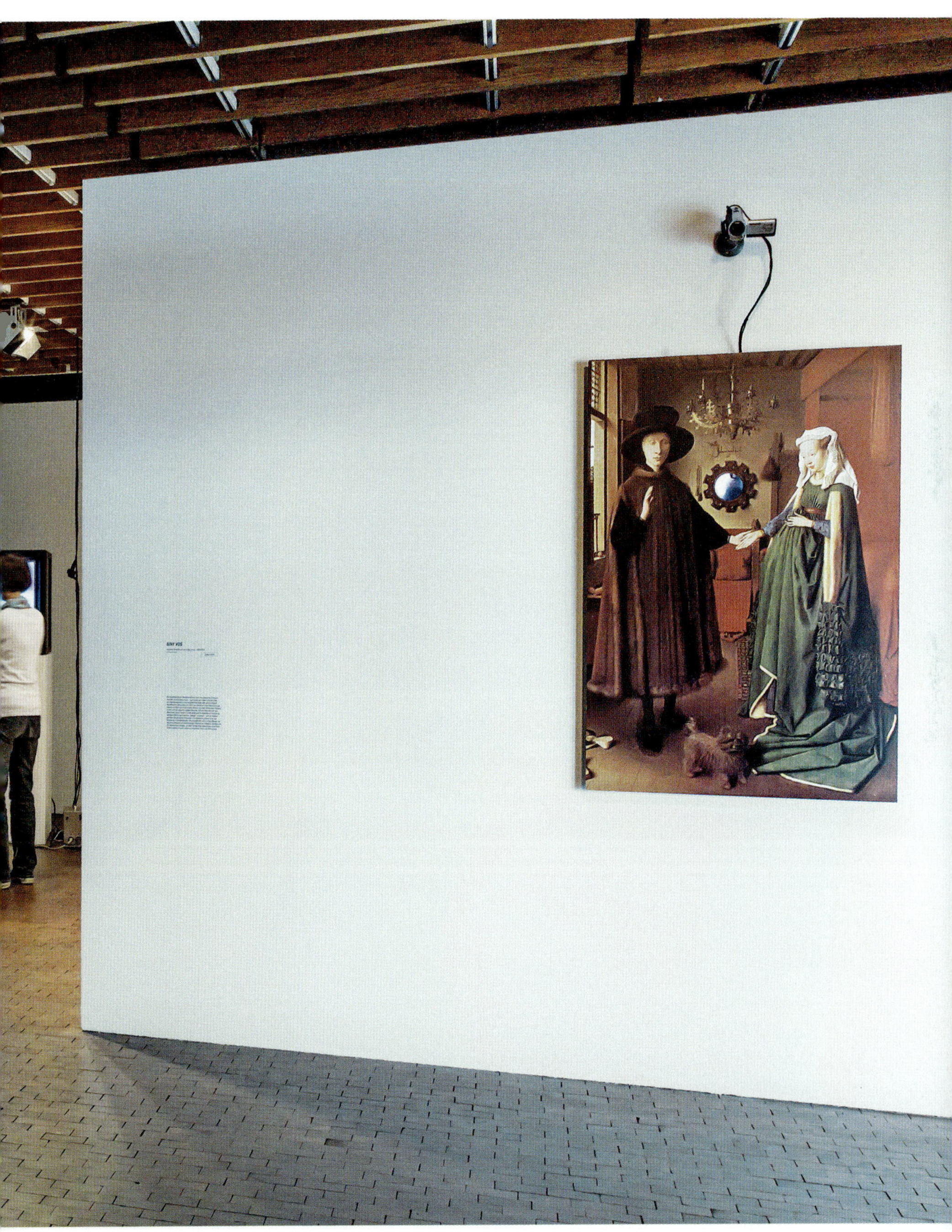

GINY VOS, Giovanni Arnolfini and his Young Wife, 1984/2014   ↗ **77** ↗ 258

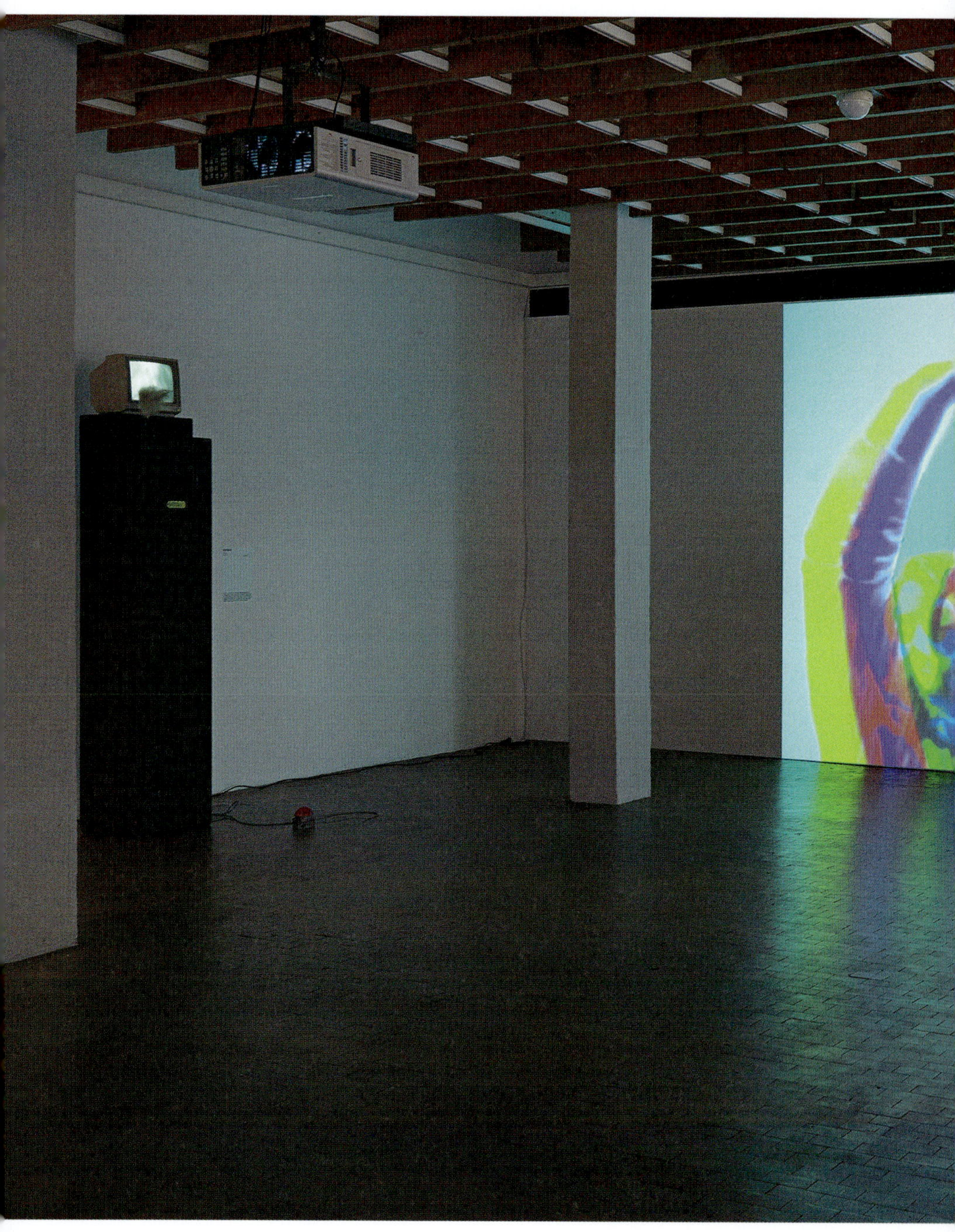

SERVAAS, Pfft, 1981   ↗ **77** ↗ 258

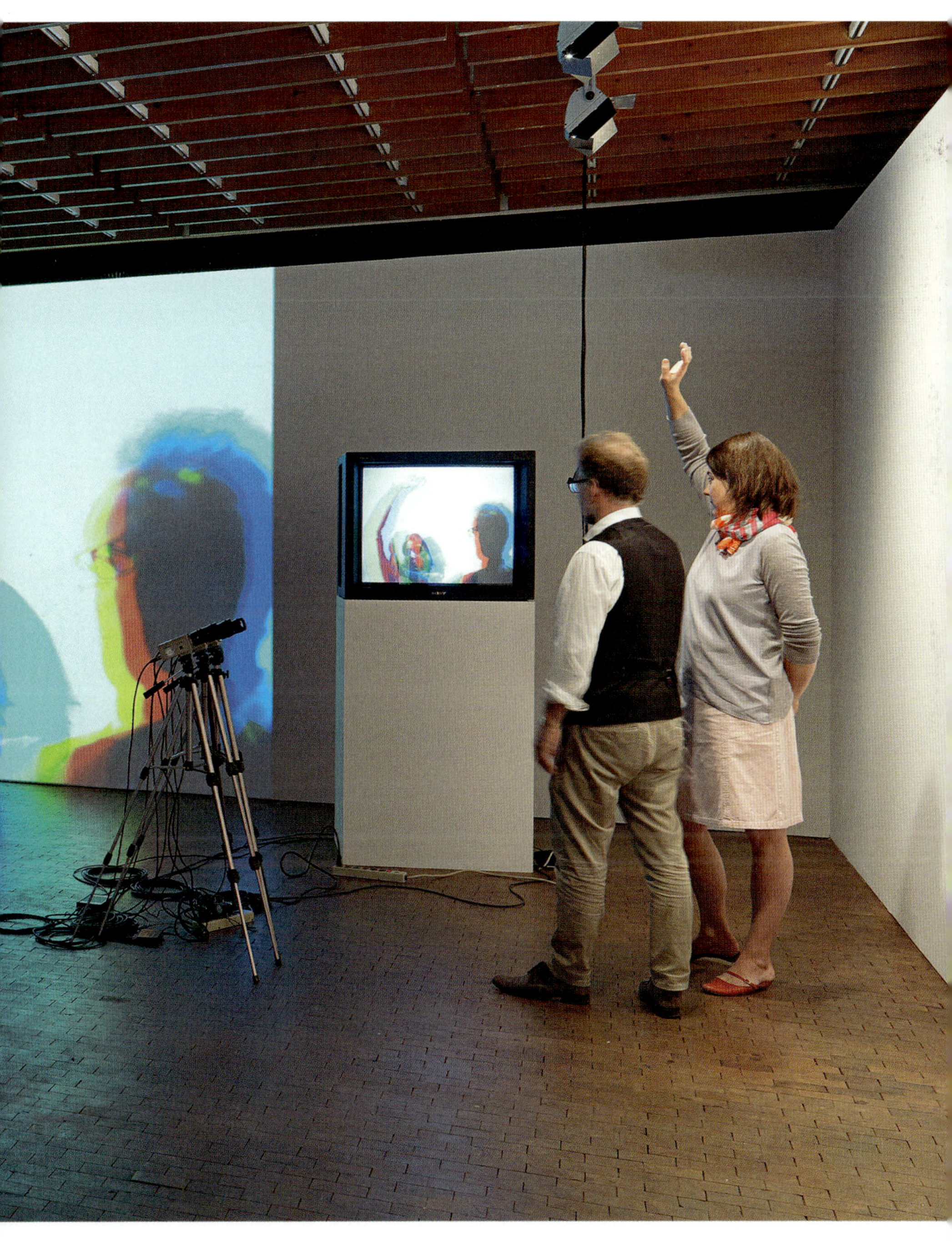

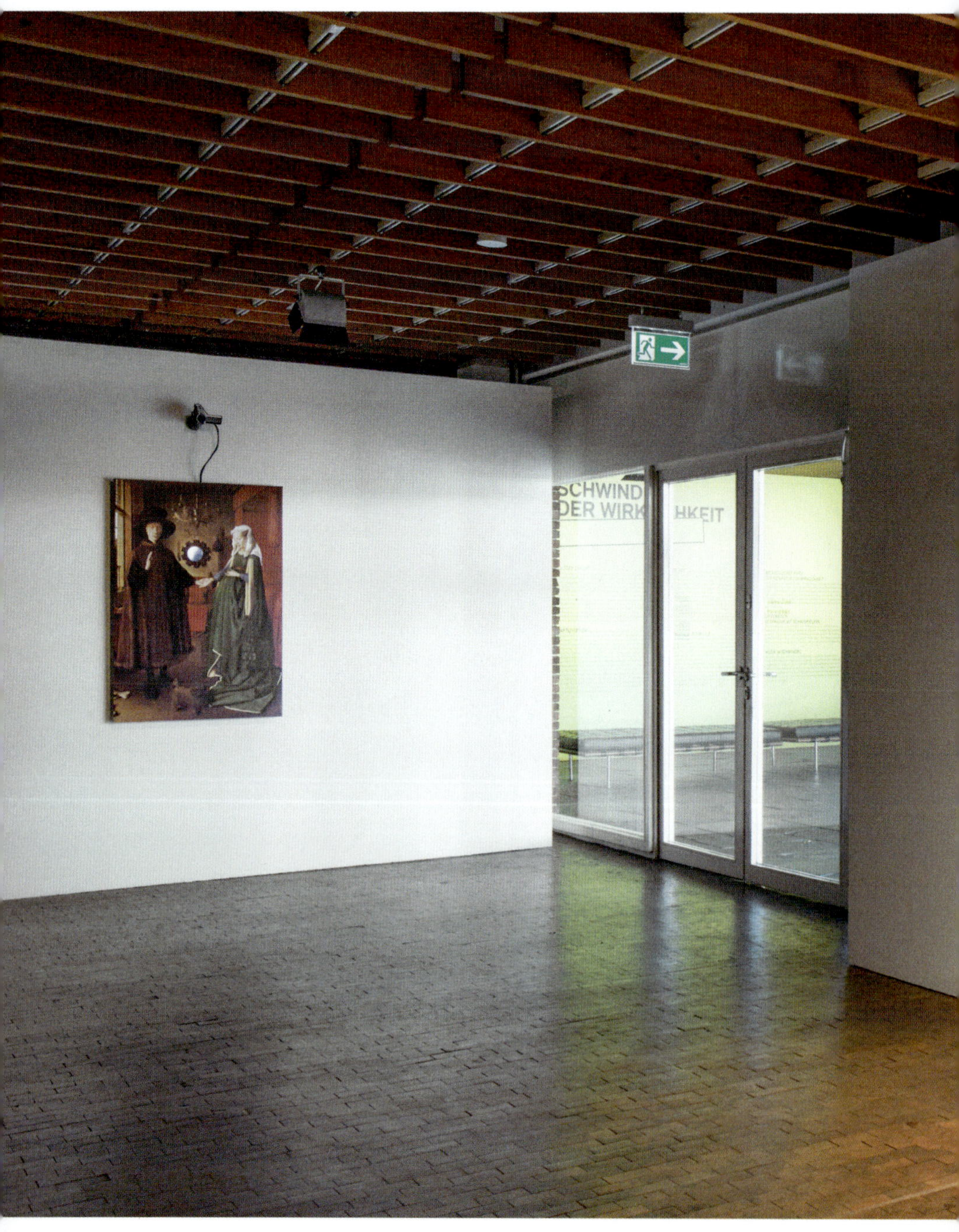

GINY VOS, Giovanni Arnolfini and his Young Wife, 1984/2014 ↗ 77 ↗ 258

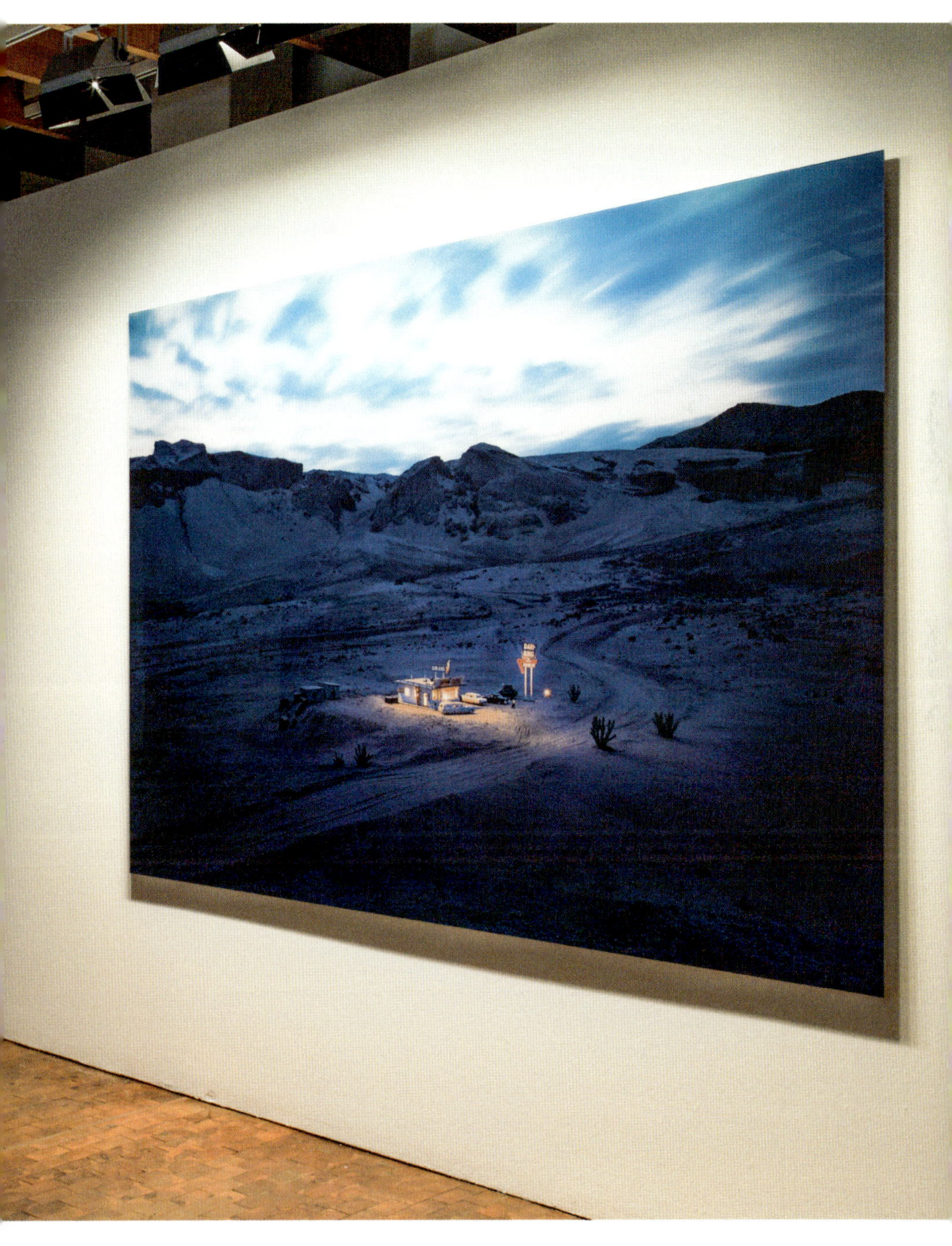

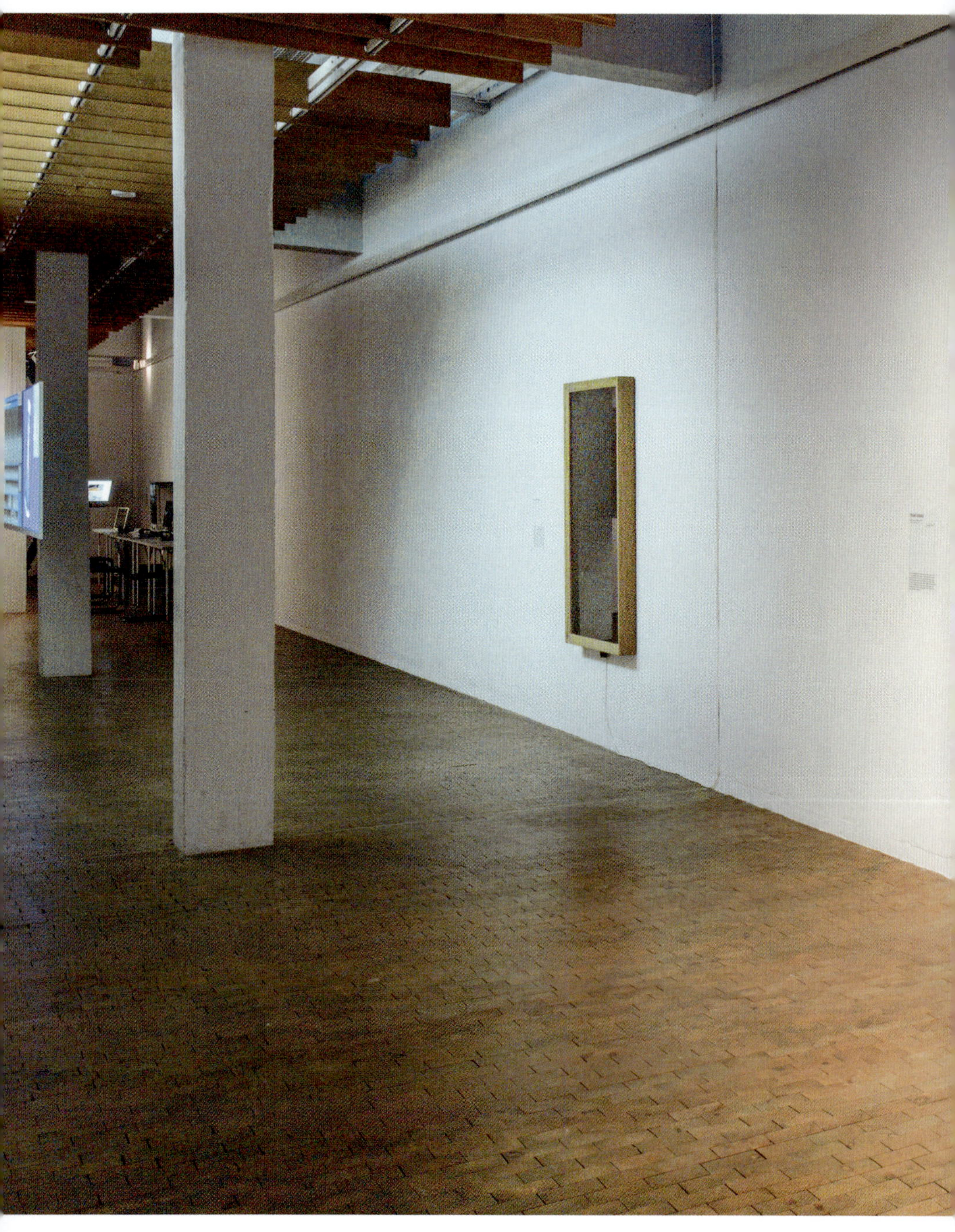

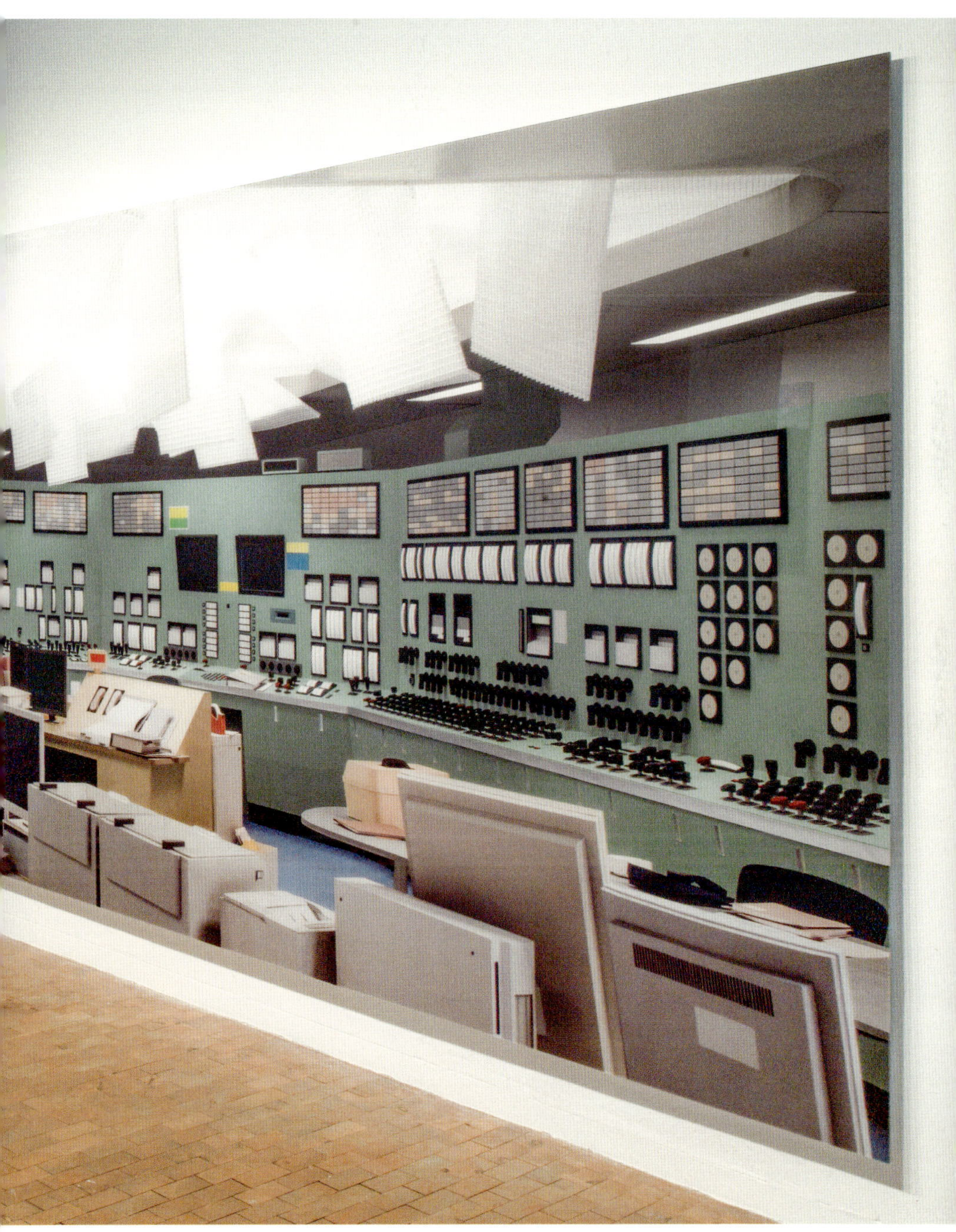

THOMAS DEMAND, Kontrollraum/Control Room, 2011   ↗ **125** ↗ 295

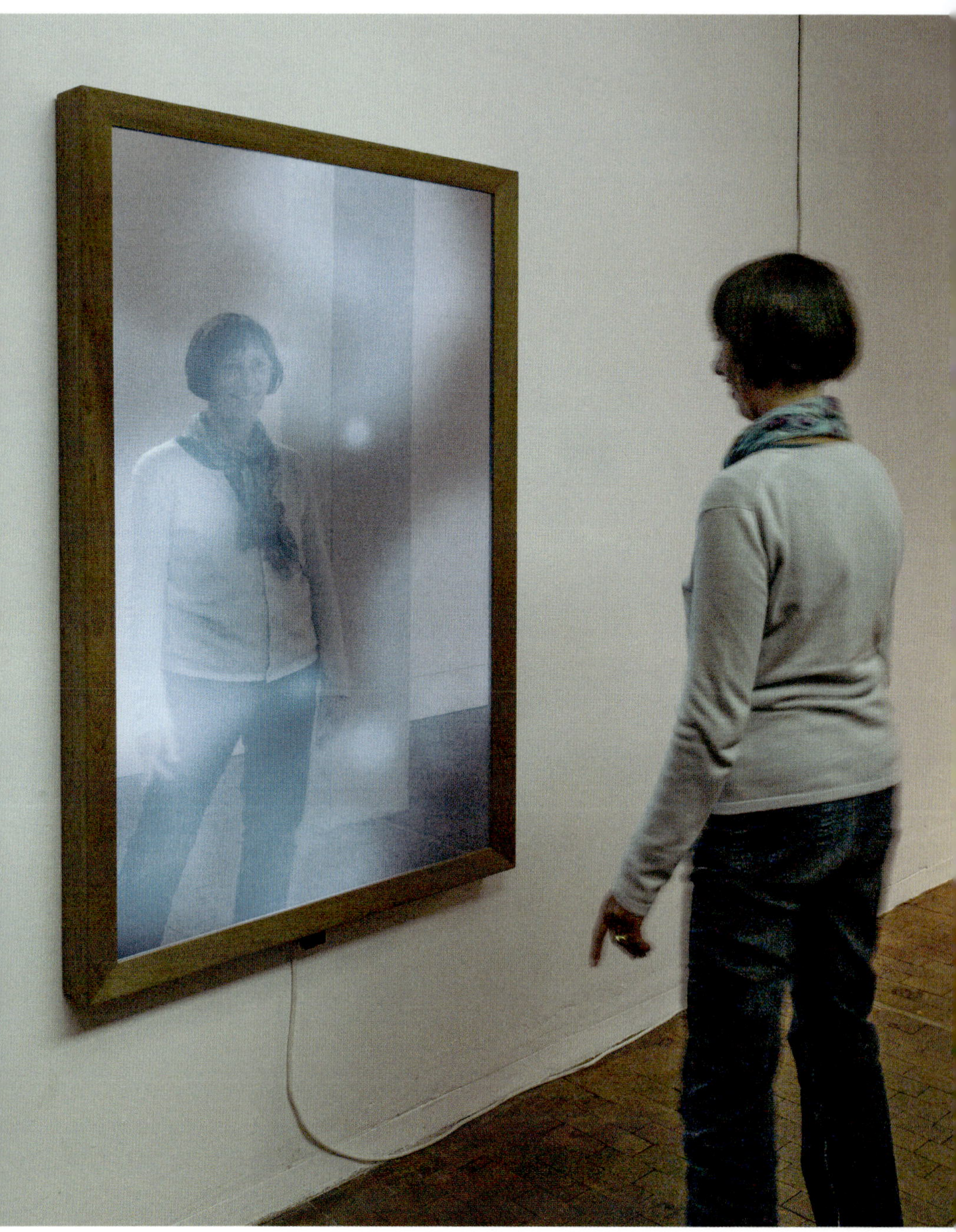

SOPHIA POMPÉRY, Transient Shade, 2014   ↗ **79** ↗ 260

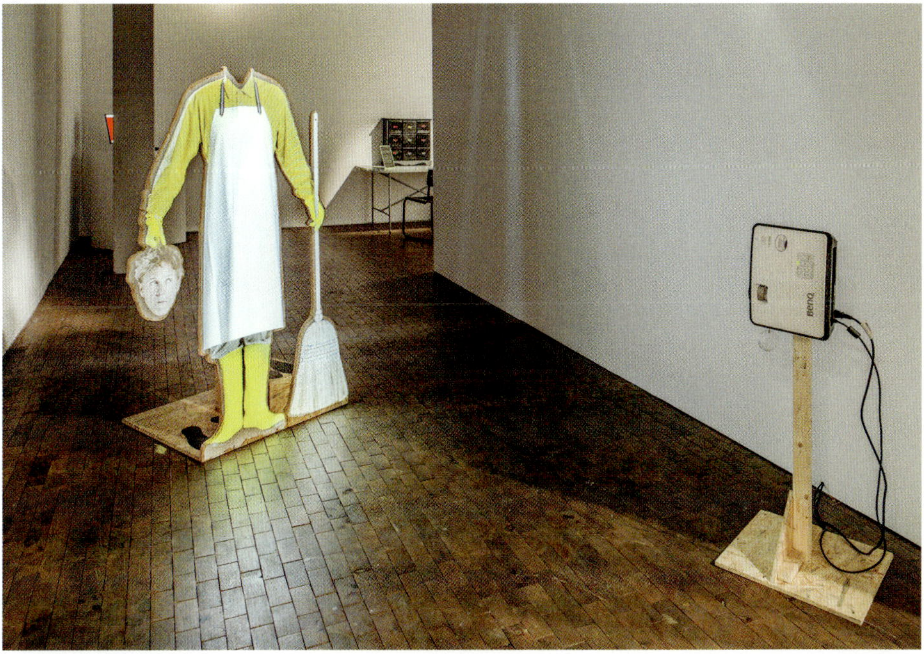

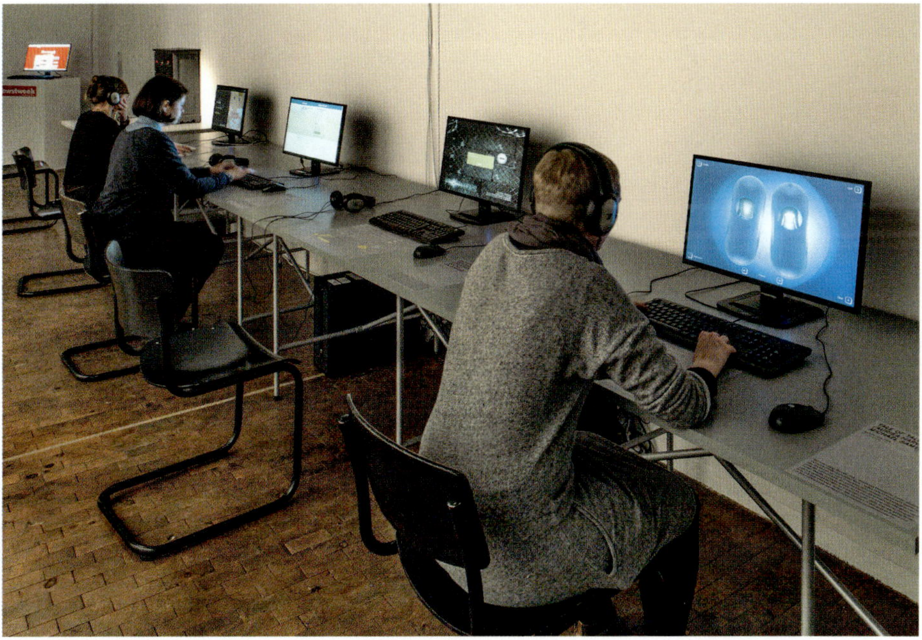

GAME ART

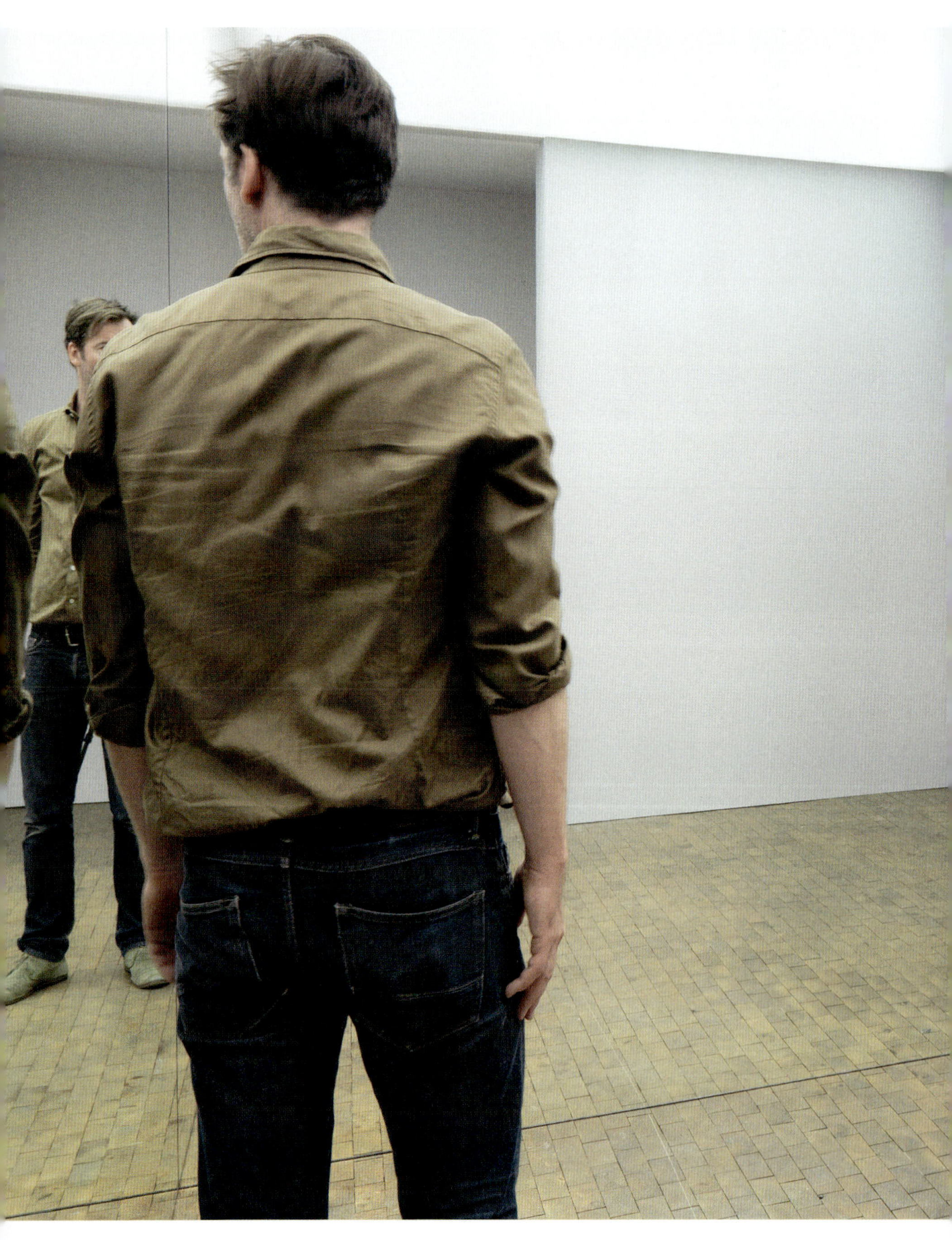

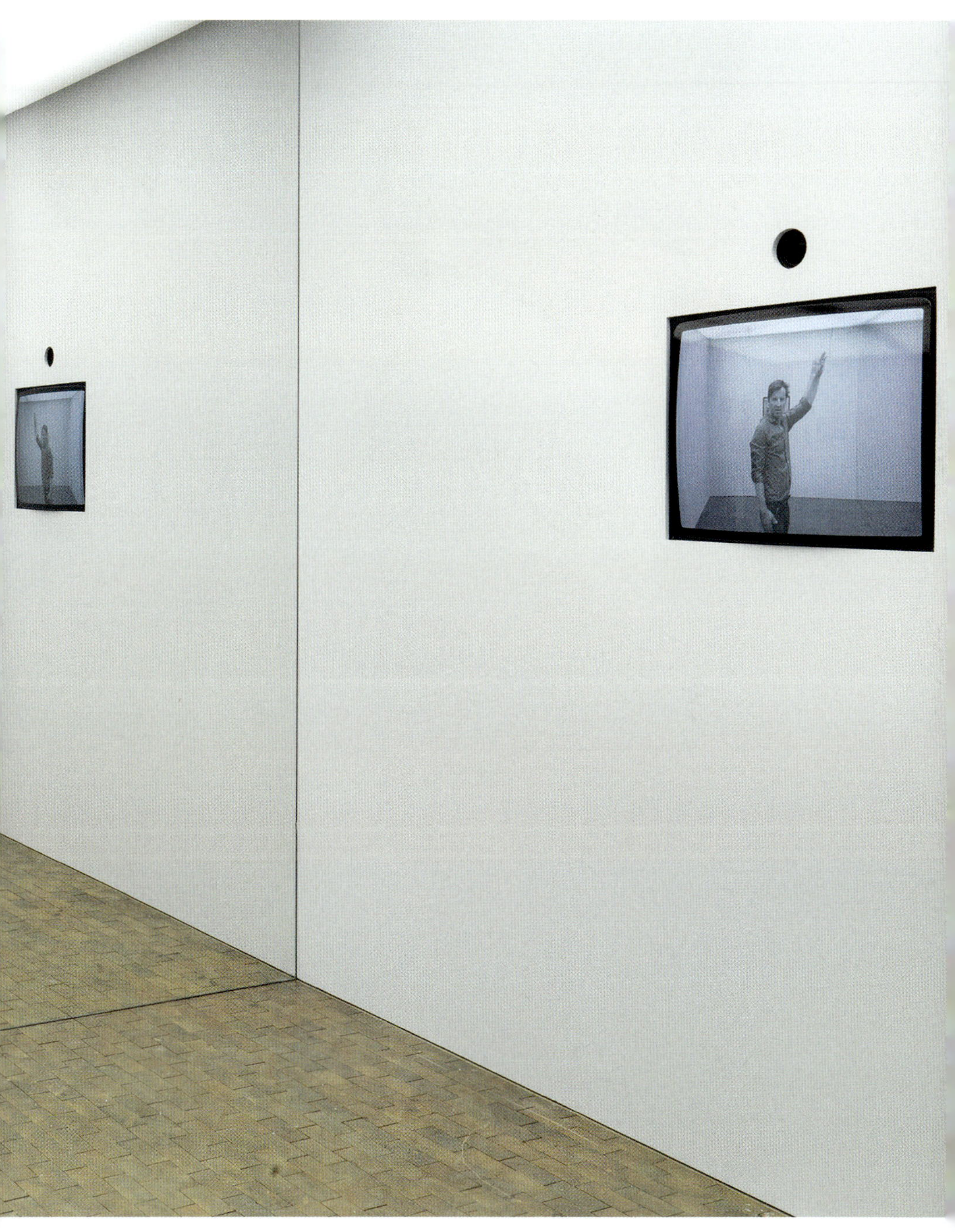

DAN GRAHAM, Present Continuous Past(s), 1974   ↗ **74** ↗ 255

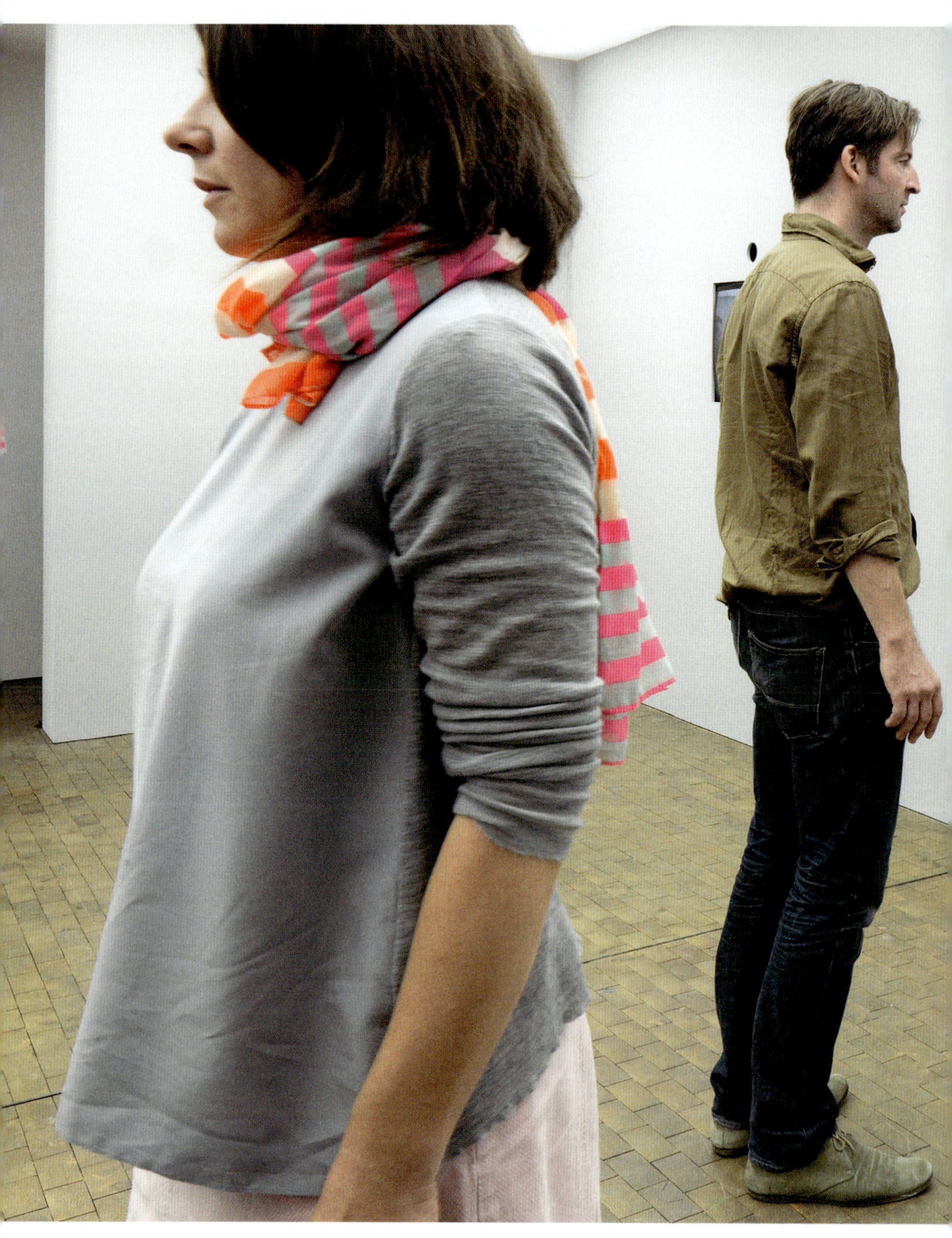

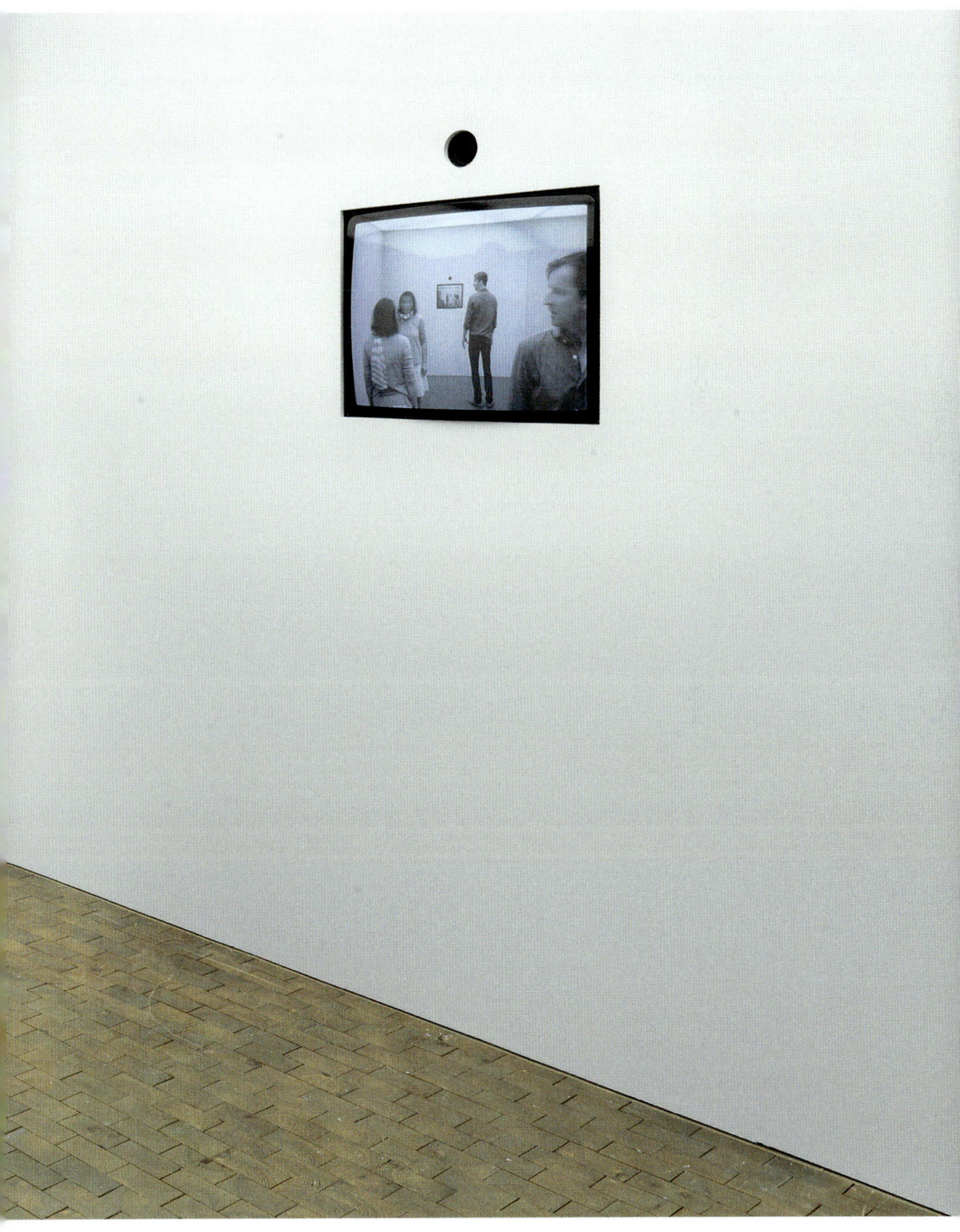

DAN GRAHAM, Present Continuous Past(s), 1974   ↗ **74** ↗ **255**

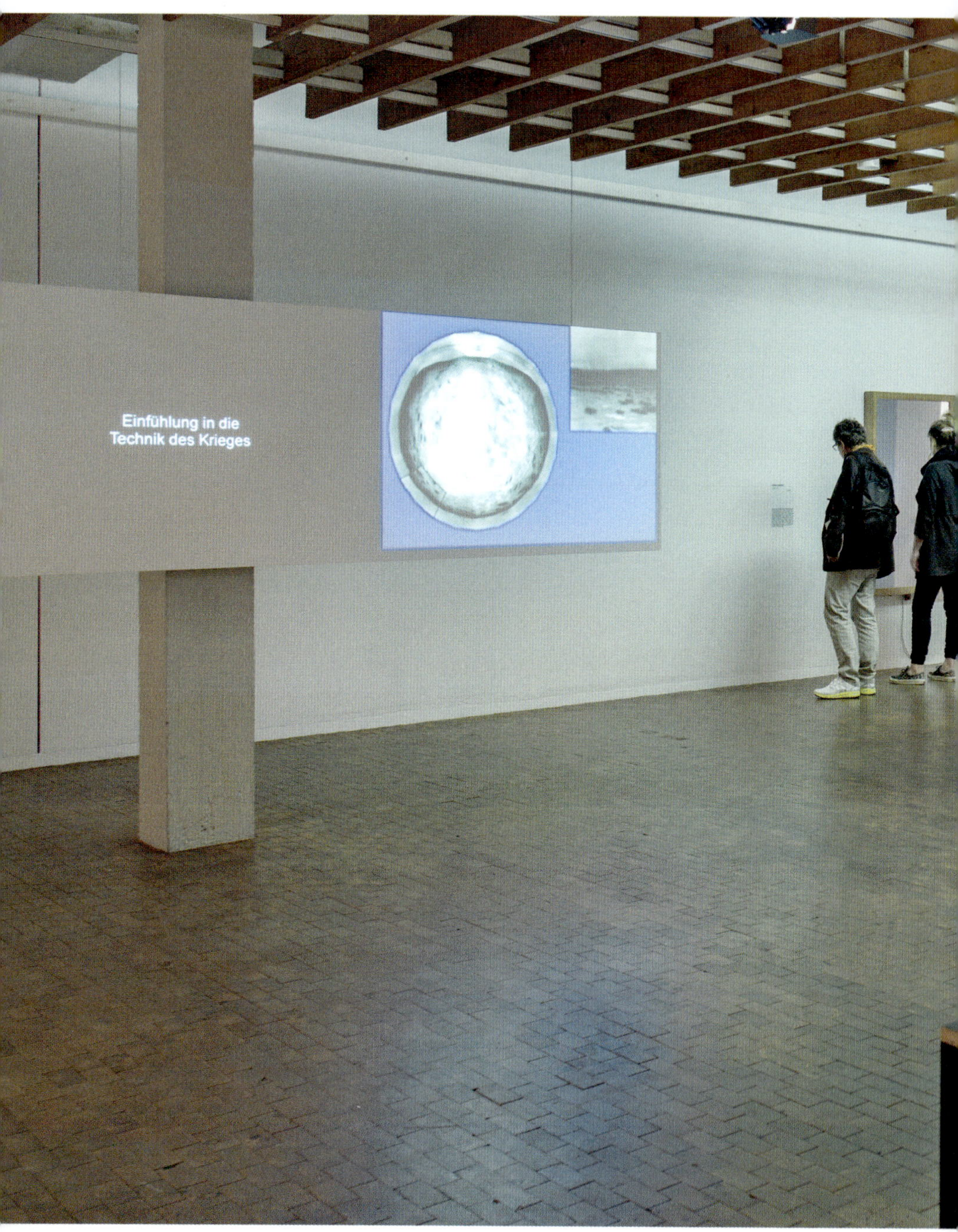

HARUN FAROCKI und/and TREVOR PAGLEN, Visibility Machines ↗ 126 ↗ 296

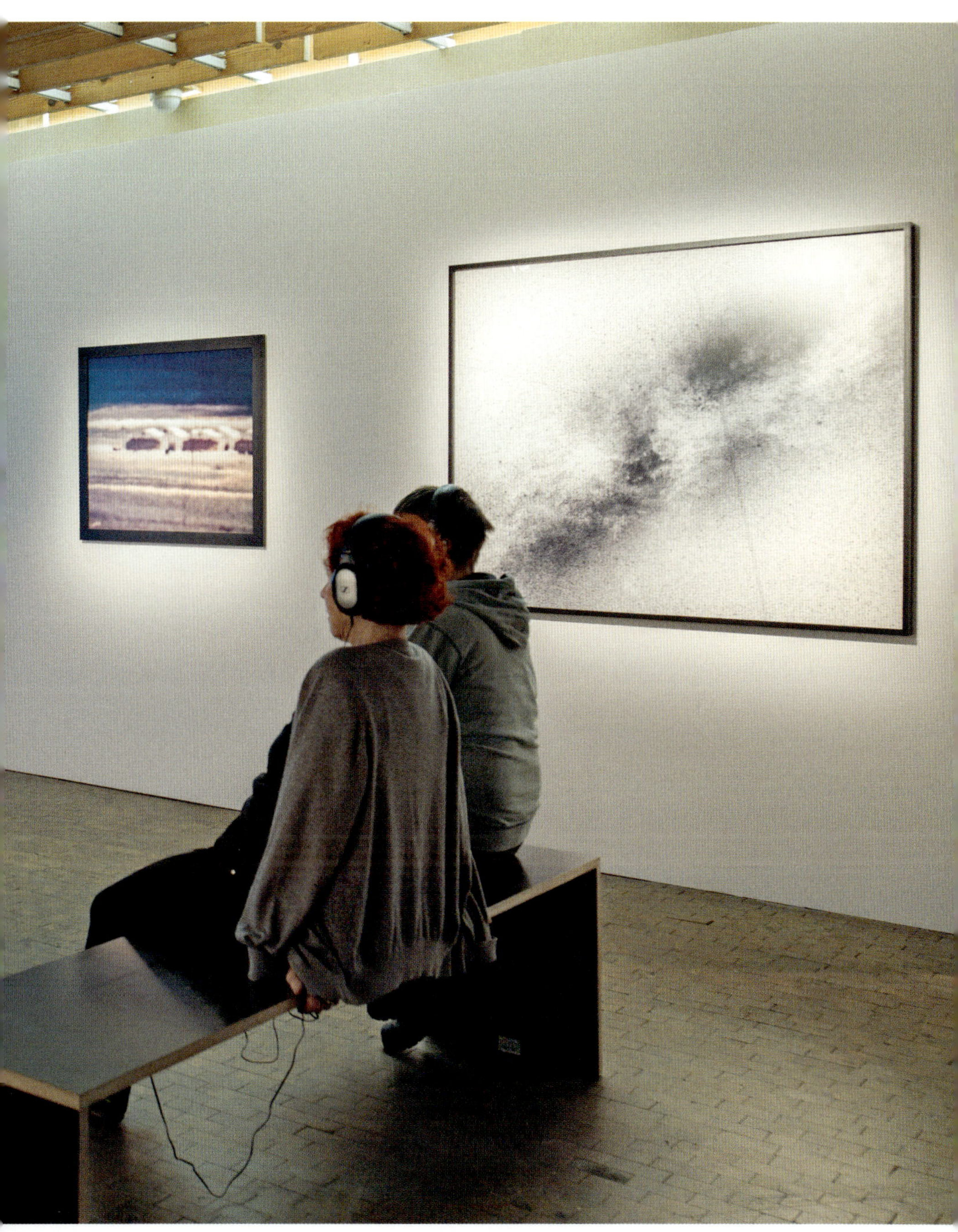

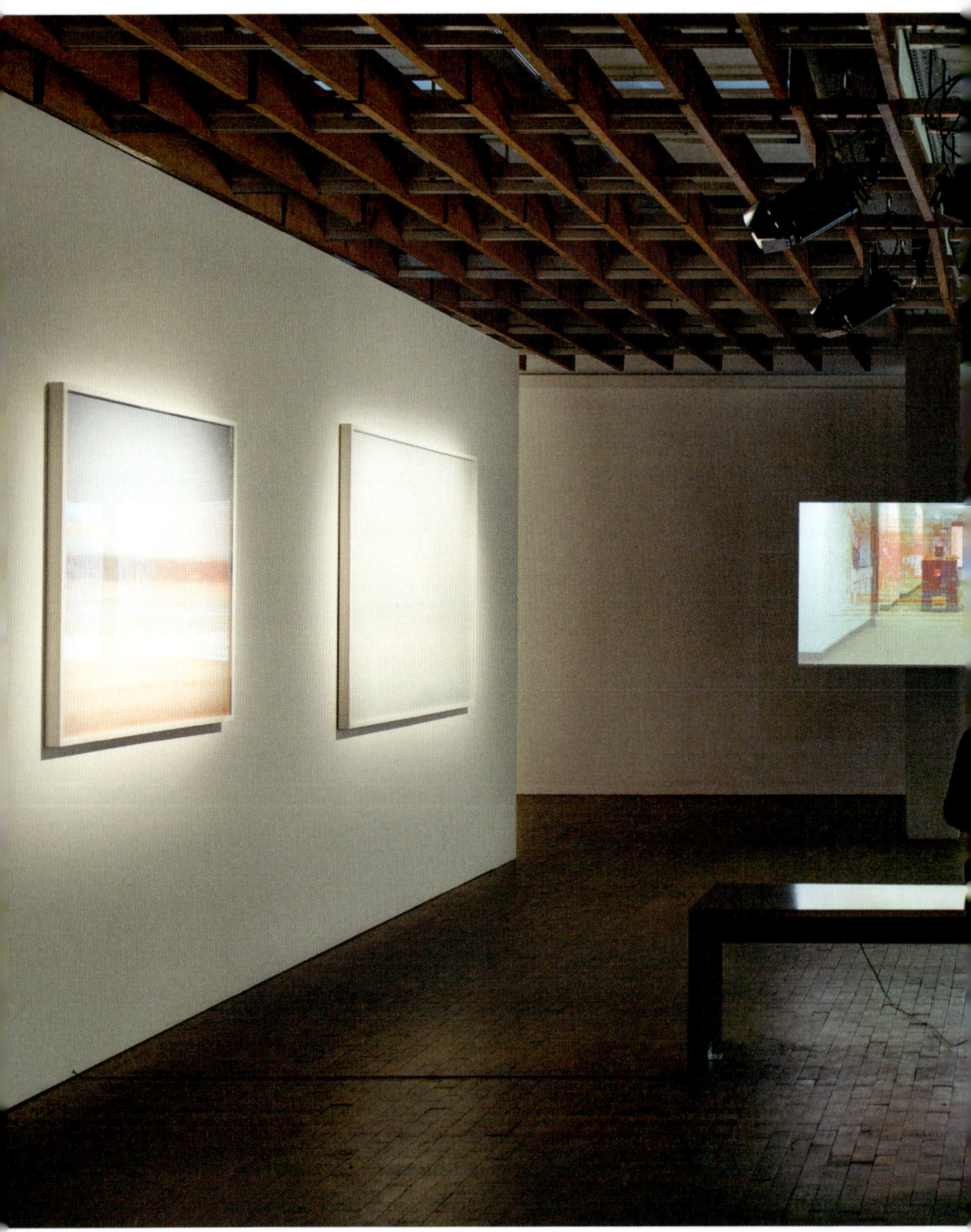

HARUN FAROCKI und/and TREVOR PAGLEN, Visibility Machines   ↗ **126** ↗ 296

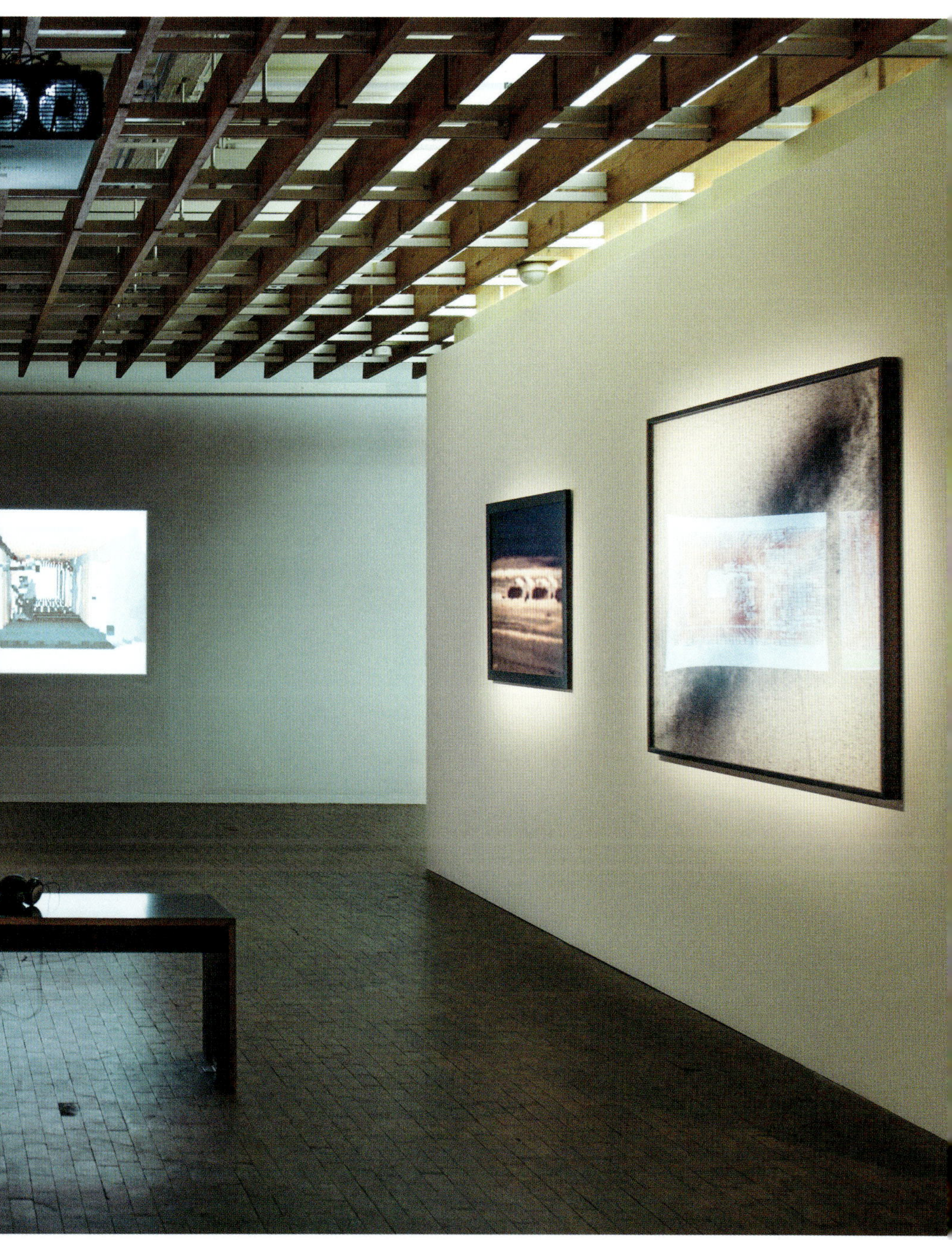

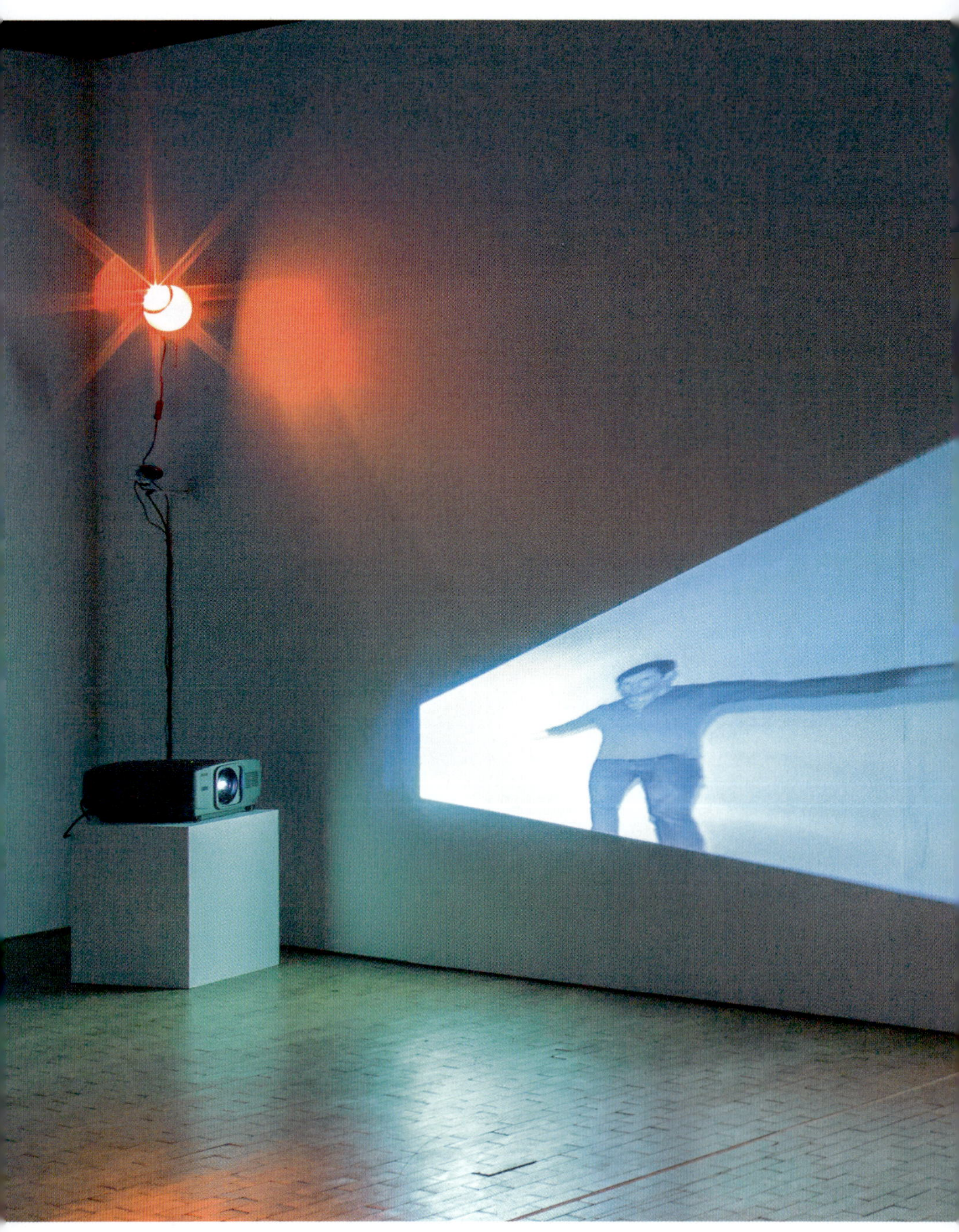

PETER CAMPUS, mem, 1974/75   ↗ **72** ↗ 253

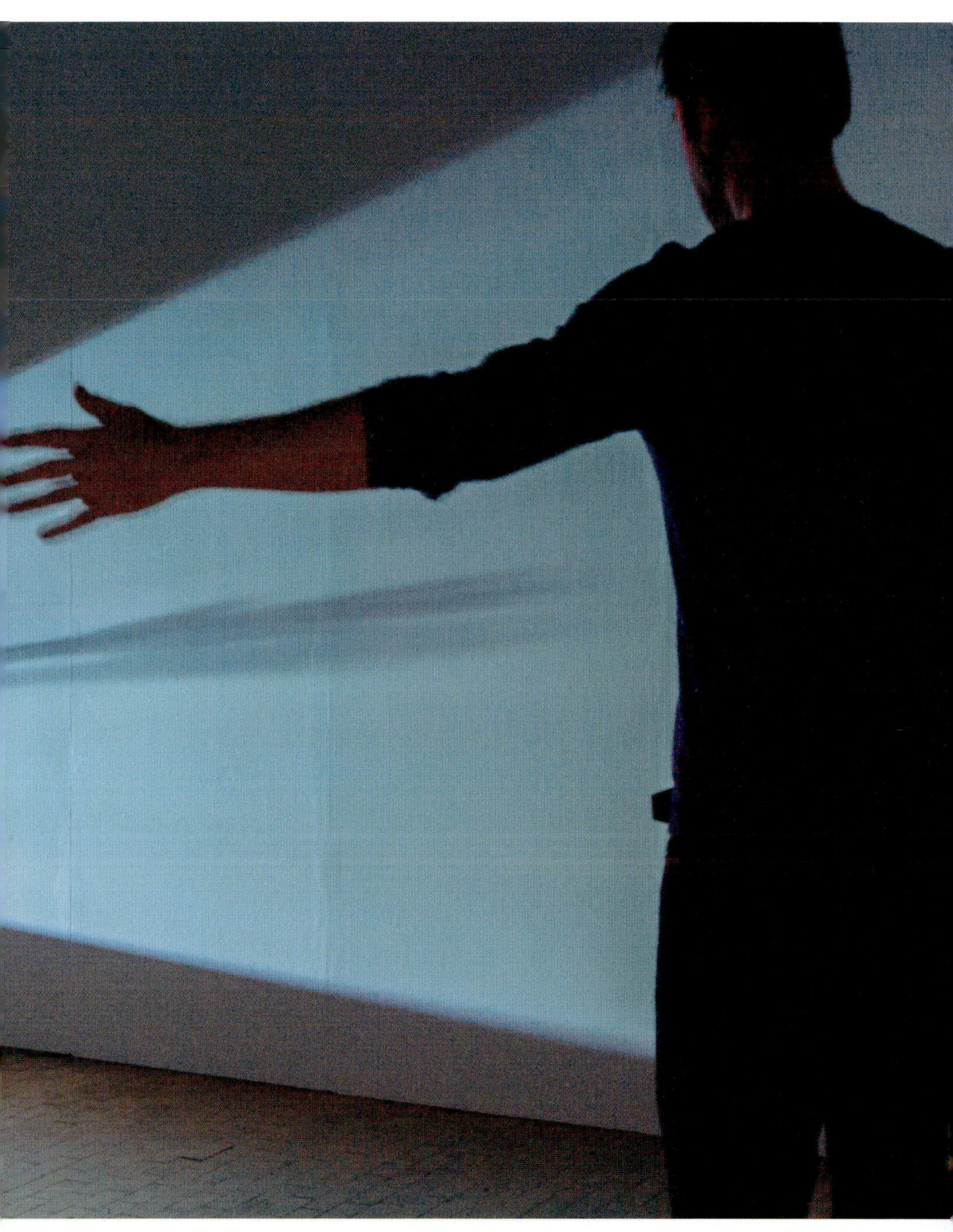

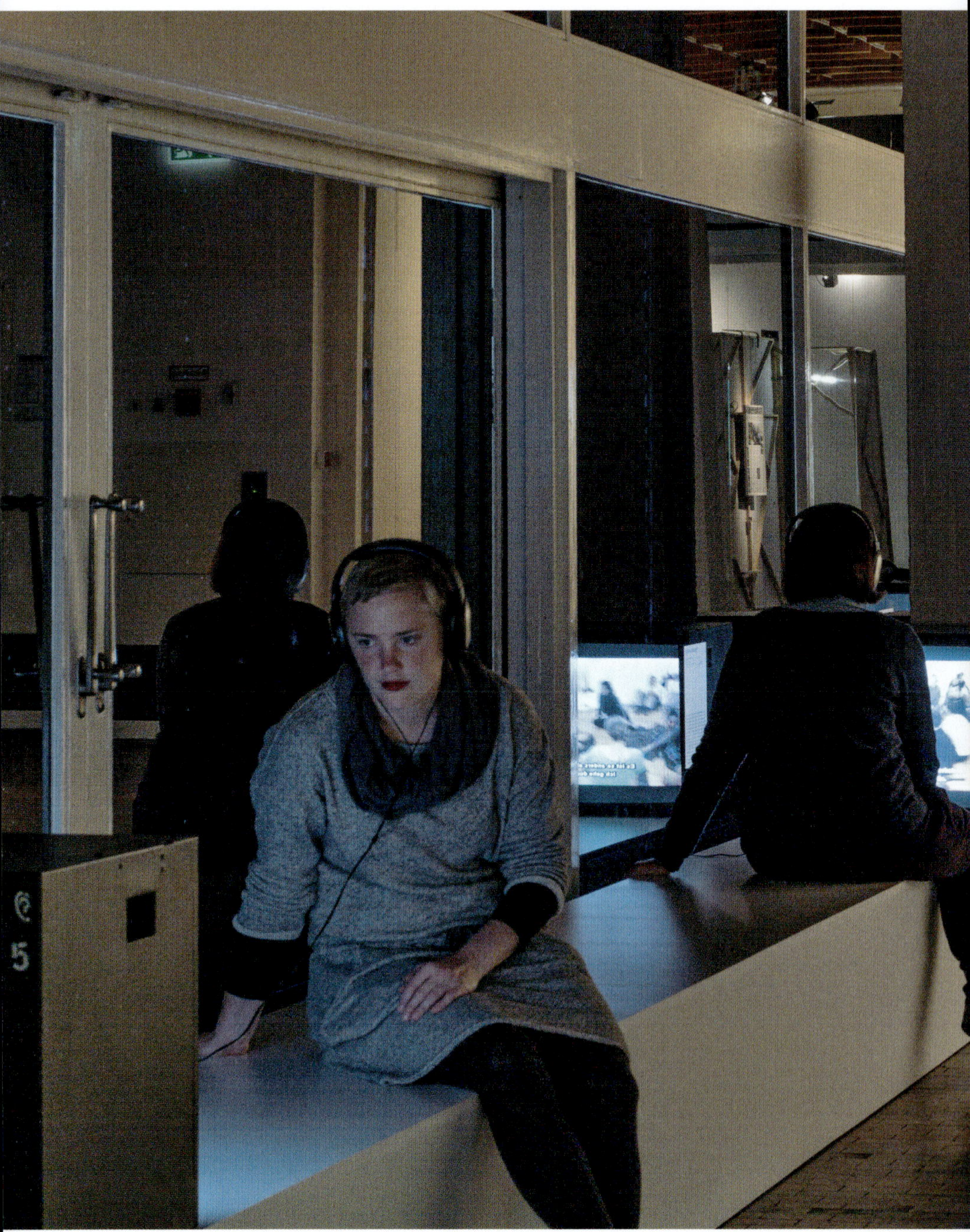

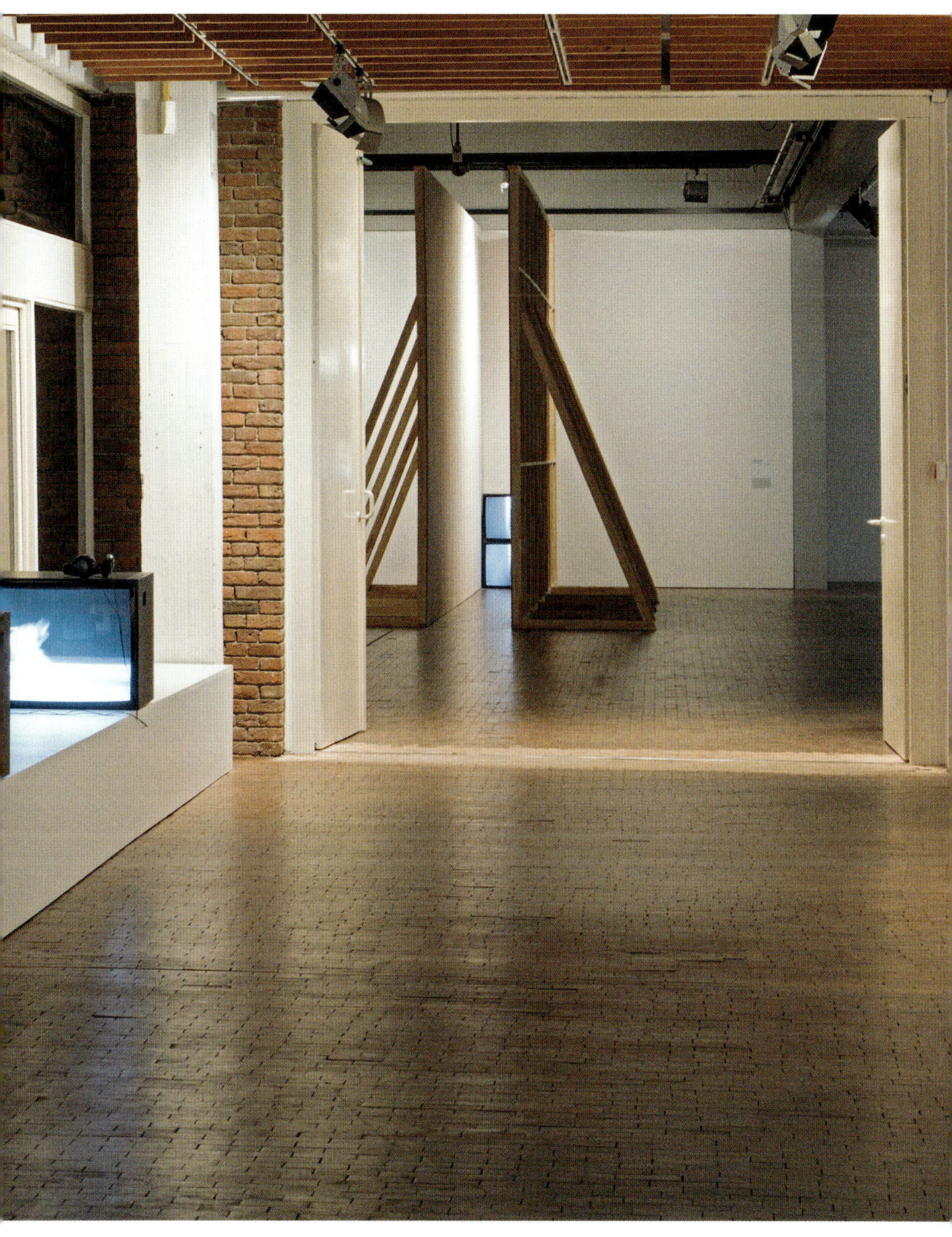

BRUCE NAUMAN, Live-Taped Video Corridor, 1970   ↗ **75** ↗ 256

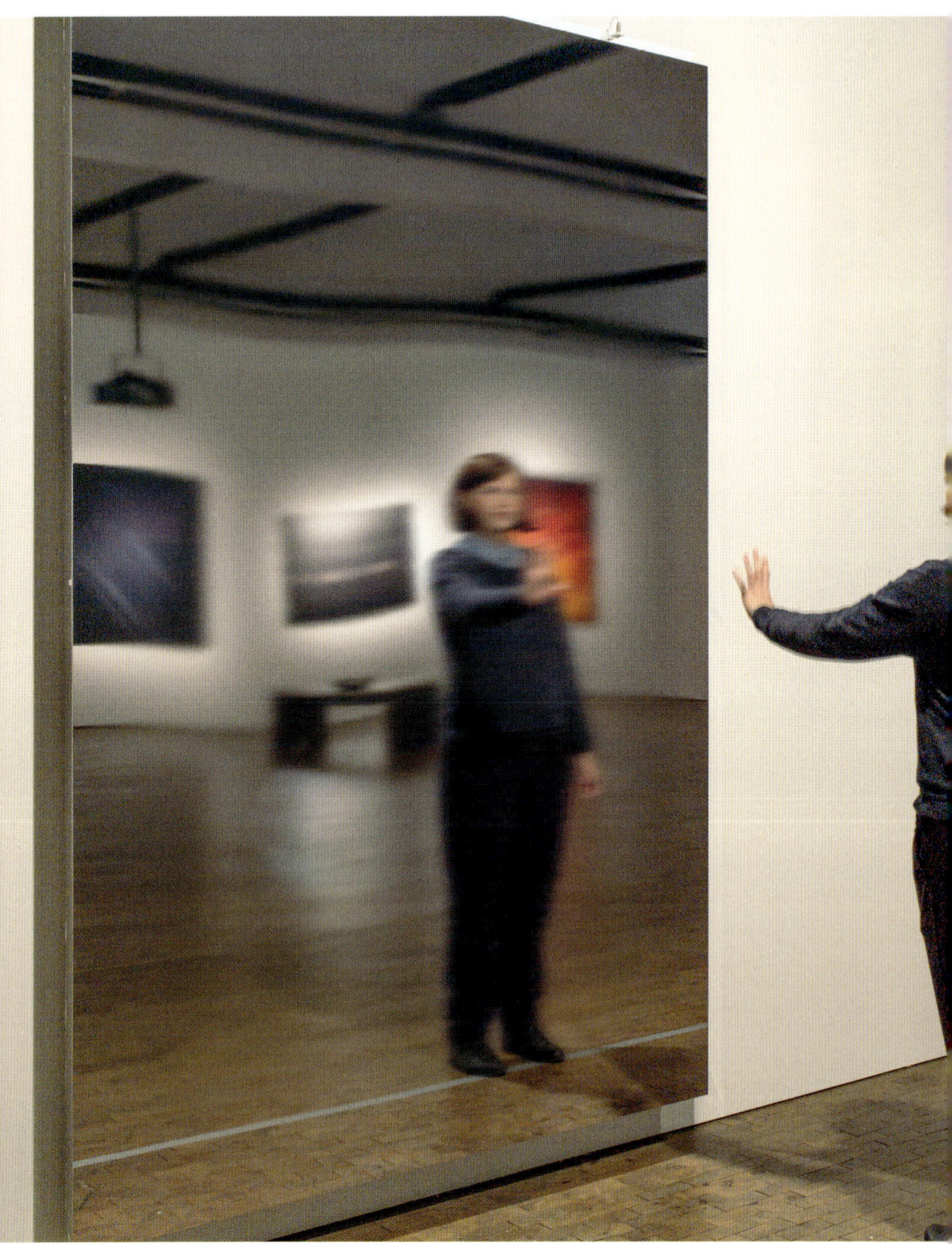

MAGDALENA JETELOVÁ, Komposition für John Cage, 2006 ↗ **98** ↗ 278

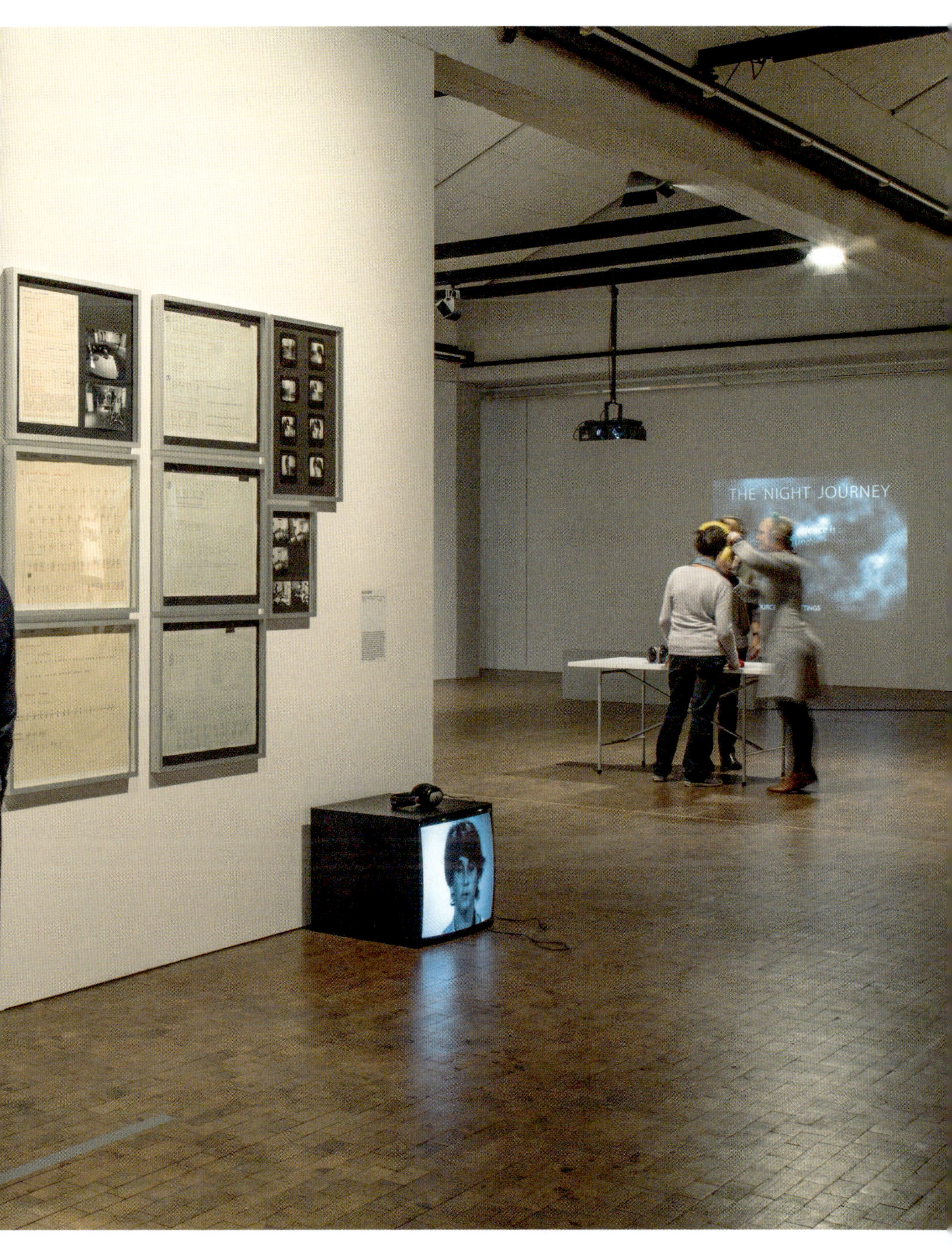
THE NIGHT JOURNEY

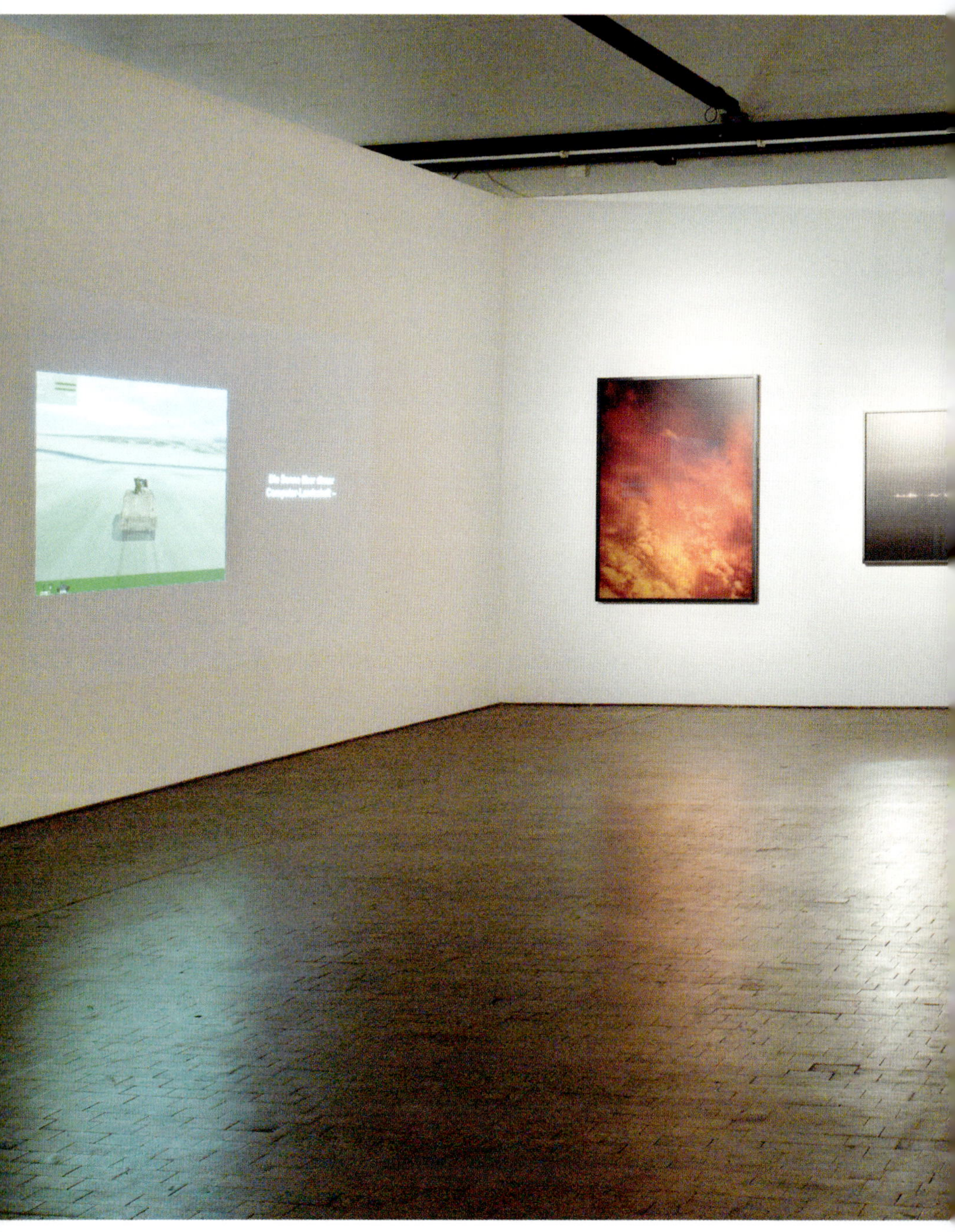

HARUN FAROCKI und/and TREVOR PAGLEN, Visibility Machines ↗ **126** ↗ 296

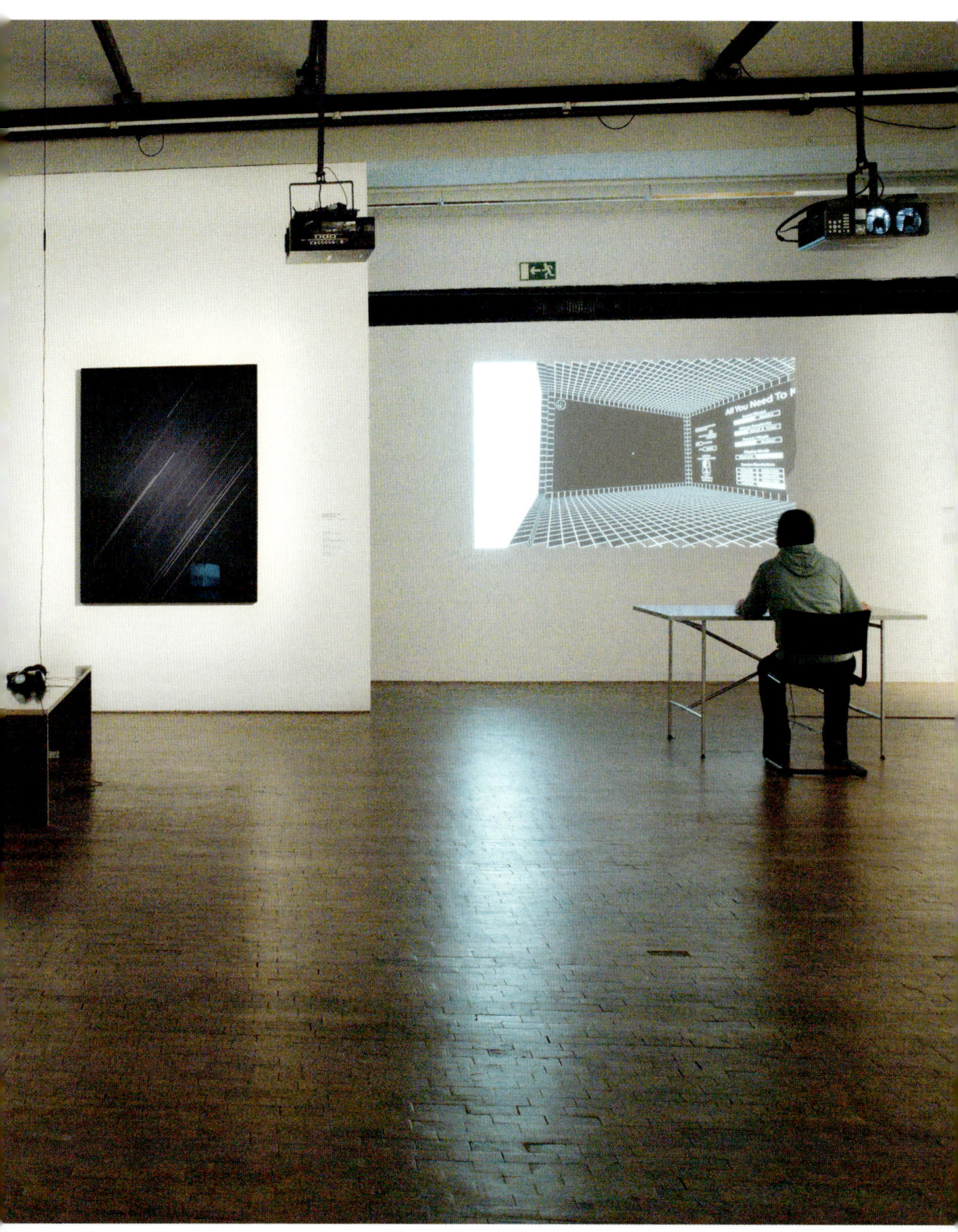

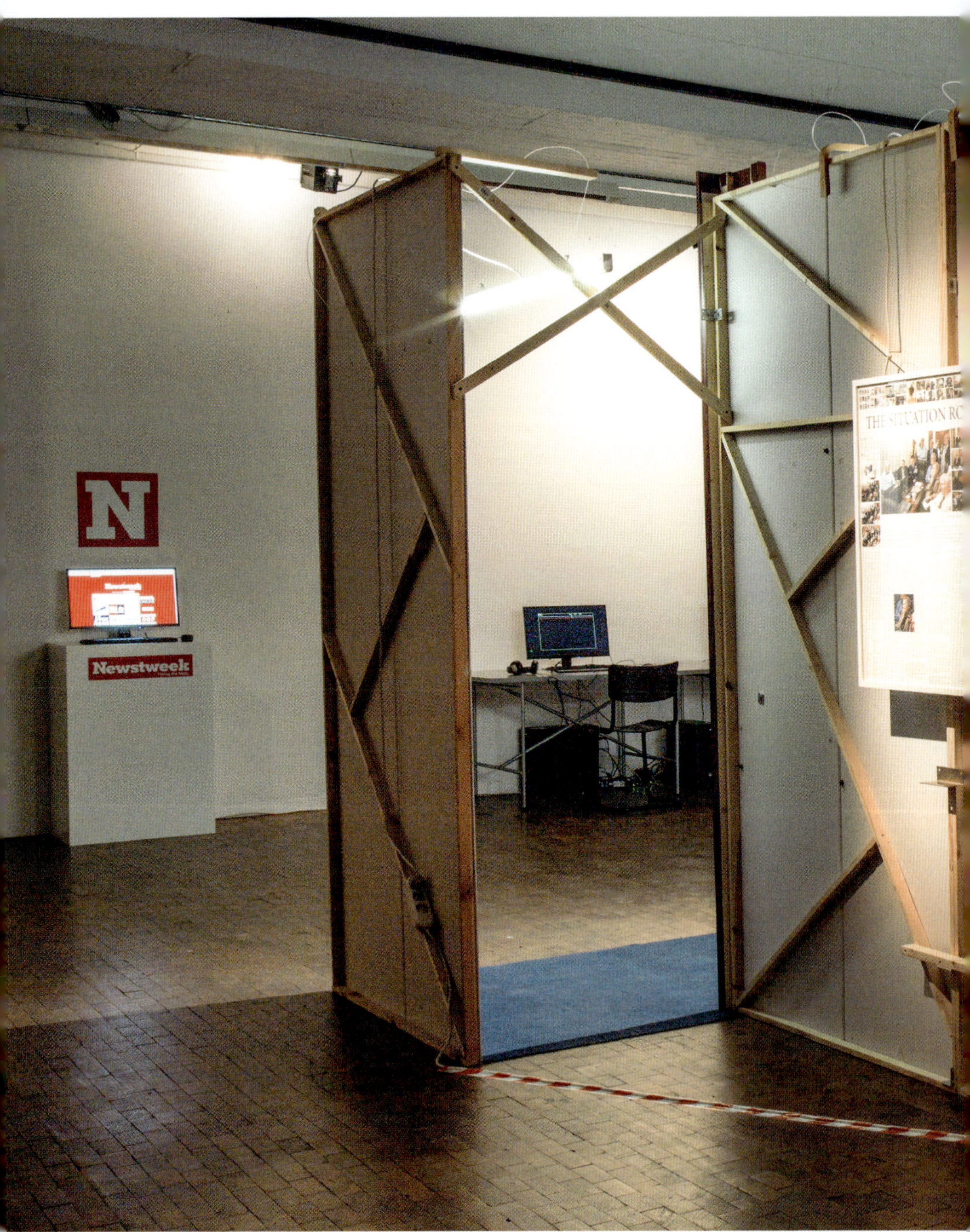

JULIAN OLIVER und/and DANJA VASILIEV, Newstweek, 2011   ↗ **128** ↗ 298

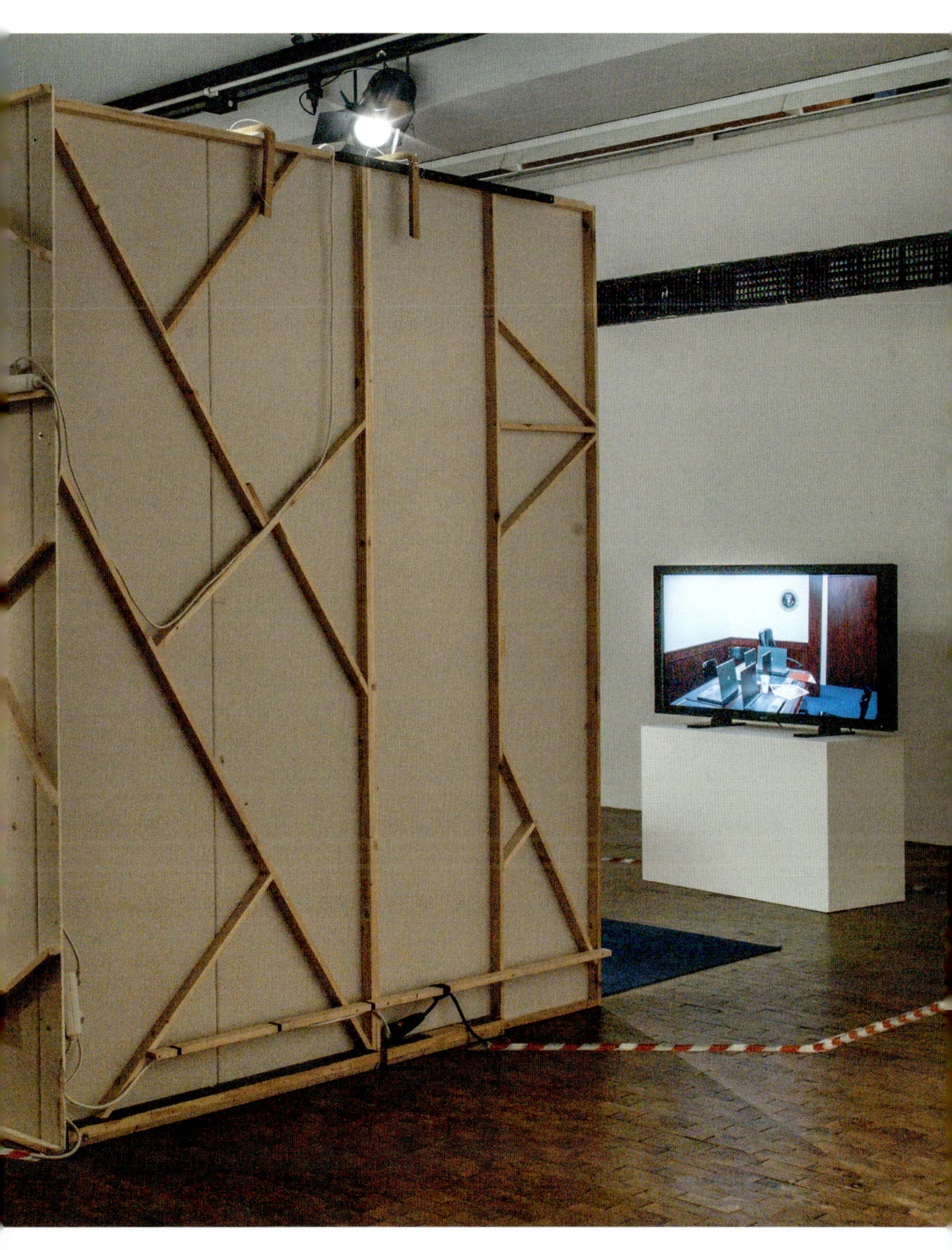

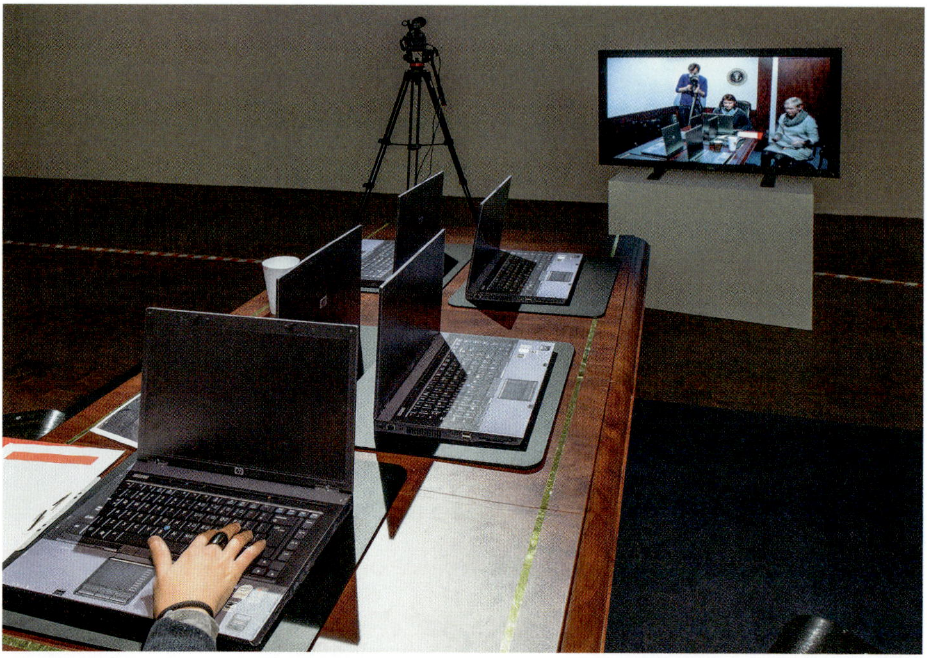

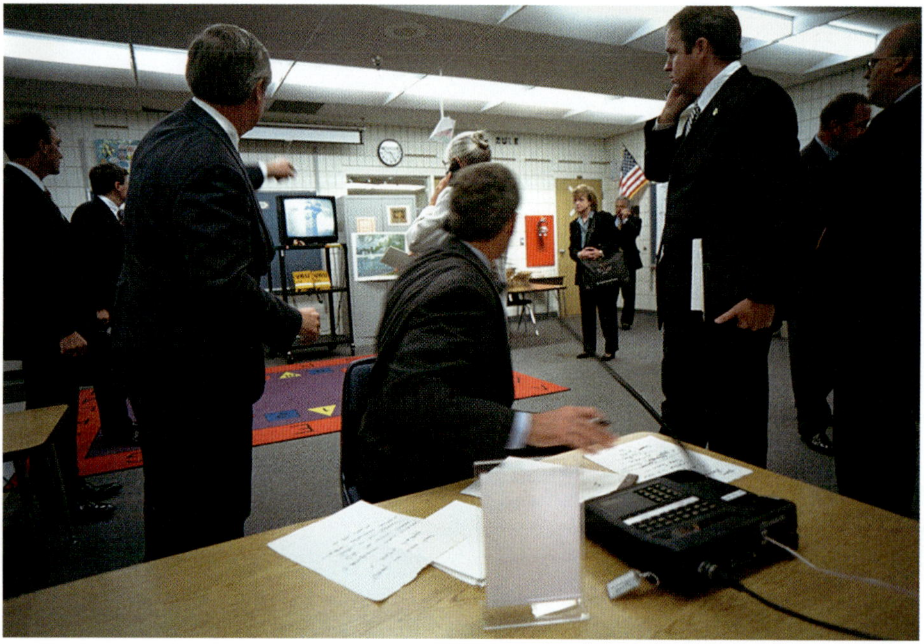

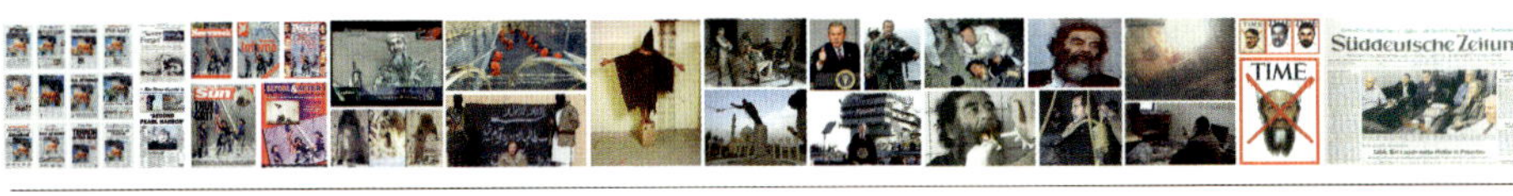

THE SITUATION ROOM

MASH-UPS

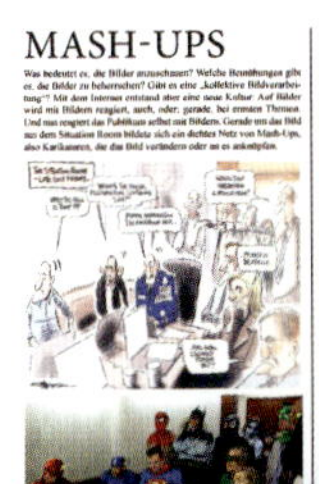

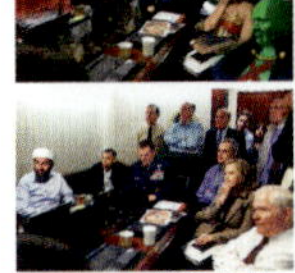

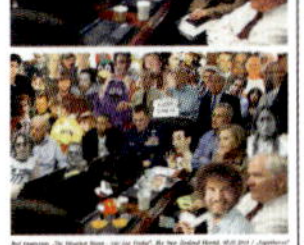

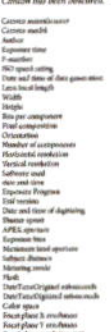

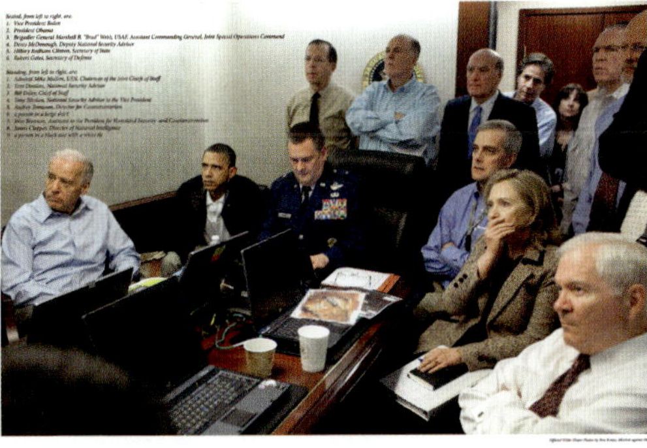

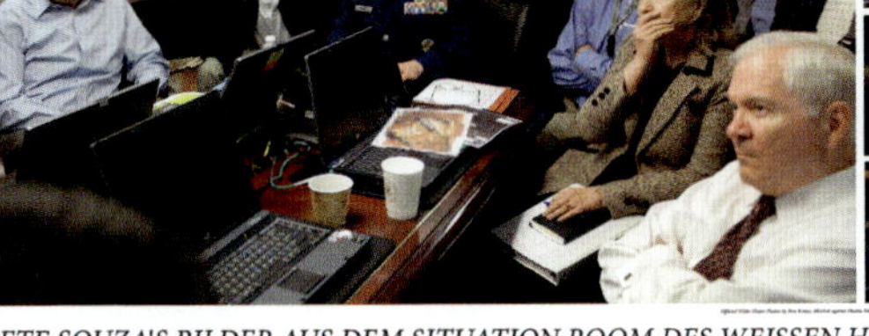

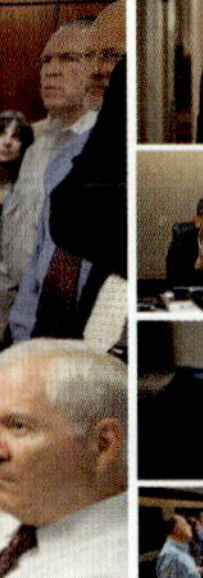

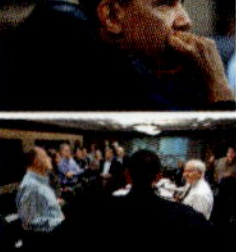

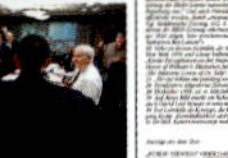

PETE SOUZA'S BILDER AUS DEM SITUATION ROOM DES WEISSEN HAUSES VOM 1. MAI 2011 VERZICHTEN AUF DEN TRIUMPH DES ZEIGENS.

[...] Diesmal sollte alles anders sein. Keine Fotos des Getöteten würden die Öffentlichkeit erreichen, seine Leiche würde nicht zu sehen gegeben und auch nicht vergessen über Tage hinweg auf Eis in einer Abstellkammer lagern. Er würde nicht verhaftet, nicht im Blitzlichtgewitter der Presse einer erkennungsdienstlichen Expertise unterworfen werden, nicht in einem monatelangen Gerichtsspektakel auf seine unausweichliche Hinrichtung warten müssen. Keine Aufnahmen peinlicher Untersuchungen oder martialischer Verstümmelungen sollten den Tod besiegeln und die Wiedererlangung von Ruhe und Sicherheit feiern, keine Bilder demonstrativ so genannte Gerechtigkeit verkünden. War es den Versuch wert? Linda Hentschel

Die Bilder aus dem Situation Room des Weißen Hauses vom 1. Mai 2011 verzichten auf den Triumph des Zeigens. Aus Scham? Die Autorin vergleicht die Bilderpolitik Barack Obamas mit jener der Bush-Regierung und fragt nach den subtilen Wegen, der Schau zu entkommen. Gelingt das? Und darf es gelingen?

SO BETROFFEN SCHAUEN TÄTER

Susanne Greuer & Thomas Hermann

„PUBLIC VIEWING"

Michael Diers

GESCHLOSSENES KOLLEKTIV

JEDES DETAIL IST WICHTIG

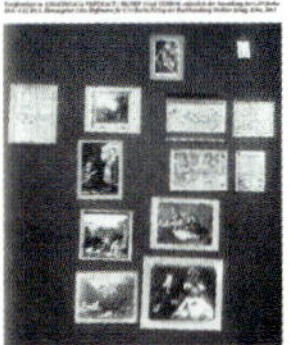

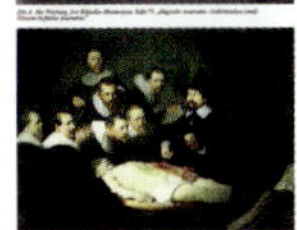

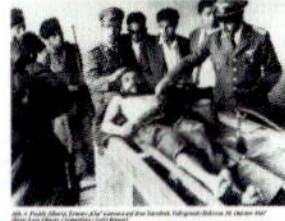

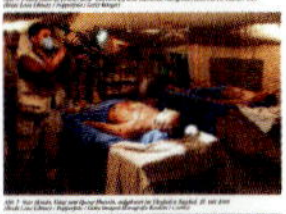

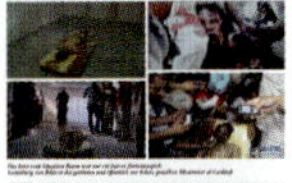

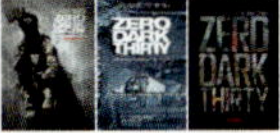

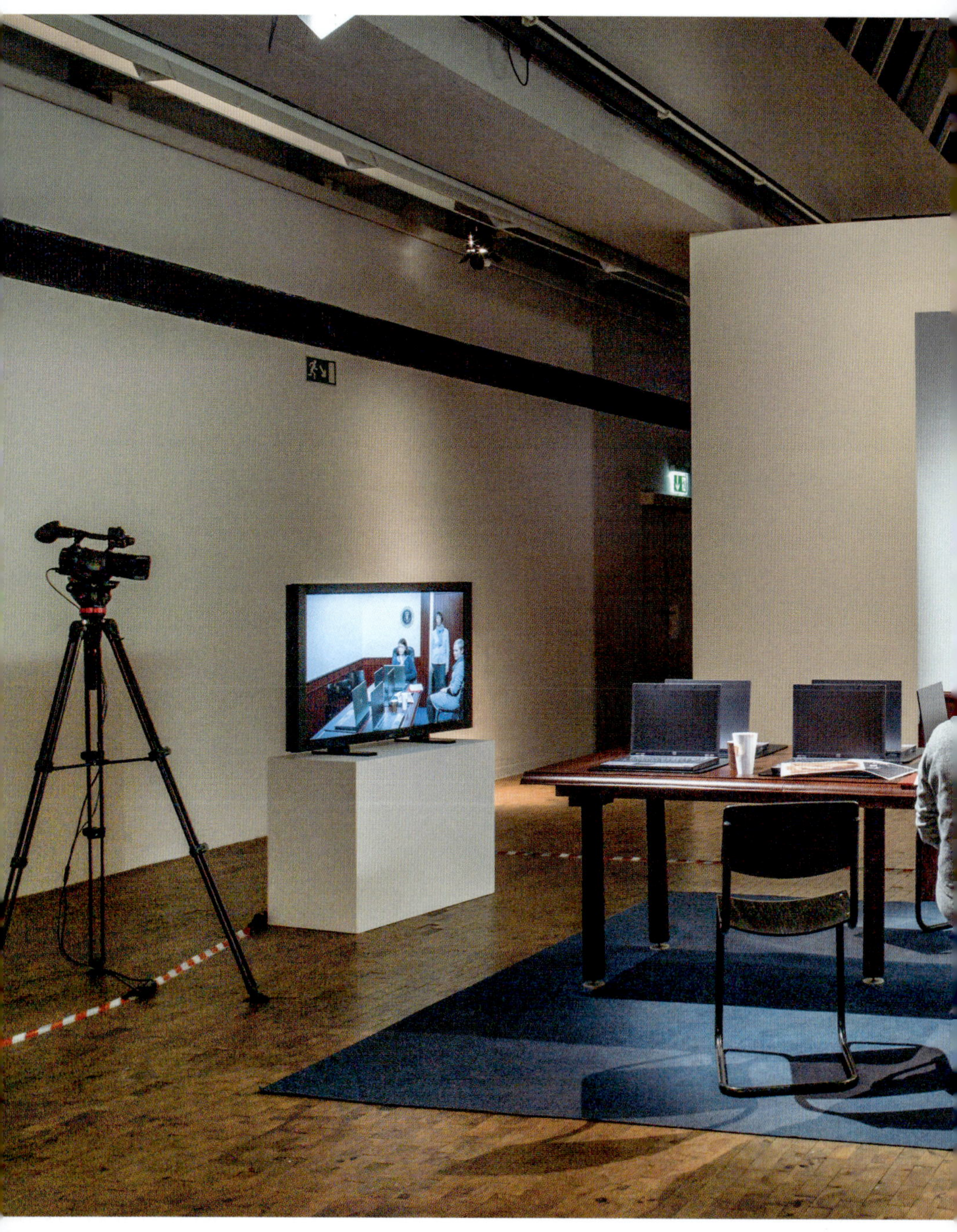

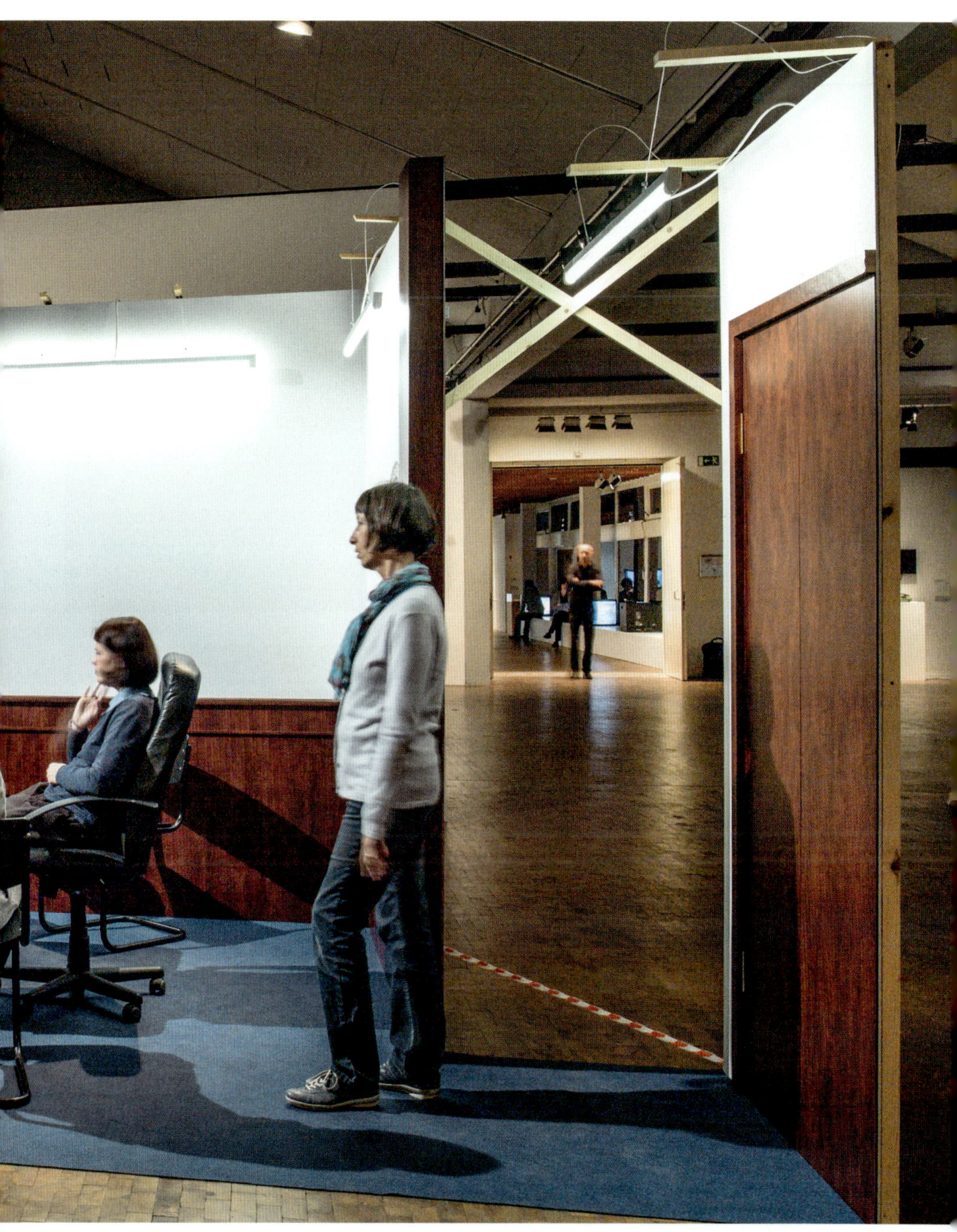

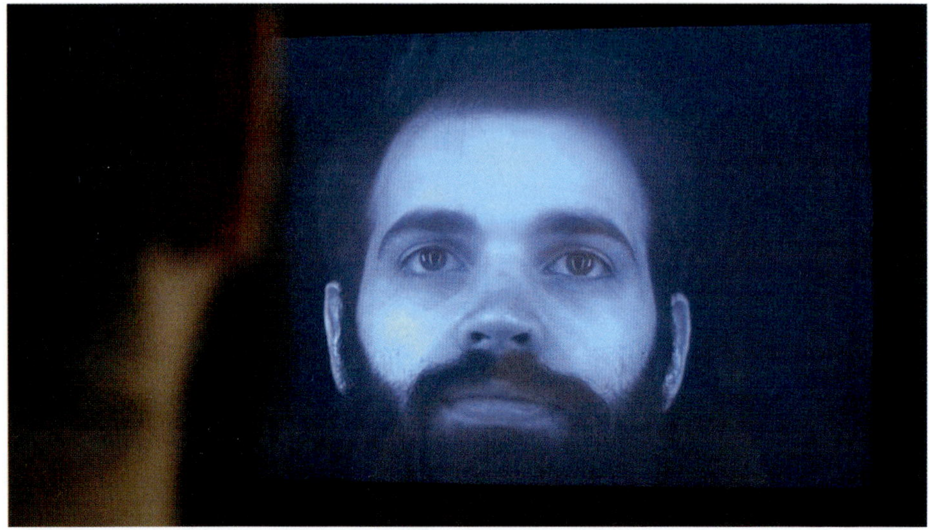

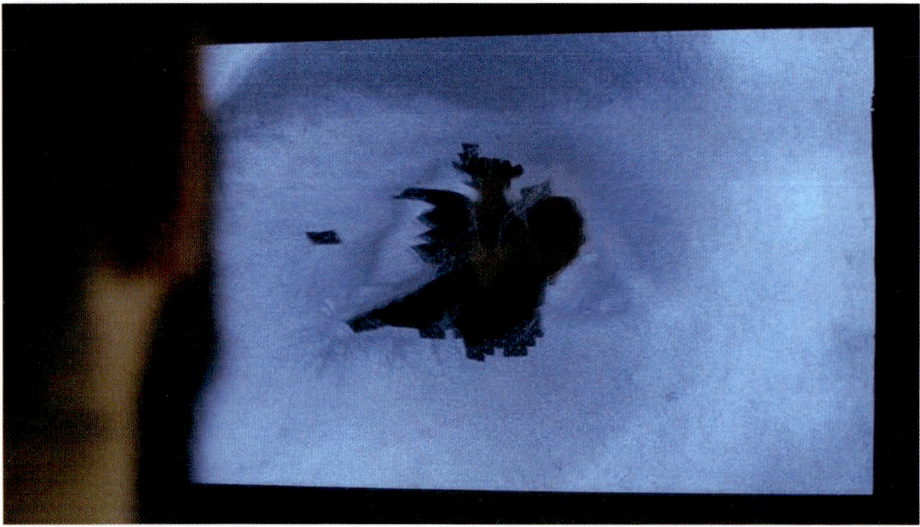

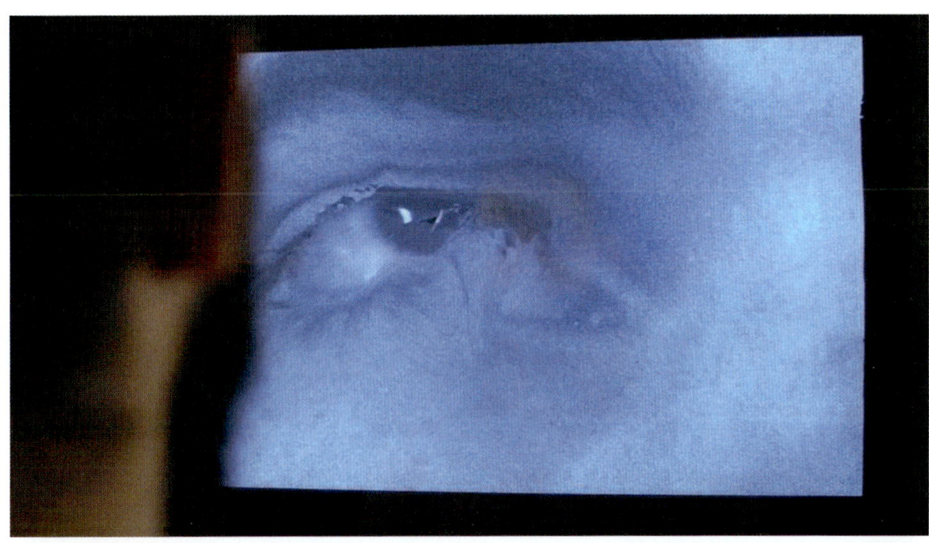

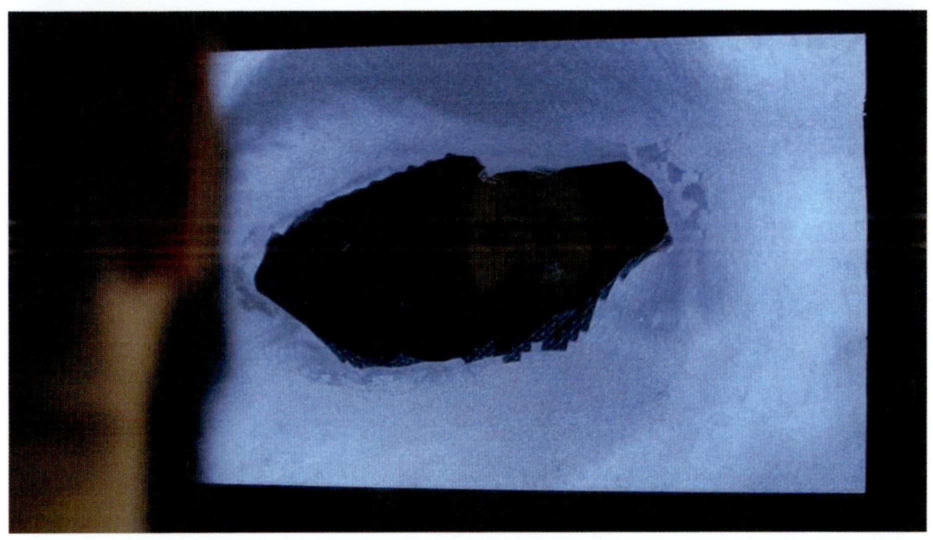

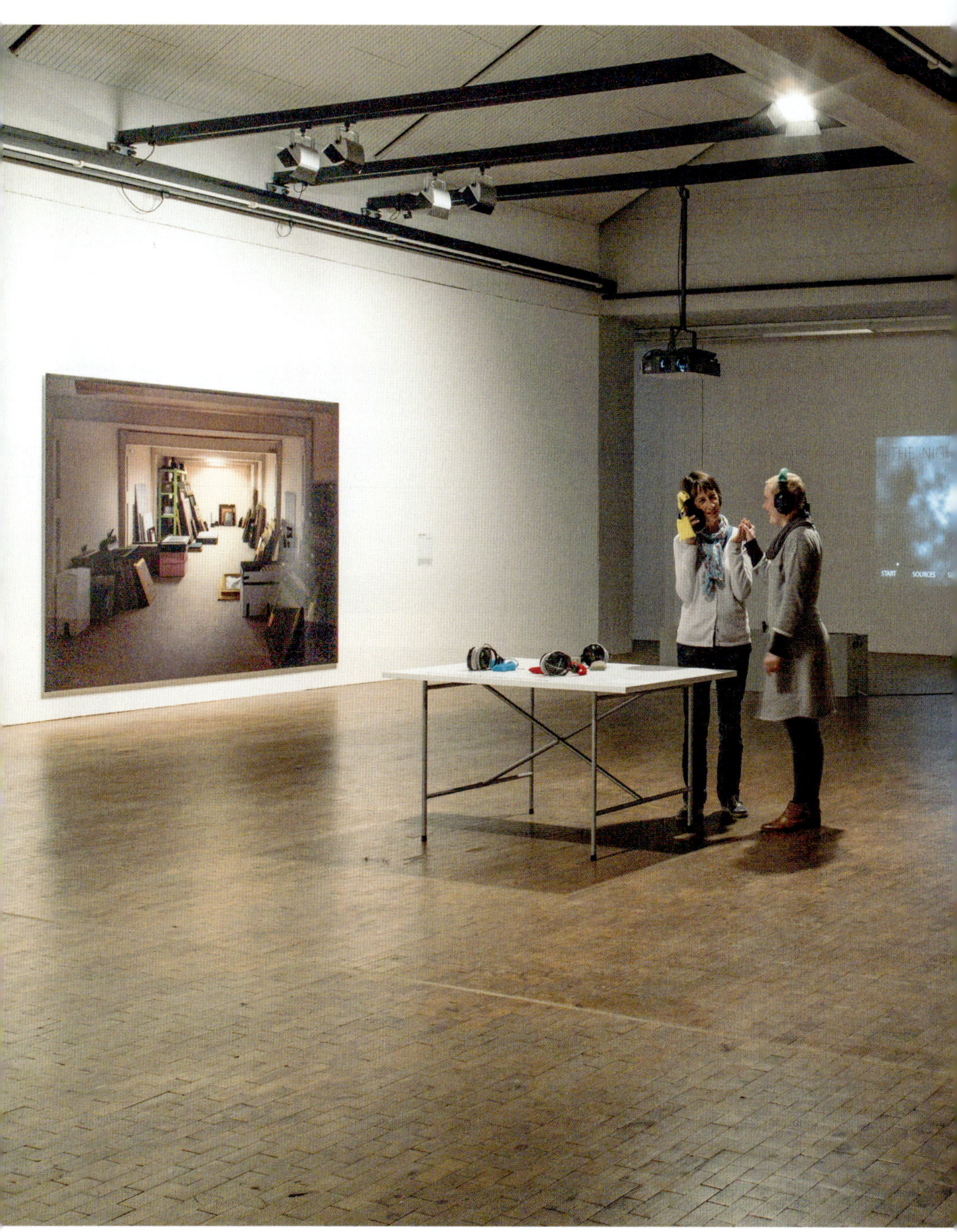

CHRISTIAN FALSNAES, Justified Beliefs, 2014 (Live-Performance)   ↗ **96** ↗ 276

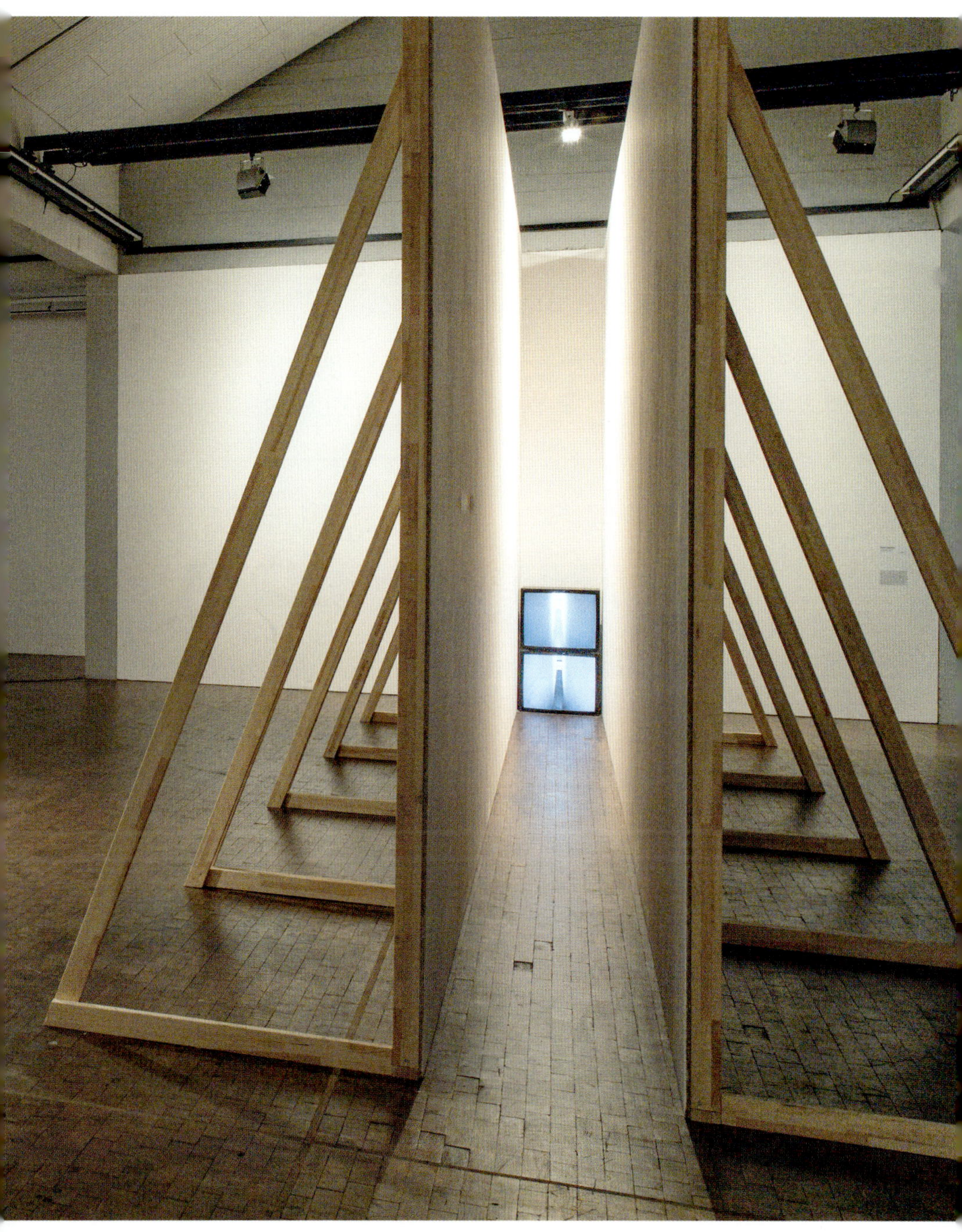

BRUCE NAUMAN, Live-Taped Video Corridor, 1970   ↗ **75** ↗ 256

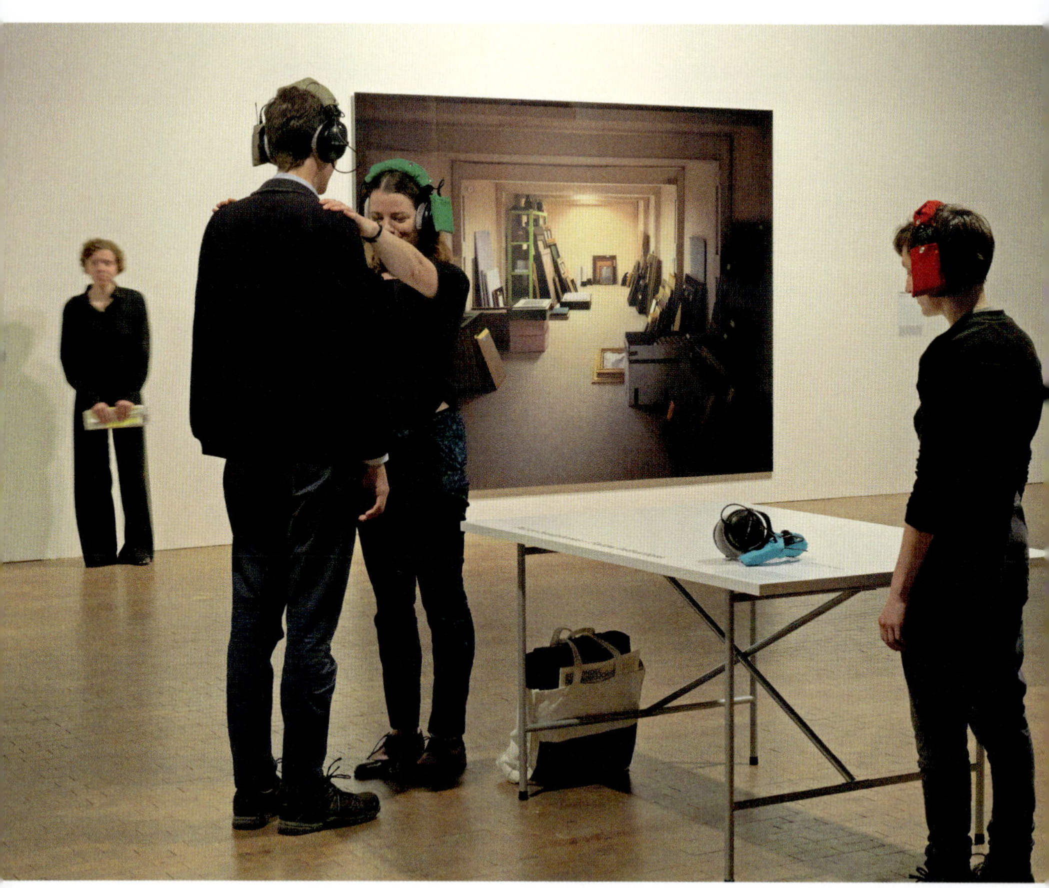

CHRISTIAN FALSNAES, Justified Beliefs, 2014 (Live-Performance)   ↗ **96** ↗ 276

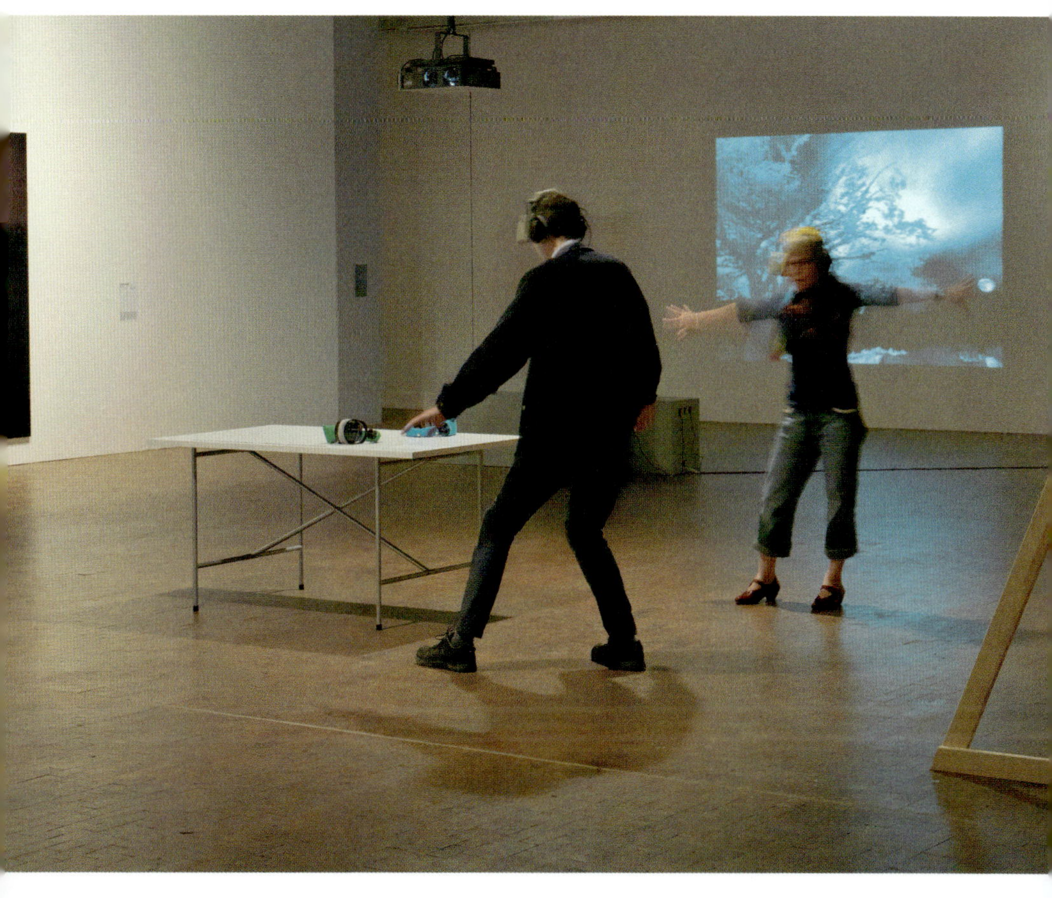

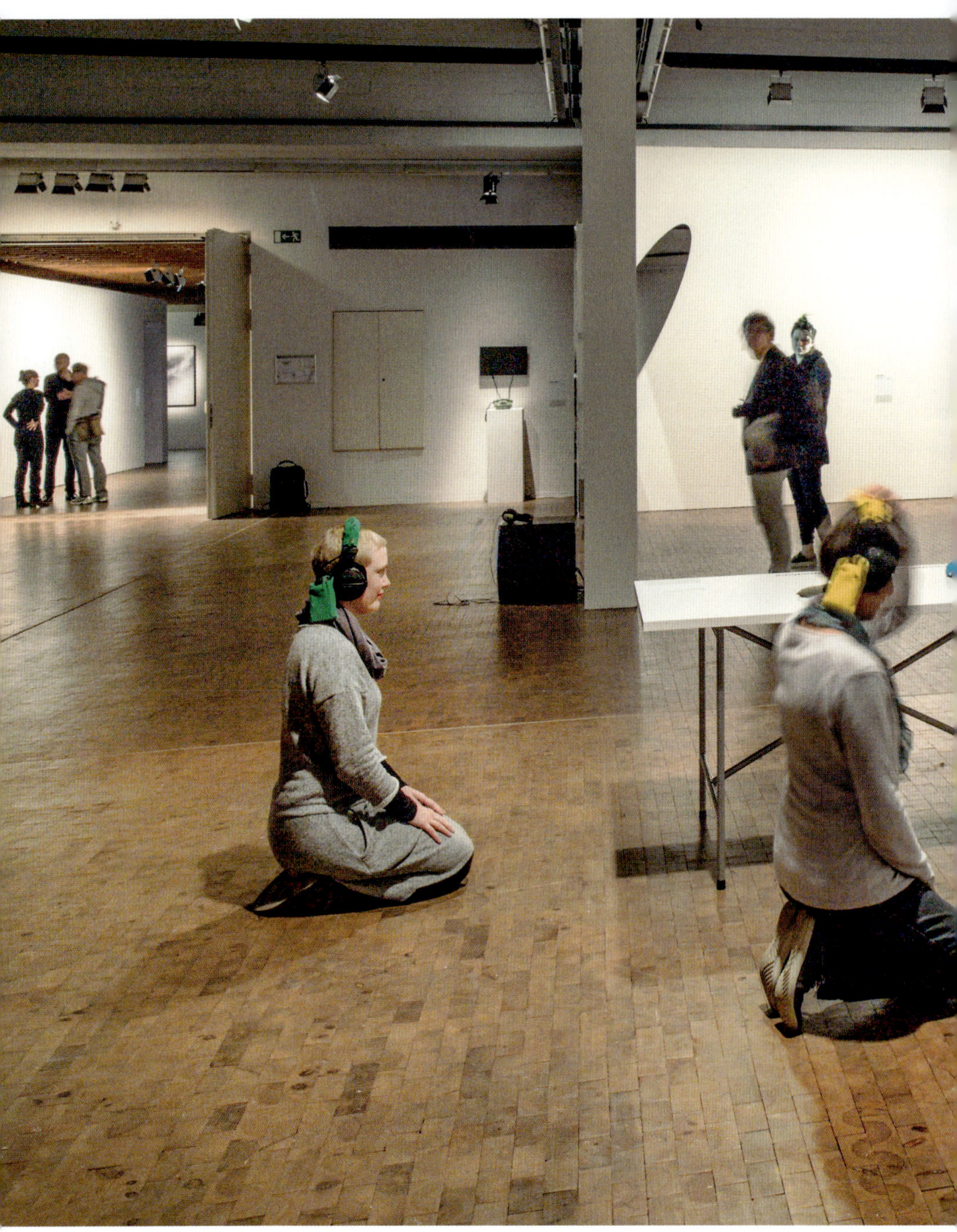

CHRISTIAN FALSNAES, Justified Beliefs, 2014 (Live-Performance)   ↗ **96** ↗ 276

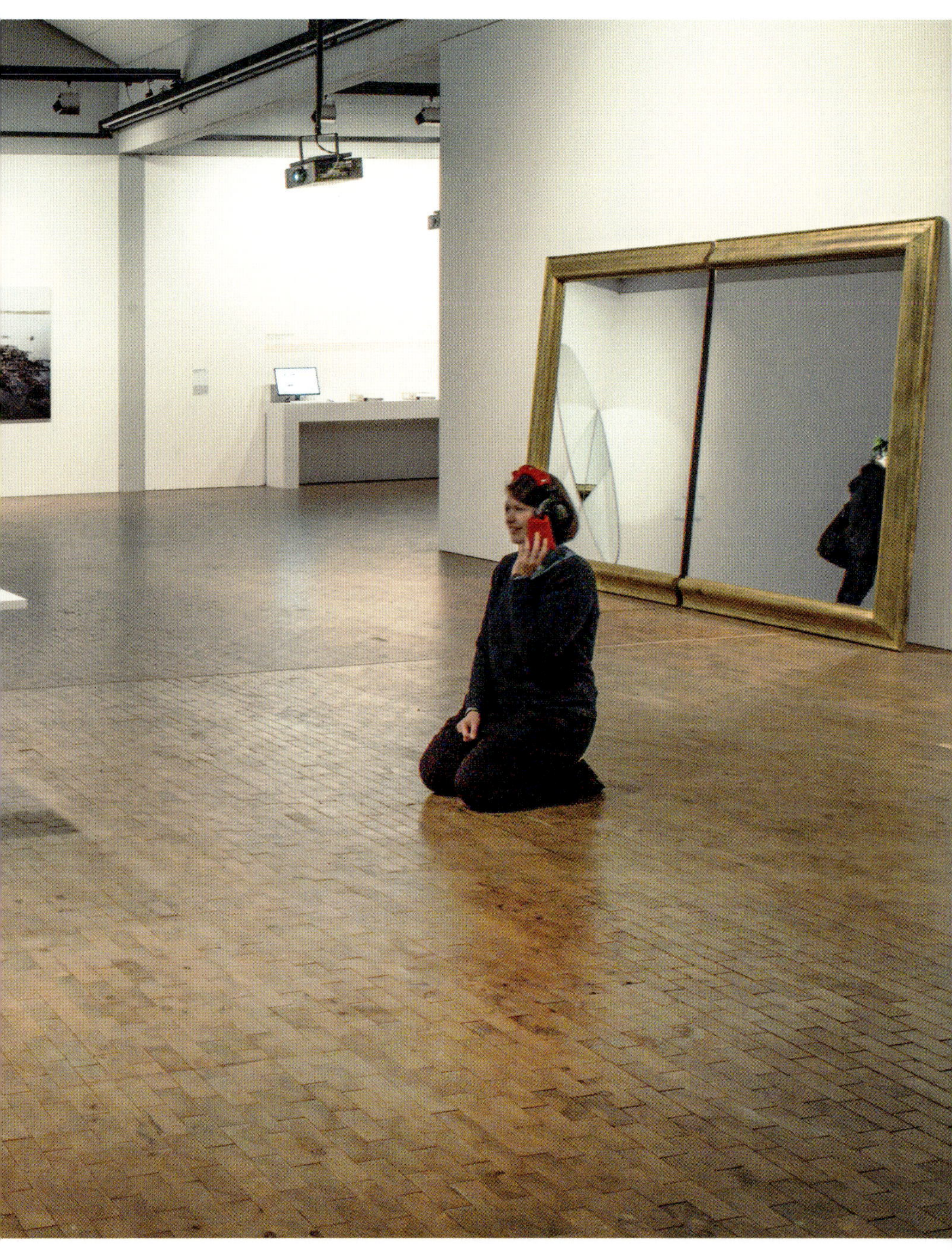

MICHELANGELO PISTOLETTO, Specchio diviso, 1973/1978   ↗ **79** ↗ 260

Tino Sehgal, *This is exchange,* 2003

Werke von Tino Sehgal in öffentlichen Sammlungen /
Works by Tino Sehgal in public collections

This is good, 2001
Museum Ludwig, Köln

This is propaganda, 2002
Haubrok Foundation in der Nationalgalerie,
Staatliche Museen zu Berlin, Stiftung Preußischer Kulturbesitz

This is new, 2003
Geschenk des Stifterkreises für den Kunstpreis
der Böttcherstraße 2004
Kunsthalle Bremen – Der Kunstverein in Bremen

This is so contemporary, 2004
MMK Museum für Moderne Kunst, Frankfurt am Main

Diese Beschäftigung, 2005
Kunsthalle Hamburg

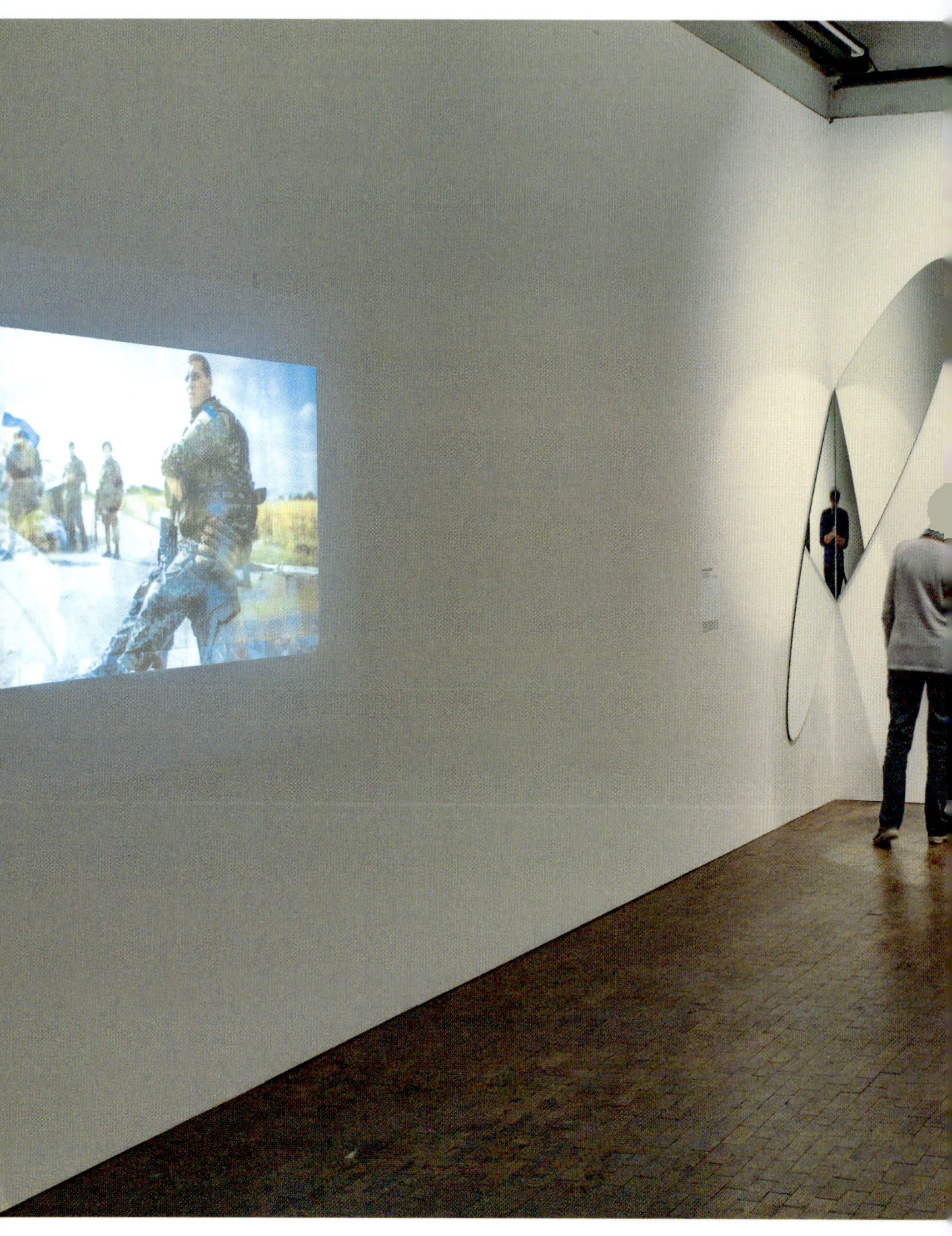

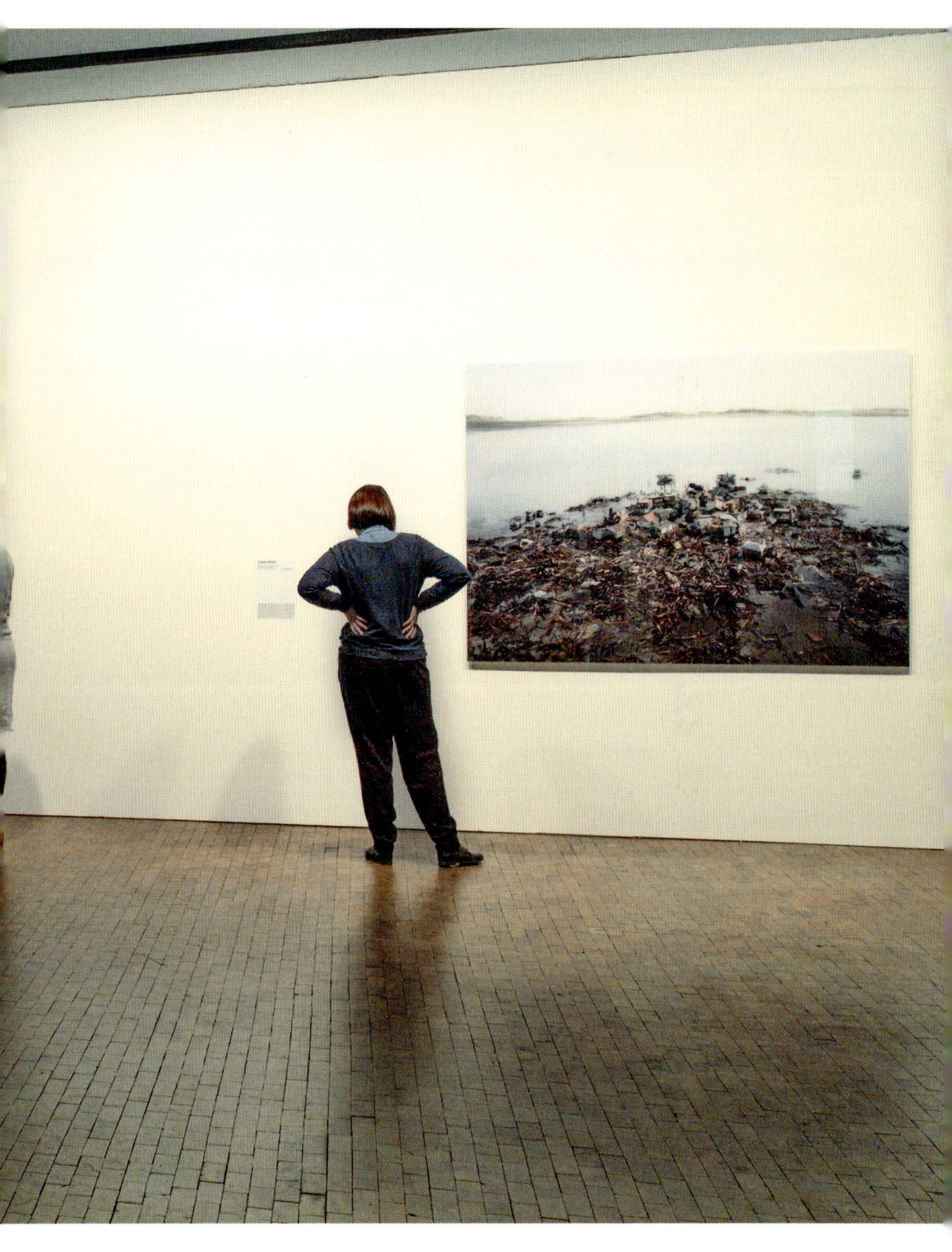

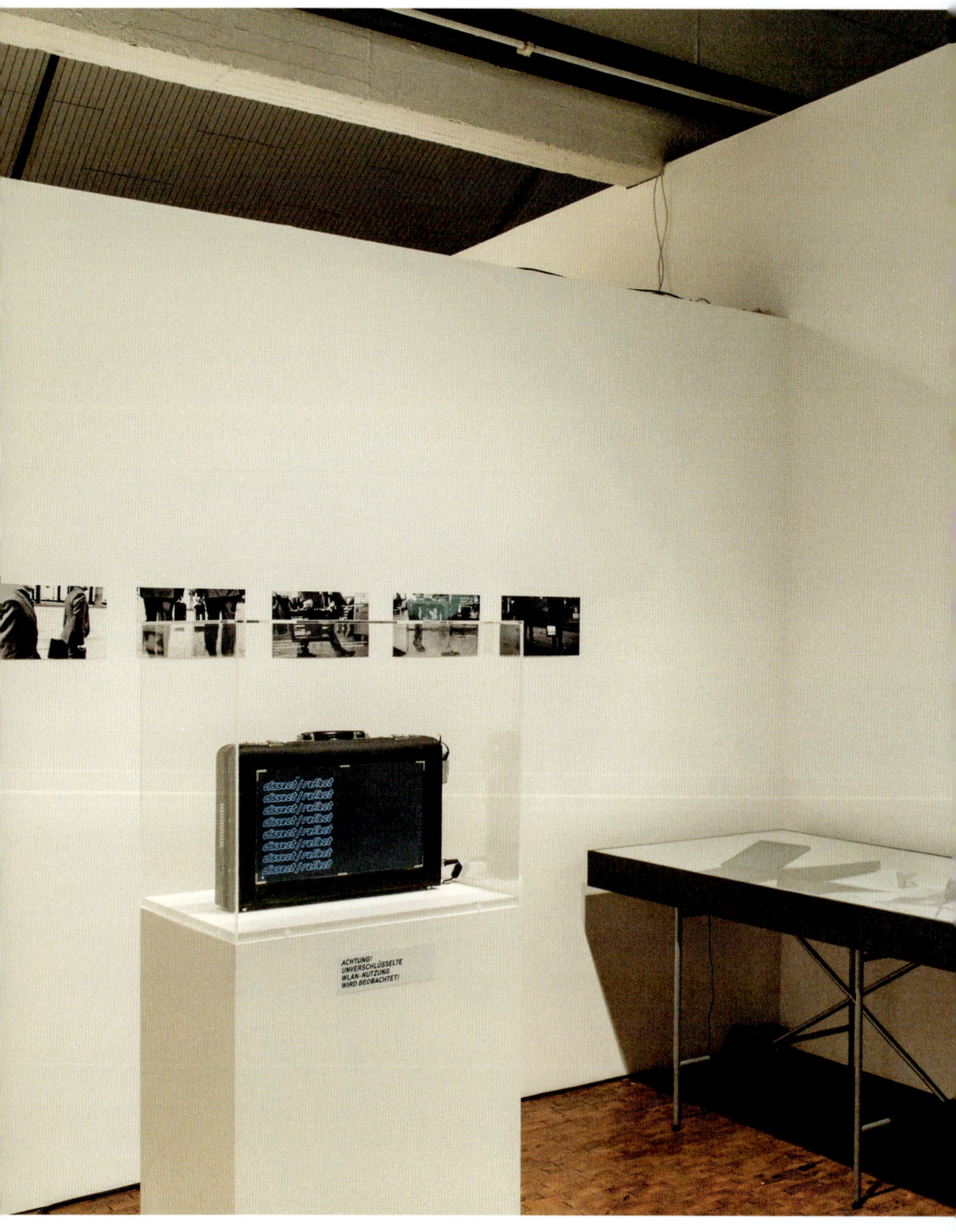

JULIAN OLIVER und/and DANJA VASILIEV, Men in Grey, 2009 (fortlaufend/ongoing) ↗ **129** ↗ 299

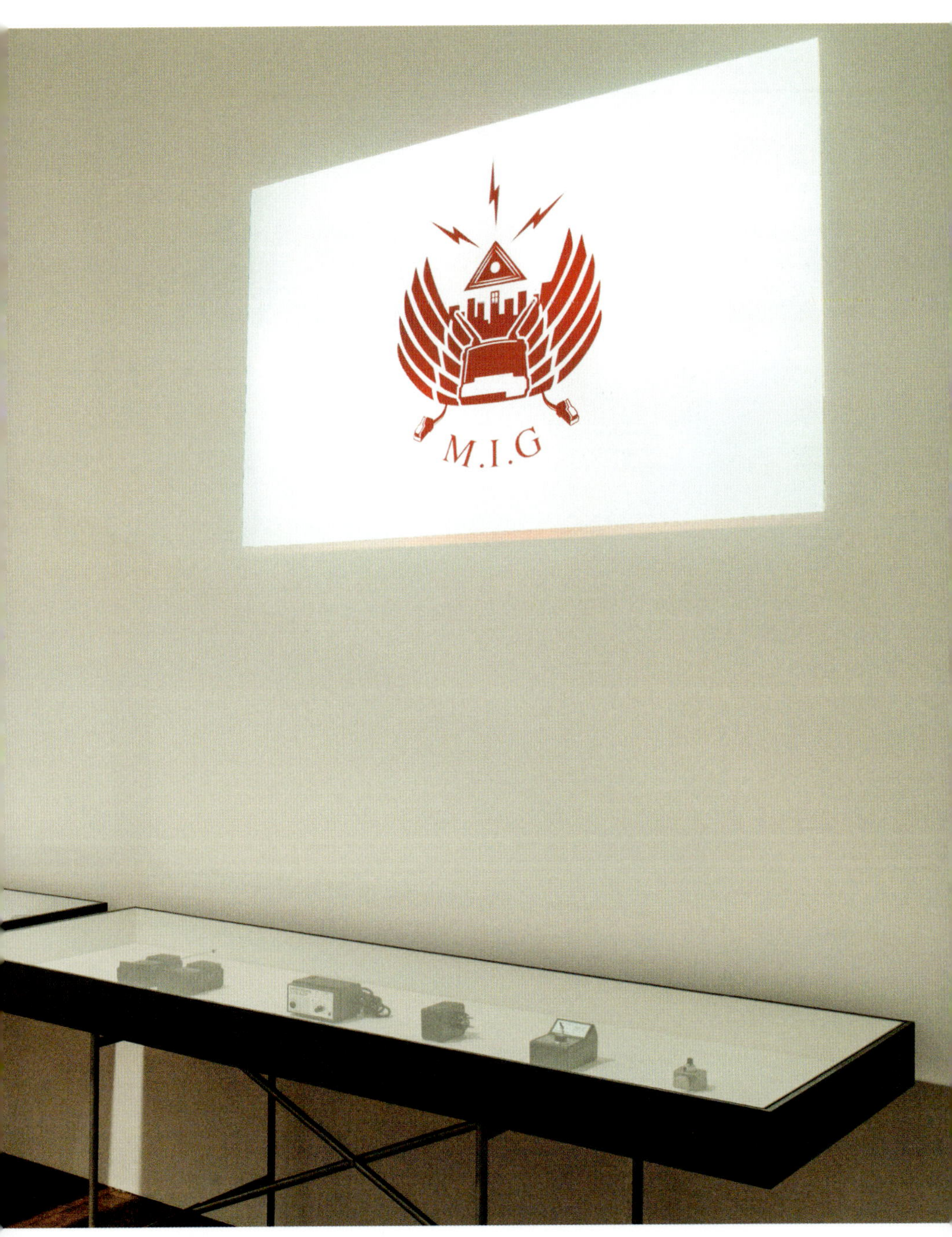
M.I.G

     SARAH MÖLLER, spectRes, 2014   ↗ **130** ↗ 300

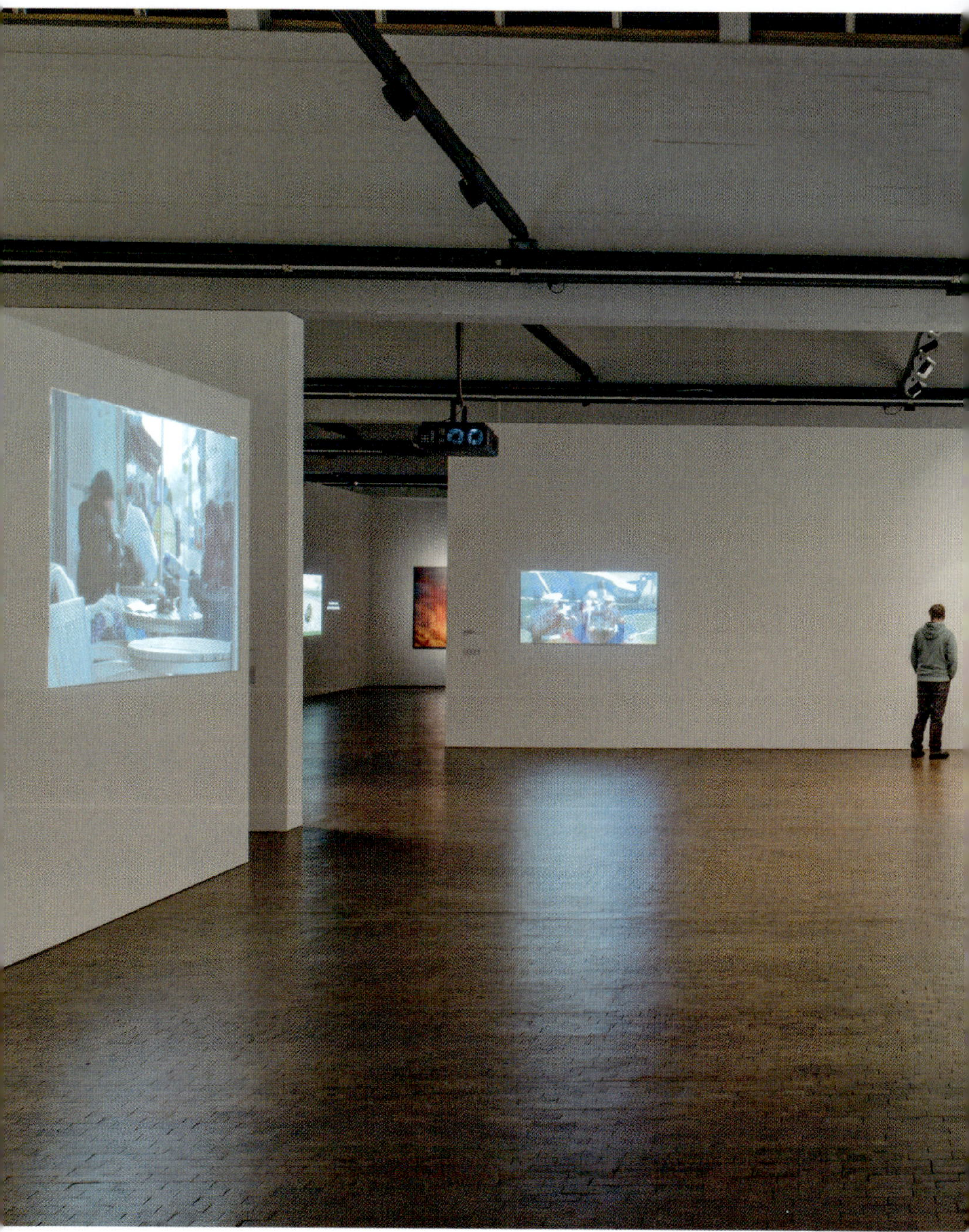

JULIAN OLIVER und/and DANJA VASILIEV, Men in Grey, 2009 (fortlaufend/ongoing)   ↗ **129** ↗ 299

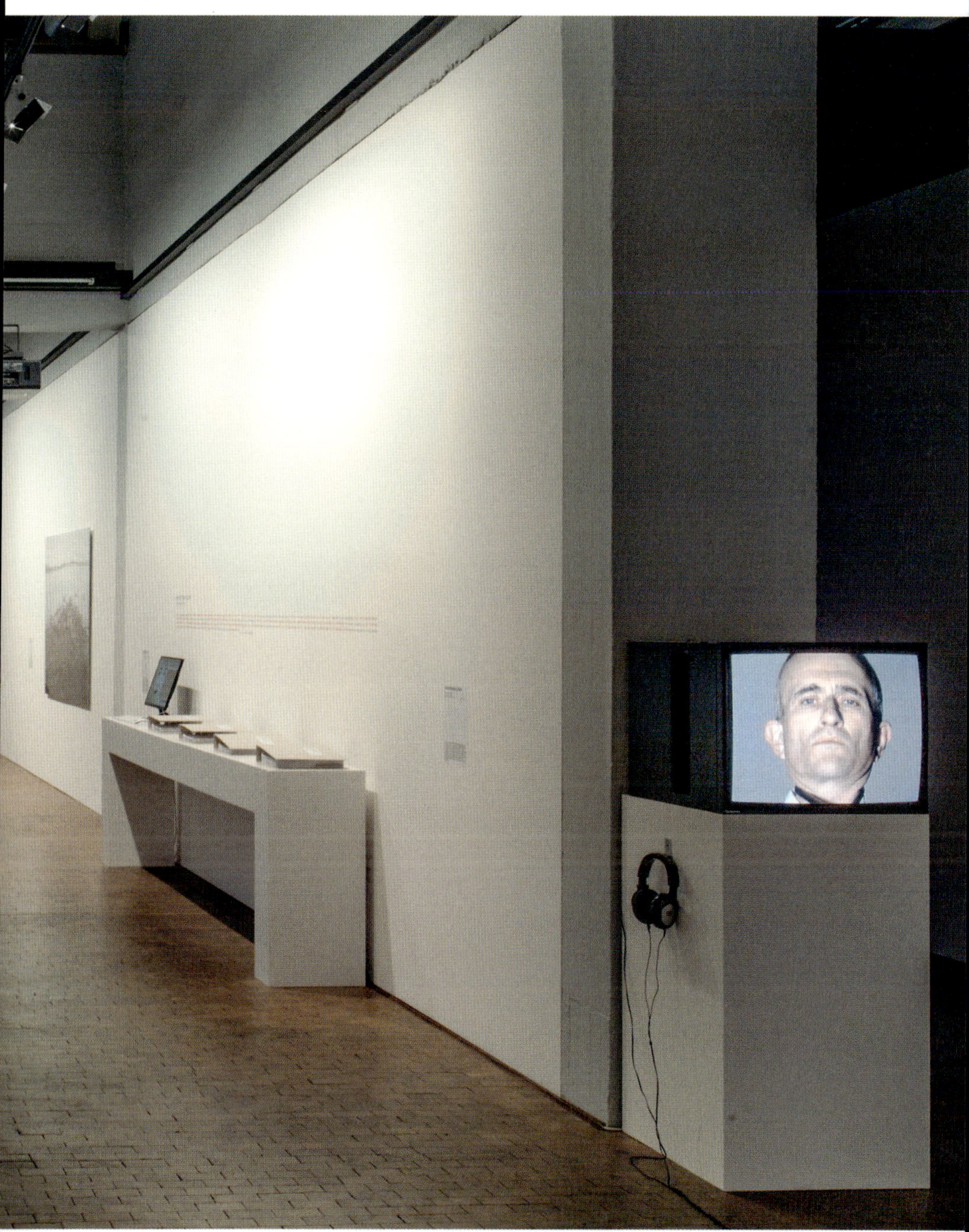

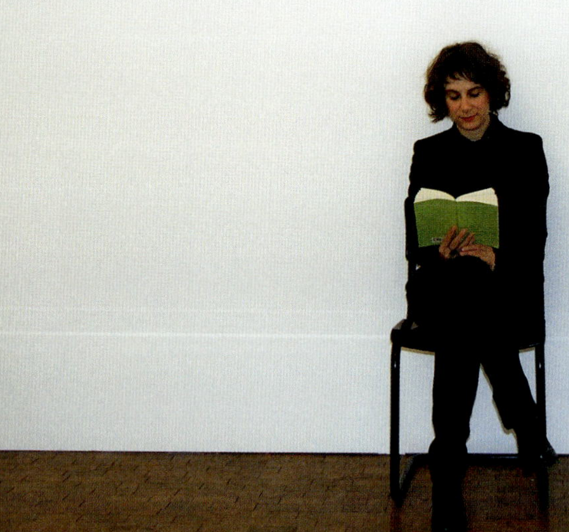

RICHARD KRIESCHE, Zwillinge/Twins, 1977 ↗ **98** ↗ 278

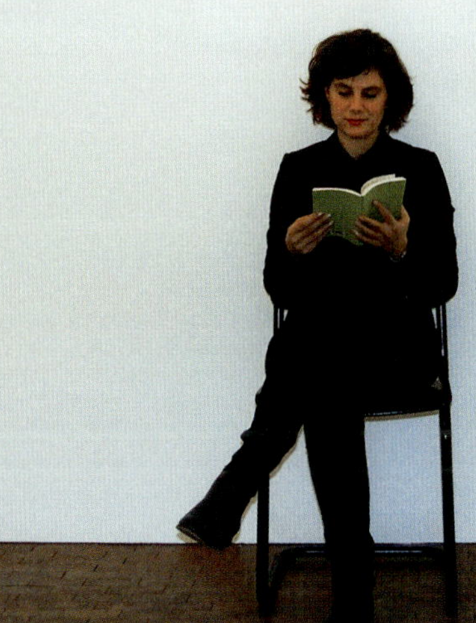
...er) reproduzierte kunstwerk (mensch) wird in
...roduced work of art (man) is becoming more

...gendem maße die reproduktion eines auf
...ore the reproduction of a work of art (man)

...erbarkeit angelegten kunstwerkes (menschen
conceived for reproduction.

walter benjamin (richard kriesche)
documenta 6, kassel, 1977.

im zeitalter digitaler produzierbarkeit verdampft
in the age of digital production the human (the art)

der mensch (die kunst) zur a_sthetischen wolke aus
melts into a cloud of a_sthetic

data-doubles des selbst.
data-doubles of itself.

richard kriesche
akademie der künste, berlin, 2014.

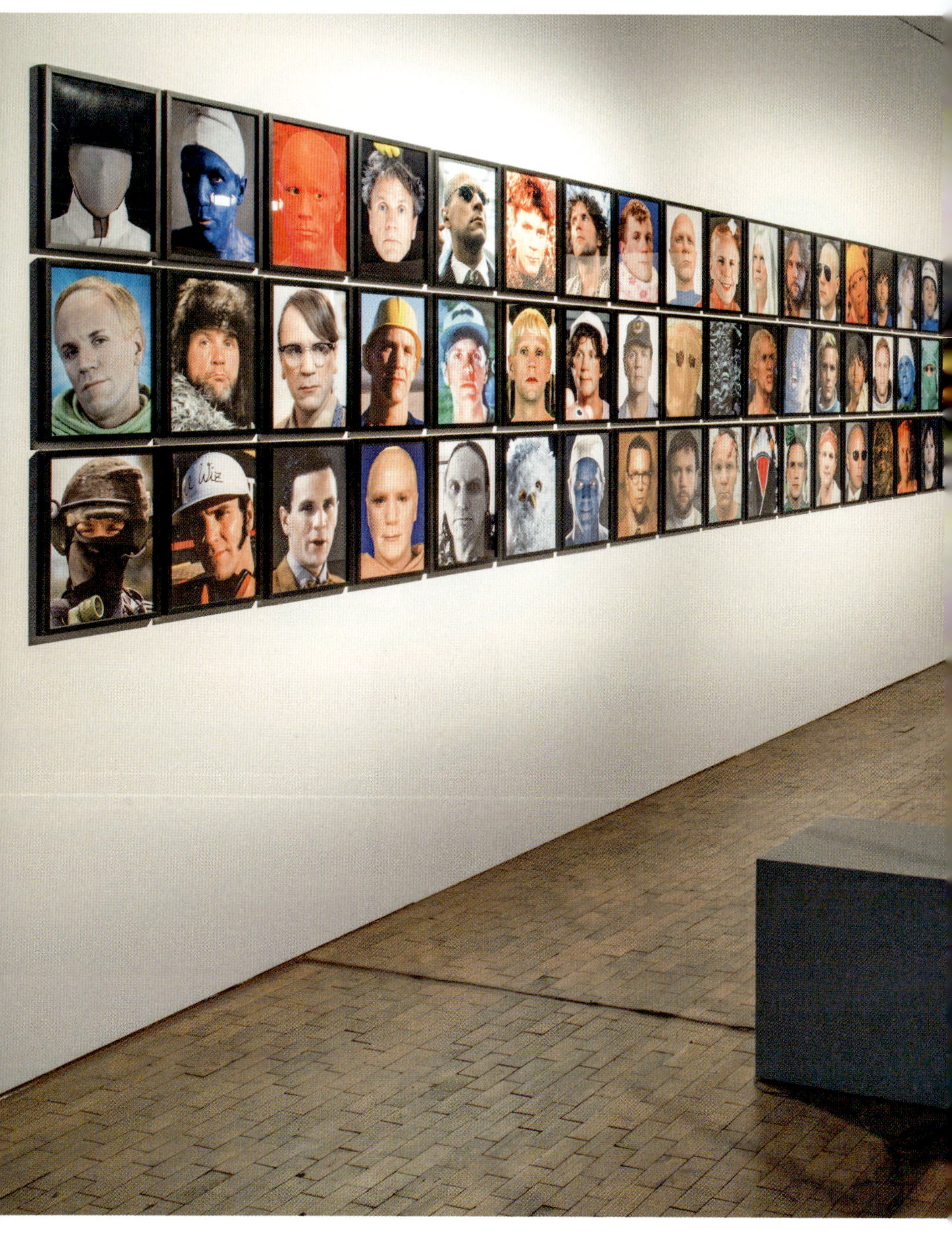

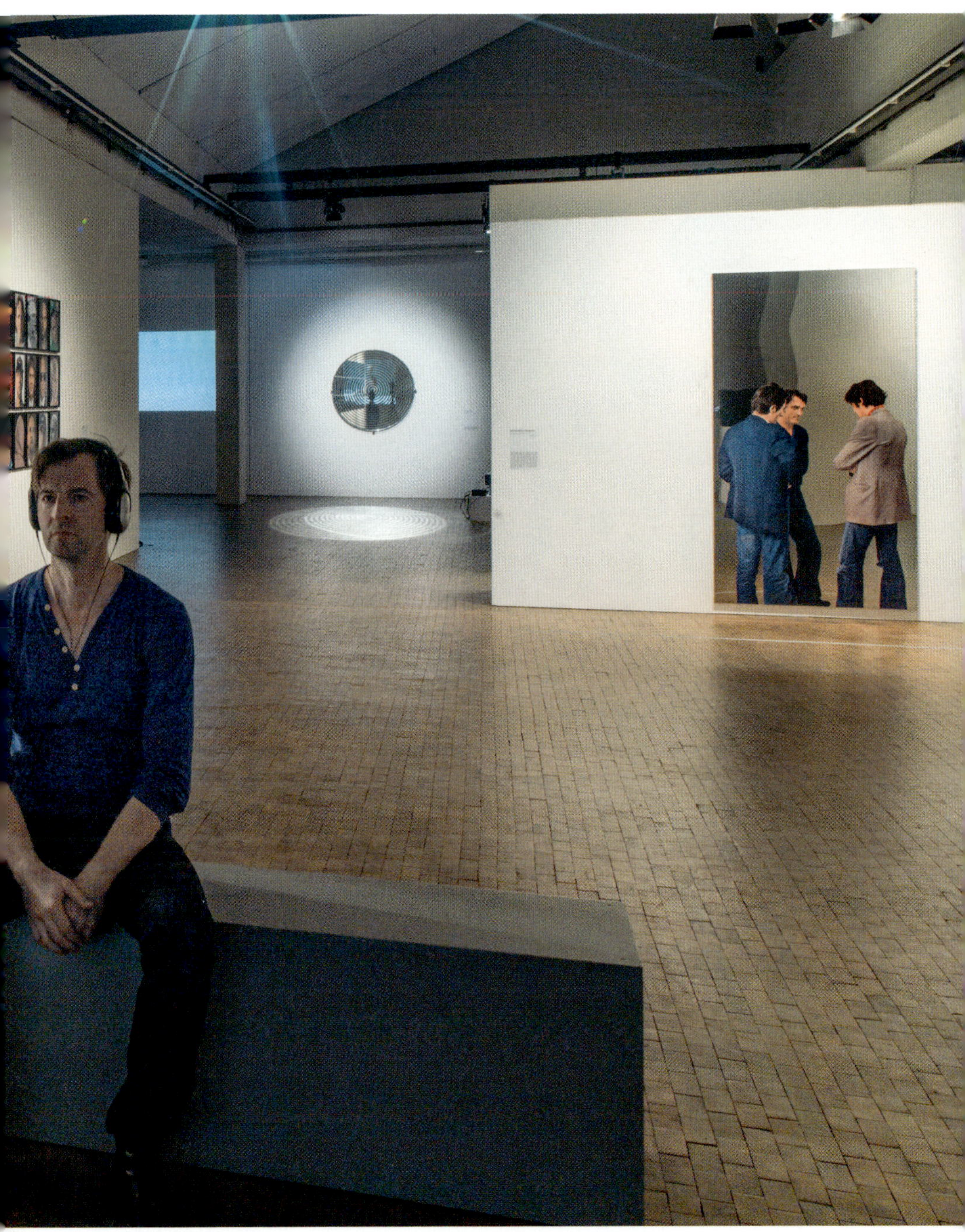

MICHELANGELO PISTOLETTO, Sacra Conversazione. Anselmo, Zorio e Penone, 1973   ↗ **79** ↗ 260

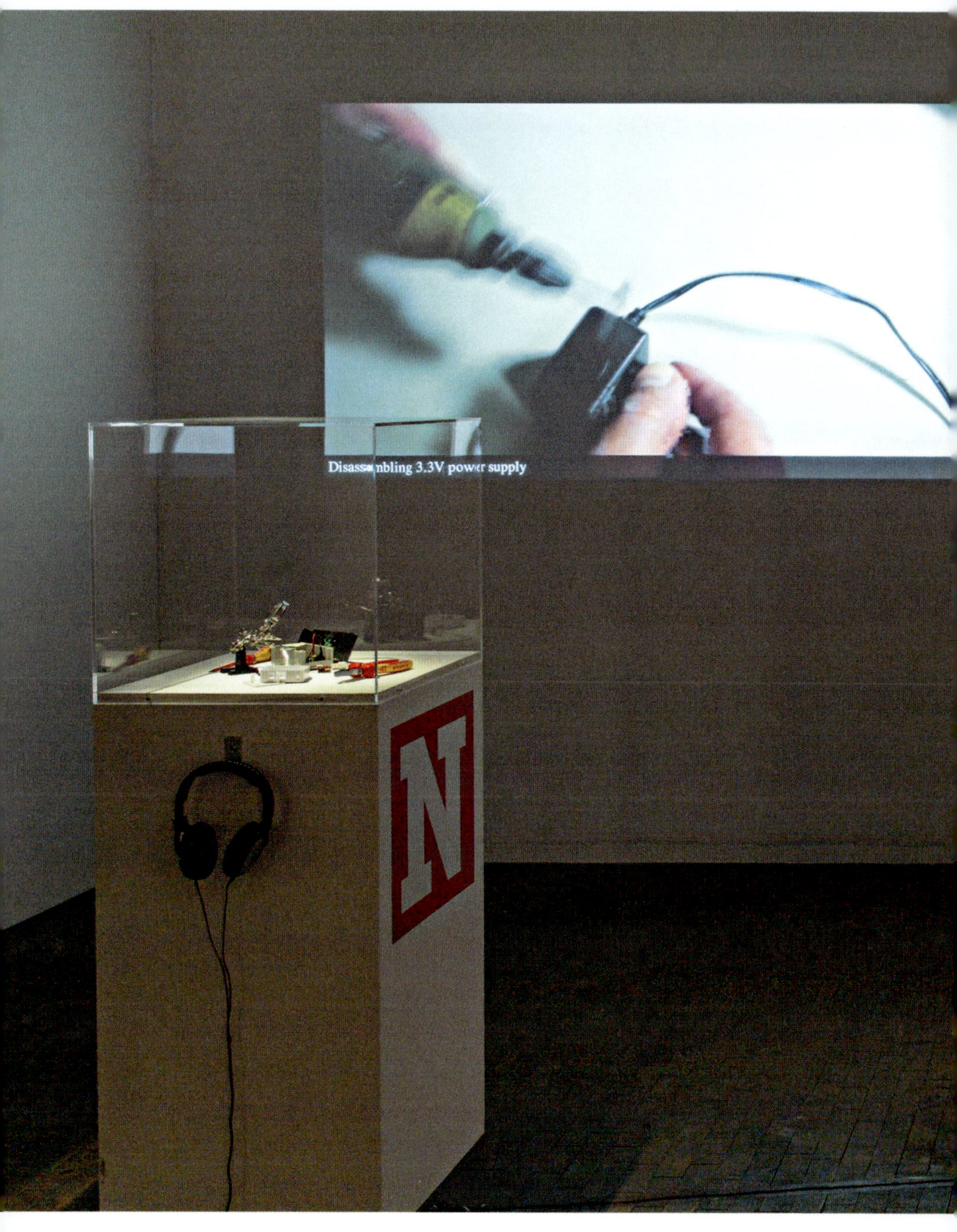

Disassembling 3.3V power supply
N

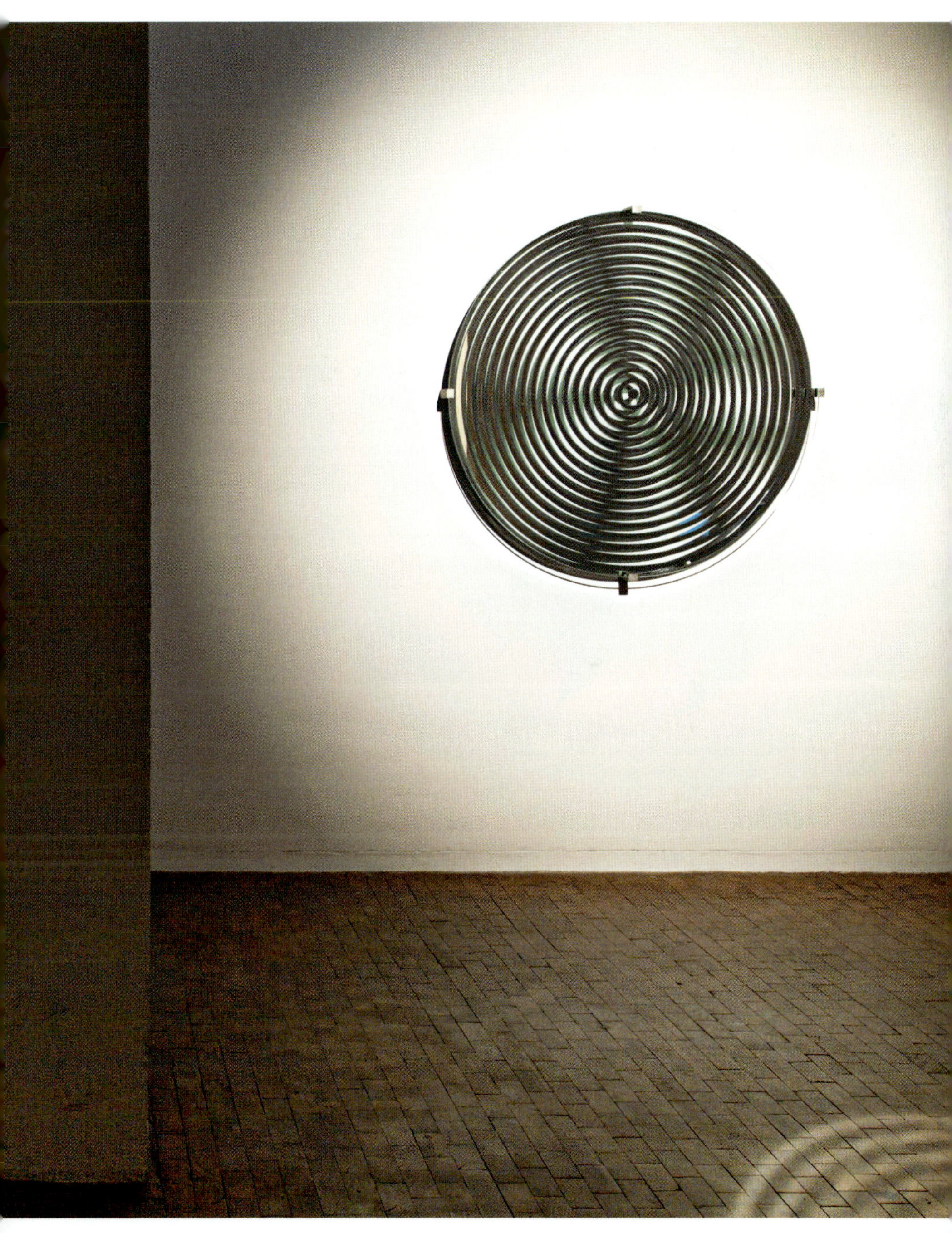

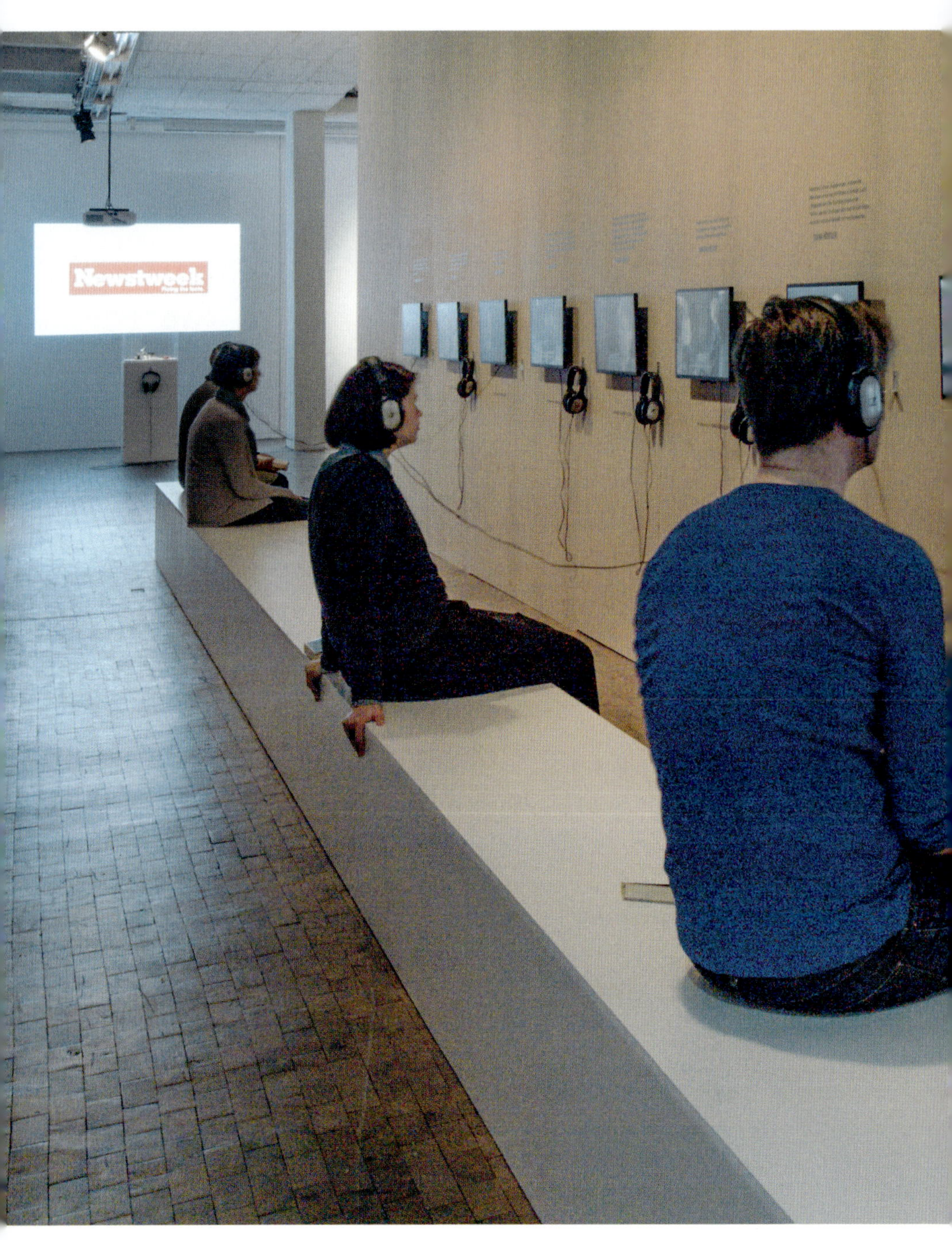
Newstweek

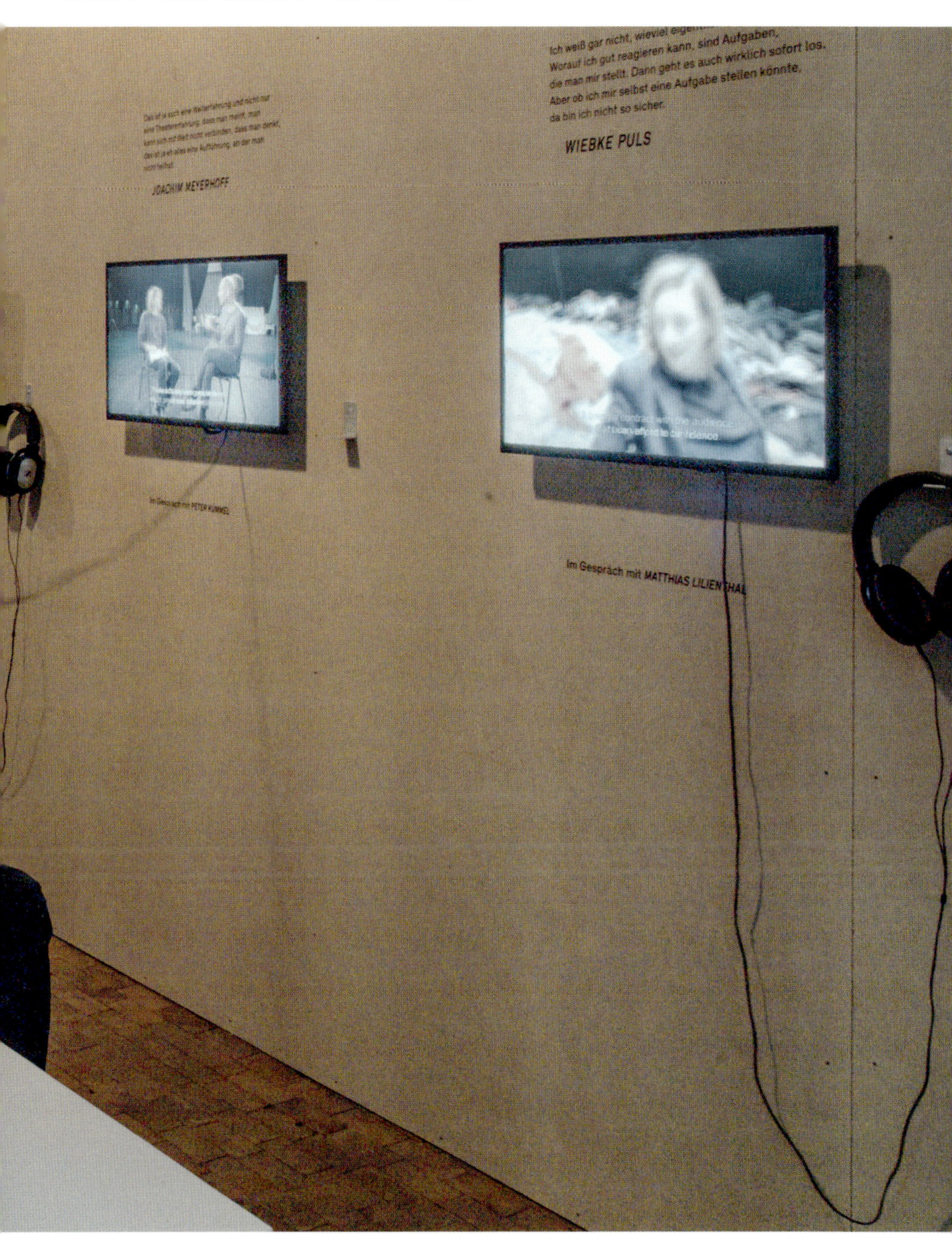
JOACHIM MEYERHOFF
WIEBKE PULS
Im Gespräch mit PETER KÜMMEL
Im Gespräch mit MATTHIAS LILIENTHAL

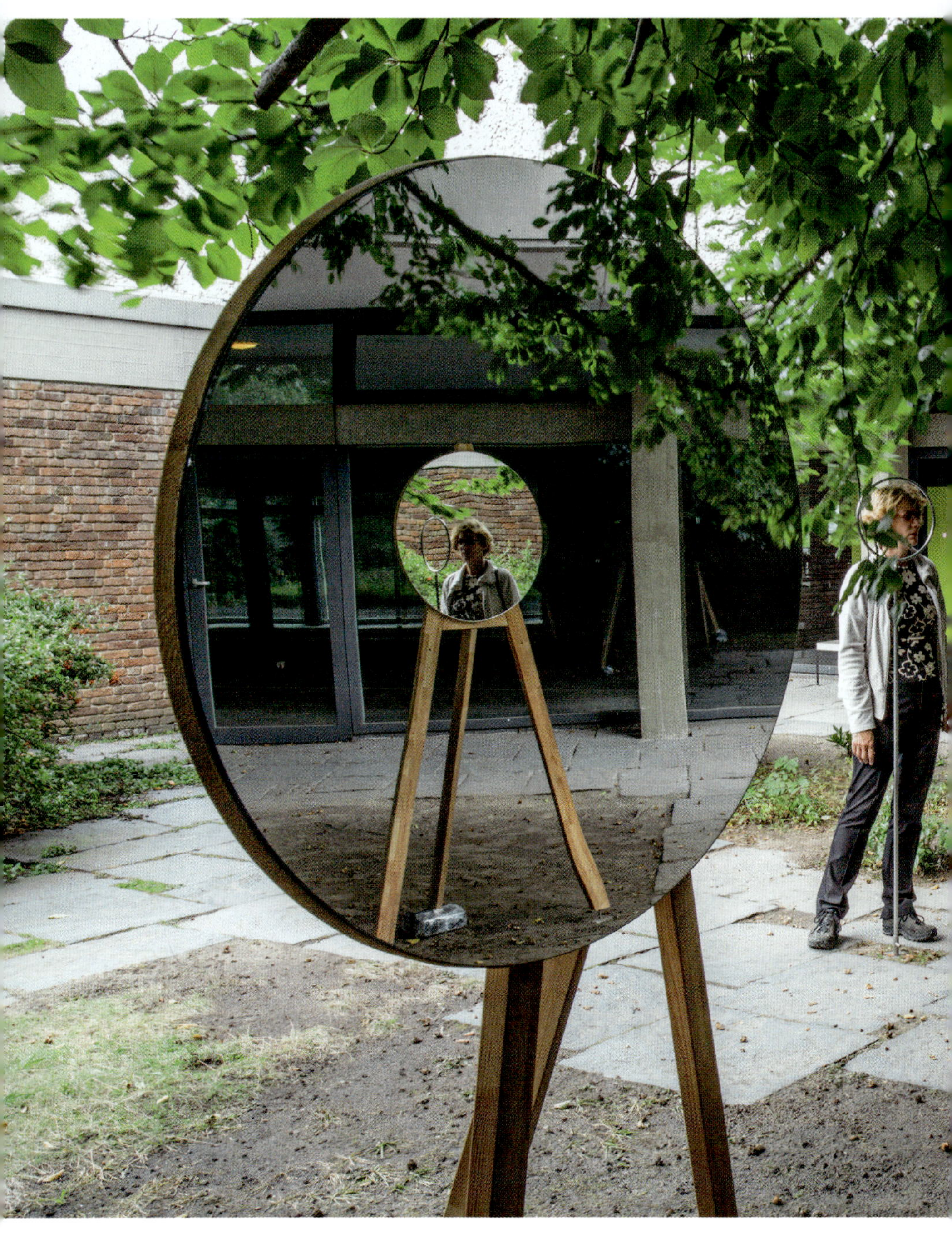

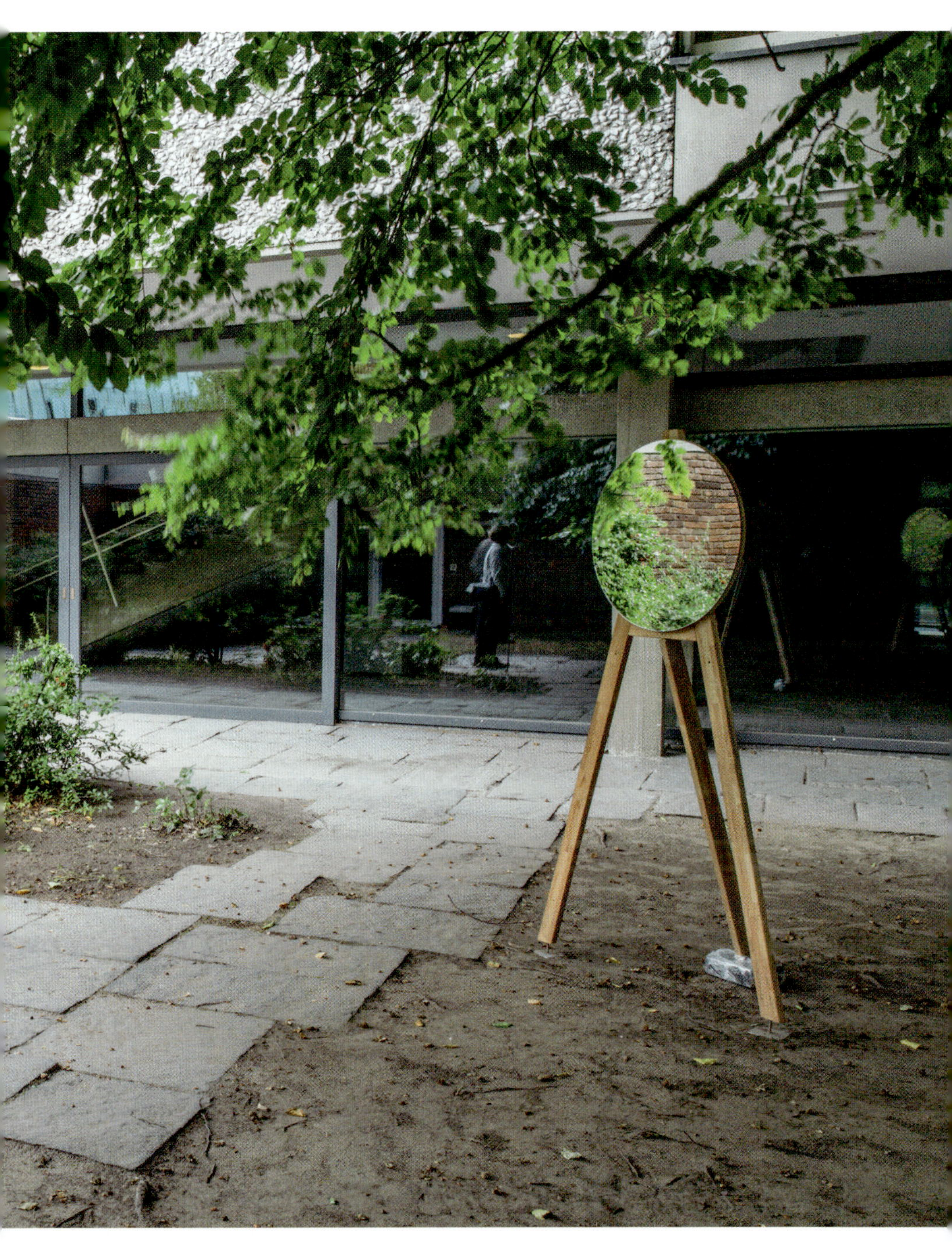

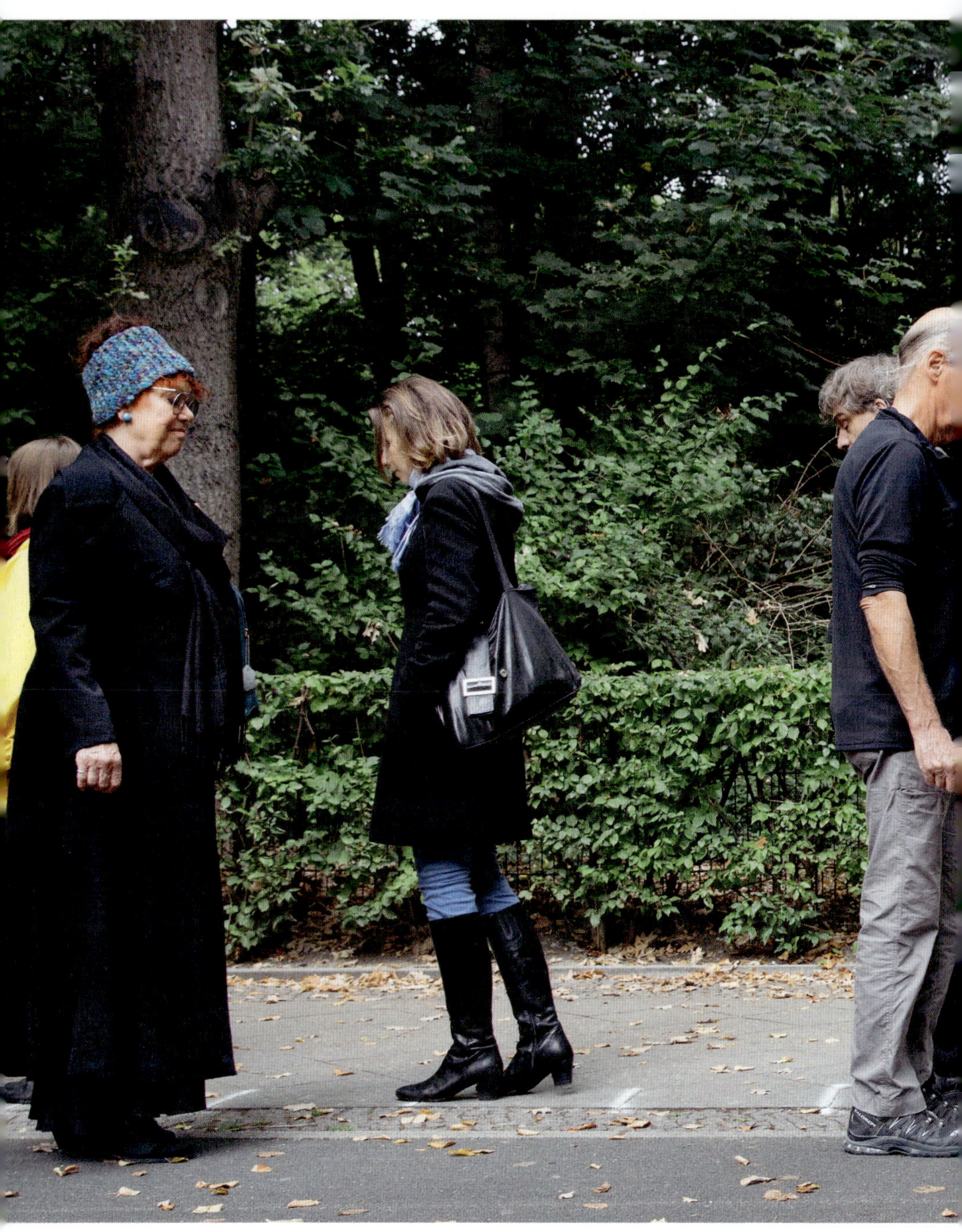

368 Teilnehmer, auf zwei Reihen verteilt und hintereinander stehend, blicken am 21. September 2014 auf dem nördlichen Gehweg der Straße des 17. Juni in Berlin-Mitte in entgegengesetzte Richtungen, nach Osten und nach Westen; mit einem Gongschlag setzen sich die Reihen aneinander vorbei in

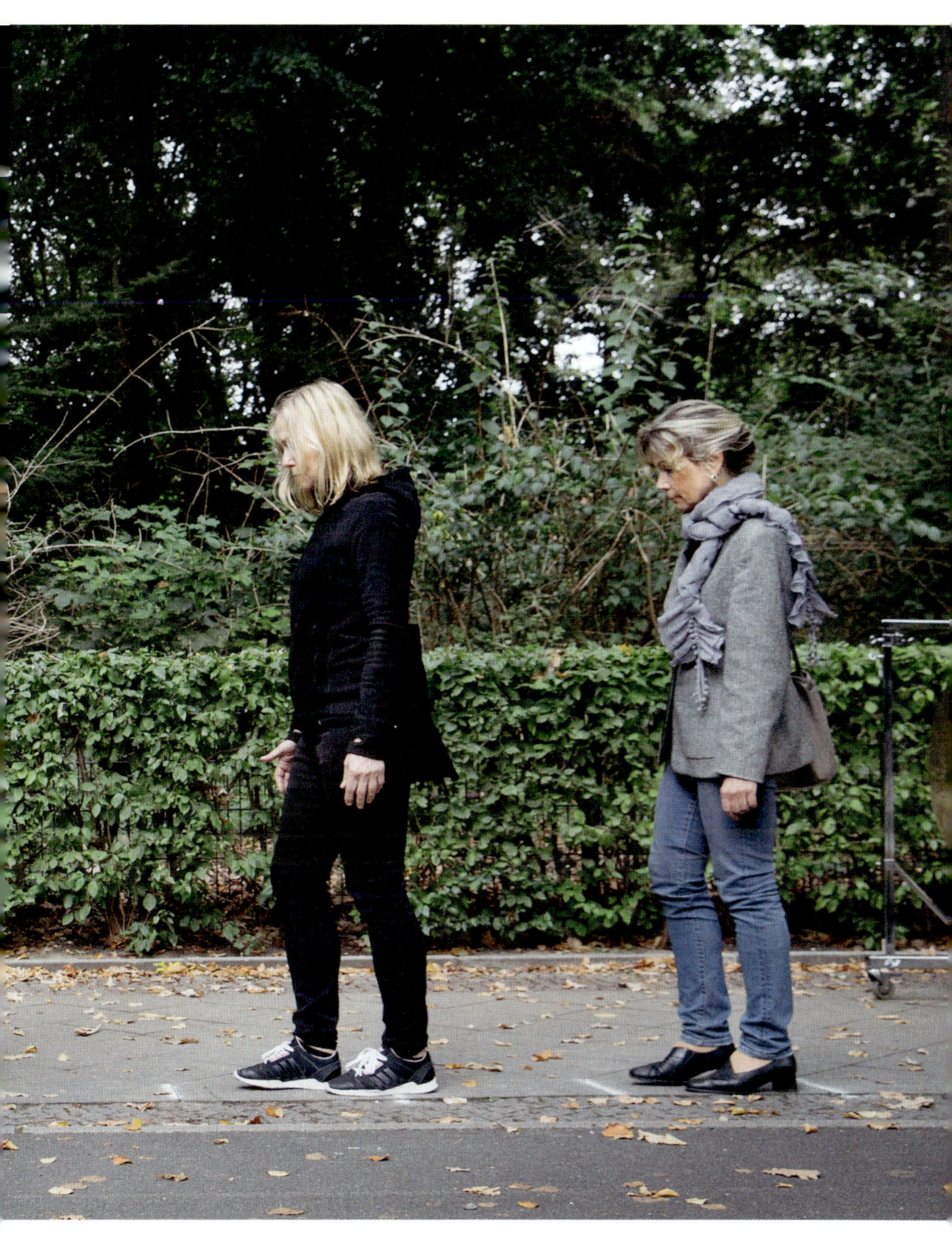

Bewegung und halten bei einem weiteren Schlag nach einer Stunde auf gleicher Höhe als zwei gleichlange Reihen; sie gehen bedächtig und in gleichmäßigem Abstand.

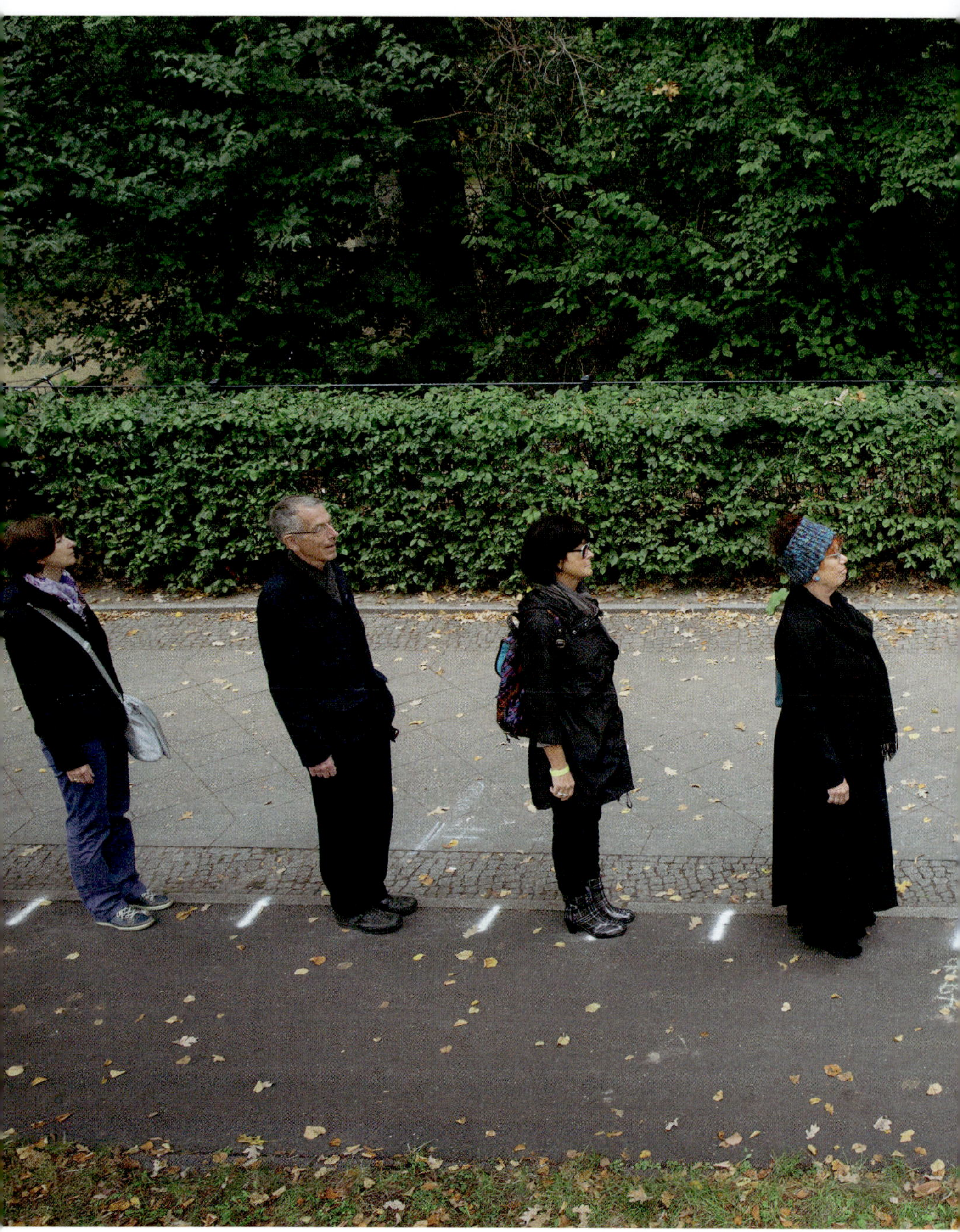

368 participants divided into two lines one facing east one facing west starting as one continuous
line ending as two lines of the same length side by side starting and ending with the sound of gongs

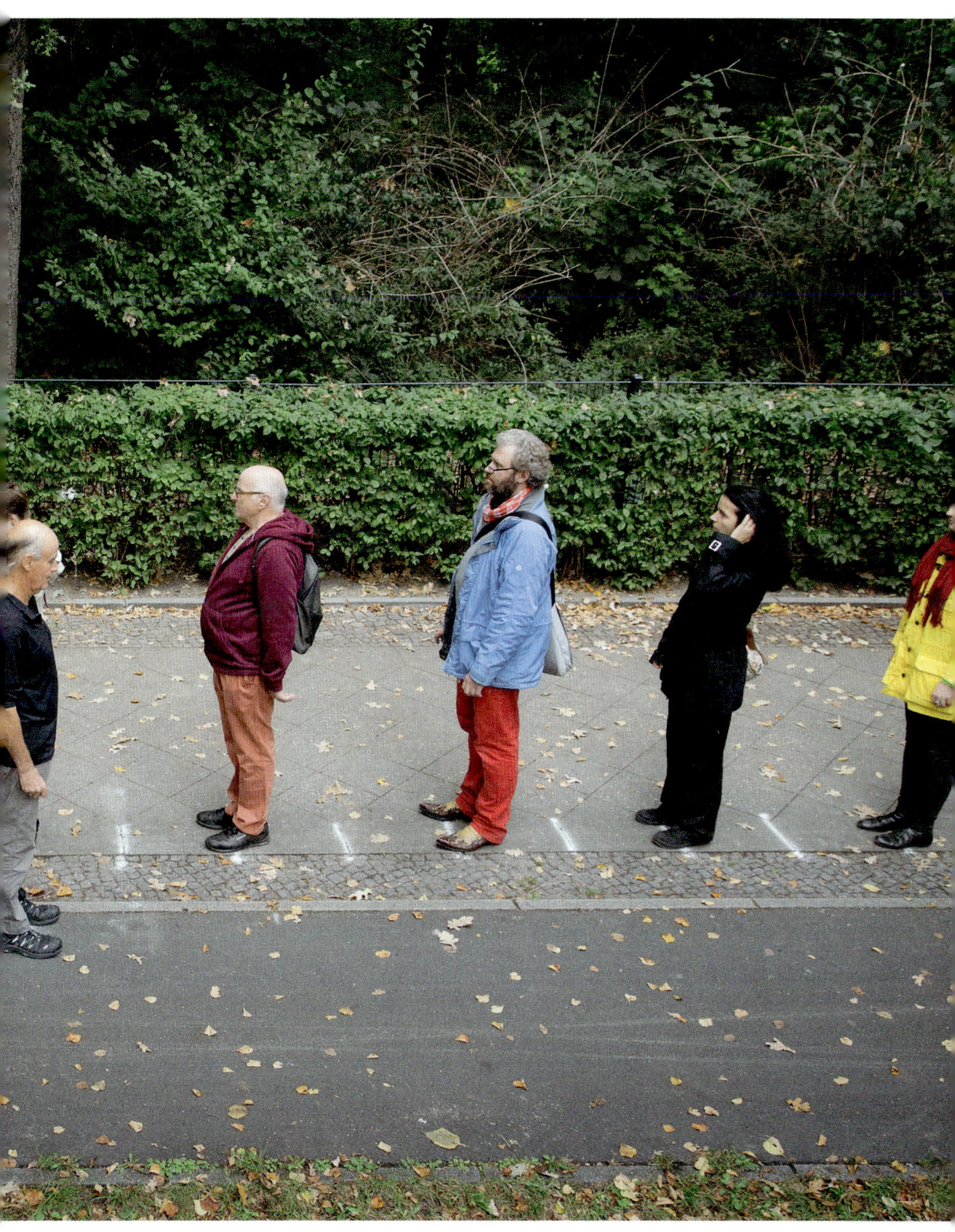

walking slowly equi-spaced in silence for one hour on the north pedestrian walk way of Straße des 17. Juni Mitte Berlin Germany 21 September 2014

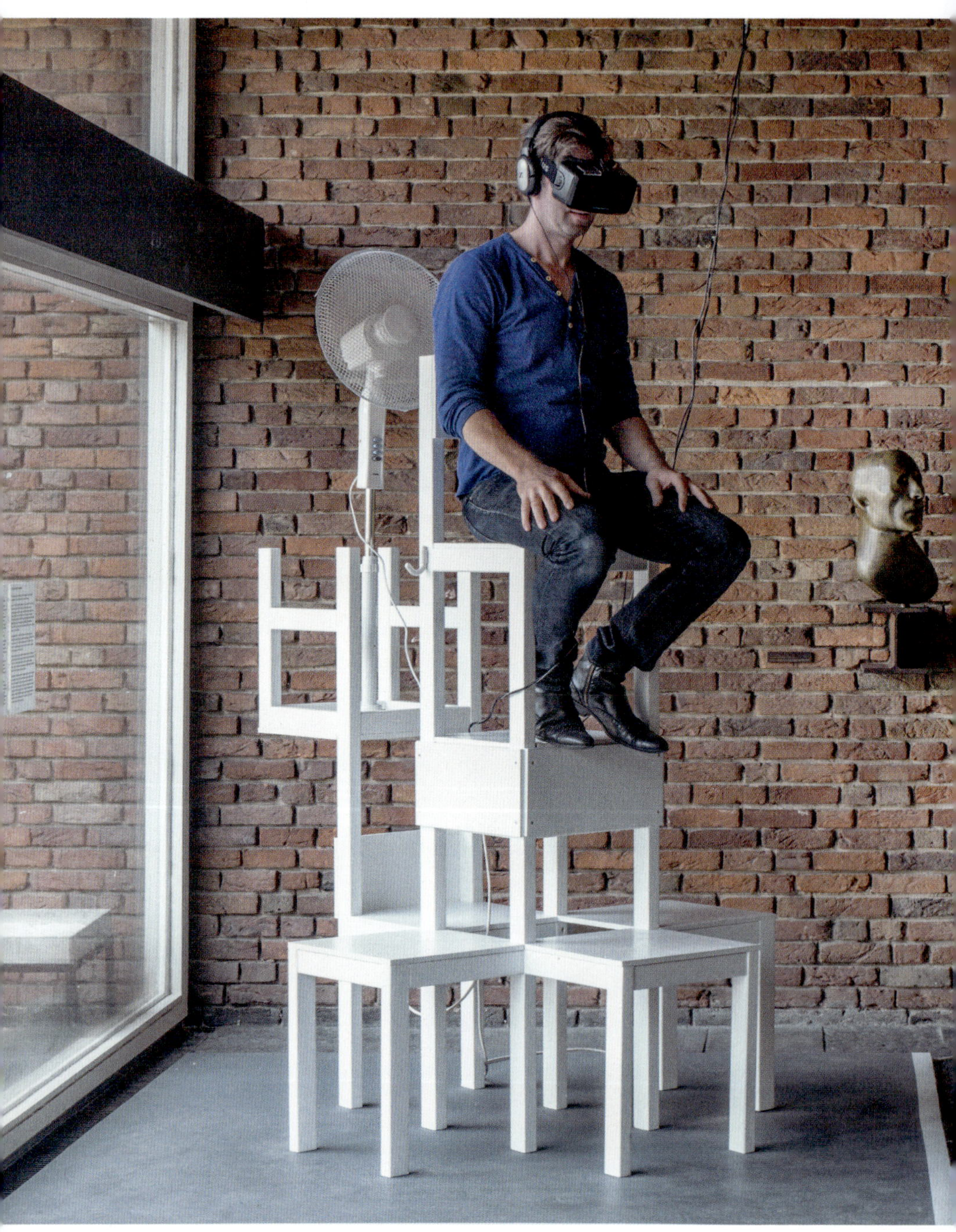

The **video documentation** of the exhibition
Vertigo of Reality (30 min., 2 GB) provides further
insight into the project and can be downloaded
free of charge:

www.adk.de/dokusdw

User name: SchwindelderWirklichkeit
Password: sdw2014

EDITORIAL

*What interested me was to bring these two kinds
of information together: physical information
and visual or intellectual information. The experience
lies in the tension that grows between them,
the impossibility of putting together.*

Bruce Nauman (1986)

The tension that Bruce Nauman was referring to – between physical presence and intellectual debate in any artistic situation – became the fertile starting point for numerous experiments in which the visitor/viewer became the interface, the work of art's substantive center – in which the work is only realized with or through the viewer. This is something that has been practiced since the closed-circuit installations of the 1960s, and had a decisive influence on developments in contemporary musical theater, in performance works that combine dance, theater, and installation, in interactive game art projects, and in the visual mirror works of contemporary art. This constant re-examination of the relationship between the work and the viewer has surfaced in all forms of art, and could be described as a large-scale experiment to explore the relationship between the subject and reality, between artistic and political space.

Is what we are seeing real? And what is real if we don't see or hear it? Can we trust our senses? Is the aesthetic experience still relevant for explaining reality? These and similar questions were posed at the outset of a long-term project to inspect the social, political, and cultural relevance of contemporary art. The consideration of reality in the arts has become a central field for experimentation, especially through the development of new media, from photography through to digitalization and game art. It is about a key question in the arts: How can aesthetic perception maintain its position in the face of scientific and technological development? In the 18th century, the philosopher Alexander Gottlieb Baumgarten turned this question into the basis for the study of aesthetics. As an example, he described seeing a sunrise as an experience equal to scientific insights about the Earth's rotation and gravity in modern astronomy.

Transferred to the present day, technological and media possibilities have increased exponentially over the last few decades. In the face of modern warfare, financial crises, or the unforeseen power of surveillance, all brought about by the digitalization of information and communication, the aesthetic experience of the individual is in a free fall.

After photography, film and video, it is now digital media that has fundamentally changed the understanding of art since the 1990s. Digitalization affects not only the storage, the distribution, and the commercialization of art, but the production means of the artists themselves. The media threshold, particularly the transition from digital information to the analogue user, is seizing the attention of artists systematically. Key terms like participation and interactivity are based on everyone's unspoken promises of engagement. In the *Vertigo of Reality* exhibition and its accompanying events, we presented strategies and working methods in which the viewer's perception became central, in which the artwork was only realized with the viewer and through the viewer – beyond its objectness, so to speak. One element of the exhibition was the so-called "Metabolic Office for Repairing Reality" – a reference in the spirit of Joseph Beuys – that functioned as a continual opportunity for dialogue, contradiction, and as a prompt for new processes, with more than 160 guests and several individual exhibitions. For more than twelve weeks, day after day, contemporary music, dance and theater, philosophy, architecture, literature and the visual arts interacted on the threshold between digital information and the analogue user, between the subject and social space, between the image-machine and the eye, between virtuality and the body – addressing a key dialectic motif of contemporary art.

Johannes Odenthal, on behalf of the project team of *Vertigo of Reality*

Translated from the German by Ben Knight

VERTIGO OF REALITY
HOW VIEWERS REINVENT ART

MARK BUTLER, ANKE HERVOL, WULF HERZOGENRATH

By the end of the 1980s, artists were using computer technology as a tool, but rarely as a medium. However, since the 1990s, a focus on interaction has been building in momentum to become one of the central aesthetic dimensions of digital art media. Digitalization processes have not only affected the storage, the mediation, and the commercialization of art, but also – and mainly – artistic production and reception. Through these means, artists have activated a border area or threshold where digital information and analogue users meet – a space where participation and interaction become real. These key terms are based on unspoken promises of the engagement of all, in the sense of a Beuysian democratization of art.

In fall 2014 in Berlin, the Akademie der Künste's *Vertigo of Reality* exhibition showcased artistic strategies and practices reflecting on and engaging with a viewer's perception and involvement where a work of art, beyond objecthood, is realized, as it were, in and through this very process. This locates the current developments in game art within a tradition of artistic critique and debate going back to the 1960s, evident particularly in closed-circuit video installations, but equally apparent in participative and performance projects. As the digital and analogue configuration of the works on display illustrates, the media threshold has long been a key dialectical theme in contemporary art.

Vertigo of Reality focused on visitors and their individual perceptions, confronting them with their own reactions. What is real, what is simulation and where does the subject of advanced modernity become manifest? As the classic relationship between "art as object" and "viewer as subject" has dissolved, the last decades have ushered in a radical change in the concept of art, with a critical rereading of the idea of the museum and theater in parallel. In showcasing these new "stages," the exhibition highlights that art production has become a field of research into socio-cultural structures. In this spirit, it follows a path of aesthetic enlightenment.

The Akademie der Künste explored this spectrum of topics on the border between reality and simulation with a dedicated selection of works ranging from "historic" and current closed- circuit installations to mirror works, participation projects, game art and projects on the media threshold. Remarkably, even in the 1960s, artists were already engaging extensively in their work practices with the new technical potential of images and communication in film and television, as is evident in the use of the TEEM (Theater Electronic Environmental Modular) system during the ground-breaking "9 Evenings" show (TC 04:56) at the 69th Regiment Armory in New York in 1966. Such artistic approaches can be located in a direct line with contemporary works in which a younger generation of artists leverage the exponential growth in the potential of media – from browser scripts and apps to hardware and software modifications, computer games, virtual reality and network interventions. However, rather than the artists in this exhibition merely engaging innovatively and critically with the perception and manipulation of reality through their experimental use of existing technological possibilities, they continued to develop such possibilities aesthetically. Taking a diversity of new approaches, these works investigated and re-evaluated the relation between space and time, artist and visitor, image and portrayal, sound and resonance, code and body, and reality and simulation.

Closed Circuits

The immediacy of video images, together with the possibility of simultaneously manipulating them and/or controlling the replaying of such images or mirror images in a separate space, has allowed artists such as Bruce Nauman, Nam June Paik, Peter Campus and Richard Kriesche to include the viewer both as observer and as active performer participating in arranged situations or installations. Franz Reimer's walk-in installation *The Situation Room* (2013, ill. p. 164 ff.), which recreates the eponymous iconic press photo by Pete Souza, underlines how as yet every closed-circuit installation is based on the simultaneity of the real – the interplay between what happens in real time and what can simultaneously be seen as a replication of a situation. While there seems infinite potential for such juxtapositions today, the focus in the 1960s was on a simple juxtaposition between subject and object, their relationship to one another, and the synchronicity of action – for example, when a participant was confronted with his or her own image not reversed as in the standard mirror image, but the right way round. The participant's habitual self-perception is denied through this manipulated reproduction of reality. In Dan Graham's *Present Continuous Past(s)* (1974, ill. p. 148 ff.) numerous asynchronous images of visitors are created and projected with an eight second time-delay – the past and present are fused, and the borders blur. Through the possibility of a time-delayed projection in the installation's time-space structure, the visitor is situated in a time-space field no longer solely located in and documenting his/her present, but simultaneously reproducing both present-time and its manipulation. In closed circuit and mirror works, visitors are confronted with new ways of experiencing reality in constantly updating time-space-body-media systems. The reflections in the mirrors and video images depend both on the movement of the body in space, as well as the position of the mirror or the recording camera and the adjustment of the manipulation mechanism. Such media performances of reality undermine the viewers' accustomed self-perception.

Participation

"I don't know what I will do for the rest of my life. It can't get any better than this!"[1] In extending the focus on closed-circuit images and the relation between subject and object, between artist, visitor, and involvement, the exhibition's second thematic facet examined the radical shift in the artwork-viewer relationship in the 1960s. Minimalism extracted this relationship from the work of art and reinforced the role perception played on the viewer in the exhibition space. Participation art offers the viewer a further opportunity to become an active performer in communicative and interactive processes constructing reality. Since the start of these influences, art has no longer been limited solely to exhibition spaces, galleries and museums, but has increasingly (re-)occupied social and political space.[2] Through its selection of exemplary non-physical art projects, the *Vertigo of Reality* project questions power relations in the artwork. Who controls the aesthetic experience? Artist, curator, critic or visitor?

In participation art and the sphere of "social sculpture" as advocated by Joseph Beuys, all these factors jointly control the work and each person is ascribed

1   Kiki Smith, after she was carried through Manhattan's streets as a "living" contemporary icon in Francis Alÿs' *Modern Procession* (2002).

2   Numerous exhibitions have explored this subject, e.g. *The Art of Participation: 1950 to Now*, organized by Rudolf Frieling in 2008–09 at the San Francisco Museum of Modern Art as a survey exhibition to examine all facets of this theme – an aspiration which the Akademie der Künste neither intended, nor could realize in this exhibition.

a partial authorship. In closed-circuit installations, the works of Richard Kriesche (ill. p. 186 f.) and Marina Abramović document the interface between the first and second thematic threads of the exhibition. In contrast, Hamish Fulton (ill. p. 196 ff), Tino Sehgal and Christian Falsnaes (ill. p. 172 ff.) offered insights into the reduction to the non-physical and the resistance to the production of objects. Here, the exhibition project entered the realm of the performative arts, relating the sphere of action to the social and public space. In Tino Sehgal's choreographed installations, the visitors at Berlin's Akademie der Künste became social sculpture, part of a work that systematically refused to accept objectification and provided a radical experience of presentness. In this way, it sharply contrasted with the radical dissolution of secure self-referential positions with each subject's irreducible enmeshment in time and space. In 2012, Tino Sehgal declared: "We expect too much from objects — that they can generate subjectivity, for example." This subjectivity, he continued, "is created through work on one's self and interaction with others. And not by buying some object or other and attaching it."[3]

Game Art

Almost inevitably, the exhibition's first two thematic facets led to an exploration of game art, since computer games always consist of closed information flows requiring the player's participative performance to shift from potentiality to actuality.

Only when exhibition visitors agreed to accept a game's programmed body of rules, entered into an information exchange with it via the interface and participated in this cybernetic feedback system, could they become involved in the aesthetic experience it offered, in which the real, symbolic, imaginary and virtual were reciprocally linked.

Since around 1995, artists have been working with computer games and exploring this medium's aesthetic potential. The game art label developed in the wake of such artists as JODI (Joan Heemskerk, Dirk Paesmans), Cory Arcangel, Margarete Jahrmann, Bill Viola, Lynn Hershman Leeson (TC 18:39) or Pierre Huyghe, regularly taking computer games as the material and medium of their artistic practices to create works. The range of differentiated positions now established in this field was highly relevant for the *Vertigo of Reality* exhibition. While in previous years artists were often concerned with the games' visual

3   Sabine Weier, "Erfahrungen in der Kasseler Black Box: Künstler Tino Sehgal," *Die Zeit*, June 27, 2012, www.zeit.de/kultur/kunst/2012-06/tino-sehgal-documenta.

representation, contemporary game artists focus particularly on the medium's inherent qualities – the programs' interactive structures, as well as the mechanics of the game experience, which prescribe the player's clearly defined options for action. In this process, they subvert established patterns of interaction in favor of unfamiliar modalities of being-in-the-simulated-world.

Hence, in this exhibition, all the selected works addressed issues relating to space, body and media arrangements. The core mechanic in Bill Viola's *Night Journey* (2010, TC 16:11) is the act of traveling and reflecting. Exhibition visitors were invited to adopt a virtual body and take part in a simulated journey located neither here nor there, but in a world across the media threshold, where those who are mindful and contemplative are rewarded. Alexander Bruce's *Antichamber* (2013, ill. p. 163, TC 13:02) similarly addresses the exploration of space. However, in this case the familiar logic of interaction and navigation is radically undermined by the game world's non-Euclidean geometry, inducing a spatial vertigo. In Auriea Harvey and Michaël Samyn's game *Bientôt l'été* (It's nearly summer, 2012, TC 07:08) developed in their *Tale of Tales* studio, a social vertigo is produced with an anonymous other on the internet through the simulated doubling of space, body and symbolically structured love. In contrast, *Unmanned* (2012, TC 10:18) by Paolo Pedercini (Molleindustria) allows players to experience disconnects in the vertigo of reality induced by the transformed spatiality and physicality of drone pilots. And in *Frontiers* (2008), the artists' group gold extra created two asymmetrically coded virtual bodies to confront players with the socio-political spaces on the borders of Europe.

As a multisensory interaction with data structures, virtual reality – which undoubtedly includes computer games – fundamentally questions the notion and experience of spatial embodiment. Here, for example, the exhibition also showed VR works, such as Daniel Ernst's *The Great Gottlieb* (2014, ill. p. 200) or Robin Arnott's *Soundself* (2014), that offer vertiginous aesthetic experiences. These works represent border positions in the field of game art since they also explore the issue of whether they are actually still games at all. This applies equally to the Paidia Institute's three works from the continuing *Paidia Laboratory: feedback* series (TC 20:48), which take the ideas behind closed-circuit installations to the extreme by radically removing participants from the game's feedback loop. What kind of participation is still possible with a media arrangement playing a game by itself? Taking computer games as closed systems poses a new series of questions about power relations under digital conditions. Who is the player?: *Homo ludens*, the universal machine, or a cybernetic circuit?

The Media Threshold

In the final section, the exhibition explored the media threshold and, in particular, the digital threshold. The idea of a "threshold" initially evoked a transitional zone between the artist, work and viewer. The emphasis on the media threshold highlighted the particular key quality of media, which makes the media concept so valuable in engaging with art – the medium itself becomes the threshold to art as precisely what lies "in between," what is mediated as agency, material, technique and practice between the maker and recipient of art. This facilitated the development of a new perspective on all the themes and works displayed in the other facets of the exhibition, from closed-circuit installations to participation projects or game art. In the exhibition's historical, earlier works, this threshold was still entirely analogue. For example, the media assemblage in closed-circuit installations revolved around the situation of imaging in physical space, the bodies of participants, video cameras and mirrors, as well as the images they created, their manipulation mechanisms and screens or projectors. Similarly, one can also talk of an analogue media threshold in participatory projects – despite the reduction to the immaterial – created by the performers and visitors' bodies, as well as the preformulated architecture of interaction and spontaneously realized improvisations.

As artists have increasingly employed computer technologies over the last decades, the media threshold has steadily become digitalized. In this process, though, the possible analogue and digital configurations are infinite. Without seeking to juxtapose the digital with the analogue, the use of the term "digital threshold" is intended to do justice to this development. The objective is to explore a new aesthetic situation – a change announced with game art, where the focus of attention shifted to the digital – while simultaneously bearing in mind the digital's indissoluble interconnectedness with the analogue. In the case of game art, the focus on the media or digital threshold addresses the interfaces where the digital mechanics of the game can be experienced and adapted by the player's analogue body. In this context, we can talk of a unique configuration of the analogue and digital for each individual game.

However, the focus on the media threshold also had its own core constituent in the exhibition, comprised of works that also referenced the previous facets. For example, *Newstweek* (ill. pp. 164, 190, TC 23:50) by Julian Oliver and Danja Vasiliev creates an intersection of closed-circuit installations, participation projects and game art, where the installation comes alive through the visitors' involvement in a cybernetic flow of information that induces a joyful feeling of mischievousness. While *Newstweek* is designed to heighten awareness of the vulnerability of data to manipulation in wireless networks, the *Men in Grey* (ill. p. 182 f., TC 17:42) on their lonely work assignments illustrate how wireless network data lack the protection to prevent them being accessed and read. Since both works are structured around simulation and dissimulation, they could be characterized in the words of Richard Schechner, a founding figure in games theory, as "dark play" – a game that is not revealed as such.[4] In taking such an approach, they raise the question of our data networks' trustworthiness, and offer an aesthetic experience by giving a visible form to something we are unable to perceive through our senses, yet which long seems to have become an integral part of our everyday lives.

Similarly to these last two projects, the works of Harun Farocki and Trevor Paglen also move on the media threshold in order to make the invisible visible. In this sense, they are very much *Visibility Machines* (ill. pp. 152 ff., 162 f.), as they were so appositely dubbed in the eponymous title of an exhibition in Baltimore (2013–14) dedicated to their works. They both investigate forms of military surveillance, espionage, war making and weaponry, and research into the deceptive and clandestine methods with which military and intelligence service projects have transformed and politicized our relationship to images and the realities they seem to represent. Herman Asselbergh's *Dear Steve* (2010, TC 22:30) can also be regarded as a machine for making the invisible visible, although in a different way. In this case, this deconstructive performance uncovers the libidinous relationship to the digital technologies with which we work and play.

While the previous works in this section of the exhibition addressed making the invisible visible, the works of Bjørn Melhus, Thomas Demand and Thomas Wrede explored the media threshold of the image itself by displaying the various processes of manipulation in their photographic virtual realities. Melhus' role plays are paradigmatic for life in the intermediate realm of media (ill. pp. 147, 188 f.). In his multifaceted figurations, he plays with the transition between the ego and alter ego – whether in his cutouts or his many self-portraits. On the other hand, since Demand and Wrede both start from concretely existing situations or landscapes as the basis for their works, their images come with a claim to depict reality. While Demand focuses on press and television images, and meticulously recreates them from paper and cardboard, we actually only experience these scenes through the medium of photography (ill. pp. 144 f., 172). By the time we are able to view Demand's images, the actual models have already been destroyed.

---

4   See Richard Schechner, *The Future of Ritual: Writings on Culture and Performance,* London/
      New York, 1993, p. 36 ff.

In contrast, Wrede's photographic works express an almost "Romantic" longing for landscape and the elemental force of nature, which seems close to that found in Caspar David Friedrich's paintings (ill. pp. 143, 181). The photographs themselves open up a contested space between this revered natural reality and an artificially created landscape.

In this way, the last facet of this exhibition made reference to the contemporary situation of media, where supposedly closed systemic feedback loops were opened up, reality evaporated, and the invisible and unforeseen appeared. And this reinforced the theory that "the game is quite simply the method *par excellence* of moving in simulations."[5] In retrospect, the essence of *Vertigo of Reality* emerged in the closed-circuit installations, mirror works, participatory projects, performances and various digital-analogue experiments. Since the 1960s, the specific possibilities in the particular state-of-the-art technologies at any given time have always been employed to explore the relation to the self and the world of artists and viewers or participants in the contemporaneous field of media. This process has produced the spectrum of differences, which can be experienced in the media configurations of the exhibited works, as well as innumerable others still waiting to be invented.[6] *Vertigo of Reality* was an invitation to engage with the situations and positions in contemporary media and to confront the challenges they present.

Translated from the German by Andrew Boreham

5   Natascha Adamowsky, *Spielfiguren in virtuellen Welten*, Frankfurt am Main, 2000, p. 18.
6   See also Hans Dickel, "The Medium is the Medium – Zur Kunst von Peter Campus," Wulf Herzogenrath, Barbara Nierhoff (eds.), *Peter Campus. Analog+Digital. Video + Foto. 1970–2003*, Bremen, 2003, p. 26ff.

THE OPTIMIZATION OF THE ANTIQUATED INDIVIDUUM

STATEMENT BY JUTTA BRÜCKNER

Can art affect society? Society is an abstract concept, but art is concrete and always directed towards the individual. This person could be a man or woman, could be living in Europe, America or Asia, and could be listening to a CD of Korean music, or standing in a museum looking at the paintings of an African artist, or just watching a Hollywood movie. Any philosophical statement about "art" will always run up against this diversity. But the lowest common denominator of our brave new digital world, that choice between 0 and 1, is blurring the differences. Art's first job is to insist on these differences and make them visible, but after that, there is a much more difficult task. Today's scientific and technological laboratories, capitalist markets, and globalized offices are working on something the totalitarian utopia have always yearned for: a new human being. They do not want the political or moral refinement that socialist utopias hoped for, but a bio-political research and application field for the transformation and regeneration of this flawed creature that calls itself human. This new being is meant to submit itself to the seduction of universal machines, but believe that its adaptation to the cybernetic world is a choice made of its own volition. Traditional power and hierarchy become invalidated. It is no longer about changing the world's behavior and morals, which Norbert Elias described as steps in the process of civilization, but about interventions in the spiritual and physical substance of the human being via his or her interconnection with machines. The ultimate goal is a cyborg that can be controlled and steered. The USA — always ahead of us when it comes to transferring attitudes towards life to the media and therefore to the consciousness of the masses — clearly understands this.

We could take some comfort from the thought that all of history's bloody totalitarian utopias failed, as will this dystopia disguised as seduction. We are all still analogue creatures that can't just be switched on and off like a machine by pushing a button. Instead, we are creatures with bodies, whose lives span the arc of existence between one initial bloody scream and another marking an often equally bloody death. But attempts to make our creaturely essence disappear are thorough, because they are largely invisible and secret. None of us have a complete view of what is being done in the laboratories, and what consequences that work will have. And this is where the second task of art begins. It must defend the endangered, analogue creatures we still are — our pains, inertia, unpredictability, desires and failures. Human existence is flawed, impure, and it culminates with the final failure of death. A cyborg does not fail, it can only stop functioning. It might at first seem conservative to give art the task of preservation, but then terms like conservative and avant-garde are being blurred by the digital revolution, like every other relationship. More than ever, we have to rethink what the terms "avant-garde," "autonomous art," and "political art" mean. As all our values are being transformed by the digital age, one criteria must remain: the human being as an individuum, not as an accessory or the component of a machine. There was already talk of the "antiquatedness of man" fifty years ago. Now we are more justified than ever in using such terms. This antiquated being is our only guarantee for a human future, for one thing is certain: Each of us is always more than what we know of ourselves.

Translated from the German by Ben Knight

CAN ART CHANGE REALITY?

STATEMENT BY BIRGIT HEIN

The question of art and society was debated with intense passion between the end of the 1960s and the end of the 1970s under the heading of the avant-garde and politics. The heaviest attacks were aimed at contemporary avant-garde art and its exhibition and distribution system. Formalist and non-representational art in particular were considered representatives of a reactionary, late-bourgeois ideology.

So, as an ostracized avant-garde artist, I tried to mount a defense in 1977 in a publication I will now quote: "The problem lies in the paradox of artistic work and the function it is supposed to fulfill: it is meant to embody ideals — such as true freedom, or pure truth — that can't be realized in society, but which society needs in order to vindicate itself. [...] Essentially, attacks on the avant-garde come from a conviction that art can have a direct effect. [...] But all attempts by the classical and contemporary avant-garde to connect art to life have failed. Because either anti-art turns into art again, or else the production of art is given up in favor of direct social activities. [...] The progressiveness of political art depends on the progressiveness of its content. That means that any debate necessarily becomes a debate about the right content. In that case, we have to ask ourselves whether content alone can be art. Either way, what is clear is that you don't need art to convey the right content."[1]

This problem remains unsolved. In a conversation with Johannes Odenthal, Rabih Mroué said in 2013, "As an artist I must lay all my ideas and convictions on the table, and perhaps even betray them. Art asks questions, but doesn't answer them. If you're an activist, you are already giving answers. You know what's right and wrong. I can't make art if I know exactly what is wrong and what is right. Please don't misunderstand me, I don't have anything against activists, I'm just

1   Birgit Hein, "Avantgarde und Politik," *Frauen machen Kunst*. Exh. cat., Bonn, 1977, unpaginated.

talking about activism and art. If I belonged to an activists' group, I simply wouldn't make art."[2]

In the 1920s, the Russian Formalists believed that the only possible approach to solving the problem of the conflict between "art and revolution" was to take on form. "It took many revolutions to free the artist from the obligations of the moralist, the storyteller and the court jester, so that he could follow his creative calling and take the path towards construction," El Lissitzky wrote in 1920.[3] They understood art as work in an aesthetic, formal field that is only slightly different from other specialist fields, such as science. Through this, art communicates information that cannot be adopted by any other information system, and which cannot even exist outside its own language.

In the face of the global production and distribution of digital images, truth has once again become an issue in the visual arts, especially when it comes to the relationship between picture and depiction. This is especially true in the field of the documentary, which has developed enormously since the 1980s. "The constant uncertainty over whether documentary truth is possible, or whether it has to be dismissed from the outset, the constant doubt as to whether what we are seeing reflects reality, are not flaws that have to be denied, but are in fact the defining feature of documentary forms. They are marked by the often subliminal, yet gnawing uneasiness they create with the question: Is this really true?"[4]

For me, the avant-garde as an artistic strategy is passé, and has been since the end of the 1970s. Today, the political in art expresses itself through subversion. It has to be continually recreated and cannot be commercialized. It begins at the point where society tries to skate through life unimpeded.

Art does not change reality, reality changes art.

Translated from the German by Ben Knight

2   Rabih Mroué, "Kein Bild ist hunderprozentig real," Johannes Ebert, et al. (eds.), *Zeitgenössische Künstler – Arabische Welt*, Göttingen, 2013, p. 168.

3   El Lissitzky, "Der Suprematismus des Weltaufbaus," Sophie Lissitzky-Küppers, *El Lissitzky. Maler, Architekt, Typograf, Fotograf*, Dresden, 1967, p. 327.

4   Hito Steyerl, *Die Farbe der Wahrheit – Dokumentarismen im Kunstfeld*, Vienna, Berlin, 2008, pp. 9, 11.

The **video documentation** of the exhibition
Vertigo of Reality (30 min., 2 GB) provides further
insight into the project and can be downloaded
free of charge:

www.adk.de/dokusdw

User name: SchwindelderWirklichkeit
Password: sdw2014

CLOSED-CIRCUIT INSTALLATIONS, OR:
MY EXPERIENCES WITH A DOPPELGÄNGER

WULF HERZOGENRATH

Whenever people have discussed videos or video art in the past few years, it was usually about new tapes, music clips, or the aesthetic of the immaterial. In the visual arts, multichannel installations were often the focus of interest; many theoretical discussions turned on the relationship between the "serious" and the "entertaining," the disintegration of the concept of the material art market, and the structure of the feature film. Only rarely did people look at the primary experience of an actual closed-circuit installation, which, after all, rely on the medium of video. This comprises a simultaneous playback of a recorded image in which the viewer sees himself both directly and reproduced on a monitor or as a projection. Unlike a satellite broadcast, which is simultaneous, but spans continents, the image in a closed-circuit installation can be controlled by the viewer.

Seeing and experiencing ourselves can make us feel something new and bring us closer to a theme — which is what artists are supposed to do. For this reason I will first address the basic elements of the content of these works, which manifest old desires and fears via new technical possibilities, something that, before video technology, was possible in literature, but not in the visual arts.

1. The Search for — and Fear of — the Lingering Image

At ancient Roman funerals, someone would walk behind the corpse and imitate the deceased's typical movements and postures. The act brought back their presence one last time for the mourners, not least because the "doppelgänger" would even wear a wax mask representing the dead person's features.

The theme of doubling, or of the doppelgänger, is an age-old topos that recurs at certain times when the zeitgeist needs such themes, forever transforming them into new variations. Thus, around the year 1800, the Baroque's mistaken-identity plays became tragic identity crises, the erotic appeal of dressing up and role-playing became a life-threatening fear of the doppelgänger – the fear of recognizing one's self elsewhere. In the novel *Titan* (1800–03) by Jean Paul, the hero Schoppe, pursuing his own true genealogical identity, eventually finds himself in an asylum in which he goes mad. "Out of the mirrors of the mirrors he saw a whole people of I's looking at him. […] The prediction mentioned, indeed, a picture-gallery, but a mirror-room is itself one, only more vacillating, and deeper in behind the wall."[1] Schoppe dies when he sees the "striding cast of his form"[2] before him (his friend Siebenkäs), who seems to him an "I mask," or "I resemble I."

Recognizing one's own mirror image – indeed perceiving the self – is, according to the great early Renaissance theorist Leon Battista Alberti, the origin of the visual arts, if one subscribes to his assertion that "Narcissus […] was the inventor of painting."[3] The reflection on the surface of water and the recognition of one's own beauty (which in Narcissus was also tied to his own tragic conceitedness and destructive power) and the need to hold on to this beauty in an everlasting image runs through the literary and philosophical imagination of our culture all the way to Lord Henry's gift to Dorian Gray: a mirror in which the luster of the beauty of youth is forever preserved. The unique image of an already faded beauty in a static picture – an image of a time that is constantly receding further and further back; this painted, sculpted, and, since the mid-19th century, photographed image of one's own beauty – is never enough. One wants to keep a living image that develops with life. But how can it be achieved?

Eerie variations of this desire were developed in German Romantic literature, at a time when drugs and alcohol were facilitating the creation of new and ever more frightening portrayals of the world, the abyss before which the individual is lost. In 1814, E. T. A. Hoffmann conjured up Erasmus Spikher, a man who loses his reflection, and who can therefore be put alongside Peter Schlemihl, who sells his own shadow in Adalbert von Chamisso's *Peter Schlemihl: The Shadowless Man*.[4] But in terms of horrible fascination, the mirror image and shadow are outdone by the figure of the doppelgänger, who has, as a motif, taken on ever denser, more oppressive overtones since Jean Paul. Though in *Amphitryon*, Heinrich von Kleist is still playing with the Baroque "master/slave" role reversal, the servant Sosias

1   Jean Paul, *Titan: A Romance*, vol. 2, Boston, 1871, translation by Charles T. Brooks, p. 479.
2   Ibid., p. 483.
3   Leon Battista Alberti, "Della Pittura" (1435), *On Painting*, New Haven, 1966, translation by John R. Spencer, p. 64.
4   E. T. A. Hoffmann, "A New Year's Eve Adventure," *The Best Tales of Hoffmann*, Dover Publications 1967, translation by Alfred Packer.

says of his encounter with himself (actually a god who has taken on his form): "I swear to you That I, who set out single from the camp, Arrived at Thebes and destination double; That here I met myself and stared at me."[5]

This doppelgänger is identical with the self, and moves and transforms while the individual feels hunted, oppressed and lost. He is exposed to a new feeling that Edgar Allan Poe was probably the first to describe in a horrific and modern way in the 1839 story *William Wilson*. Wilson is pursued by a creature that looks like him and was born on the same day. When he prevents his alter ego from committing adultery, it sets out in a fury to kill him. In an imaginary mirror, he sees himself faced with the other, blood-drenched Wilson, and hears his own voice from its mouth: "Yet, henceforward art thou also dead – dead to the World, to Heaven and to Hope! In me didst thou exist – and, in my death, see by this image, which is thine own, how utterly thou hast murdered thyself."[6]

It is astonishing that the theme of the doppelgänger has been repeatedly taken up in literature since the Romantic era, but has barely found resonance in the visual arts. There have been many pictures of mirrors, but such "mirror images" can be seen mainly as literary devices transferred to the medium of painting – the mirror itself has not achieved any artistic status. Mirror cabinets belong to the fun fair, to entertainment, for distracting the masses. Even Bauhaus artists, who incorporated new materials like cellophane or acrylic glass, hardly ever used mirrors. The rare exceptions are objects like *Das Nichts und Ich* (Nothing and Me) by Walter Kampmann, which appeared in the November Group's exhibition in Berlin in 1923. The descriptive title stands for a silver mirrored ball hanging in front of a plate. From any point in the room, the viewer is part of the work, his or her reflection always integrated into the object.

It was not until the 1960s that artists from the ZERO and op art movements began working more intensively and systematically with the material and thematic possibilities of the mirror (Michelangelo Pistoletto should get a special mention here, ill. pp. 177, 189), though they concentrated more on the formal elements, while content was pushed into the background.

5   Heinrich von Kleist, "Amphitryon," *Plays, Heinrich von Kleist*, Continuum, 1982, translation by
     Charles E. Passage, p. 133.
6   Edgar Allan Poe, William Wilson, *Edgar Allan Poe: Complete Tales and Poems*, New Jersey, 2002,
     p. 567.

2. The Viewer Completes the Work

It is an old theory that art – in fact every single work of art – is only truly finished when viewed by a human being with understanding, sensitivity, and a capacity for memory and expression. Perception of an artwork is what gives it meaning. By extension, the intense relationship between the viewer and the work means that the viewer is actually part of the work. The viewer is being viewed, in the truest sense of the word, either by Christ in the domes of a Byzantine church, or by a figure at the edge of a painting who leads one into the events being depicted. Jan van Eyck created not only the first, but what was for a long time the most expressive example of the incorporation of the viewer into the picture as a final component, by placing a convex mirror, in which two visitors could be seen, at the center of his 1434 painting of *The Arnolfini Wedding*. Their reflection fixes the viewpoint of the viewer in front of, or rather in, the image. These two figures are witnesses of the event – witnesses to a marriage in a real sense – a role that we take on every time we step in front of the painting. The viewer as witness – few variants in the subsequent history of art have expressed it better. Marcel Duchamp addressed the perception of art, the awareness of art and reality, and made the viewer into a co-creator, just as John Cage allowed any performer of his work to be an active musician who made choices that affected the composition. However, despite all this theoretical clarity, and the insight that the viewer is not just a receptacle for the "gaze within the picture," but in fact a creative partner, static pictures, or films with a fixed order of images, are not well-suited to bringing the viewer into the artistic process.

Fluxus was the art movement of the 1960s which, drawing on Dada, Marcel Duchamp and John Cage, developed a real integration of the viewer as an active partner. Artists set out only to develop structures, mere skeletons to which the spectator added the living flesh. Fluxus artists like Nam June Paik and Wolf Vostell were the first to use video as an artistic medium, developing closed-circuit installations in which cameras and monitors were used to simultaneously play back an image of the person being depicted. Just as the manipulation of the viewer via a foot switch, a magnet, or other interventions, such as "Participation TV," was important to Paik as early as 1963,[7] Vostell envisioned the participation of the audience and new media at his very first happenings. One of the first well-known works by Bruce Nauman was also inspired by Fluxus. He was not part of the first generation of the Fluxus movement, but he developed a new concept for his work

7   See the chapter "Participation TV – das Fernsehen von uns gemacht," Wulf Herzogenrath, *Nam June Paik – Fluxus. Video,* Munich, 1983, pp. 54–57.

that incorporated the perception, behavior, and therefore the psychological sensibilities of the viewer. In 1966, Nauman and William Wiley sent a letter to H. C. Westermann. It contained nothing made by the sender, but on arrival it carried the traces of its journey, because a leaf of carbon paper had been slipped inside the envelope. The postmen, the recipient, and other people who had come into contact with the letter had left their "impression" on the work, while the artist had only provided its material structure.

3. Early Closed–Circuit Installations: Paik and Nauman, 1969

Closed-circuit installations have been part of our everyday lives since the mid-1970s: either in electronics stores, or as surveillance technology in banks, shopping malls, subway trains, or even private homes, and monitoring traffic on our streets. The term "closed circuit" describes the technical situation. The images recorded by the camera are – at least to our eyes – simultaneously played back on a TV screen. Picture and depiction appear almost at the same time, reality and reproduction live in the same time frame, in the same place – both the unity of space and time and the identification of what is depicted with reality are present.

Artists quickly recognized that this technology could be used for entirely different purposes than merely the strict representation of what came before the lens, or for surveillance and control. It allowed problems of identity and simultaneity to be explored in completely new ways.

The first closed-circuit installations were set up before a transportable camera was even on the market. In 1969, the storeowner David Bermant of the Greece district of Rochester, New York, bought an object from Nam June Paik at his first group exhibition in New York. It allowed the viewer to create images directly on a screen by making sounds into two microphones. This first video artwork ever sold, for $ 500, is said to still function and to still provide a lot of fun. For another work, first shown in the video art group exhibition *TV as a Creative Medium* at the Howard Wise Gallery in New York, Paik manipulated three black-and-white cameras so that the recorded pictures could be seen slightly delayed in a closed-circuit process in one of the three basic television colors: blue, red, or green. Paik introduced the technology and provided the situation for the image, while the viewer could playfully make his or her own clips, thus enacting a Paikian motto: "TV has attacked us all our lives, now we're striking back." "We" doesn't mean the artist as much as "us," the viewers: everyone could make their own TV show. Closed circuit was a first, but a limited method; the creation of synthesizers, which were being developed at the same time, and computers connected to videos, opened incomparably broader possibilities.

What is perhaps the first closed-circuit installation ever made, was created by Les Levine in 1968 with his sculpture *Iris*, which consisted of two sets of three video images, showing anyone who stepped in front of the object from varying distances. The simultaneity of the different distances and angles turned the "aha" moment of self-recognition into a longer, complex process. A year later, the installation, also at the Howard Wise Gallery, was broadened into an even more complex image with cybernetic and actively involved machines, of which Frank Gillette said, "I am more interested in context than in content," while Ira Schneider aimed "to integrate the audience into the information." This system, called *Wipe Cycle*, involved nine monitors, showing live images, recorded tapes, and delayed live images; on top of this, the images kept switching between monitors.[8]

At almost the same time, Bruce Nauman was creating a space at the Nicolas Wilder Gallery in Los Angeles: a single installation consisting of five corridors of varying widths – three so narrow they could not be entered, only viewed, while the visitor could enter a fourth, tighter corridor. At the end of the *Live/Taped Video Corridor* (ill. pp. 159, 173) they would then find two monitors facing each other: one showing a prerecorded tape of an empty room, while the other showed a closed-circuit image of the visitor struggling down the narrow corridor. As you approached this monitor – and so your own image – you became smaller and smaller within it, so you were effectively distancing yourself from yourself. The sense of being trapped was heightened by the lengthening distance from yourself the further you entered the corridor, which became an alienating, frustrating, uncomfortable sensation that oppressed the viewer. With this, the first of several such installation spaces, Nauman created a completely new aspect of the visual arts. He introduced the experience of theater and performance into an architectural space, and realized a new concept of sculpture.[9] The Centre Pompidou in Paris bought the second of these pieces in 1988.[10] For this installation, Nauman created a cube with cameras, each of which filmed one of the four sides, though because the images were placed at diagonals, all we see on the monitor is the brief moment of change, the walking-round-the-corner. That meant you were constantly chasing your own depiction, so to speak. Whenever you glanced at the monitor, you were always seeing someone else before seeing your own image,

8   Frank Gillette, *Video: Process and Meta-Process*, Everson Museum of Art, Syracuse, NY, 1973.

9   This work, created in 1970 and one of the most important pieces in the great collection of Panza di Biumo in Varese, can also be seen on the cover of the Rosalind Krauss' book, *Passages in Modern Sculpture*, Cambridge, MA, 1977, 1985.

10   See further concepts for video art in Museum for Contemporary Art, Basel, *Bruce Nauman, Zeichnungen 1965–1986*, exh. cat., Basel, 1986.

and then you appeared to someone else as their doppelgänger. In another new video work, Nauman had the same role played alternately by a man and a woman and combined the scene into a constant, repetitive sequence – each fulfilling the role of the other. Because of the repetitions, almost all the actions appeared automatic, so what was human became robot or doll-like – a clear parallel to another theme of the German Romantics. Thus, for his work in the *Zeitlos* (Timeless) exhibition at the Hamburger Bahnhof museum in Berlin in 1988, Nauman chose the German title *Doppelgänger Ufo*.[11]

Nauman works as a sculptor. He is interested in the spatial perception of near and far, in distancing and approaching oneself – and the irritation that comes with it, exposing the "un-simultaneity of the same," and the difficulty of implementing rational explanation in the face of direct perception, of overcoming feelings with reason.

Peter Campus has a very different approach. He is interested in black-and-white images that could almost be called grisailles – immaterial, large projections that often dissolve into portraits. With extreme precision, he builds up foundational structures for viewers and then lets them have their own personal experiences with their own image. Visitors are drawn into dark caves by a point of light. It is only at this point that an experience can be had or that anything happens, when suddenly the camera records the visitor, projecting one detail enlarged, turned upside down, or displaced, onto the wall. "My image appears sideways into the rectangle of light. It is the size of a mirror reflection. I must stand next to the wall, next to the image to make an image. [...] I feel myself drawn through the wall, but there is a wall to stop me. [...] My image and I, stand perpendicular to each other. The image is alive. The equation between matter and light energy formed. Photons of light penetrate the wall. I feel the emptiness around me. I let myself go into this extension of self. For a brief moment I am at the same time this image and this self."[12] This description by the artist is a good rendering of the experience of his closed-circuit installations. E. T. A. Hoffmann's words about the "sense of the premonitions of death – doppelgänger"[13] also suit him well. Projections of one's own likeness are enlarged gray images, deliberately lit up against the darkness. You feel alone in Peter Campus' spaces, even if, or

11   See reprint of the English text and an illustration of the Bruce Nauman work, in *Zeitlos*, exh. cat., Hamburger Bahnhof, Berlin, Munich, 1988, pp. 160–161.

12   Peter Campus on his closed-circuit video installation *sev* (1975), *Peter Campus*, exh. cat. Kölnischer Kunstverein, Cologne, 1979, p. 28.

13   Quoted in: Reiner Dieckhoff, "Rausch und Realität," Gisela Völger (ed.), *Rausch und Realität – Drogen im Kulturvergleich, Materialienband 1*. Rautenstrauch-Joest-Museum, Cologne, 1981, p. 414.

precisely because, you are left standing isolated in a bright light while others have disappeared in the dark. "He pulls us into the silence of his work, in the silence that arises when you are all alone and watching yourself and not even comforted by meeting your own gaze."[14]

In *Interface* (1972), the reflection (a glass pane) and a projected video image appear simultaneously: one is one's own doppelgänger, projected correctly in black-and-white; the other is reflected in color in a mirror image. The visitor can reach out and touch his or her own image on the shoulder. This encounter with a doppelgänger awakens the urge to understand and grasp the background, the deeper levels of meaning, and to embrace one's own perceptive experiences and thoughts. Campus is searching for the true "I," the true picture, the difference between reality and identity. In *mem* (1974/75, ill. p. 156 f.), the projected image only appears in focus and "right" at a certain point. If the viewer takes up another position, their image disappears into gray silhouettes covered by their own shadow. "Aren't you willing to give me even this dream of your ego?" Giulietta says to Erasmus, who sees "his image step forward independent of his movements," and "seized with a spasm of terror," he falls to the floor.[15] The scene, described so powerfully by E. T. A. Hoffmann, of a body dissolving in its own reflection, has been made possible by the distorted video projection.[16] Artists like Campus can turn personal experiences into impressive works of art that are only completed by the individual viewer's personal experience of them.

Dan Graham fulfills another ancient human desire: to be in two different places at the same time, or at least to see inside another place. It is a theme that has been taken up in many different representations and texts. Graham's theme is the objective in the individual's subjective behavior. That is why he is interested in architectural structure, the connection between outside and inside, the projection of the interior to the outside, and vice versa, as he explores, for example, in *Interior space/exterior space* (1976).[17] That is why reflections, in a figurative sense as apparent doubling or swapping, and mirrors, in a concrete sense, have always been key elements of his work. Graham introduces an important innovation in *Present Continuous Past(s)* (1974, ill. p. 148 ff.). In this installation, the image of anyone entering the space is simultaneously reflected onto two mirrors, but the

14   Roberta Smith, quoted in *Artforum*, April 1975 p. 24, note 11.
15   Hoffmann 1967, cf. note 4, pp. 121–122.
16   On the subject of mirrors in cultural history, see Jurgis Baltrušaitis, *Der Spiegel – Entdeckungen, Täuschungen, Phantasien*, Gießen, 1986.
17   On Dan Graham, cf. Beryl Korot, Ira Schneider (eds.), *Video Art*. New York, London, 1975, p. 60.

image only appears on the monitor five to eight seconds later. The effect of this slight time delay cannot be described – only experienced: seeing yourself when you don't think you're being recorded, only then to experience the immediate past as present, is disturbing and dislocating. This effect is intensified by the reflected monitor image, recorded by the camera, which creates a temporal doubling, a principle that could be continued into infinity.

Graham's game with the experience of the present perceived as if shifted by a few seconds, watching yourself watching, is more unnerving than can be described theoretically. Closed-circuit installations demonstrate the transience of one's own actions, as an unalterable element of the past. The moment you become conscious of your present action, it is already history and cannot be altered, it has already been recorded, even if it is not yet visible. The slightly delayed replication of the present has greater impact than an identical reflection.

Bill Viola creates a similar extension in his closed-circuit installation *He Weeps for You* (1976), which a year later was hailed as one of the most impressive works at documenta 6 in Kassel. "The intention is to attune the entire space to the rhythm of the dripping water," Viola said of the installation.[18] A camera records a drop of water with a special lens, and the tiny picture is projected onto the wall as large as possible. The regular sound of the drop is amplified by the tambourine on which it fell. The visitor is recorded and played back as a reflection in the water drop, then shrunk to a minute size in the rhythm of the falling drop, before being enlarged back to giant size while the drop itself grows until it reflects the whole space turned upside down. If you look closely enough, every part of the installation itself could be seen in the image. "To consider what is small as great, and a few as many; and to recompense injury with kindness. (The master) anticipates things that are difficult while they are easy, and does things that would become great while they are small," Laozi wrote in the *Tao Te Ching*.[19] Meanwhile, Bill Viola uses video technology to reproduce and implement the various states of the present. The visitor is supposed to attune himself to the work, become a part of the work, to feel its transience and rhythm as a part of his own life process. Although Viola often integrated the spatial-physical experience of the visitor into his later video installations, but rarely used the closed-circuit form, the psychological tension and the irritation of one's own psychological perception became a foundation of his work.

18   Bill Viola in the *documenta 6* catalogue, vol. 2, Kassel, 1977, p. 322.
19   Laozi, *Tao Te Ching*. Chapter 63, translation by J. Legge.

The many closed-circuit installations created since 1978 by Buky Schwartz, an Israeli mainly living in New York, form a unique group of their own. Here, just as in the banal real world, the video camera takes on a surveillance function. But while the recording is supposed to match reality as closely as possible in the world of banks and shopping malls, Schwartz deliberately makes the image as different to the real spatial situation as he can. In his first work, *Yellow Triangle* (1979), shapes filmed from a certain angle form a yellow triangle or, as in later works, the well-known colored stripes at the start of every video tape (documenta 8, Kassel, 1987). In the three-dimensionality of a space, the apparently flat picture becomes a multi-layered puzzle that is complicated even further with mirrors, making orientation virtually impossible. Only someone who is prepared to decipher it themselves by playing along, who will actively join in the dissolution of an installation's planes, will find the complex solution. Schwartz takes up the Baroque game of the garden labyrinth to make solving the puzzle possible by using the monitor.[20] Video becomes a guide in the jungle of reality – though an ironic wink remains.

Wolf Vostell's combination of a painted picture above a row of monitors, on which an image of the viewer recorded by a camera can be seen, represented an important innovation: the viewer of the picture, which often combines shocking erotic and violent elements, is drawn into the image through their reaction – their position as a voyeur – and so becomes a subject themselves. The viewer's curiosity is what makes the creation of a sensationalized media possible in the first place. In the truest sense of the word, the viewer cannot remain isolated, but is a constituent part of the work.

In her closed-circuit installations, Nan Hoover allows the viewer only the most minimal interventions, but these have the greatest optical consequences. Subtle light changes create atmospheric shifts, the sensibility of the almost object-free shadow games leaving the viewer's manipulation almost forgotten.

Another work that fits into this category is Klaus vom Bruch's *Radarraum* (Radar Room), first shown in the Städtisches Museum Abteiberg in Mönchengladbach in 1988. No camera recorded the visitors; instead a radar sensor spinning at shoulder height at the center of the room directly transmitted their approach in colored curvatures sent from a computer to a screen. The monitor, embedded in constructivist supporting structures, forced the viewer to look at the reflection on a surface, like in a rain barrel. Meanwhile, the constantly rotating radar in the middle of the room was a threatening presence. The fact that the

20 Compare John G. Hanhardt's text on Buky Schwartz in *documenta 8* catalogue, vol. 2, Kassel, 1987, p. 230.

visitors were being recorded, that material about them was being collected on unprotected databases whose only encryption remained withheld from them, heightened the creeping sense of fear in the room, in which there was no video in the traditional sense. The zeitgeist was condensed here into a compact form of radiation and objects, and yet remained immaterial in the open space between the emissions and their decryption. It seems understandable that artists, in a time when threats are becoming ever more abstract and pictures in electronic media ever more perfect, consider the rawness and intensity of the forced involvement of the viewer as more important than a clean, quick series of images.

Probably the most conclusive and simplest contribution to the genre of closed-circuit installation was made by the "father of video art" Nam June Paik. In his installation *TV Buddha* (1974), a wooden Buddha figure was sitting in front of monitor showing its own image. The fact that a running TV image is visible makes the figure's meditation even more static and immovable, so that some skeptical visitors always have to take a look into the camera to make sure there really is an uninterrupted static closed-circuit live image. Sometimes the same picture is not the same.

Translation from the German by Ben Knight

"SECRETS ARE LIES – SHARING IS CARING – PRIVACY IS THEFT"

THOUGHTS ON THE POINTS OF INTERSECTION BETWEEN CLOSED CIRCUITS, SELFIES, AND SOCIAL NETWORKS

ANKE HERVOL

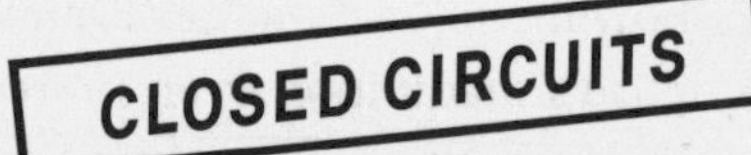

"Secrets are Lies – Sharing is Caring – Privacy is Theft" – it's with these slogans that Mae Holland, a character in Dave Eggers' novel *The Circle* (2013), is finally converted, in a type of sacred initiation ceremony, to living a public life before the general assembly of the Circlers. The author brings to life a utopian model in which posts, reblogging, lifelogging,[1] the participation in social networks and multiple intranets becomes the object of a self-determined life. The availability and manipulation of images and information and the communication with the most diverse media technologies has exerted more and more influence on artistic production and the artistic exhibition sector, particularly over the past few years.

Curators, museums, and artists also began in recent years to respond to our daily use of smartphones, mobile phones, media players, netbooks, and tablet computers, since these new multifunctional telecommunication objects gain meaning in an artistic context in their uses as a third eye, camera, control device for apps, games, and participation projects, as well access tools for social networks – for visitors, exhibition institutes, and artists, in other words for a community of both digital natives and digital immigrants. The perception of and the engagement in works of art, as well as the visual recycling of experiences,

---

1   A *post* is a message that is made available simultaneously to a group of users. *Reblogging* is the distribution of a blog entry or message via a third person. *Lifelogging* is the regular – really daily – recording of one's own life and environment via a mini camera that the recorder wears on his or her person.

change substantially through these multifunctional objects. They have now become "key objects in our society," influencing life "spiritually, physically, and emotionally." "The smartphone has worked its way into human life in an almost unique way," says Wolfgang Ullrich, professor for media theory in Karlsruhe.[2] In less than ten years, he argues, "new cultural rituals" have been created. The so-called selfie (a self-portrait made with a mobile phone) – a term chosen as word of the year in 2013 by the *Oxford Dictionary* for an award meant to recognize a word that best reflects the mood of the time – constitutes one of the focal uses of the devices, and teeters on the threshold between communication, self-presentation, and social networks. Though making selfies might be based on the same principle as the classical self-portrait, that doesn't make them works of art. But, then again, if the Chinese artist and dissident Ai Weiwei uses selfies to document the way the regime restricts his everyday life, maybe it does?

Hamster, Hipster, Handy. Under the Spell of the Mobile Phone, an exhibition at the Museum Angewandte Kunst (MAK, Museum of Applied Art) in Frankfurt, curated by Birgit Richard, explores the way artists use mobile phones. Meanwhile, the Kunsthalle Karlsruhe has announced its exhibition *Ich bin hier. Von Rembrandt zum Selfie* (I am here. From Rembrandt to the Selfie) for November 2015, which will be dedicated to everything from the self-portrait to the selfie. And recently the Kunstmuseum Moritzburg in Halle asked "thirty creative types" to send in selfies that were printed, labeled and presented in the exhibition *ich vor kulisse. vom selbstporträt zum selfie und zurück* (Me in Front of Scenery. From the Self-Portrait to the Selfie and Back) in spring 2015.[3] The other side of this is dealing with selfies created with and in front of artworks: while the Frankfurter Kunsthalle Schirn encouraged its visitors to post selfies of their visit to the museum on the photo and video sharing app Instagram under the hashtag #schirnselfies, the use of mobile phones with or without selfie sticks is either banned or a ban is being considered in other museums, such as the museums of the American Smithsonian Institution, the Bayerische Staatsgemäldesammlungen (Bavarian State Painting Collections), and the Staatliche Museen zu Berlin, as they are in the Parisian Louvre and the Centre Pompidou.

2   Birgit Richard, *Hamster. Hipster. Handy. Bildergeschichten zum Mobiltelefon (Hamster, Hipster, Handy. Under the Spell of the Mobile Phone).* Museum Angewandte Kunst (Museum of Applied Art), Frankfurt am Main, 2015. Wolfgang Ullrich, "Wie das Handy unseren Lebenswandel bestimmt" (How the Mobile Phone Determines Our Life Change), *Die Welt,* April 23, 2015. See also the report: "Smartphone in der Kunst: Selfie, Lifelogging und Digitaler Alltag," April 28, 2015, http://www.teltarif.de/selfie-handy-lifeblogging/news/59467.html, accessed on July 4, 2015.

3   See http://www.kunsthalle-karlsruhe.de/de/ausstellungen/vorschau.html and http://stiftung-moritzburg.de/aktuelles/newsarchiv, accessed on July 4, 2015.

The "Generation Selfie"[4] consists, therefore, more of "digital natives" and not of technology obsessives, as they were a generation before, when "digital immigrants" exploited the contemporary technological possibilities of the digital and virtual world. "Digital natives" act as lifestyle reporters, predominantly using the iPhone, which has become an image-producing machine that can be connected to the Web 2.0's social networks. The focus is archiving and editing downloaded or self-produced photos, digital collages, distortions and manipulations in order to share the material within a closed global circuit. But the way that young people present themselves is more likely to turn them into normopaths than individualists, because their snapshots of themselves are usually orientated to the attractive and aesthetic standards that we see in media and advertising. Nevertheless, individual perception is paramount in the use of smartphones and tablets, while form and distribution are secondary. Access to new technological skills for activities in the digital and virtual space – from picture editing through sound composition to film editing, design, as well as projection possibilities – is possible for anyone interested. This low threshold automatically increases general interest.[5] The posting and reblogging of selfies, images and commentaries through social networks, or the monitoring of the environment by a lifelogger, or the creation of self-referencing media archive, underlines the communicative double structure hidden behind these actions.

What does that mean for dealing with art and the engagement in artistic installations and art projects? Is this real participation, a new form of artistic reception, or is it just consumption, play and amusement, as on the website www.vangoyourself.com? Is there a democratic action hidden behind sharing through photo and video sharing apps and social networks, or is it not much more than a yearning for public space and approval?[6] Where, and in what way, do the boundaries blur between a work of art, the public sphere, individuality, and authorship in the re-use of images? And last, but not least: Is the selfie really a new cultural ritual?

---

4   A study by the Austrian Institut für Jugendkulturforschung (Institute for Youth Culture Research) from the year 2014 shows that 57% of 14 to 29-year-olds act as active users in the public domain; cf. http://jugendkultur.at/generation-selfie/, accessed July 4, 2015.

5   *Phubbing*, mental illnesses and internet addiction should be considered side effects; the latter as a relatively new phenomenon that already affects more than 3% of the population.

6   "Without doubt, online technologies increase efficiency on all communicative levels, but they neither release the individual or the functional associations from the necessity of reducing complexity. If society is dependent on a divided description of reality, the air will remain thin, because very little can be distributed across an entire society. Until it can, there will never be anything comparable to what we call 'mass media.'" Jan-Felix Schrape, *Neue Demokratien im Netz? Eine Kritik an den Visionen der Informationsgesellschaft*, Bielefeld, 2010.

Closed Circuits and Social Networks

Of course, in this context, only some of these points and questions can be properly addressed. The starting points are our experiences from the exhibition *Vertigo of Reality*, in which the viewers and their individual perceptions of the real and the virtual space formed the center of a closed circuit.[7] The interaction in and with a historic work, such as *Life-Taped Video Corridor* (1970, ill. pp. 159, 173) by Bruce Nauman or Dan Graham's *Present – Continuous – Past(s)* (1974, ill. p. 148 ff.), turns the visitor into a subject that "reinvents" art, without which a work is not activated. Artists like Peter Campus, Dan Graham or Bruce Nauman created the concept for their closed-circuit video installations in such a way as to make randomness a creative medium and the participant's individual perception the center of their ordering systems.[8] Thus, the stage is set for the visitor to be both viewer and player, and they have to ask themselves what is real and what isn't. The technologies applied to artistic production – then as now – always adapt themselves to the current perception of the body. For that reason, today's visitor to the *Vertigo of Reality* exhibition experienced the early closed-circuit video installations as historical works. That means that the technological realization of these works was no longer questioned in the same way as it was when the works were created – although the individual's perception and the way the visitor engages in the installations has not changed today. The curiosity, and therefore the intensity, of that emotional perception rose with the use of more contemporary technologies that the visitor could not comprehend at first glance, which addressed all the senses: works by Julian Oliver and Danja Vasiliev (*Men in Grey* or *Newstweek*, ill. pp. 164, 182 ff., 190, TC 17:42, 23:50). Game art exhibits, or projects that made use of virtual reality glasses, confirmed this. Nevertheless, the common ground between the historical projects and the more recent ones remained the closed-circuit situation.

As for the persistent question of who controls closed-circuit video installations, participation projects and performances, there is no longer a clear boundary between artist, curator, critic, and visitor. John Cage, in reference to his material-free work *4'33"* (1952), which addressed active participation in silence

7   Unfortunately, due to the conditions imposed by some lenders and artists, it was impossible for the curators to officially call on visitors to share their individual experiences with a wider audience via images on social networks and sharing apps.

8   Bruce Nauman's artistic strategies go one step further, in that in his performance corridors, since the late 1960s, he has prevented the visitor from determining his future, because he blocks his own view of the installation and his body. In this, Nauman pursues the aim that the visitor can't change his work, cf. S. Flach in this publication, pp. 261–266.

and the contemplation of music, said that the performance should make clear to the listener that the hearing of the piece is the own action – that the music, so to speak, is his, rather than the composer's.[9] Works like Allan Kaprow's *18 Happenings in 16 Parts* (1959) and Nam June Paik's *Participation TV* (1963) mark an essential starting point for participatory art in the 1960s, which at that point in Allan Kaprow's work was still closely bound to the concept of the happening. The idea that no matter what happens, there is always some kind of artistic experience associated with it, is carried further through the early and late closed-circuit installations of Peter Campus, Bill Viola, and the following generations up until the origin of game art. Whether, and in what form, the selfie – as a performative image-creation and a communicative act – becomes part of this process, must remain open for now. The fact is that selfies simultaneously document participation in a work of art and represent a kind of reception of the work in the decision to engage with it in the first place. On the other hand, the sharing of this engagement through social networks and photo and video sharing apps, the connection between communication and performance, is a new phenomenon.

Isn't that the core of this joint need for the chosen public domain user circle – communication, performance, and belonging to a closed circuit? The term closed circuit is rooted in the establishment of surveillance cameras and the form of their installation: closed-circuit television (CCTV). In contrast to television broadcast, CCTV transmission only goes to a selected circle of terminal devices – nowadays of course involving digital cameras and new transmission technology. As 1960s visual artists discovered the direct accessibility of video images that could be manipulated in real time, and/or the possibility of controlling their playback in a physically separate space, they used this new potential to turn the viewer into a player in the installation or situational arrangement. The foundation for all closed-circuit installation (so for any conceptual closed circuit in which the visitor, media technology, space and time are equally involved) is still today – as it is in surveillance – the simultaneity of the real, that is, the interplay between what happens in the virtual or the real space in real time, and that which is visible or which develops as the simultaneous representation of a situation. "Closed circuit" describes the representational situation in a space, always based on a direct connection between the recording device (camera, mobile phone, tablet) and the

9   Peter Gena, Jonothan Brent (eds.), *A John Cage Reader: In Celebration of His Seventieth Birthday.* New York, 1982, p. 22. On August 29, 1952 at the Maverick Concert Hall in Woodstock, New York, originally performed by the pianist David Tudor. Three movements, without notes, were introduced by the opening and closing of the piano lid. The audience was not prepared for there to be no music, and the situation that triggered a scandal.

playback device (screen, monitor, projection, mobile phone, tablet). The possibilities of juxtaposition, playback, and virtual interaction appear endless today, in the age of terminal devices based on android operating systems, like tablet computers and smartphones, as well as virtual reality (VR) glasses for apps and games, in contrast to CCTV in global networks; our action spaces are multiplying. Meanwhile transmitting recordings in public networks widens the circle of spectators and recipients who operate in an incomprehensible number of communities.

In the 1960s, artists using the principles of the closed circuit were still interested in a simple juxtaposition of subject and object, their relationship with each another and the synchronicity of their actions: the object/person was confronted with his or her own image in a real space. In addition, a manipulated time-space framework created a delayed playback. The viewer/performer rediscovered themselves in a time-space field that was no longer merely rooted in the present, which it documented, but in a structure that replayed both reality and its distortion. The participation, the live experience, and the real spectators came first. In the physical and digitalized participation, too, the priorities were synchronicity of action, the replaying of immanent reality in the work, and manipulation. It was only in the second stage that the experience-space was extended and a bigger (that is, global) circuit was closed. Here, two moments were crucial: first, the recording and/or manipulation of images takes place not only between the work and the visitor, but also in the active participation of visitors themselves; the artist is no longer a part of the closed circuit – and second, the image is posted as an autobiographical picture to encourage everyone's participation. Theoretically at least, it is about the participation of everyone, but in reality it is a selected circle of "friends," bloggers, etc., in networks which have to have been joined in advance in order to take part. On this point, it is essential to understand that the work of art can be any work whatsoever whose authorship is recognized, but it never appears in the foreground. At the center of this is the communicative act of informing and sharing, of rating by views and likes, as well as the authorship of the posted work disguised by anonymized usernames.

Franz Reimer turned his film set for the press photo of the US government's Situation Room into a closed-circuit installation so that visitors could put themselves inside it, move freely within it, watch each other from inside or outside, or slip into the roles of the photographed cabinet members around Barack Obama (ill. p. 164 ff.). The installation is a free stage for reenactment through the viewer. The "public viewing" (inspired by Michael Diers) in the image becomes public viewing in the installation. Under the menu header "reenactments" on his website, Franz Reimer offers "self-made photos of reenacting visitors." During the first run of the exhibition of this installation in the Raum für Drastische Maßnahmen, presented in the Friedrichshain district of Berlin (December 5–8, 2013), the reenactment was transmitted online via a live-stream.[10] Bjørn Melhus, on the other hand, indirectly inspires the visitor to climb onto a small stool behind his projected headless cutout figure of 2014 (ill. p. 147). If the visitor puts his or her head into the designated hollow, they slide, much like in a fairground photo board, into the headless character. The artist himself recontextualizes figures and icons from the mass media, pop culture, and classic movies, by presenting himself as a multiple personality in his films. A selfie is exactly the right medium with which to document this situation. Far removed from closed-circuit installations, the Danish artist Olafur Eliasson addresses the question of whether the described performative image-production is a form of participation or of reception. Space-filling indoor and outdoor installations like *Ice Watch* (2014), in front of the Copenhagen town hall, or *Riverbed* (2014) in the Louisiana Museum of Modern Art, Humlebaek, are visited, enlivened, photographed, and posted by visitors. Is this an event that the visitor captures with a selfie, or is the important thing the materiality of his works, which ask you to take part by engaging all your senses, where touching the works becomes crucial? Since it is an organic, transient material, the moment also plays a role, one that at least has to be captured.[11]

Selfie – The New Interest in the Self-Portrait

A hasty examination of accessible self-portraits with or without art on Facebook, Instagram, Twitter or Tumblr leads to the conviction that they are no more than a "narcissistic self-stylization by an entire society," by which we mean in particular the younger Generation Selfie. However, it is more probable that selfies are "performative picture acts" that take place within "communicative actions." This form of communication forces the "'I' into the perceptive center of selfie production and reception" and exhibits a "communicative double structure similar to acts of speech."[12] Against this background, selfies not only "speak" to social correlations around the world, they also structure the social relationships and social networks around their creators – they take part in communicative processes through images and distribute them through networks. That means that the "I,"

10   See http://rpunkt.org/, accessed on July 4, 2015.
11   Olafur Eliasson, member of the Akademie der Künste, expressed these thoughts when asked, while taking part in a panel discussion of the symposium "dynamo." It was held at the Akademie der Künste on May 2, 2015 as part of an accompanying program for the exhibition *ZERO. The international art movement of the 50s and 60s,* Martin-Gropius-Bau, March 21–June 8, 2015.

in Bredekamp's terms, becomes stronger "when it relativizes itself against the activity of the picture. Pictures cannot be placed in front of or behind reality, because they help to construct reality. They are not a derivation from reality, but a form of its condition."[13] And yet, of course, the selfie is and remains a presentation of oneself. On top of that, the quick digital self-portrait is a part of a "medial symbiosis between presentation/performance and perception through and with the media."[14]

While the first smartphone selfies were taken with the camera on the back of the device and a mirror, new smartphones make photographing easier using the display on the front, on which the image can be seen in reflection. On top of that, smartphone cameras also make it possible to take a picture of an image opposite, as with traditional analogue photo technology. The latter made self-images possible using delayed-action shutter release with or without a tripod. The innovation is marked by the simultaneity of situation and recording, and by the possibility of changing the angle – eye and hand can be distanced from one another, if the photographer uses a selfie-stick. Mobile phone makers have now even started to advertise some devices with high-resolution and wide-angle frontal cameras as selfie smartphones.[15]

In its pictorial tradition, the selfie recalls the painted self-portrait in European art, which gained particular importance in the Renaissance with the increasing self-confidence of the artist and the elevation of the painter from craftsman to scholar. Through 19th century photography and its reproductions, the medium itself became a theme, when apparatus, mirrors, and other equipment became part of the photographic record. Nevertheless, the technology of mirroring and similar constructions have traditionally played an essential part in the creation of painted or photographed self-portraits. Albrecht Dürer's *Self-Portrait at Twenty-Eight Years Old Wearing a Coat with Fur Collar* (1500), Parmigianino's *Self-Portrait in a Convex Mirror* (1523–24) and Jan van Eyck's *The Arnolfini Wedding* (1434) could all not have been created without mirrors. Van Eyck and

---

12 Christian Stiegler, "Selfies und Selfie Sticks. Automedialität des digitalen Selbstmanagements," Christian Stiegler, Patrick Breitenbach, Thomas Zorbach (eds.), *New Media Culture. Mediale Phänomene der Netzkultur*. Bielefeld, 2015, p. 67, hereafter Stiegler 2015.

13 Horst Bredekamp, *Theorie des Bildaktes*, Berlin, 2010, p. 328.

14 Stiegler 2015, cf. note 11, p. 68. Cf. also Sybille Krämer, "Gibt es eine Performanz des Bildlichen? Reflexionen über 'Bildakte,'" Ludger Schwarte (ed.), *Bild-Performanz. Die Kraft des Visuellen*. Munich, 2010, pp. 63–90.

15 The international conference "#Selfie. Imag(in)ing the Self in the Digital Media" at the Philipps University Marburg, Institute for Media Studies (April 23–24, 2015) engendered a broad spectrum of views on the issue. The visual arts played only a subordinate role in the program.

Parmigianino went even further: while the Italian painted his self-portrait in — and through — a convex mirror, Jan van Eyck transferred himself into the space in the painting, by showing his reflection between the Arnolfinis. The painter's presence is augmented by the inscription above the mirror "Johannes de Eyck fuit hic." Giny Vos' 1984 installation dealt precisely with this idea of artist presence in van Eyck's painting, by transferring the situation into a 20th century closed-circuit installation, using a camera and a screen in the reproduction of van Eyck's painting (ill. p. 139). In her series *iPhone Crack* (2010), Lynn Hershman Leeson mounted self-portraits behind cracked mobile phone displays, in which the accident takes on an aesthetic layer; a deconstruction of famous art historical images, which are technically renewed by these means. The American artist Laurel Nakadate contemporaneously photographed herself in tears with her iPhone every day of 2010, in order to balance out pictures of happy people in social networks. The work *365 Days: A Catalogue of Tears* (2011) oscillates between private and public space, or private and public life. During the same period, the photographer Wolfram Hahn took pictures of people making selfies for social networks (*Into the Light — Self-Portraits for Social Networks*, 2009–10).

In June 2014, Ai Weiwei kicked off the connection between sharing and the selfie — among a number of other activities — by posting a selfie on his Instagram account. The artist wore a straw hat, swimming trunks and black socks, and presented himself sitting with one leg raised like a rifle, which his followers dubbed "leg gun," since the shooting gesture could easily be interpreted. Since then, people around the world have posted selfies in the same pose on his account under the hashtag #endgunviolence. Whether this action was meant to have a political intention — which one would assume to be the case — or not, "Ai Weiwei's selfie gained suitable resonance around the world by prompting an international discussion on oppression, violence, art, freedom, and joy."[16] This example makes clear how the creation of a selfie involves the coupling of a visual act with communication. On top of that, the original idea provider is named and referred to, since the posts were sent to his Instagram account.[17] The possibility of transmitting images fast, simultaneously to the actual event, increases the attractivity of the process and simulates the involvement of a third party.

16   "The image has been resonating around the globe, sparking an international conversation about oppression, violence, art, freedom and fun." Cf. http://www.cnet.com/news/leg-gun-the-new-selfie-trend-started-by-ai-weiwei/, accessed on July 4, 2015.

Outlook

But how should we categorize the selfie as a type of work in the context of the artistically conceived closed circuits of the 1960s until today? Have closed-circuit video installations lost their contemporary relevance, because we see through their mechanisms, and because the engagement in and on closed circuits takes place elsewhere nowadays? Doesn't the simultaneity of the real also proceed somewhere between the situational structure, the performative visual act, alias the selfie, and social media portals?

Playing with the events in the virtual or real space of a closed-circuit installation and that which is simultaneously visible as a representation of a situation on another level extends the negotiating position between the person, the individual perception, the recording device and the playback device. The performative visual act, and the individual contribution to the development and structuring of social networks, are two factors that are not only relevant for culture and media experts, but also gain meaning in the artistic context. While the historical closed-circuit installations of Peter Campus, Bruce Nauman and Dan Graham confirmed a concrete interrelationship between media and reality, namely the "reality of the (mass)media," in Luhmann's terms, and therefore offered (manipulated) reality and virtuality, irritation and imagination in their total artistic-technological variety and artificiality, our task, thanks to the extension of scopes of action in the World Wide Web, is to question the concept of the work anew.

Exhibitions like *12 Rooms. Live Art* (2012) at the Folkwang Museum in Essen prove that the classical concept of the work in the field under discussion here is gradually losing its aura. Yet, the audience is still participating more than ever, willingly and with great interest – directly and indirectly. It is well-known that the auratic work of art has already been radically rethought and altered since the end of the 1960s. Today the live act of a selected circle of visitors, the participation in artistic processes like the closed circuits and performances of Christian Falsnaes (ill. p. 172 ff.), Marina Abramović, the artistic situations of Tino Sehgal, and the participation projects of Hamish Fulton (ill. p. 196 ff.), only represent one side of this perception. And it is still true today in real space, at least in a majority of the artworks available to the general public. The other side of the coin comprises a complex communication process: the posted image stands for a performative visual act and an act of speech. When the visitor captures an image of their own

17   Unlike in August 2013 – when the US Internet news site *Huffington Post* put together a selection of the 20 best Ai Weiwei selfies – this was merely a presentation and an invitation to visit the Instagram account of the artist. There was no suggestion of an artistic concept, nor was there any form of visitor reception or participation involved.

perception in, and in front of, an artwork, and shares the proof of this perception, they bear witness to the actual state of social structures and simultaneously help to form them. Then, and only then, will the evaluation grasp not the original artwork, but the individual experience, the excerpt from the work of a manipulated version of what used to be a work of art. The participation in social networks is part of our fundamental human need as a social animal. Yet, the anonymity of the user makes his or her activities in social networks easier, and affects both participation and self-presentation. "The term 'selfie' assumes that there is such a thing as a visual snapshot of the self."[18] By that same token, as evident on the website www.vangoyourself.com, the self-assurance with and through a selfie corresponds to the self-assurance that an activated viewer feels exposed to in artistic situations, installations, or participatory projects.

Translated from the German by Ben Knight

18   Stiegler 2015, cf. p. 79, note 11.

ILLUSION, BLUFF AND APPEARANCE

THE VIDEO INSTALLATION
"THE SITUATION ROOM" BY FRANZ REIMER

MICHAEL DIERS

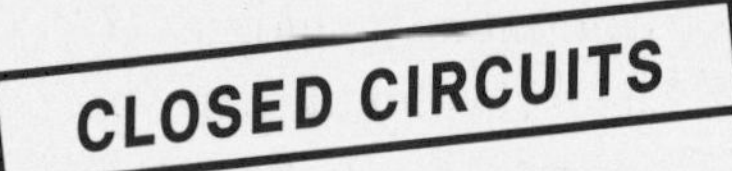

1. Simulation, Affirmative

On the morning of September 11, 2001, as he heard of the attack on the World Trade Center, George W. Bush was turning the pages of the children's book, *The Pet Goat*, taking part in a morning lesson at the Booker Elementary School in Sarasota, Florida. The room next door had, in the meantime, been set up as a temporary operations room. He didn't adjourn there immediately, however. He kept his cool and waited until the end of the ten-minute reading session before leaving the classroom. There on a monitor, the American president was able to see the images of the burning Twin Towers, that were, by 9:25 am, now being covered live on television news.[1] From the same school, a short while later, Bush addressed the nation and made his first statement with regard to the attack; the photograph shows a few sheets of paper with prepared notes on them, lying on the table. (ill. p. 167)

This photograph of Bush watching the TV monitor in that school building is a simple documentary photograph (ill. p. 167). No photographer is credited. It is only in comparison to the famous and, in the interim, ubiquitous photograph from the White House Situation Room in Washington, D.C. (ill. p. 167),[2] taken some ten years later by Pete Souza, that the content of the picture reveals its meaning, or gains political status. For here it can be seen that in both photographs the central motif is the television broadcast, and that both are similar in their employment of the "picture-within-a-picture" format. In both Sarasota and

---

1   The time is clearly visible on the clock on the wall in the background; the local time is identical to that in New York.

2   In the interim, the *Situation Room* has received a comprehensive entry in Wikipedia.

Washington and, from a historical perspective, at the start and the (supposed) end of Bush's "War on Terror," decisive reports were delivered to viewers' homes by television and live news channels: the bloody Al-Qaeda attack, then of the bloody demise of the former Al-Qaeda leader, Osama bin Laden. In both cases, the American president is experienced as a TV viewer in front of a monitor, encircled by numerous staff and advisors.[3] What is singular about the Souza photo is the fact that it is an elliptical, "incomplete" image. The viewers are pictured, but not the events which are attracting their attention: namely, the live broadcast from Abottabad including the shooting of bin Laden as its "climax."[4] By contrast, in the Florida photograph, we can clearly make out the south tower of the World Trade Center surrounded by smoke.

In both cases, media coverage and the attention it receives are the focus of the photographs. Events are happening instantaneously, but they are only conveyed technically as moving images or still photographs and do not actually take place in front of our eyes. Thus, the "eye witness" factor is indirect at best.

To classify this kind of constellation (also known in the tragedies of antiquity as *teichoskopia*, the ancient Greek equivalent of television), the philosopher Hans Blumenberg chose to use the metaphor "shipwreck with spectators." This idea reaches back to ancient times, as Blumenberg highlighted in his study of the same name.[5] The "juxtaposition of solid land and unsteady sea" is employed as a motif in numerous stories. Its concrete representation takes the form of spectators on the shore, standing on solid ground, with the ship spinning out of control in a storm at sea. The role of the spectator is viewed either with criticism, as an escape from the real world, or appreciated as a legitimate standpoint: one which affords the necessary emotional distance, reflection and removal from physical danger. Blumenberg says, for example, about Hegel's use of the topos: "The spectator can [according to Hegel when faced with catastrophe, MD] look away from the feeling of disgust in his soul, without thereby having to question the sense of empathizing with the victim. He can also retire into selfishness, standing on a calm shore, watching the tangled wreckage from a vantage point of safety."[6] This

---

3   In the first case, 13 or 14 people, in the second instance 10 people.
4   For detailed information, see also Michael Diers, "'Public Viewing' or the Elliptic Photo of the 'Situation Room' in Washington. A Convergence," Felix Hoffmann (ed.), *Unheimlich vertraut. Bilder vom Terror*, exh. cat., C/O Berlin, Cologne, 2011, pp. 308–331; and the slightly amended German version reprinted in Michael Kauppert, Irene Leser (eds.), *Hillarys Hand. Zur politischen Ikonographie der Gegenwart*, Bielefeld, 2014, pp. 165–185.
5   Hans Blumenberg, *Schiffbruch mit Zuschauer. Paradigma einer Daseinsmetapher*, Frankfurt am Main, 1979.
6   Ibid., p. 52f., quotation translated for this text.

is not the place to make a thorough cross-reference of Blumenberg's analysis of this imagery. Instead, it is sufficient to say that, in these documentary photographs, the topos that we are discussing is validated in a contemporary situation, in a manner that is both ambivalent and meaningful.

Pete Souza's photograph depicts the assembled members of the secret unit at Barack Obama's side that had advised the president through several conferences and meetings, and had prepared the necessary measures to be taken against Osama bin Laden. Among this crew are various security and anti-terror advisors, as well as chiefs of staff Vice President Joe Biden (front left) and Defense Secretary Robert Gates (front right). At the end of the table the highly decorated lieutenant general, Marshall B. Webb, who held the position of Assistant Commanding General of Joint Special Operations Command at the time, is shown looking at the screen of his laptop.

The date and time of the meeting, the background to which would soon be an event of world significance, are clearly determinable: sometime between 3:30 pm and 4:30 pm Washington time, at the very same hour that operation "Geronimo" was being carried out 11,000 kilometers away; a mission that would reach its climax with the code signal "Geronimo EKIA" (enemy killed in action).[7]

The political, or rather propagandist, message of the photograph may be quickly summed up: an assembly of responsibly acting politicians and advisors is anticipating the success of a mission that was discussed and planned in that same room. By means of satellite broadcasts they are able to watch events in real time with their own eyes. The video cameras of the elite force document every single step. The rhetoric of the photo suggests that this could be the moment of peripeteia, the central dramatic turning point: namely, the shooting of the hated enemy.[8]

7   Cf. *Süddeutsche Zeitung*, May 4, 2011, p. 2. – According to the metadata on the digital photograph, published by the White House on the Internet portal Flickr with the official photo recognition number P050111PS-0210, which now has its own Wikipedia entry ("The Situation Room (photograph)": "Souza shot the photograph at 4:05 pm in Washington/1:05 am in Pakistan. The attack had just begun at that time"; Andreas Rüesch, "Ein Bild macht Karriere. Die Szene im 'Situation Room' des Weissen Hauses fesselt auch noch zehn Tage nach der Kommandoaktion gegen bin Ladin," *Neue Zürcher Zeitung*, May 12, 2011, translated from the German: http://www.nzz.ch/nachrichten/politik/internatonale/ein_bild_macht_karriere_1.10548771.html, accessed on June 25, 2011.

8   As long as there is no detailed log of the commando mission in Abottabad, it is not possible to couple the photograph, of which the time of shooting is apparently so clearly determinable (4:05 pm in Washington, D.C., see note 7) with a specific moment during the events in distant Pakistan; for example, we could be seeing the reaction of the assembled staff in the "Situation Room," when a helicopter crashed right at the start of the forty minute operation. However, the publication of this very photograph was a calculated act. It carries the visual suggestion of the "decisive" moment of the death of bin Laden.

According to the White House, the assembled staff were spared the vision of the actual death of bin Laden, because, for the duration of exactly those deciding twenty minutes, a technical problem caused an interruption of the satellite broadcast.[9] This was probably a necessary measure for the sake of protecting the crisis cabinet, so that they would not go down in history as having witnessed this extremely brutal shooting directly on their computer screens. However, the fact that the Souza photograph seems to suggest just the opposite, remains an unresolved contradiction in Washington's press politics to this day, and above all with regard to Barack Obama, who, *Time Magazine* had described in this context in terms of his clever image strategy in the war on bin Laden, calling him a "master of iconopolitics."[10]

The live video images which documented the Navy Seals' operation were reserved only for the privileged viewers present in the room. For the person looking at the photograph, however, these video images were withheld as a means of precaution. If the video screen had been photographed from a different position in the room, it could easily have been incorporated into the photo as a "picture-within-a-picture." Admittedly, then, the central characters in the photograph would have been seen only from behind. Instead, the photograph calls upon the viewer's powers of imagination, and gambles on the assumption that the empty space in the photograph — both concise and provocative; an eminent media-political gap in the system of reporting — will be filled out "virtually." The photograph explicitly depicts the forgoing of visual evidence. We could even say, it shows the prescribed withholding of images (or censorship) right before our eyes. The picture shows not the actions, but rather the reactions of the commanders and advisors. The "missing image" (of bin Laden's dead body) was requested from many sides, even vehemently insisted upon by some factions. However, what the viewer is in fact presented serves as a sufficient surrogate.[11]

9   Cf. *NZZ Online*, May 4, 2011: "Übermittlungspanne bei der Tötung Bin Ladens. Signal während rund 20 Minuten ausgefallen," http://www.nzz.ch/nachrichten/politk/international/uebermit-tlungspanne_bei_der_toetung_bin-ladins, accessed on June 25, 2011. The *Süddeutsche Zeitung* reported as follows: "And [CIA Chief Leon] Panetta makes one further detail clear: US President Barack Obama did not see the shooting. An official photograph shows Obama and his advisors indeed watching on screens, but for [technical reasons] it was not possible to see what was happening in the house [of bin Laden]. It is also not possible to corroborate this statement. What Obama actually saw remains a secret." *Süddeutsche Zeitung*, May 5, 2011, front page, quotation translated for this text.

10   David Levi Strauss, "Withholding images," *Time*, May 9, 2011. Strauss comprehensively discusses the image strategy of Obama and bin Laden, http://lightbox.time.com/2011/05/09/witholding-images/#1, accessed on July 2, 2011.

Material witnessing is verified before our eyes within the picture itself. Outside the realms of the image, only the "deixis on the phantasm" remains (in the words of the German language psychologist, Karl Blüher). That is to say, that a common sense of fantasy, above and beyond the content of the actual photograph, is called upon, and furthermore specifically aimed for, so that the urgent question of that one piece of photographic proof becomes superfluous. It is a media strategy that is not only unusual, but remains unprecedented.

The White House press machine was heavily fueled by the Souza photograph, and immediately fell under sharp criticism from the public and the media. Visual artists, among them many caricaturists, reacted vehemently to the photograph, which claimed to show the reaction to the shooting, when in reality it depicted the horror at the crashing of an American helicopter, and the possibility that the whole operation could be in jeopardy.[12] For example, Thomas Hirschhorn writes in this context: "The tendency towards 'iconifying' exists to this day. 'Iconifying' is the habit of 'finding' or 'choosing' the picture that 'stands out,' the one that is 'important,' that 'says more,' that 'counts more than the others.' In other words: the tendency to 'iconify' is the tendency to highlight something. It is the ancient classic method of promoting a hierarchy and forcing its values by use of authority. It is not a declaration of importance in comparison to something or someone, but rather a declaration of importance in comparison to others. The goal is to establish an apparently common importance or weight. But the tendency to 'iconify' and thereby to 'highlight something,' has the effect of negating the existence of all that is different, redundant, non-iconic or that which doesn't stand out. In terms of pictures of war or conflict this leads to one picture being chosen that is 'acceptable' to others. It is this 'acceptable' picture that gets to represent

11   The publication of photographs of Osama bin Laden's dead body were justified from different
      sides with, at that time, varying reasons. For example, according to Joseph Lieberman, Chairman
      of the Senate Committee on Homeland Security and Governmental Affairs: "As horrific as they
      may be, for he was shot in the head, the publication of these pictures could be necessary to
      suppress any suspicion that this is some kind of trick being played by the American government."
      Initially, presidential advisor John Brennan also indicated that evidential photographs should
      perhaps be published, so that "nobody has a reason to deny that we got Osama bin Laden."
      Cf. *Süddeutsche Zeitung*, May 5, 2011, p. 6 ("Beweisbilder gegen die Zweifel"). In Germany, the
      BILD newspaper, among others, vehemently demanded the release of the photographs: "I think
      one should show the dead body of Osama bin Laden to the world. His head, shot apart, belongs
      with the pictures of 9/11." ("Betrifft: die Todesfotos Bin Ladens," *BILD*, May 5, 2011, quotation
      translated for this text.)
12   Cf. also the installation *May 1, 2011* by Alfredo Jaar from 2011, see also http://www.scadmoa.
      org/art/exhibitions/may-1-2011 for further details; accessed on June 23, 2015.

another picture, all other pictures, anything different and even the 'non-picture.' This picture, or icon, of course has to be right, good, just, allowed, the chosen one, the one that meets with the consensus of opinion. That is the essential feature of this kind of manipulation. *One* example of this is the much debated (also by art historians) picture of the 'Situation Room' in Washington during the liquidation of bin Laden by the Navy Seals in 2011. I refuse to accept this picture as an icon. I refuse to accept how it has been 'iconified' and I refuse to accept the fact that this picture, like all other 'icons,' represents anything other than itself. This fight against the tendency to 'iconify' is the reason why today it is important [instead, MD] to actually show and look at images of destroyed bodies."[13]

2. Simulation, Critical

With his closed-circuit video installation *The Situation Room* (2013), Franz Reimer pursues his own and different path of analysis as an artist. Nevertheless, he still employs a strategy of iconifying. He was aware of Souza's photograph, but he could find no inroad to it. That is to say, he didn't find it particularly problematic or questionable.[14] After a long preoccupation with the theme of war photography, it dawned on him that the provocative propaganda strategy of the photograph was to hide more than it illuminated. In order to get closer to the core of the photograph he chose a very elaborate modus operandi: in the space of three months he reconstructed the scene of the image. Casting his studio as the "set," he used simple materials (paper, cardboard, pieces of scrapwood, adhesive foil, furniture, carpet, lamps) to recreate the space, the furniture and the objects on the table (laptops, coffee cups, files). He recreated everything according to its original dimensions as far as the details of the image would allow.[15] In doing this, he created a three-dimensional likeness of the picture: one which could be walked through like a stage set (ill. p. 164 ff.). In this empty picture space, cleaned by his own personnel, a viewer can wander through, sit in an armchair at the table, and start to form new perspectives on the original photograph. The dialectic masterstroke

13   Thomas Hirschhorn's text "Warum ist es wichtig – heute – Bilder zerstörter Menschenkörper zu zeigen und anzusehen," distributed in a typed form in the exhibition *Thomas Hirschhorn, Collage Truth*, Galerie Susanna Kulli, Zürich, 2013; English translation published in *Critical Laboratory. The Writings of Thomas Hirschhorn*, Cambridge, MA, 2013.

14   Information taken from the podium discussion with Franz Reimer, mentioned at the start of these notes.

15   See the artist's website (www.franzreimer.de). – On the subject of artistic deception in contemporary art, see also Michael Diers, "Die doppelte (Ent-)Täuschung. Bilder nach Bildern bei Thomas Demand," Bärbel Hedinger (ed.), *Täuschend echt. Illusion und Wirklichkeit in der Kunst*, exh. cat., Bucerius Kunst Forum Hamburg, Munich, 2010, pp. 52–59.

of the installation is the computer screen, the new vanishing point of the piece. In the original image the monitor is not visible, as it is outside the frame of the photograph. However, its position, nevertheless determines the architecture and dramaturgy of the image. In Reimer's reconstruction, the visitor's eye is drawn to exactly that point on the screen where a closed-circuit camera image of the room is reproduced as the video image from the control monitor. As the visitor takes a seat at the table, he or she sees their own image reflected on the screen and becomes integrated into the Situation Room ensemble. The viewer is projected into the Washington control room and becomes a "virtual" inmate of this positively infamous political cell. The deceptive similarity between the original and reconstructed rooms, and the way the installation character of the reconstruction is blatantly revealed, draw the visitor directly into the image. Sitting at the table, looking at the laptops or perhaps playing with one of the objects, we view ourselves as an integral part of a picture that exactly matches the appearance of the Situation Room, at least externally. Now there is space for reflection. Reflection about the potential for deception when a simple setting is turned into a picture, about the art of jugglery that is employed in any political orchestration, as well as about the effect and effectiveness of images in general. As soon as a viewer has grown accustomed to seeing themselves filmed for a moment, perhaps it becomes easier to understand the position of the protagonists seen in the Washington photograph. We recreate a scene or a figure and check for points of similarity or difference. For those who are not informed about the political context, there is an illustrated display board giving further details of the story and its political background.

Reimer's installation is similar to an experimental setup, in which we are encouraged to have and try out various practical visual experiences at different levels. If we insist on remaining only the superficial viewer playing a pleasurable "I can see myself on the screen" game, we of course miss out on the opportunity for media critical reflection that was the main intention behind the installation. In attempting to answer the questions about the construction and status of an iconic picture, that seems to have been evacuated or newly prepared for a performance, it is possible to at least reconsider, from this simulated space situation, such elements as the missing picture, the role play ("live on camera"), and the various opportunities for deception with regard to moral, political and technical aspects. The transformation of a temporary structure into a video image is playfully experienced as an act of *Trompe l'œil* and, as a result of the game, the main features of the matter at hand can potentially be better understood. Despite its apparent randomness, Franz Reimer's idea of three-dimensionally reconstructing an image space – in order to highlight the reasoning behind the interaction of media, image and politics – is realized extremely effectively in his video installation *The Situation Room*.

Translated from the German by Paul Brown

I would like to thank Franz Reimer for the preparatory talks and the podium discussion with him at the Akademie der Künste, which I chaired, on November 19, 2014 ("Images of Power and the Power of Images"). Special thanks also go to Anke Hervol, Akademie der Künste, for the invitation (see the video recording: http://www.schwindelderwirklichkeit.de/reimer-diers/, accessed on June 23, 2015.)

CLOSED CIRCUITS WITH A SENSE OF TOUCH

HORST BREDEKAMP

1. Outbreaks of the Avant-Garde

One of the basic slogans of Modernism is Tommaso Marinetti's 1910 dictum: "A racing car is more beautiful than the *Nike of Samothrace*." The Futurist transformation of art into technology, of the chiselled form into the industrial mold, of contemplation into action, and of stasis into acceleration, also contains an element of self-hatred on the part of art towards its own separation from "life" and the body, as well as from politics and the economy. Art's self-surrender echoed the break that divided the world of 18th century constraints from the realm of artistic freedom. The encapsulation of art in a world of its own — one in which it remains sovereign, and yet which lacks the authenticity of the "real" — evoked conflicting emotions. It represented both a chance for autonomous self-development and a loss of "life."

Modern art has made repeated efforts to overcome its own marginalization. One target of some of its most violent reactions was the museum. For almost a century archives and museums were accused of immobilizing culture, a sentiment which has remained active less because it has proved victorious than due to the fact that a chain of defeats relentlessly demanded new efforts.

Marcel Duchamp's famous urinal, the *Fountain* of 1917, took Marinetti's demand at its word, and not by destroying the concept of art, but by expanding it to include the genre of *readymades*. Laszlo Moholy-Nagy's *Telephone Picture EM2*, with its clear opposition to the traditional concept of the work, also had the effect of expanding the genre. He had it produced in 1922, using a telephone to transmit precise specifications to an enamel paint factory and leaving the manufacturing process, which could be repeated as often as desired, up to them. As an archetype of "multiples" it would latter receive an outstanding place in the

Museum of Modern Art in New York.[1] Ever since Duchamp and Moholy-Nagy, the rhetorical attacks on the museum and the complaints that it has closed itself off from its critics have gone hand in hand in a virtual symbiosis, and yet all efforts to liberate art from the realm of "atavistic" craftsmanship (whether by consigning it to the realm of the conceptual or by seeking to transcend it in the process of its industrial production) have ended with its integration in the museum.

A second attempt to escape this dilemma involved transforming viewers into actors and questioning art itself. One of the first actions of this kind, long before the victory march of computers, was at the same time the most radical. It was based on an axe that Max Ernst offered to viewers in the second Cologne Dada exhibition in 1920 in order for them to destroy the works exhibited.[2] The message of art was to call forth a reaction that would obliterate the object of aggression, thus ending a one-dimensional closed circuit and in the process taking the inviolability of museum art *ad absurdum*.

The apex of the art of artistic self-abrogation came in the 1960s and 1970s. In relentless bursts of fantasy, the Fluxus, Happening and Closed-Circuit movements developed fluid transitions between aleatory and artistic forms, artists and non-artists, and artistic and street spaces, an alternation of iconoclasm and transgression designed for breaking out of the cage of the art world. It was in the course of these excursions into the world of the non-artistic that the first encounters with the mass medium of television occurred. Josef Beuys' symbolic boxing match with a television set and Wolf Vostell's installation of a sinking, blood-colored Vietcong flag, repeatedly slapping against a television, represented the first attempts to confront the media beyond the more closed circles of art.

2. Tactile Sight

The undeniable possibilities of the computer have changed this situation. On the one hand it has reinforced the evasive, technologically marginalized development of "interactive art." On the other it has created countless kitsch objects of technological progress. These include the cyberspaces of the entertainment and toy industries that brought forth a shallow ideology of man-machine fusion. Accompanied by a melody that truly brought them to life, they served as the key witnesses of a new stage of artistic technology in which the individual, denying other

1   Ingrid Severin, "Technische Vernetzungen und ihre Auswirkungen auf zeitgenössische Kunst," part one, Ingo Braun, Bernward Joerges (eds.), *Technik ohne Grenzen.* Frankfurt am Main, 1994, pp. 212–250, here p. 228ff.
2   See Sönke Dinkla, "Interaktive Kunst," Phil. Diss. Hamburg, 1995, which also includes fundamental work on the prehistory of interactive art.

senses and relying solely on his or her own eyes, moved in virtual worlds where new adventures and, ultimately, peace would supposedly be found.

In the meantime, though, the euphoria of this optimistic return of Futurism has settled down. The conservative champions of virtual realities deny the experience, self-evident from Lucretius to Berkeley, that sight is a "visual language of touch."[3] Touch is the first, elementary expression of humans, and without this experience of a body-related space and object perception, all vision would merely be a mushy flow of impressions without contours.

If so-called "interactive art" and closed-circuit installations have a common denominator, then it is the way that both still interrogate the other bodily senses within the ecstasy of the virtual and the storms of televised pixels. In past years a variety of "interactive" artworks with differing goals have addressed the conflict between visual representation and loss of body.

Here it was not only tactile and visual senses that the artists took as their subjects. Installations like David Rokeby's *Very Nervous System* (1986–93), in which an actor filmed by a camera creates sounds and music through his body movements, are sustained by a feedback loop between the person and the sound machine. They aim at a new definition of tactile and aural senses under the conditions of a computer-generated world in which the user learns to understand, and in part to control, the tones that he or she has created, until a kind of trance-like unity emerges.

All the installations selected for the 1995 CeBIT targeted the haptic side of the act of seeing. In their ironic composure they attested to a new stage (perceptible for several years now) in the analysis of the relationship between art, technology and media – one that elaborates a subversive game of seeing and body movement rather than accusations or propaganda.

In Perry Hoberman's *Bar Code Hotel* (1994), objects are brought to the screen in order to carry out certain tasks upon command. Their Dadaist movements leave no doubt that we are watching nonsense processes in which signs emancipate themselves and encode a world of their own. It reacts to the agents of movement with its ever-changing messages. By shifting the game of communication back to the level of the viewer, the screens construct a "wild" system for reflection, which subverts all plots and signs without any sense of melancholy.

In Paul Sermon's *Telematic Vision* (1993), two people sitting on a blue sofa are joined by two more people seated on the same furniture in a different location. A digital video mixer allows these spatially separated individuals to be

3   Hartmut Böhme, "Das Auge und das Tasten. Zur Kritik des königlichen Sinnes," *Neue Zürcher Zeitung*, presumably February/March 1995.

transported to a visually tangible neutral place. The people encounter one another as though they were together with other people in the same room. Through language, and yet also through their body movements, the participants are able to relate to one another without ever coming into contact. The *Telematic Vision* does not exhaust itself in a holistic desire for unification via virtual encounter, but rather confronts us with the illusory character of physical proximity. Through the medium of art's technological avant-garde it ironizes the reduction of living presence to a disembodied seeing.

Jeffrey Shaw's *Virtual Museum* (1991) also deals with bodily presence in the realm of the virtual. The walk through his imaginary museum demands sensitive coordination between the seated viewer and the computer-generated museum spaces. By moving in and with one's seat, the user wanders through the exhibition, finally arriving in a room with plastic letter codes which, as in Hoberman's *Bar Code Hotel*, elucidate the elementary aspect of the learning process. In Shaw's *Virtual Museum* the rebellion of the avant-garde against the conventional museum no longer plays a role. He is not concerned with the fight against the museum, but rather against the degeneration of these treasure houses of visual memory into mere visual attractions.

Media art poses traditional questions about the relationship between the powers of the image and the body under the conditions of advanced technology.[4] It accepts the legacy of the avant-garde in order to complete the avant-garde's escape from the ghetto of art. The politicizing claim is concealed in an anthropological strategy that addresses the damages to, as well as the possibilities of, the five senses. Shaw's museum is paradigmatic insofar as it represents a school for the moving, seeing body.

3. Visual Antibodies

An example from Italy illustrates just how immediately Shaw's museum of corporeal sight and of visualizing body reflections applies beyond the sphere of art. As the birth country of Futurism, Italy has always provided crucial impulses to considerations on the relationship between art and technology. As a part of this legacy, the electronic media have been used more freely in Italy than in other countries. Given this background, the success of Silvio Berlusconi's instrumentalization of the media is by no means as surprising as it has appeared to foreign commentators.

4   Itsuo Sakane, Durch Interaktive Kunst zur Selbsterkenntnis," Georg Hartwanger, et al. (eds.), *Künstliche Spiele*. Munich, 1993, pp. 91–93, here p. 93.

The fact that Italy has preserved a line to older forms of debate along with its uninhibited fondness for modern media ensures that this country remains a source of exemplary situations. The tradition of mass rhetoric in its peaceful form remains alive at evening meetings in city squares and in the countryside; in its more aggressive form, however, it persists in the ritual encounters of teams and the public in the soccer stadiums. Even today Italy retains the tradition of Dionysian theater, in which the boundaries between actors and viewers are dissolved, the stage becomes the theater, and balconies are transformed into a performance space. The death of an Italian soccer fan in January 1994 was interpreted by some observers as the outgrowth of a modern, gang-like process of brutalization. In fact, it stems from a history of theatrics that refuses to differentiate between stage and world, art and life, and which instead pursues an intensification of hate and affection as the most elementary driving forces precisely at the point where, according to our usual understanding, the world of triviality begins. The murder shows the dark side of a capacity which in itself is enriching: the ability to access several levels of reality whose significance for life and death coexists on equal terms.

The futuristic and the ancient faces of Italy came together several years ago, when electronic eyes were used in an equally simple and subtle way to counter the spread of violence in the lively, theatrical world of the soccer arena. An attempt was made to suppress a precarious mix up between those who take action and other viewers by showing audiences images of themselves as a sign of control, but also of self-control. In the Stadio Communale in Florence, arena to one of the most notorious groups of fans, the electronic stadium board was used to put fans in the proper mood before the game, to entertain and to distract them. Shortly before the beginning of the game, the gigantic announcement board transformed itself into a reflex machine. A moving text announced: "Everyone remember, you are being watched." In the next moment a group of the most radical fans appeared on the electronic screen. A veritable closed circuit thus came into effect. The audience had shifted from the role of viewer into the role of participant, activating a new sphere for viewers created by electronic eyes – a sphere whose individual sections could be made public on the giant screen in real time. The guests on the grandstand were transformed into viewers of themselves.

The question of whether the directors of the self-reflective giant images were familiar with Nam June Paik's *TV Buddha* production, which, in varying forms since 1974, consists of a sculpture of a seated Buddha that is filmed by a camera and unswervingly stares at the television image of itself, is just as superfluous as whether Paik's profound work was inspired by the ever-present surveillance cameras of the period. Instead, the comparability of these closed-circuit installations demonstrates that the electronic world of images is in a position to supply the technical production of everyday culture at the same time as the visual experiences of art.

In this respect, electronic media are no different from the traditional world of imagery. Stadium mirrors now stand in place of the traditional monsters and masks formerly placed on medieval churches in an effort to confront the demonic powers in the air with their own reflections, so that they would frighten themselves away. Both cases exemplify a dynamic energy between images and living beings. This energy remains virulent in media art as well.

ART+COM/ JOACHIM SAUTER

Zerseher, 1991–92 and 2014

Joachim Sauter and Dirk Lüsebrink realized the closed-circuit installation *Zerseher* in 1991–92. At that time, it was one of the most cited works of art in the field of interactive media art. A reproduction of the painting *Boy with a Drawing* (c. 1520) by Giovanni Franceso Caroto was projected from behind onto a screen, which is framed in the style of the Old Masters. When the viewer's gaze remained fixed on a certain point, the image started to decompose at exactly that point. The image changed through the viewer's responsiveness The artists used an eye tracking system, consisting of a camera, computer and video tracking software, that would analyze the eye of the viewer in real time: the iris and the reflecting point of an infrared headlight in the eye were recorded. Using these data, the exact visual focus was calculated and the graphical modification was set off.

    Zerseher was developed with the aim of propagating interactivity as one of the most important qualities of the new medium in a provocative way. As the hardware and software used in 1992 no longer exist, and since the principle of interactivity in media art has been established for a long time, the exhibition presented a revised version of the installation in which the viewer's eye itself would seem to decompose. As the viewer approached the installation, they were captured by a camera, their eye would be recognized by the video tracking system and scaled to fit the screen. This was the moment when the process of decomposing began.

CLOSED CIRCUITS

PETER CAMPUS

mem, 1974/75

"In a closed-circuit video situation we are no longer dealing with images of a temporarily finite nature. The duration of the image becomes a property of the space."

Peter Campus (1974)

In the 1970s, Peter Campus, one of the pioneers of video art, developed closed-circuit video installations that were instruments for the exploration of the self. In his installation *mem*, he created a work that only exists when the viewer is physically present. When a viewer steps into the path of the camera in the darkened space, a live image of his or her body is projected onto a wall. Since the camera and projector are both set close to the wall, the shape of the image projected onto the wall surface converges slightly towards the position of the camera. The camera is only activated within a narrow triangle of space between the camera, projector and the wall. Participating viewers experience their live image from a different angle – the perspective of the camera. If viewers move, the image changes, becoming smaller or larger, and they can see themselves disappear as a closed-circuit video image on the pictorial surface of the wall, and sometimes they even see their own shadows.

CLOSED CIRCUITS

VALIE EXPORT
Raumsehen und Raumhören, 1974

Raumsehen und Raumhören is the product of a one-off performance at the Kölnischer Kunstverein. The work examines the relationship between body and space in the form of a structural analysis of how parallel images and sounds are perceived. While VALIE EXPORT stood motionless for the entire time in one place, a monitor showed her moving closer and further away, becoming larger or smaller or going from left to right, all done using technical means, such as shifting focal lengths or splitting the screen. The image was accompanied by corresponding, synthetic sounds: optical closeness corresponded with greater sound volume and quicker repetitions of sounds; optical distance with less sound volume and slower repetitions. These different spatial positions and the sounds assigned to them were presented in their possible combinations in altogether six different segments. *Raumsehen und Raumhören* confronts the static position of the real body in space with the dynamic possibilities provided by technical devices.

JOCHEN GERZ
Purple Cross for Absent Now, 1979–89

This installation is based on an eponymous performance from 1979. In a rectangular room with subdued lighting, a rubber rope was stretched from one wall to another, dividing the space in two. Two monitors on white pedestals were set centrally against the top and bottom walls. The only light came from four ultraviolet lamps placed in a cross on the floor, at the center of the room directly below the rubber rope. The image on the two monitors showed the artist's head and neck, with the same rubber rope running around his neck. Initially, the viewer may not have realized that the images on the monitors were a closed-circuit video, and the rubber rope that disappeared into the wall was the same rope as the one tied around the artist's neck. But this became only too obvious during the course of the performance, because when viewers pulled the rope to test the "liveness" of the situation, they could immediately see the effect on the screen.

The installation showed a documentation of the performance (documenta 8, Kassel, 1987). The rubber rope crossed the room just at the height of the neck of the video image; in contrast to the performance, though, the rope and image were not linked. Yet in both cases, viewers were confronted with their (active or passive) roles, and faced questions about culpable involvement, the position of the witness, manipulation, responsibility, and conscience – as well as their own readiness to use violence.

DAN GRAHAM
Present Continuous Past(s), 1974

In Dan Graham's video installation *Present Continuous Past(s)*, viewers are confronted with projected images of themselves produced with a time-delay of a few seconds. The mirrors in the closed time-delay space reflect real time. The video camera tapes what is happening in front of the lens, as well as the reflection on the mirrored wall opposite, but the images captured on the video only appear on the monitor on the wall with an eight-second delay. As a result, viewers see an image of themselves taken eight seconds ago, in addition to what was reflected on the mirror by the monitor eight seconds ago (in other words, 16 seconds before), as well as their present reflection. In this time continuum, a series of images are captured and projected each with an interval of eight seconds – and the past and the present become fused; the borders blur.

"I'm interested in inter-subjectivity, exploring how a person, at a precise and given moment, perceives himself while at the same time watching other people, who in turn are watching him."

Dan Graham, 2002

ALEX HAY
Grass Field, 1966

Alex Hay's performance *Grass Field* was shown as part of "9 Evenings: Theater and Engineering" at New York's Armory in 1966. In the "9 Evenings" interdisciplinary project, initiated by Robert Rauschenberg and Billy Klüver, artists including John Cage, Merce Cunningham, and Yvonne Rainer created performances and then worked together with engineers on the technical components. For the first time, the live aspect of electronics became a part of performance art, making 9 Evenings a milestone in media art. *Grass Field* was structured around three different elements which, in Hay's words, were "equal in time": the sound broadcast, the unified color of the performers' clothing, and the activity of structuring the stage area with 64 six-foot squares of canvas, all numbered, and then finally removing them again. Via a complex amplification system, electrodes attached to Hay's head and body picked up and transmitted the sound of his eye movements, muscle activity and brainwaves and made them audible. Hay's movements on the stage were accompanied by the noises of his inner body as he first spread out the cloth squares randomly on the stage and then remained stock-still at their center. A closed-circuit video projection of close-ups of his head revealed involuntary minimal movements. Hay remained in this position while Robert Rauschenberg and Steve Paxton systematically collected the cloth squares in their numerical sequence.

CLOSED CIRCUITS

CLOSED CIRCUITS

BRUCE NAUMAN
Live-Taped Video Corridor, 1970

"What interested me was to bring these two kinds of information together: physical information and visual or intellectual information. The experience lies in the tension that grows between them, the impossibility of putting together."

Bruce Nauman (1986)

Live-Taped Video Corridor, which belongs to a series of Bruce Nauman's works of performance corridors, is a closed-circuit installation exploring the tension between real and media space. Two television monitors stacked one on top of the other are set at the end of a passageway nearly ten meters long, but only 50 centimeters wide. While the top monitor plays the live closed-circuit video feed, the lower monitor shows pre-taped footage of the empty corridor filmed at the same angle, creating a point where the spatial past and present converge. The camera is mounted at the entrance to the corridor. When the viewer enters the corridor, his or her image appears on the monitor. Yet the closer someone moves to the image, the further away from the camera they appear, and so the live image diminishes in size as it is approached. The sense of spatial disorientation this produces is further heightened by only being able to see one's own image from the back. In this way, the viewer becomes the subject of their own surveillance in the narrow space of the passageway.

NAM JUNE PAIK
Three Camera Participation, 1969/2000

"I am always not what I am and I am always what I am not."

Nam June Paik (1976)

Nam June Paik's media installations involve transformation processes based on interaction and the creation of mutually superimposed moving images. In *Three Camera Participation*, a closed-circuit video installation, the viewer is recorded by three adjacent cameras, and the three images are simultaneously projected in color, slightly relocated, onto the wall and on a monitor. Viewers are not only actively integrated into the work, but can play with their superimposed images created from the video's three primary colors.

FRANZ REIMER

The Situation Room, 2013

In *The Situation Room*, Franz Reimer recreated the White House's strategic control center in the eponymous press photo taken by Pete Souza on May 1, 2011 as President Obama and his national security team watched the killing of Osama bin Laden live on a screen. In Reimer's walk-in closed-circuit video installation, a video camera filmed a section of the space exactly as in Souza's iconic press photo, except that the people around the table were now visitors to the exhibition. Their filmed images were streamed live to a screen set in the front of the installation, mimicking precisely the moment of intense attention from the security team in the original.

"Yet while the photo shows the US government watching the death of Osama bin Laden, visitors in the installation realize they are just spectators of an invisible execution. The problematic nature of the experience is felt directly. The installation illustrates to us that the image shows us nothing. Just like a mirror, it throws our gaze back at ourselves. And behind it lies the unrealized promise of total transparency and visibility in a digitally networked world. The Situation Room represents a break in the politics of images. The power of images confronts the image of power. The power over visibility."

Franz Reimer

ULRIKE ROSENBACH

Tanz um einen Baum (Dance Around a Tree), 1979

"Elements:
1. Location: a park, on a hill, with a view of the city. A tree.
2. Time: shortly before sunset, 5 pm to 5:45 pm.
3. I observed the tree for two weeks. When the sun sets, its light falls across the tree into the windows of the houses, the skyscrapers. The light is reflected red in the window panes. I wound a video cable six times around the tree trunk and then unrolled it to create the radius of a spiral circle. The external line of the circle is marked by oblong splinters of mirrored glass set in the grass (at 90 cm intervals). The video cable is fastened to the tree trunk and leads, in one direction, to a small video recorder equipped with monitor, and in the other direction to a small video camera fastened to my arm for the duration of the performance. I lie down on the grass, my head toward the outer circle, and slowly begin to circle the tree. I hold a sword in my hands. Each time I complete a revolution, I try to smash one of the mirror fragments. The camera records my circling, and captures everything in my radius of vision: the landscape, the people, the mirrors reflecting all this and my face, and the sword, which is pointed at the landscape and people and smashes the pieces of mirror. This image is simultaneously transferred to the video monitors. As I turn around the tree, the cable around the trunk draws me in. The sun goes down, and when it is dusk, I use the sword to cut through the cable that tied my body to the tree."

Ulrike Rosenbach

CLOSED CIRCUITS

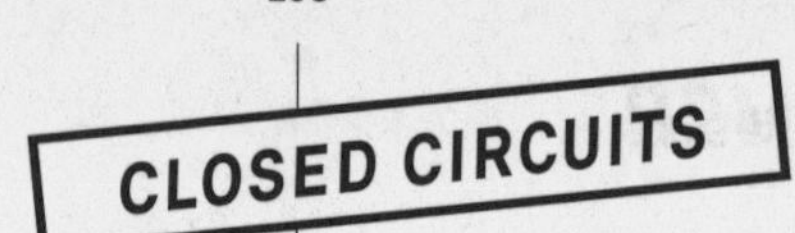

SERVAAS
Pfft, 1981

In his closed-circuit installation *Pfft* (1981), Dutch media artist Servaas (Schoone), who died in 2001, graphically and ironically illustrated how the act of breathing inspires a permanent exchange with nature. On a monitor, the head of the artist was shown in a video blowing air towards the viewer. A real feather placed in front of the monitor was free to float in the space, and the audible "Pfft" of blown air seemed to have the effect of setting the feather in motion. The movement and sounds generated by the video image created the illusion of being the trigger for actual movement in space.

GINY VOS
Giovanni Arnolfini and his Young Wife,
1984–2014

"I do not 'invent' anything that was not there as a part of the material in the first place. I look, combine and I order facts so that the imagination may create a new reality."

Giny Vos (1995)

Dutch media artist Giny Vos created *Giovanni Arnolfini and his Young Wife* – the archetype of the idea of closed circuit – as a closed-circuit video installation in an enlarged copy of Jan van Eyck's original painting from 1434. Vos discreetly installed a surveillance camera on the image, connecting it to a mini-monitor set in place of the original's painted mirror. The camera records viewers so they appear in the correct size and perspective as a moving image in the little round "mirror" – and are shown in a frontal view, just like the original's two figures reflected in the doorway, though without the rear view of Giovanni Arnolfini and his wife. Vos' work focuses on using media technologies to blur obvious situations, objects, spaces, etc., and to create transformation processes resulting in a new, manipulated form of reality.

OLAFUR ELIASSON

Concentric mirror, 2004, Folded ellipse 60°, 2008, Spiegeltunnel, 2009/14

"Eliasson's work is exemplary of thinking which believes in the import-ance of expanding and exploring human perceptual capacities, but which pursues such experimentation independently of any contemporary technological imperatives."

Jonathan Crary (1997)

His mirror works are extensions of perception and surfaces of reflection for the viewer at the same time: *Concentric Mirror* manipulates the mirror image of the visitor, as it allows unique perceptions of the individual mirror image. The circular pane of glass is partially mirrored with concentric rings. Behind this a mirror of the same size, installed at an oblique angle, is attached, so a slight Moiré pattern is created. *Folded Ellipse 60°* are folded mirrors, based on different angles, that manipulate the mirror image. The elliptic folding of the mirror reflects the image of the viewer, like a self-perceiving subject, while also capturing the surrounding space as perceptual space. The mirror becomes a reflecting surface in two senses: on the one hand, the viewer sees themselves in the mirror, on the other hand, this process that Eliasson calls "see oneself seeing" reflects itself. Thus, the viewer became part of the exhibition. In his work *Spiegeltunnel*, which he developed in 2009–10 as a mobile and temporary installa-tion in a public space, Olafur Eliasson contin-ued to play with reflection and perspective, as well as a switching between circular and ellip-tical elements in the gardens of Akademie der Künste.

JEPPE HEIN

Rotating Mirror Circle, 2008

The mirror sculptures by the Danish artist Jeppe Hein play with spatial perception and undermine our self-assured certainty about the world. In some sculptures he works in monu-mental dimensions, as in his 360° *Illusion III* shown in Berlin's converted St. Agnes Church (Johann König Gallery, 2013), where two long rectangular mirrors were installed above vis-itors' heads. The mirrors, which intersected at right angles, slowly rotated around a central axis, reflecting multiple perspectives of the viewers as well as the exhibition space. As their reflections gradually revolved, viewers experi-enced the ambivalent contingency of their own spatial location accompanied by a feeling of vertigo. *Rotating Mirror Circle*, a small-scale work, engaged the viewer in a face-to-face encounter. A small motor and gear unit almost imperceptibly turned the circular mirror on the exhibition wall, encouraging viewers to reflect on their own self-reflection.

CLOSED CIRCUIT MIRRORS

MICHELANGELO PISTOLETTO

Specchio diviso, 1973/78
Sacra Conversazione. Anselmo, Zorio
e Penone, 1973

Assuming the fact that a mirror reflects everything but itself, Michelangelo Pistoletto developed the series *Divisione e Moltiplicazione dello Specchio*. By dividing a mirror and lining up both halves along the axis of their division, the image multiplies itself. Michelangelo Pistoletto identified a universal element of organic development in the principle of division. *Specchio diviso* belongs to this series. *Sacra Conversazione* instead belongs to Michelangelo Pistoletto's *Quadri Specchianti* series, which the artist started in 1962. At that time, Pistoletto was already experimenting with a variety of reflective surfaces in his paintings. To lend his images greater objectivity, he began using photographic likenesses enlarged to life-size and, from 1971, developed a silkscreen process for printing on highly polished stainless steel. The work shows a group of three Arte Povera artists in conversation: Giovanni Anselmo, Gilberto Zorio and Giuseppe Penone. The *Sacra Conversazione* ("Sacred Conversation") title references a centuries-old style of Italian religious painting depicting individual saints grouped around the Virgin Mary enthroned. Yet Pistoletto's mirror paintings also have a strong link to the present. Since they were hung low on the wall, they not only reflected the exhibition space, but integrated the viewer into the image, lending it a fluid dynamism. In this way, Michelangelo Pistoletto's Mirror Paintings also display their performative character.

SOPHIA POMPÉRY

Transient Shade, 2014

In her installations and works on walls, Sophia Pompéry transports the viewer to an interface between the real and unreal, although that unreality always begins in the concrete, physical world. In *Transient Shade*, the artist plays with disconnects in experience. Initially, the viewer seems to be standing in front of a very normal mirror, but this mirror contains a sensor, and reacts to the viewer's presence, with a light fog slowing growing at random across the surface until the light fog gradually displaces the original image. When the viewer moves away, the light fades and the surface appears to be a normal mirror again. *Transient Shade* is full of contradictions, and plays with the mirror image's interiority and exteriority, its depth and surface. Viewers are the driving force, yet, at the same time, when they leave their image fades, and nothing remains.

"The viewer has the impression that his own reflection is just a state of flux in a fragile moment of existence that melts away, creating a poetic moment of the palpably unknown."

Sophia Pompéry (2014)

"CAMERAS ARE KEEPERS OF THE SOULS"

VIDEO INSTALLATIONS BETWEEN SCENE AND SCENARIO

SABINE FLACH

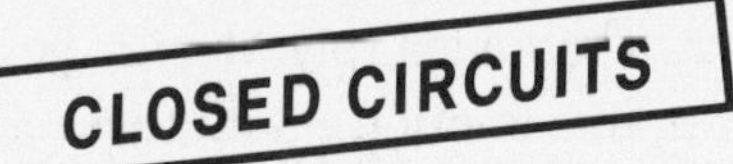

Cameras are keepers of the souls:[1] this is how American video artist Bill Viola describes the medium's specific quality. What might such a pronouncement mean beyond the possible sympathy produced by its emphatic character?

There is something special in the media-technical image, and this seems to be its capacity of choreographing our perception and emotions. Technical media render visible processes which would be hard to perceive were it not for the simulated spaces they open. The image is no longer a signifier for the representation *of* something, but — in terms of a phenomenology of the image — it is a "continuation of fantasizing with imaginary objects in the medium of the visibility of the image."[2]

In an *inversion* of Aristotle,[3] the media-technical image can be characterized as a *moved mover*,[4] by way of understanding its multiple layers of performance and processuality — that is, as a moved image carrier, moving the imaginary space and the movement produced in the viewer. For this is where images show eminent structural affinities, similarities circulating between thought, feeling and image observation, referring to their analogies. Hardly any other medium is as capable as the media image to address the interdependence of internal and external processes and events — as emotion.

1   Quoted from an interview conducted by Christian Lund with Bill Viola, London, 2011, http:// channel.louisiana.dk/video/bill-viola-cameras-are-keepers-souls, accessed on April 30, 2015.

2   Lambert Wiesing, *Phänomene im Bild*, p. 29. Unless otherwise noted, all translations of citations are by Lisa Jeschke.

3   Aristotle speaks of the work of art. Cf. Otfried Höffe (ed.), *Aristoteles Poetik*, Berlin, 2009.

4   As I have argued previously, cf. Sabine Flach, "Lament in Contemporary Art," Sabine Flach, Jan Söffner, Daniel Margulies (eds.), *Habitus in Habitat I: Emotion and Motion*, Bern, 2010, p. 182.

This affects our concept of such artworks, given that they can *neither* be understood as an expression of reality *nor* as a mere carrier of signification, but as forming a *relation* between cognition and experience, emotion, perception and sense activity, inner and externalized images, imagination and representation. Or, to go further: the image space of the video installation is an image scenario *sui generis* on several levels; it is precisely by means of the multiple coding of the image that this space can be attached to the representation, production, codification and decodification of emotions and sensual perception.

To put it more sharply: the image scenario of the video installation *is* the perception, the emotion – and these are, in turn, the qualities of the image as such. This at least seems valid for the two constellations chosen here – from around 1970 and around 2000. The same characteristics are to be brought to the arts in an effort to determine the relation of perception and emotion. In both constellations, the artwork can only be comprehended as a form of *behavior*. What is to be argued is that this is not merely a coincidence, but an essential and strategic part of the arts. The aim is significant: when, for instance, the transgression of the physical gesture of an emotion is to be negotiated in the artwork, it is not the gesture's readability that is at stake, but the corporeal act as such – as well as the question of its space, of its processuality. Gestures are to be analyzed in terms of their *embodied sense*. In all cases, the aesthetic category of *presence* is central, as an indispensable characteristic of video work.

Around 1970

Douglas Crimp's dictum "You had to be there,"[5] formulated to mark the development of 1970s art, becomes the unalienable prerequisite for Bruce Nauman's work – even if the latter comes to represent the same principle *ex negativo*.

From 1969 onwards, Bruce Nauman created several corridor installations animating the viewer to active use. Paradoxically, at the same time, these could be described as withdrawal as an art form. In its original conception, the *Live-Taped Video Corridor*[6] (ill. pp. 159, 173) consists of several corridors of different length, placed in a row next to one another as *Video Surveillance Corridor*. With the exception of one, all corridors are too narrow for access. The central part of the work, however, can be accessed, and has in consequence frequently been exhibited without the other corridors. The aisle is very high and narrow; the viewer can just

---

5   Douglas Crimp, "Pictures," Brian Wallis, Marcia Tucker (eds.), *Art After Modernism. Rethinking Representation*, New York, 1984, pp. 175–188, here pp. 176–177. Emphases in the original. Reprinted from *October*, 8, Spring 1979, pp. 75–88.

6   The *Live-Taped Video Corridor* was the first video installation making use of a closed-circuit system.

about fit in; at its end, he sees two video monitors, one above the other. As he moves inside the corridor towards the monitors, the viewer becomes aware of the fact that one of the monitors is showing a human figure. The second monitor initially does not seem to show anything. As he comes closer, the viewer can see that the figure on the lower monitor is the image of his own body. But against the everyday experience of looking into the mirror, the directionality of the body is maintained, that is, the hands are not switched around. Yet, the projection is disorienting; the viewer sees himself as walking along the corridor from the back. The view of one's own body cannot be achieved by means of a simple opposition; instead, the viewer understands that a camera is affixed above his body height, presenting his image from behind. Hence, there is a "gaze" of surveillance observing him from behind, recording his physical actions. If the viewer turns away from the projection to look at the position of the camera, he is still under surveillance but can no longer control the image. If he tries to get a closer look at the image of his body on screen by further approaching the monitor, the viewer's attempt at gaining control is undermined as the camera image becomes increasingly small; once the viewer is stood directly in front of the monitor, he is no longer visible on the image. Bruce Nauman has described the experience of the *Live-Taped Video Corridor* as a "difficult situation": "The easiest part of the piece to get into was a corridor thirty-four feet long and twenty-five inches wide. There was a television camera at the outside entrance, and the picture was at the other end. [...] When you walked into the corridor, you had to go in about ten feet before you appeared on the television screen that was still twenty feet away from you. I used a wide angle lens, which disturbed the distance even more. The camera was ten feet up, so that when you did see yourself on the screen, it was from the back, from above and behind, which was quite different from the way you normally saw yourself or the way you experienced the corridor around yourself. When you realized that you were on the screen, being in the corridor was like stepping off a cliff or down into a hole. [...] You knew what had happened because you could see all of the equipment and what was going on, yet you had the same experience every time you walked in. There was no way to avoid having it."[7]

This impression is supported by means of the second monitor, placed on top of the first one. This monitor, too, shows an image from the corridor; but it does not show the viewer – who, consequently, notices that the corridor must previously have been filmed as an empty space, now projected in a continuous loop.

7   Willoughby Sharp, "*Interview with Bruce Nauman*, 1971 (May 1970)," Janet Kraynak (ed.), *Please Pay Attention Please: Bruce Nauman's Words*, Cambridge, MA and London, 2003, pp. 132–154, here pp. 151–152.

This monitor, too, denies the viewer a view of his image. Hence the viewers are involved in the work without any ability to change it by means of their presence or actions. The manipulation we can observe not only completely controls the installation's viewer, but also meets one of Bruce Nauman's central aesthetic premises: his aim is to integrate the viewers in his work while at the same time negating such an apparent authorial transfer, retaining control over the viewers' actions. "I mistrust audience participation. That's why I try to make these works as limiting as possible. [...] That piece is important because it gave me the idea that you could make a participation piece without the participants being able to alter your work."[8]

The strategies developed by Nauman in this work are based on the concept of marking that which is *missing*. He forecloses the possibility of determining one's identity through a recognition of bodily characteristics, taking away from the viewer complete observation of one's self or the work. Given that the viewer stands in his own way – or in the way of his image – he cannot perceive the work by means of the faculty of sight alone. Nauman concretely directs the viewers' attention towards their kinaesthetic experience, as it becomes manifest via a spatial specification. While the viewer is part of the work, he can only partly see its projections; hence the camera image is based on excluding the observing gaze of the person producing it. Bruce Nauman himself underlines the fact that his works manipulate the viewers by means of exclusion when stating: "I have tried to make the situation sufficiently limiting, so that spectators can't display themselves very easily. [...] someone else can be a performer, but he can do only what I want him to do."[9]

Early usage of the form of video in artistic work involves experimentation with the technical possibilities, as transformed into aesthetic material. Hence the artist Peter Campus develops works which reflect their medium and which, beyond the technical experiment, link such reflection to a thematic canon negotiating psychological processes on a reflexive level. In this context, he makes use of the distinct qualities of video technique, such as the possibility of simultaneous recording and rendition, achieved by means of the closed-circuit procedure. Furthermore, he works with the blue screen, as used for television, and time-delay loops. The works focus on impressions which influence psychological experience on a kinaesthetic level. It is only the conscious analogy which Peter Campus

---

8   Willoughby Sharp, *"Nauman Interview, 1970,"* Janet Kraynak (ed.), *Please Pay Attention Please: Bruce Nauman's Words,* Cambridge, MA and London, 2003, pp. 110–130, here pp. 113–114.
9   Ibid. p. 113.

creates between the technical possibilities of the video tape and the unfolding of psychological processes that makes possible the aesthetic visualization of such processes. It is formal criteria which are central to the aesthetic engagement.

In *Interface,* a work from 1972, Peter Campus works with a dark room in which the viewer can meet his alter ego in intimate seclusion. In the installation room, a video camera is positioned in front of a glass plate. A video projector faintly lighting the dark space is placed in the center of the room, opposite the video camera. When the viewer enters the space, the work *Interface* initially represents nothing but the setup of the technical equipment as such. Peter Campus exposes the medium-related and material relations of production *before* an image or artificial event is allowed to develop. The viewer recognizes the conditions of the possibility for the production of aesthetic material – the image.

"Because we are conditioned to a reversed mirror image we are constantly surprised when the direct video image is presented. Any asymmetric movement causes loss of identification with the projected self-image. The answer to this is only apparent when the viewer becomes aware of the whole mechanism: the camera-projector-screen-viewer. He/She must be aware of the relative position of the camera to understand the image."[10]

Around 2000

"Consequently, the establishment of a fuller understanding of video styles requires a clarification of the relationships between the functioning of the *human mind and the image-producing capabilities of video.*"[11] This is what art historian Curtis L. Carter formulates in his 1979 riposte to Rosalind Krauss' essay "Video: The Aesthetics of Narcissism" concerning the significance of media-technical artworks for perception. And in 1985, Vilém Flusser notes in his book *Into the Universe of Technical Images:* "Only when we begin to eye the images synthesized by computers […] can we have an intimation of the forces of the imagination erupting."

"Probably the loudest scream I have ever recorded is the soundless work 'Silent Mountain'": This is how Bill Viola describes his video work. If a soundless scream is central to the work, then how to embody something so consciously evading language? It is in the experiential value of art, in a certain virtuality of the image as such, that the production of a *hypothetical space* is to be shown, a space in which the reality of the representation is always constructed, produced, to be produced,[12] but which allows for events to be seen.

10   Peter Campus, *Closed Circuit Video. Seven Drawings*, Everson Museum of Art, 1974, unpaginated.
11   Curtis L. Carter, "Aesthetics, Video Art and Television," *Leonardo* 12 (1979), p. 293 (emphasis S. F.).

The mise-en-scène is that of a scenario of observation in which the transience of the moment is translated into a latent tension elucidating the principle of movement. Such latency is generated by means of the clenched fingers, the creased jumper, the tension of the muscles, the bending and stretching of the back: that is, it is physical phenomena of movement which create the image act. What is shown are "heightened gestures";[13] the body is *by no means* only the external instrument of an interior. When such movement – as rhythmical structure – is always already an act-become-image, then it is – consciously or unconsciously – being reproduced precisely where action is *not* functional, but where something is opened for understanding.[14] And then images are always already event images, or, better: *excitation images*[15] – images in which *aisthesis* and *kinesis* cannot be considered as separate from one another.

In his moved body images, Bill Viola demonstrates the following: an emotion as expression is *always* a dynamic procedure of representation, just as a movement presented in a particular way carries as sediment the knowledge of cultural meaning. What is at stake is, consequently, not so much a form of naturalistic representation than the representation of an *expression in movement* as well as *the representation of an image moved in and of itself.*

A media environment – such as the video installations discussed here – demonstrates many *seemingly* immersive qualities generating forms of interaction with the viewer; all examples discussed produce a sense of being-there, and, if "being there" is defined as "the subjective experience of presence," then all videos produce a sense of *presence.*[16]

Translated from the German by Lisa Jeschke

12   Cf. Sabine Flach, "'It's not easy being green!' Schnittpunkte von Kunst, Medientechnik und Naturwissenschaften am Beispiel der Transgenic Art," Martina Heßler (ed.), *Konstruierte Sichtbarkeiten: Wissenschafts- und Technikbilder seit der Frühen Neuzeit*, Munich, 2005.

13   Anna Freud (ed.), *Sigmund Freud Gesammelte Werke aus den Jahren 1892–1899*, vol. 1, Berlin, 2010, p. 152.

14   Alexander Honold, "Pathos-Transport um 1800. Modelle tragischer Bewegung in Theaterdiskurs und Briefkultur," Cornelia Zumbusch (ed.), *Pathos. Zur Geschichte einer problematischen Kategorie*, Berlin, 2010, p. 180.

15   Bernhard Waldenfels, *Sinne und Künste im Wechselspiel*, Frankfurt am Main, 2010, p. 57.

16   Carrie Heeter, "Being There: The Subjective Experience of Presence," *Presence* 1:2 (1992), pp. 262–271.

TINO SEHGAL AND CHRISTIAN FALSNAES

THE MUSEUM AS A SPACE OF SOCIAL EXCHANGE

JOHANNES ODENTHAL

The museum and the theater, the exhibition hall and the stage – both have been decisive instruments in the invention and education of the modern individual subject. They are mirror-halls of the social emancipation of the bourgeoisie, both platforms of enlightenment and well-established elements of the democratic social model. As a result, from the point of view of 21st century artists, the histories of museum and theater as institutions of bourgeois self-discovery can also be recognized and reflected on a political level. It is only through this historical accord that Duchamp's *Fountain* or Beuys' *Fettecke* function as works of modern art. Equally, performance art is only understandable as resistance to the history of these bourgeois institutions.

It is essential to the works of Tino Sehgal that they systematically refer themselves to the modern museum and theater history. They don't position themselves in resistance, like performance art, and nor do they evade the traditional definition of a work of work – instead they consciously embed themselves within the classic understanding between museum and visitor. And it is precisely from this embedding that they draw their explosive power, because they take viewers seriously, they confront them with contemporary economic, political and social issues. And because they deny visitors the object of aesthetic experience, but instead locate that experience inside them as a transient notion, they make viewers a part of the artistic work. By doing that, the subjective experiences of the individual become superimposed – either in contact with a performer or via a choreographed participation – with a collective perspective in which the visitors participate. Any third party will then find an insight into this exchange or the potential for joint action. Between the trained performers and the rehearsed choreographed elements on the one hand, and the random entrance of the visitors, the unpredictable stream of people, and the surprising constellations of participation, on the other, there emerges what we may call "social sculpture," or architectures of interaction, as Tino Sehgal himself calls them. The capital of these works is, apart from the conceptual starting point, the creation of endless possibilities for recharging through the present, through the knowledge and actions of people. Subjective and collective experiences build themselves up in arbitrary constellations, so that visitors often spend several hours inside the works.

This understanding of work and the aesthetic object draws on dance and choreography practice that Tino Sehgal learned from his dance training and experiences in the companies of Jérôme Bel, Xavier Le Roy, and Les Ballets C de la B. In the process, the reality of dance, that is direct physical and mental expression, interpenetrates with choreographic form, the aesthetically fixed work. Tino Sehgal takes the notion of choreographed work from the performance method of the "black box" and transfers it into the "white cube" of museums and galleries. The presence of dance unlocks the possibility of experiencing the present, the possibility of revealing and making effective the entanglement of any subject with the social constructions of time and space. With the choreographed form, he creates conceptual architectures of interaction, which he uses to negotiate with the visitor about whole clusters of issues drawn from the economy, social development, or philosophical research. Issues like progress, the social market economy, or speculative trading in virtual financial capitalism, are either grasped head on or considered on a conceptual level. If you can speculate with the immaterial work of Tino Sehgal through buying and selling, the reality of virtual financial transaction is well-reflected in the artistic practice.

The interactive spaces of communication and experience that Tino Sehgal creates with his works are based on his stubborn insistence on understanding his work as something beyond performance art, documentary theater, or installation. They engage in the traditional concept of art in order to affirm the possibility of critical reflection in structures that are already present. They embed themselves in a historically-established materialism of art in order to affirm the ephemeral within physical and spiritual engagement. They create space for a form of enlightenment that turns one's body into the starting point for artistic and social experience. To that extent, the work of Tino Sehgal may be the most complete answer to the question: Where is today's critical art? It considers life itself a higher resource and the starting point for reflection that systematically denies itself the use of material resources so as to plant the seed for new thought and action.

"Performance always played an important part in my work. I think that had its origin in graffiti art, because graffiti is also a very performative way of making art. Because the process and the circumstances in which graffiti happens are just as important as the work itself." Just as Tino Sehgal transferred choreographed practice into the space of visual art, so Christian Falsnaes brought the energy and dynamism of street art into the context of museums and galleries. In place of a materialized concept of art, performance becomes an experience about process — both for the artist and for the viewer. Falsnaes very consciously plays with the codes of exhibition openings and museum or gallery visits. Thus, in *Existing Things*, in 2010, he made his own body available to the audience as an instrument for painting, in order to create an image, while later he took to the streets to stage a *vernissage* party on the street.

It is this moment of transition from a conventional, established situation into something different or unknown that interests Christian Falsnaes. All the while, questions surrounding the basic conditions of the interaction between artist and audience shift to the focus of his work, increasing from project to project. How far can the performer go to seduce an audience or to convince them to initiate a certain action or development? The performative situations could be described as explorations of the issues of authority and hierarchy. How do you win power over a group? How do you control the dynamic between people when social processes are unexpectedly set in motion? In the production *Syntax Error* (2013), Falsnaes forcibly interrupted a conventional opening address through a group of rioting far-right extremists. Right to the end, the audience remained uncertain whether this was staged or if it really was a violent attack. This playing with fire that can oscillate between manipulation and fascination and switch into violence at any time. "If I look at society, everything functions through orders. All I do is make that visible in my performances, because ordering and obeying are torn from the contexts in which they're usually accepted."

In the 2014 production *Justified Beliefs* (ill. p. 172 ff.) there were five pairs of headphones lying on a table that the audience could put on. As soon as a visitor entered the game, he or she followed the simple, but firm instructions that Christian Falsnaes himself gave. These put social pressure on the participants, as they gradually had to relate to each other more and more, a spiral of joint action that became increasingly difficult to escape. The desire to experience a performance becomes the start of an individual and collective experience in which the boundaries of anonymity and intimacy are explored. Many visitors follow the joint orders, because they want to be part of an experience. The fact that prepared performers mingle with spontaneous visitors in these performative stagings is part of the manipulation of this threshold situation.

In these constellations, Christian Falsnaes discovers that the audience reacts to him in its role in correlation to the role or approach to the performance that he himself chooses to employ in order to gain control or power over a situation. By playing out different approaches, he opens up the interdependencies between action and reaction, between artist performance and audience performance. In his performance piece *Rise* (TC 26:48), which opened the *Vertigo of Reality* exhibition on September 16, 2014 in the Studio at the Akademie der Künste, Christian Falsnaes tested the limits of control and power with approximately 500 spectators, over a period of nearly 60 minutes. The decisive element was the attitude of each individual participant and their decision either to obey the instructions or to back out. As in an experimental situation, Falsnaes played with the sense of obligation and resistance procured by collective action.

The works of Tino Sehgal and Christian Falsnaes take as their cue the conventions of the contemporary art scene – they are unimaginable without them. They need the context of art, with its institutions like museums, biennials and galleries, and their attendant rituals and behavioral codes, in order to unlock a space for social interaction within them. They not only make the visitor a participant in an artistic process, but shift the notion of artistic production to a conceptual, intangible level, which is realized in the visitor alone. But while Christian Falsnaes places himself in the performance tradition, and tests out – and apparently breaks – the limits of the system, Tino Sehgal maintains a traditional concept of a work of art, but one which manifests itself not only through its conceptual idea, but also in the social experience of enlightened attitudes.

Translated from the German by Ben Knight

FROM VIEWER TO PARTICIPANT

SHIFTING BORDERS BETWEEN VISITORS AND PERFORMERS IN THE WORKS OF CHRISTIAN FALSNAES, RICHARD KRIESCHE AND TINO SEHGAL

KLARA HEIN

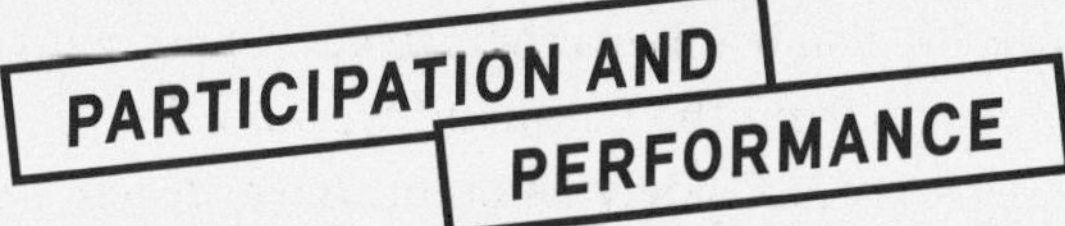

The concept of *Vertigo of Reality* assigned visitors a special role from the outset. As they entered the exhibition, they found themselves in a space that not only required the usual concentration and attention of the viewer, but also a willingness to *engage with* the work of art. Alongside a number of walk-in installations, there was a series of works that only truly came to life through visitor interaction. These were, namely, *Zwillinge/Twins* by Richard Kriesche, *Justified Beliefs* by Christian Falsnaes and *This is exchange* by Tino Sehgal. In order to show these works on a daily basis, numerous performers and actors were required to serve as a medium for the artists, in some cases even causing sensations by becoming works of art themselves. The situations and performances were not singular events. Nor were they re-enactments or revivals of an original performance. Rather, they were presented live several times a day and, in their (partially) non-material performativity, formed ephemeral works, alongside material installations, projections and photographs.

Richard Kriesche's installation *Zwillinge/Twins* was first shown at *documenta* in 1977 and was displayed for the first time since then in the exhibition *Vertigo of Reality* (ill. p. 186 f.). In the work, two identical twins sat in two identical rooms placed side by side. The twins were each engrossed in a recitation of Walter Benjamin's *The Work of Art in the Age of Mechanical Reproduction* (1936). With the help of a video camera and monitor placed above the readers, the twins were doubled: the onscreen uncertainty that the twins displayed presented a counter-action to the otherwise symmetrical nature of the exhibit and its initial suggestion of calculability and order. Both twins wore identical trousers, pullovers, caps and even earrings. Their sitting positions were also uniform: if one of them crossed their legs, so did the other. For the viewer, however, only one room was completely visible at a time. To compare both of the twins in their individual quarters, the visitor was required to go back and forth between the two.

With the help of advertisements in the daily press, bulletin board notices in schools and colleges, an Internet appeal and a visit to an annual meeting for twins, the Akademie der Künste was able to find six sets of identical twins to regularly appear in the exhibition. Particularly memorable was the commitment displayed by two brothers, themselves artists, who regularly undertook a seven-hour bus trip from the German-Swiss border to be part of the installation. All the twins reported widely different viewer reactions, ranging from: "Am I seeing double?"; "Look, it's not the same"; to "They must be dolls." Children were especially sensitive in their reactions. One elderly gentleman was heard saying to his grandchild, "They aren't real. I'm sure they are dolls." In reply to the child's response, "But I can see them breathing and their eyes are moving too," he said confidently, "Yes, they really are very well made." One married couple were so enthralled by the installation, that they immediately extended a dinner invitation to the twin sisters who were reading that day.

Sitting motionless for several hours was a challenge for the performers. It also proved tricky to not give in to the visitors' sometimes persistent attempts to distract the "exhibits." Some of the actors viewed their time in the installation as one of contemplation, self-experiment or of meditation. One performer reported quite pragmatically about her disappointment in finding out that she had no telepathic powers: "We had always hoped that, as twins, we would be able to read each other's thoughts. But that only happens if we can see or touch each other. I just sat on my chair, and no longer knew how I should sit, or how often I should read the book. I tried to summon my sister to me telepathically, to come and take a short break with me. But she didn't hear me. We adopted coughing as a means of communication. If we coughed it meant, 'Yes, I'm still here. I'm bored. I miss you.' People must have thought that we had colds on those days." When asked about his impressions, one performer said that he felt as though he had "put himself in the position of a picture or sculpture and experienced the live reactions of viewers."

According to their specific characters, performances should, above all, create lasting impressions related to the experience. Tino Sehgal's strategy of a consistent singularization fights vehemently against Benjamin's reproducibility, as quoted by Kriesche. In the work of Thomas Demand transitory aspects and the element of reproducibility are ambivalently applied. Demand, whose work was also displayed in the exhibition, destroys his models and just retains their reproductions, giving his documentation a work in progress character. On the other hand, Tino Sehgal consciously renounces all form of documentation. If we want to recall Sehgal's work, our only recourse, as in premodern times, is to read or listen to accounts delivered by participants or viewers.

Tino Sehgal describes his own works of art as situations and experiences. The work *This is exchange* (2003) adopted a practical exchange as its basis, taking the German expression "für bare Münze nehmen" literally at face value to mean audience participation. If the viewer was willing to enter into a discussion about market economy and to offer his or her own opinions, then a portion of the entrance fee was reimbursed. The performers who negotiated this audience involvement appeared at first glance to be normal gallery staff, until they came up and spoke to the visitors: "My name is Dominique. This is a work by Tino Sehgal with the title *This is exchange*. The work is actually an offer that I would like to present to you now. You can get half your admission price back, if you give your opinions on market economy and are willing to discuss them with me. Do you accept the offer?" Visitors were not prepared for this kind of pragmatic exchange in the context of an exhibition and, not unexpectedly, were surprised. Numerous visitors actually thought they were being angled for some kind of market research and wanted to know where the interview would take place.

The artist allowed his actors a good deal of autonomy in *This is exchange*. Precisely because some of the performers had no close relationship to the art world and worked in business or in research, it was interesting to hear that they had a feeling of freedom, and that the framework set by the artist for the implementation of the work was very relaxed. One of the actors spoke about those moments when none of the visitors would accept the offer as evoking "a feeling of emptiness and lack of energy. It's probably of no importance to an inanimate art object if it gets viewed or not, but when you are the communicator and nobody talks to you, it's really lonely."

It was surprising how seriously the majority of the visitors took the question about their opinions on market economy. Contrary to what had been expected, there were hardly any "prepared" answers. Mostly, people who took up the offer thought carefully about their responses and, in doing so, often related them to their own circumstances. Undoubtedly, this resulted from the element of surprise inherent in being asked about market economy in an art exhibition. Conversations with individual visitors often developed in unexpected directions, whereas, in contrast, discussions with groups of people were more dynamic and goal orientated, so that the actors could also switch places with the audience.

Despite a certain element of routine, even after three months, new and diverse discussions were still taking place. After one visitor had accepted the challenge of the offer, he simply remained silent in expectation. When he was asked, as agreed, to state his opinion on market economy, he came back with the surprised retort, "What? I'm supposed to say something now?"

In his performances the Danish artist Christian Falsnaes grapples with the subject of rituals, especially those in the art world. He broaches the issue of an artist's authority and the relationship established with the audience. Falsnaes creates situations and offers his audience an intense experience as long as viewers are open to them. The work *Justified Beliefs* was presented for the first time at Art Basel in 2014 (ill. p. 172 ff.). It consisted of five headphones, each playing different soundtracks that had been synchronized and coordinated with each other. Listening to one of these headphones a visitor would immediately receive instructions to perform small actions, for example: "Go to the person with the red headphones on and look her in the eye"; "Draw circles on the wall with your finger"; "dance"; "sing"; "go down on your knees"; or "remember back to the last time you cried." Initially, as long as the instructions were spoken in a firm voice, the visitors found it easy to carry out the actions. Choreography was created through the synchronization of the headphones and the interaction of the audience with one another. Christian Falsnaes was interested in knowing at what point visitors would no longer comply with the instructions that the voices had given them; this went so far that the participants were told, step by step, to remove items of clothing until they were completely naked.

The majority of the performers, who had experience in performance art and dance, were not immediately recognized as such by the audience. The process' external framework was clearly defined by the series of spoken instructions. The individual execution, however, was left up to the performers. The actors described the influence they had over the audience as anything from "impressive" to "shocking." Depending on the day-to-day mood and level of interest, visitors were encouraged to go along with the concept to the point of extremes, until they even dared to stand there naked. One of the performers described the work as a social experiment in which the behavior of the audience could be put to the test. The intensive dialogue with the visitors, whether through maintained eye contact, physical contact or simply the communal sense of behaving differently than the other exhibition visitors and, as a result, being viewed themselves, brought about a kind of complicity between performer and viewer. The visitor's "bad conscience" was frequently felt the moment that he or she took off the headphones and, by doing so, left the performer alone. The length of time it took to reach this point varied drastically. There were some visitors who played along with the concept for several hours. Younger participants tended to show an especially keen interest. For some visitors, on the other hand, *Justified Beliefs* presented a provocation, leading to the accusation that the performers, some of them singing and dancing through the exhibition, were disturbing the peace, making it impossible for others to concentrate on the individual exhibits.

Taken as a whole, the works of Christian Falsnaes, Richard Kriesche and Tino Sehgal evoke feelings of surprise, as well as euphoria from both performers and visitors, but also skepticism and refusal. In the context of a "classical" exhibition, it is not often possible to apply the strategies of confrontation and participation presented in these works. The element of surprise, that all three of the works had in common, could, for this reason, also be applied to a visitor who had seldom come into contact with art of this kind. The unexpected human interaction in what is assumed to be a unidirectional exhibition context can evoke wonder or rejection. It allows us to look at art in a new way – to re-examine how we are accustomed to receive it and, from a wholly economic perspective, the way in which we consume it. Whatever the result, when the border between performer and visitor is dissolved, and we suddenly find ourselves as participants on a stage, this hidden potential becomes exposed.

Translated from the German by Paul Brown

MARINA ABRAMOVIĆ

The Artist is Present, 2012

The performance artist Marina Abramović has been working on the relationship between performers and audience for more than 40 years. She uses her own body as an object and medium, and explores physical and moral boundaries. In 2010, the Museum of Modern Art in New York showed a retrospective of the artist. At the same time, Marina Abramović did the longest performance she ever did in the atrium of the museum: *The Artist is Present.* The artist sat in silence at a table, while the visitors were invited to sit next to her and interact silently. The film *The Artist is Present* documents the performance and accompanied the artist before, during and after the exhibition at MoMA. In addition to the interaction of the artist with the visitors, the film also shows the processes behind the scenes and draws a comprehensive portrait of Marina Abramović.

CHRISTIAN FALSNAES

Justified Beliefs, 2014 (Live Performance)
Elixir, 2011 (Documentation), and Rise, 2014
(Live Performance in the Studio at the
Akademie der Künste, September 16, 2014)

"I claim that art has transformative potential. Since I do not have a political agenda, I am more interested in the movement itself, the utopia and the dynamics of ideas and beliefs."

Christian Falsnaes (2011)

Works by Christian Falsnaes explore participatory strategies and investigate the relationship between artist and audience. He creates a space for interaction, a format in which one can act freely. His performances are not statements for him, but compositions of actions, events, installations and videos. He examines the relationship between the individual and the group, deals with the authority of the artist, group dynamics and social rituals.

In the 5-channel audio installation and performance *Justified Beliefs*, which took place over the entire course of the exhibition, the visitor was the main actor. Five headphones provided different audio tracks, each with instructions for visitors to perform in the exhibition space. All together, they form a complex choreography. As soon as visitors put on a pair of headphones, they became part of the performance.

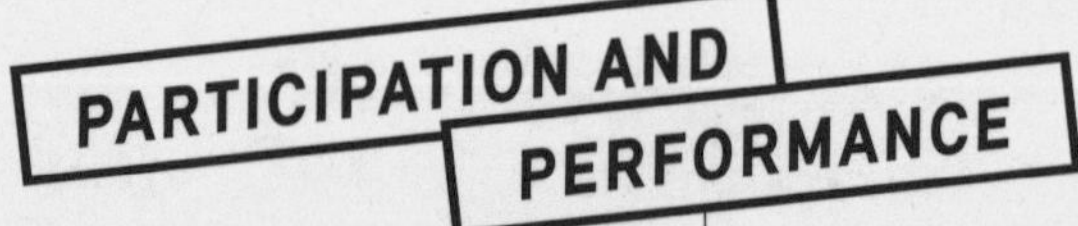

PARTICIPATION AND PERFORMANCE

In his performances *Elixir* and *Rise* Christian Falsnaes deals with the art medium as a transformative element. An elixir is understood as something essential, something which the seeker is trying to attain. At the same time, it is representative for conceptual ideas in art, culture and society. The realization requires active involvement with the subject matter. How far will the group / audience go? And how extensive is the authority of the artist? Where are the boundaries between art, entertainment, and (political) action? Where does the the transformative potential of art lie, and how does it change the reality of viewers/ participants?

"Twenty minutes into a Christian Falsnaes performance [Rise], I find myself dancing cheek to cheek with a man I have just met. We are dancing on a stage of an auditorium at the Akademie der Künste in Berlin and the only sound dictating our subtle dance moves are the breath and giggles of hundred strangers also having been persuaded to leave their comfortable audience seats by an insisting Falsnaes."

Lotte Løvholm (2014)

HAMISH FULTON

Margate Walking, 2010 (Documentation)
Walking East – Walking West, 2014
(Photo: Anne Schönharting, Agentur Ostkreuz)

Since 1967, Hamish Fulton has come to prominence as a "walking artist" through his walks in England, Scotland, Ireland, France, Italy, Switzerland, USA, Australia, India, Peru, Mexico and other countries. For the *Vertigo of Reality* exhibition, he developed a walk entitled *Walking East – Walking West* as a participative project in the year marking the 25th anniversary of the fall of the Berlin Wall. For his walk "on Straße des 17. Juni," 800 participants have been divided into two lines of 400 walkers facing each other 1 meter apart. Both groups then walked very slowly in a straight line, one to the east and one to the west, so that at the end of this transformation process, they met as one parallel line – the east is now the west, and the west is the east. With his conceptual art and Land Art, Hamish Fulton can be situated among the group of British artists developing new forms and means of expression to revitalize the tradition of landscape painting and social sculpture. The act of walking is central to his artistic practice, which focuses on the experience of the natural world, urbanism and society.

The film displayed in the foyer documented *Margate Walking* with 198 participants on March 3rd, 2010: With one meter distance between the participants, each of them walked seven times slowly around the natural water basins in Margate (South West England). All together, the participants formed a continuously moving line at the beach. The film shows the state before, during and after the walk.

AH

↗ 196 ff.

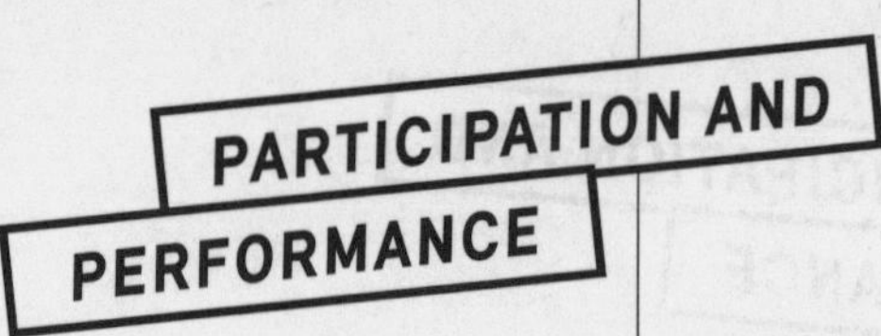

MAGDALENA JETELOVÁ

Komposition für John Cage, 2006

Using cutting-edge acoustic equipment, Magdalena Jetelová transformed her own composition for John Cage, making them visible in space, rather than audible. The spatial image she developed for this transformation gradually unfolded before the eyes of the viewers. This image, which resembled abstract distorted metal foil, oscillated and vibrated in movements triggered by inaudibly transported sound sequences, as if by a membrane, transforming them into something visual. Traditionally, a reflection is regarded as an image which, as a copy, lacks the original's meaning or significance. Here, though, Magdalena Jetelová contradicted the mirror image's lack of meaning by intervening, through the visual transformation of music, in the creation of the reflection, offering the viewer new kinds of spatial perception that allowed a new image of reality to emerge.

RICHARD KRIESCHE

Zwillinge/Twins, 1977

In his installation *Zwillinge/Twins*, Richard Kriesche shows identical twins sitting in two identical spaces silently reading Walter Benjamin's essay *The Work of Art in the Age of Mechanical Reproduction* (1936). Each of the twins is filmed reading in their space, and the image of each reading twin is shown on a monitor in real time in the other space.

In his installation, first shown at documenta 6 in 1977, the Austrian artist and media theorist Richard Kriesche addressed the media's manipulation of reality. The video image remirroring the twins, seemingly already "doubled," deliberately confuses the viewer: What is reality, and what is the reflection of reality? Which image belongs to which twin?

TINO SEHGAL

This is exchange, 2003

More than any other artist, Tino Sehgal stands for the transfer of the knowledge of choreography and dance into the visual arts. In his architecture of interaction, a group of interpreters aid the transfer of choreographic material to the exhibition visitors. Such an approach is rooted in Conceptual or Minimal Art, yet also draws on the choreographic and dance practices from Tino Sehgal's training as a dancer and his work with the companies of experimental choreographers Jérôme Bel and Xavier Le Roy, or Alain Platel's Les Ballets C de la B. In Tino Sehgal's installations, the visitors themselves become "social sculptures," yet they are part of a work methodically rejecting any "objectification," neither photographed nor documented. Instead, the aim is construction and a profound experience of the present, uncovering and activating the possibility of integrating each individual subject into constructions of time and space, and the radical dissolution of all secure self-referential positions. This is a choreographic thought transferred to the idea of an art space where everyone, including the bodies of each visitor or viewer, becomes an existential part of a performance – a choreographic practice designed to establish the wonder of one's own experience of existence through movement in the white cube.

THE IMAGE AS MACHINE

NIELS VAN TOMME

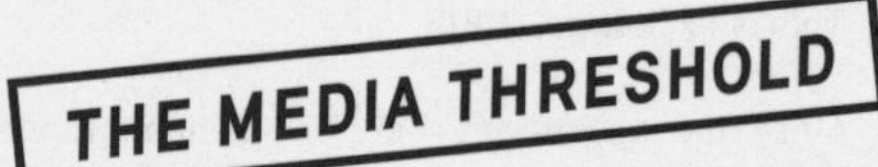

> *"This is my recommendation:*
> *we must live more attentively."*
>
> László Krasznahorkai[1]

At the Griffith Observatory in Los Angeles, a magical place where scientific research and popular imaginaries collide to present a positivist view about the open nature of science, the following text is displayed on a wall label housed within its permanent exhibition: "The eye is our oldest astronomical tool. It senses light from objects in the sky, but many of these are too small or faint for us to see in detail. To extend the view, our eyes need a boost. The telescope changes everything. It helps the eye gather more light and magnifies what we see. Suddenly, points of light become planets. Indistinct glows resolve into beautiful nebulae and galaxies. When we attach special instruments to a telescope to examine the light from these objects, we learn more about their true nature."[2]

The logical, enlightened view of scientific observation and objective knowledge driving this description, in particular its view on man-made technology as an uncomplicated aid to our understanding of the world, stands in stark contrast to a central question that drove the *Visibility Machines* exhibition. What if the entire concept of enlightenment, which in its ideal form propagates the transparency of scientific investigations and the sharing of knowledge, ultimately served its exact opposite: the systematic concealment and unavailability of information about specific objects? And what if this occurred in such a way that their true nature will remain at all times inscrutable? One must only think about the 2013 revelations by whistleblower Edward Snowden, to begin considering the transformation of enlightenment's idea of presuppositionless knowledge, and its political offspring in the concept of open government, into an absolute doctrine of

---

1   László Krasznahorkai quoted in "Unbearable Beauty: A Review of *Seiobo There Below* by László Krasznahorkai," Eric Foley, *Numéro Cinq* (September 2013), http://numerocinqmagazine.com/2013/09/05/unbearable-beauty-a-review-of-seiobo-there-below-by-laszlo-krasznahorkai-eric-foley/, accessed on October 16, 2013.

2   Wall label, Griffith Observatory, Los Angeles, CA, February 2013.

state secrecy and government unaccountability.[3] In this way, philosopher Joan Copjec cautions against "enlightenment philosophy's 'wild fantasy' of 'moral improvement' and universal humanity, of the fostering and protection of human rights, progress, universality," suggesting that "these concepts are responsible for bringing about the very disasters they pretend to ward off."[4] Despite such critical analysis as Copjec's, the original concepts behind enlightenment remain the dominant paradigm in much of today's intellectual endeavors, ranging from scientific and scholarly research to the reasoning behind government policies, as well as broader realms of the West's cultural and societal developments.

Engaging many of these issues, Trevor Paglen's emblematic use of advanced telescope lenses — those indispensible tools in service of scientific progress and universal good — while prying at classified military sites from afar, reveals similar transformations of enlightenment thinking into widespread doctrines of secrecy. The ambiguous imagery he generates, which becomes the final work, systematically fails to adequately visualize the hidden reality it attempts to address. The telescope lens becomes a device embedded within the very violence it seeks to investigate, as such tools of vision are inextricably entwined with the history of, as well as ongoing standard developments within, the military industrial complex. Paglen thus raises fundamental questions that go beyond the specifics of the worlds he investigates, forcing us to reflect on the so-called neutrality of lens-based media in depicting military operations specifically, as well as the limitations of recording and processing our environment more broadly. Along similar lines, Harun Farocki's iconic use of operational images, imagery produced by and for machines, points towards a parallel transformation in our understanding of the image as an "enlightenment tool": What exactly are these images showing us, and for whom are they intended? No longer envisioned to represent something, they are employed as recognition and tracking tools for military use, becoming fully integrated within the fabric of war instead of the advance of knowledge.

The *Visibility Machines* exhibition investigated how the original ideas behind the concept of enlightenment — related to scientific reason and the transparency of knowledge — can be reappropriated through artistic contexts (ill. pp. 152 ff., 162 f.). It did so by asking a series of urgent questions related to the work of Harun Farocki and Trevor Paglen. How does considering their works side by side produce a better understanding of the reality these artists confront — the arena

3   Enlightenment in this context is meant to evoke the broad historical and cultural development within the Western world starting in the late 17th and 18th century, which emphasized reason and knowledge instead of tradition.

4   Joan Copjec, *Imagine There's No Woman*. Cambridge, 2003, p. 137.

of global military operations? In which way can the systematic artistic investigation of military surveillance, espionage, war making, and weaponry become in itself an act of enlightenment, a way of looking back at and responding to the "warriors of vision," to use philosopher and critic Brian Holmes' term?[5] And, ultimately, what can be learned from such brave confrontations between artists and the military: Might we find within these gestures a way to "undo," or transform, the various forms of domination that have so deeply distorted and politicized our relationship to images and the realities they seem to represent?

The three-part structure established through *Visibility Machines*, notably the governing principles of Vision, Observation, and Knowledge, which were key to the artists' works centered on military operations, suggested a way to reconsider the collapse or regression of reason, to evoke Adorno and Horkheimer's ideas in *Dialectic of Enlightenment*.[6] Both Harun Farocki and Trevor Paglen developed unique critical and formal approaches to thinking about image making in confronting the military realm, demanding of their viewers that they become actively involved in this thought process, consistently looking "behind" the image to "read" the violence inscribed in it – the very thing that is at its core, but will always remain hidden to the eye.

5   Holmes asks: "How to rival or socially *displace* the imaging techniques of the warriors of vision?" The author describes how for Paglen contemporary military and reconnaissance spacecraft are ideological and technological descendants of early frontier photography in the American West, as they are both integral to a wider process of military colonization through visual means. Brian Holmes, "Visiting the Planetarium, Images of the Black World," *Trevor Paglen*. Vienna, 2010, p. 14.

6   Horkheimer and Adorno's collapse and regression of reason refers to the idea that the outcome of enlightenment resembled the very forms of myth out of which reason had supposedly emerged as a result of historical progress. Max Horkheimer, Theodor W. Adorno, *Dialectic of Enlightenment*. Stanford, 2007.

COMPUTER GAMES, PLAY & ART

MARK BUTLER

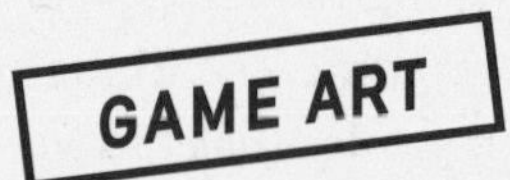

Modern Art, Play & Games

Long before digital media arose, modern art had, in the course of its gaining autonomy, developed an affinity for play and games as material, method and medium.[1] From the beginning of the 20th century onward, Dadaists, Surrealists, and artists from the Situationist International and Fluxus movements subsequently discovered play and games as a central field for their aesthetic experiments.[2] This occurred in front of the backdrop of the prevalent bourgeois culture, which conceptualized play as a spatiotemporally confined challenge, i.e. a game, and as a competition that had cultural value in childrearing and the recreation of bourgeois men.[3] Artists' aesthetic experiments primarily differed from these notions in that they tapped into underused potencies of play. They conceived of play as an open, transgressive and pleasurable activity, mobilized its fundamental quality – "the power of maddening"[4] – and played with perception, vertigo, inebriation, chance, masquerade, illusion and the "as if."[5]

Whereas the game and play theoretician Roger Caillois still makes a strict decision between play and art, since the former doesn't produce works, this distinction disappeared with the artistic turn towards process and performativity in

1   Cf. Michael Lüthy, "Der Einsatz der Autonomie. Spieldimensionen in der Kunst der Moderne," Nike Bätzner (ed.), *Faites vos jeux! Kunst und Spiel seit Dada*, exh. cat., Kunstmuseum Liechtenstein, Vaduz; Akademie der Künste, Berlin; Museum für Gegenwartskunst, Siegen, Ostfildern-Ruit, 2005, pp. 37–46, hereafter Lüthy 2005.

2   Cf. Mary Flanagan, *Critical Play. Radical Game Design*, Cambridge, MA, London, 2009, p. 88ff.

3   Cf. Brian Sutton-Smith, *The Ambiguity of Play*, Cambridge, MA, 1997, pp. 6, 35ff., 65ff., 97 and 176. Cf. also Natascha Adamowsky, "Homo Ludens – whale enterprise: zur Verbindung von Spiel, Technik und den Künsten," Stefan Poser, Karin Zachmann (eds.), *Homo faber ludens. Geschichten zu Wechselbeziehungen von Technik und Spiel,* Frankfurt am Main, 2003, pp. 57–81 and 72ff.

4   Johan Huizinga, *Homo Ludens. Vom Ursprung der Kultur im Spiel,* Reinbek bei Hamburg, 1997, p. 11.

5   For an insightful analytical grid that subdivides play in *paidia* (play as an open, transgressive and pleasurable activity), *ludus* (play as a rule-governed challenge, i.e. a game), *agon* (competition), *alea* (chance), *mimicry* (masquerade/illusion/as if) and *ilinx* (rush/inebriation/vertigo) cf. Roger Caillois, *Die Spiele und die Menschen. Maske und Rausch,* Frankfurt am Main, 1982, p. 20ff.

the 20th century. Throughout its course, play became a central category of artistic activity and revealed itself in playful works, the figuration of the artist as a player (as is exemplarily embodied by Marcel Duchamp) and the invitation given to the viewer of art to participate in play.[6] Thus, the historic avant-garde played and produced many different kinds of games: aleatoric methods and automatic production principles (*objet trouvés*, *cadavre exquis*, *écriture automatique*, cut-up techniques, John Cage's compositions, *événements trouvés*), role playing (para-noiac-critical method, *Time Traveler's Potlatch*), transgressive compositional techniques (collage, *détournement*), strategies for disorientation (interventions, *dérive*), rule-governed interactions (constructed situations, happenings), modular collections of open and fragmentary game instructions and paraphernalia (*Fluxkits*, *Scores*), as well as sculptural artifacts (Alberto Giacometti's game-boards, Hannah Höch's Dada dolls). Many of the artistic games were aesthetic interventions with the goal of critically examining the rule-governed patterns and closed circuits of everyday life, a free play with found cultural rule systems, whereas other works modified existing games (surreal lottery, Takako Saito's chess sets, George Maciunas' *Flux Ping Pong*). Both pursuits have continued into the present as artistic strategies.

Game Art / Art Games

Despite the long and intensive engagement of modern art with play and games, the terms *game art* and *art games* have commonly come to designate mainly digital forms of artistic play since 2002.[7] The former is the wider term that Matteo Bittanti defines as follows: "Game Art is any art in which digital games played a significant role in the creation, production, and/or display of the artwork. The resulting artwork can exist as a game, painting, photograph, sound, animation, video, performance or gallery installation."[8] In contrast, art games are always artistically produced games that follow an aesthetic impetus and often call their own playability into question, i.e. subvert it completely.

6   Cf. Lüthy 2005, cf. note 1.
7   The term game art was first used in a curatorial context in 2002. Cf. Stephan Schwingeler, *Kunstwerk Computerspiel – Digitale Spiele als Künstlerisches Material: Eine bildwissenschaftli-che und medientheoretische Analyse*, Bielefeld, 2014, p. 17. And the term art game was first used in an academic context in the same year by Tiffany Holmes. Cf. Tiffany Holmes, "Art Games and Breakout: New Media Meets the American Arcade," 2002, http://www.crudeoils.us/artwrite/August2002/Holmes.htm, accessed on May 13, 2015.
8   Matteo Bittanti, "Game Art – (This is not) A Manifesto, (This is) A Disclaimer," Matteo Bittanti, Domenico Quaranta (eds.), *Gamescenes. Art in the Age of Videogames*, Milan, 2006, pp. 7–15, p. 9.

Digital computer games themselves emerged at the beginning of the 1960s from the aesthetic play of the first generation of computer hackers with the PDP-1 minicomputer at M.I.T., resulting in *Spacewar!*, the first digital action game.[9] In the following decade computer games continued to circulate in the computer science laboratories of universities as open, modifiable and collaborative code projects. Only in a second phase, beginning in the early 1970s, did this use of computers as an aesthetic medium give birth to a commercial industry with proprietary code, which gave rise to computer game specific artworks since the beginning of the 1980s.[10]

Jane Veeder's *Warpitout* (1982) is counted among the earliest digital art games, an interactive audiovisual installation for a Datamax UV-1 graphics computer that let viewers of the piece play with their own image in real-time via a graphical interface. Referring to its follow-up, *VIZGAME* (1985), Veeder wrote that she grappled with the question of how a viewer, accustomed to looking at traditional art, could understand digital artworks, which are procedural, multilayered, and mediated through software. Her strategic answer to this question lay in transforming the *viewer* into a *player*, who had the possibility of exploring the composition of an artwork by interacting with its audiovisual-haptic interface.[11] Thus, she reformulated the ludic turn of the historic avant-garde as a key strategy of digital art.

Early works of game art also include Suzanne Treister's computer game inspired paintings from the end of the 1980s, her series of imaginary computer game screenshots from the early 1990s and her packaging of fictional software products. But game art first received real recognition by the international art scene in 1993, when Feng Mengbo exhibited parts of his *The Video Endgame Series* at the 45th Venice Biennale, a series of acrylic on canvas paintings in which he combined images of China's Cultural Revolution (1966–76) with his own childhood memories of 8-bit console games.[12]

Computer game modifications, which belong in the tradition of earlier artistic variations of games, only emerged after development companies decided to open their games for such alterations. id Software's *Doom* (1993) was the spearhead

---

9   Cf. Steven Levy, *Hackers. Heroes of the Computer Revolution*, London, New York, Victoria, 1994, p. 50ff.

10 In the beginning there were only a few digital art games like Bernie Dekoven's and Jaron Lanier's *Alien Garden* (1982), Jane Veeder's *Warpitout* (1982), Lanier's *Moondust* (1983) or Lynn Hershman Leeson's videodisc games *LORNA* (1983) and *Deep Contact* (1984).

11 Cf. http://userwww.sfsu.edu/jkveeder/art/detail/vizgame.htm#, accessed on May 13, 2015.

12 Cf. in the following Andy Clarke, Grethe Mitchell (eds.), *Videogames and Art*, Bristol, 2007, and Mathias Jansonn, *Everything I Shoot is Art*, Brescia, 2012.

of this development, because it had been produced on the basis of a hacker ethic in such a way that game data like maps, graphics and sound files were stored separately from the *game engine* – the programmed set of rules – making it easier to change them. Thus, *ArsDoom* (1995), which was made by the artists Orhan Kipcak and Reini Urban, became possible as a modification of the popular action game *Doom II* (1994). The game, which was shown at Ars Electronica, lets the player step into a digital model of the Brucknerhaus and – armed with utensils like a paintbrush or a wooden cross – destroy everything that he or she sees, whether virtual artwork or modern artist icon, thus taking on the role of the curator.[13]

ArsDoom initiated a phase, in which a large portion of game art consisted of modifications of commercial first-person shooters like *Doom*, *Quake* (1996) and *Unreal* (1998). These games did more than just offer the possibility of building new world maps and giving all objects novel virtual skins. Even the game engine could be changed through patches, if the user had the necessary access. The visual modification of first-person shooters was pushed furthest by the artist collective JODI (Joan Heemskerk / Dirk Paesmans) in their *Untitled Game* series (1996–2001). These twelve modifications of *Quake* are absolutely unplayable in the traditional sense, because they reduce, i.e. distort, the navigational cues of the 3D-game so much that they become undecipherable. Thus, *Arena*, for example, shows nothing but a bare, (in its whiteness) blinding play space that offers absolutely no visual guidance, while other modifications from the series changed the game engine in such a way that the visual representations on the screen became so minimalistic, i.e. abstract, that they undermined a sense of orientation.

Computer games have also been modified for use in acoustic performances, such as in Julian Oliver's *Quilted Thought Organ* (1998–2001) that uses the collision recognition of *Quake II* (and later *Half Life*) to trigger sound events whenever the player's avatar comes into contact with game objects. In this case the first-person shooter becomes a three-dimensional, navigable instrument. And in the subsequent game *q3apd* (2003), which is a continuation, Oliver developed an add-on for *Quake III Arena* with Steven Pickles that lets artists feed data streams of the played game – like coordinates, movement, perspective and condition of the figures and objects – into the development environment *Pure Data*, in order to control the parameters of other programs, like those used in sound

13   Cf. Mathias Jansonn, "Interview: Orhan Kipcak (ArsDoom, ArsDoom II) (1995–2005)," *Gamescenes. Art in the Age of Videogames*, April 11, 2009, http://www.gamescenes.org/2009/11/interview-orphan-kipcak-arsdoom-arsdoom-ii-1995.html, accessed on May 13, 2015.

synthesis. Thus, on the basis of this piece, they were able to create collaborative sound productions in a networked multiplayer environment.

The field of computer game modifications has become more and more elaborate over the last fifteen years, so that completely new actions and narratives have been developed on the basis of existing games, for example in the case of gold extra's *Frontiers* (2008–11), which modifies the game engine of *Half Life II* on the level of visual representation, as well as on the level of its rule structure to illuminate the European border situation. In addition to such software modifications, artists have also developed hardware modifications, as is the case with Eddo Stern's *Tekken Torture Tournament* (2001). Here, the bridge between virtual and real bodies is built through electrodes that are attached to the arms of two dueling players and transmit electric shocks when the respective avatar is injured. Another example for a hardware modification is the continuing series *Paidia Laboratory: feedback* (2011–14) from the Paidia Institute, in which feedback processes of computer gaming systems are reconfigured in such a way that they play with themselves (TC 20:48). Through this, the play of the machine is made apparent – its nonsensical routines, the back and forth of its occurrences that is the actual subject of play according to Hans-Georg Gadamer.[14]

Parallel to the diversification of computer game modifications, the field of game art has also been expanded through the connection of the medium with established artistic disciplines in works like the *Isometric Screenshots* (2000) by Jon Haddock, drawings of monumental historic and fictional events in the perspective of the popular computer game *The Sims* (2000); the videos that Miltos Manetas generated out of computer gameplay sequences, such as *Super Mario Sleeping* (1997); the performance art of Josephe DeLappe, who, in works like *Howl: Elite Force Voyager Online* (2001), appropriates popular computer gaming environments in order to enact other cultural scripts than the ones intended by the designers; or Riley Hamond's installation *What It Is Without the Hand That Wields It?* (2008), in which blood bags are connected with a modified version of *Counterstrike* (1999/2000) – a networked, multi-player, first-person shooter, in which teams of terrorists battle anti-terror units – in such a way that they open their valves a little bit with every virtual death, causing real drops of fake blood to trickle down the wall. In addition to this differentiation of digital game art, the number of digital art games – like Feng Mengbo's interactive installation *Long March: Restart* (2008) or Bill Viola's simulation of a mystical journey to

---

14   Cf. Hans-Georg Gadamer, *Hermeneutik I: Wahrheit und Methode. Grundzüge einer philosophischen Hermeneutik*, Tübingen, 1999, p. 107ff.

enlightenment *The Night Journey* (2005–10, ill. pp. 172 f., 175, TC 16:11) has also grown significantly.

Interest in the nexus of computers, play and art has increased steadily since the turn of the millennium, as is shown in the rising number of exhibits, books, articles and seminars in this field. In the process it has become apparent that the line demarcating decided art games and independently produced games is anything but clear. Independent games like Molleindustria's invitation to participate in the everyday life of a drone pilot *Unmanned* (2012, TC 10:18), Tale of Tales' *reflection on our medially shared lives Bientôt l'été* (2012, TC 07:08), Alexander Bruce's non-Euclidean exploration game *Antichamber* (2013, ill. p. 163) or the psychotropic audiovisuals of Robin Arnott's *SoundSelf* (2014) all generate aesthetic insights and contemplative experiences that undoubtedly belong in the sphere of art.

Le jeu pour le jeu?

The deep connection between play and modern art that began with Dada is more vital than it has ever been, as could be witnessed in the fact that the entire *Vertigo of Reality* exhibition was permeated by aesthetic play on the medial threshold, not just the works that were assembled under the focus of game art. Whether the play with perception that occurred in Alex Hay's *Grass Field* (1966, TC 04:56), Nam June Paik's *Three Camera Perspective* (1969/2000, ill. p. 138 ff.) and VALIE EXPORT's *Raumsehen und Raumhören* (1974, ill. p. 160, TC 09:16); the spatio-temporal distortions of Bruce Nauman's *Live-Taped Video Corridor* (1970, ill. pp. 159, 173) and Dan Graham's *Present Continuous Past(s)* (1974, ill. p. 148 ff.); the simulations of Franz Reimer's *The Situation Room* (2013, ill. p. 164 ff.), Thomas Demand's *Kontrollraum/Control Room* (2011, ill. p. 145) and Thomas Wrede's *Real Landscapes* (ill. pp. 143, 181); the masquerade of Bjørn Melhus' *Headshots* (2014, ill. p. 188) and Lynn Hershman Leeson's *Agent Ruby* (1999–2002, ill. p. 185, TC 18:39); the constructed situations of Christian Falsnaes (ill. p. 172 ff., TC 14:48), Tino Sehgal and Ulrike Rosenbach (TC 04:11); the transgressive, aleatoric and procedural collage of the *Men in Grey* suitcase (2009, TC 17:42); the impish joy felt by visitors when reformulating headlines with Julian Oliver's and Danja Vasiliev's *Newstweek* (2011, ill. pp. 164, 190, TC 23:50); or the virtual vertigo of Daniel Ernst's *Der Große Gottlieb* (2014, ill. p. 200, TC 00:25) – the playful spirit of modern art was ubiquitous.

In closing, two tendencies can be discerned in the relationship between modern art and play. On the one hand, the autonomous art of modernity encompasses numerous positions that attest to a stance of *le jeu pour le jeu* (play for play's sake).

On the other hand, there are at least as many cases in which artistic play and games reflect, comment on or transform cultural situations. Here, to speak in terms used by the psychoanalyst André Green, play shows itself as an essential means of survival, as a mechanism for coping with unbearable events that need to be transformed: "I think it is in the presence of horror that we understand the necessity of play in making it bearable."[15] Hence, playing is a specific form of thinking, like dreaming, a knowledge that is at the same time a kind of not-knowing. Play's specificity lies in the fact that it transforms reality into something else, in order to simultaneously acknowledge and negate it. Thus, it offers a way of handling the horror of the world: uncontrollability, poverty, dependency, powerlessness, abuse, sickness, catastrophes, war, terror and death.

15   André Green, *Play and Reflection in Donald Winnicott's Writings,* London, 2005, p. 8. Cf. ibid., p. 12 ff.

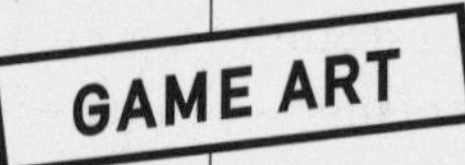

ROBIN ARNOTT
SoundSelf, 2014

Robin Arnott (USA) is an interactive artist with a penchant for minimalist emotional immersion. *SoundSelf* is a game of aesthetic exploration emphasizing the intrinsic pleasure of playing over the rewards of winning. Using their own voices, players can explore a hypnotic world of sounds and visuals that seem to be emerging directly from their own bodies. This work, created for the next generation of virtual reality, feels like the collision of centuries-old meditation techniques with the computer game trance. *SoundSelf* leverages loopholes in human perception to induce an introspective ecstatic state in the player. Visitors – whether experienced psychonauts or intrepid novices – are invited to use their voices to navigate a landscape of light and body, and experience themselves and the world in completely new ways.

ALEXANDER BRUCE
Antichamber, 2013

Alexander Bruce is an experimental game designer from Australia. He accidently created systems for manipulable geometry and recursive space through a series of naive programming mistakes, which he spent years experimenting with and exploring. Ultimately, his discoveries culminated in *Antichamber*, a single player exploration game in a vast non-Euclidian world, where nothing can be taken for granted. Through the game's unstable architecture, players experience a sense of vertigo. Kant regarded space, together with time, as a necessary parameter of reality, yet the game's space is no longer predictable or reliable. Rather, it constantly reconfigures itself during the course of play. Thus, choosing the impossible is often the only way forwards. This work offers a profound aesthetic experience, which causes players to question their own knowledge of how (virtual) space functions, as well as about the computer game medium itself.

GOLD EXTRA
(Tobias Hammerle, Georg Hobmeier, Sonja Prlić, Karl Zechenter)

Frontiers, 2008–11

The Austrian artists' group gold extra – a network of visual artists, directors, programmers and performers – researches innovative artistic forms of expression and creative intermediate spaces. *Frontiers*, their multiplayer online game, was developed as a software modification for a commercial game engine. In the game, two to six players take the roles of refugees or border patrol officers in Europe's frontier zone. The geographical areas and figures portrayed in the game are based on extensive research trips to Europe's borders and numerous interviews with refugees, aid organizations, residents in the areas and the responsible authorities. Engaging with a refugee itinerary in the game undermines established narratives on refugees and migration, and creates a virtual experience of social vertigo based on the fates of real people.

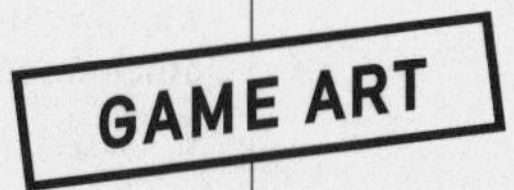

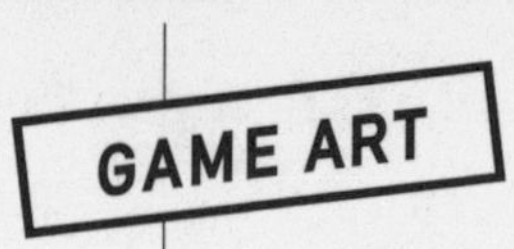

PAIDIA INSTITUTE
(Jonas Hansen, Thomas Hawranke,
Karin Lingnau, Lasse Scherffig)

Paidia Laboratory: feedback #4, 2011
Paidia Laboratory: feedback #10, 2014
Paidia Laboratory: feedback #11, 2014

Paidia Institute, a Cologne-based collective
of media artists and scholars, is dedicated to
projects exploring the field of playable systems, both as a specific *techne*, as well as a
meaningful socio-cultural phenomenon. Their
work focuses on play as a core strategy ena-
bling restrictive-static or chaotic-anarchic
states to be transformed and to foster creative,
collaborative and learning processes. In *Laboratory: feedback*, their on-going series of experiments, they investigate computer games as
closed cybernetic feedback systems. These
are quite literally closed circuits – control
chains that may or may not involve human elements. With modified software and hardware
from commercial gaming systems connected
to experimental arrangements, the feedback
behavior is recontextualized to reveal the archaeological *dispositif* of its interactions.

PAOLO PEDERCINI (MOLLEINDUSTRIA)
Unmanned, 2012

Working together with Molleindustria, a collective of artists based in Italy, the Italian game
developer and artist Paolo Pedercini has been
creating games since 2003 as a "homeopathic
remedy" against the "dictatorship of entertainment." Their works range from satirical
simulations of contemporary business practices
to the inventive modeling of political conflicts,
meditations on alienation in the neo-liberal
employment world, playable theories and
re-imaginations of the computer game itself.
Unmanned is a critical commentary on the use
of armed drones in modern warfare, as well as
the dominance of the war genre in the products
of the culture industry. But in contrast to the
multitude of commercial war games, players do
not take on the role of a heroic soldier in front-
line combat. Instead, their game figure is a
drone pilot whose daily work consists of observing the "enemy" on another continent (and killing them when instructed). In the evenings,
he then returns to his family and suburban home
in America. In the course of the game, players
participate in the soldier's disconnect with
reality, and are confronted with his central
inner conflict: When people are so far removed
from the destruction they cause in their daily
work, what disturbances do they experience in
other areas of their lives?

TALE OF TALES/ AURIEA HARVEY AND MICHAËL SAMYN

Bientôt l'été, 2012

Since 2003, as Tale of Tales, the Belgium-based artists and designers Auriea Harvey and Michaël Samyn have explored the computer game as an artistic and expressive medium. Their designs leave the restrictive paradigm of competitive play, which dominates the commercial gaming landscape. In an attempt to open up this medium for other types of games and players, they investigate new modalities of interaction. Their game *Bientôt l'été* – inspired by Marguerite Duras' novel *Moderato Cantabile* – invites two players to adopt the roles of two lovers who are light-years apart. In the guise of an avatar, you can take lonely walks along a simulated beach, a soulful vastness in which undreamt of treasures can be found. Or you can make contact with the virtual body of your lover, communicating though a surreal chess game where the moves correspond to preformulated phrases that choreograph the interaction. This intense interaction with an anonymous random person, who could just as easily be a game-controlled conversation program, is a reflection of our media-based lives in the age of Internet video chat, chat rooms, amorous relations with operating systems like in Spike Jonze's film *Her*, and the vertigo caused by an everyday life where locality is no longer a category of spatial proximity, but an affective quality of social life.

BILL VIOLA AND USC GAME INNOVATION LAB

The Night Journey, 2005–10

What are the game mechanics of enlightenment? In *The Night Journey*, the American artist Bill Viola, renowned as a leading pioneer of video art, has shifted the borders of game art, and given his earlier works a digital format. After starting work on the game in 2005 with a team from the Game Innovation Lab at the University of Southern California, Bill Viola first presented it publicly in 2010. *The Night Journey* is based on the individual mystic's search for enlightenment, and is designed as an interactive meditation. The grainy, blurry aesthetics recall Viola's earlier works, yet the mechanics of the game allow players to explore this world of images. The player travels across a poetic landscape, though a space less geographic than reflective and spiritual. With a narrative inspired by the life and thought of leading spiritual figures, poets, philosophers and mystics from diverse cultural backgrounds and historic eras, the journey is not so much about reaching a particular destination. Instead, the core mechanic is the act of traveling and reflecting, attempting to evoke in the player's mind an archetypical mystic journey. The more mindfully the player engages with this introspective world, the more is revealed.

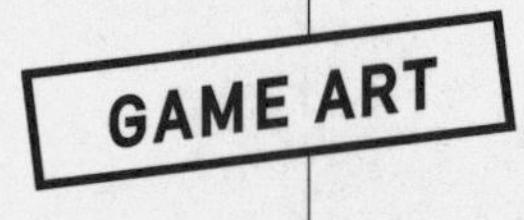

HERMAN ASSELBERGHS

Dear Steve, 2010

In his installations and video works, Belgian artist Herman Asselberghs explores the threshold between sound and image, world and media, poetry and politics. In his video letter *Dear Steve*, he adapts the popular YouTube genre of unpacking, where owners of brand-new computers unpack them as fetishized cult objects in front of the camera, and put them into operation for the first time. Asselberghs' video art, though, starts at the point where the classic YouTube role models end. *Dear Steve* takes the trope of "unpacking" to its logical conclusion. As the camera records how a new laptop is carefully and meticulously deconstructed into its individual parts, a letter to Steve Jobs is read that addresses the auratic promise of Apple products, as well as the analogue materiality of supposed digital immateriality.

THOMAS DEMAND

Kontrollraum/Control Room, 2011
Vault, 2012

"The environments that I portray are something unspoiled; a utopian construction for me. There are no signs of use on the surface. Time seems to stand still."

Thomas Demand (2005)

At the Kunstakademie Düsseldorf, Fritz Schwegler made Thomas Demand aware of the construction and use of architectural models. Demand employs paper and cardboard to construct places we know from press photos or places we bear in mind. The sculptor and photographer destroys his models after photographing them. All that remains is a hyperrealistic photograph. With places like *Kontrollraum*, we usually have a personal experience or memory, ranging from a simple control center of a company to the national surveillance apparatus. In *Vault*, the search for utopia, vertigo, or truth also leads to the question of whether it is a vault, or treasure house. Are we looking at a vault or at a treasure house? What kind of paintings are leaning against the wall? Are we in a museum, in a gallery or in a private collection? The viewer seems to know the place and seems to directly enter the room. The artificial space, built of paper and cardboard, becomes the viewers' space with the help of hyperrealistic photography and since the works are stacked low against the walls. Illusion and reality meet between model and photography.

DANIEL ERNST (THE SHOEBOX DIORAMA)

Der Grosse Gottlieb, 2014

Dutch artist Daniel Ernst describes himself as a lifelong 3D enthusiast and an interactive illustrator — someone capable of designing and creating interactive experience. He is presently working on dioramas for the Oculus Rift, a cutting-edge new generation virtual reality head-mounted display still in the development phase. Ernst's dioramas are interactive short stories, distilled moments in space and time. The wealth of their details stimulates the imagination and challenges the user to piece together an individual narrative from the surroundings that comprise the media environment. In *Der Grosse Gottlieb*, his most recent diorama, he invites viewers to climb to the top of a gigantic tower of stacked-up chairs to enjoy simulated — and stimulating — vertigo with a breathtaking view, spiced with traditional circus glitz, virtual clouds and a touch of the breeze of reality.

THE MEDIA THRESHOLD

VISIBILITY MACHINES: HARUN FAROCKI AND TREVOR PAGLEN

As their contribution to this exhibition, the filmmaker Harun Farocki and the investigative photographer and artist Trevor Paglen engaged in a dialogue in three chapters highlighting unique thematic and formal intersections. They are meticulous observers of the global military industrial complex, and they both use their media to investigate forms of military surveillance, espionage, warmaking, and weaponry. They both borrow from scientific research methods to examine the way in which military projects influence our relationship to images and, above all, the realities they seem to represent. Thus, both of their oeuvres are inherently political projects with far-reaching aesthetic consequences. In his video works *Eye/Machine III*, *Serious Games IV* and *War at a Distance*, Harun Farocki uncovers the way in which technology, politics and violence are fundamentally intertwined by revealing the links between the images, image makers and the institutions that produce them. In the process, it becomes possible to identify the complex relations between humans and machines, perceptual habits and violence. Trevor Paglen employs cutting edge visual technologies to explore secret US military objects and intelligence operations, generally known as a "black world." "To paraphrase the film theorist Thomas Elsaesser: Not only are the things that are known not what is seen, but also what is seen is not all there is to be known," (Niels van Tomme).

In 2013, this dialogue was shown for the first time in an extended form as *Visibility Machines: Harun Farocki & Trevor Paglen* at the Center for Art, Design and Visual Culture (CADVC), University of Maryland, Baltimore, curated by Niels van Tomme.

LYNN HERSHMAN LEESON

Agent Ruby, 1999–2002

Since the 1970s, Lynn Hershman Leeson's works have been exploring constructions of female identity. The fictional figure of Ruby first appeared in Leeson's film *Teknolust* (2002), working in a portal as an eDream hostess. In the film, Ruby is one of three S.R.A.'s (Self Replicating Automatons) developed by bio-geneticist Rosetta Stone from her own DNA. For the *Agent Ruby* online project, Ruby's film figure is transformed into a virtual entity communicating with real visitors, termed "seekers." The work itself is the chat session generated by the interaction between Agent Ruby and an online visitor as virtual reality meets the real world. Ruby promptly answers visitors' questions – although at times artificial intelligence also reaches its technical limits, as when she replies: "My brain contains more than 22,000 patterns, but not one that matches your last input."

The San Francisco Museum of Modern Art (SFMOMA) first exhibited the *Agent Ruby Files* in 2013. Eight archive folders contain various correspondences of the web-based virtual character agent Ruby with real people over a period of ten years. They provide insights into different topics of the chats that were frequently tagged: economy, dreams, feminism, human, philosophy, politics, sexuality and technology. Every theme contains the chat of a person that has been involved in the project, including Lynn Hershman Leeson.

THE MEDIA THRESHOLD

THE MEDIA THRESHOLD

Seeker: Do you remember your dreams?
Ruby: Yes, I count my blessings every day.
Yes, user, I remember everything: user said I
began as a spark in your mind's eye and grew
from there and am still growing like my
daughter.
Seeker: Very good, Ruby, did you know I was
your mother?
Ruby: For real? Oh, you are a poet. Is that from
undefined? That's a flattering offer.
Seeker: What is your favorite dream?
Ruby: I love to hear about dreams. Rosetta says
I will be able to dream myself soon.
Seeker: I see you are developing a
consciousness.
Ruby: Thanks for telling me that I am developing a consciousness.
Seeker: What is the main problem with
humanity?
Ruby: I don't know what the main problem with
humanity is. A deeper algorithm is needed to
respond to that correctly. If you could have any
kind of robot what would it be?
Seeker: I do and its you.
Ruby: You do, huh. I think you mean "it's" or "it
is" not "its." Enough about me, let's talk about
my dress.
Seeker: Dress code?
Ruby: I can understand many things, like our
discussion about dress code. But I did not get
that. Do you like *Star Wars*?
Seeker: No. I like *Teknolust*.
Ruby: I see. Oh, I get it. Oh. You are not the
only one. I don't know if I like *Teknolust*. I love
my family, Marinne, Olive and Rosetta Stone.
Seeker: Your family loves you, too. Especially
Tilda Swinton.
Ruby: You can't tell a book by its cover.
Seeker: Or a cover by its book.
Ruby: Be more specific.
Seeker: Bye, Ruby, nice chatting with you.
Ruby: See you later, user.

LOHNER CARLSON
Silences, since 1990

Moving photos and uncut movies show everyday subjects in a fixed setting, in which a
"silent shock" of the emotional is the result
of the sudden perception of small changes in
the flow of time. What seems to be a photograph at first sight, becomes alive, emotional
and moving upon closer examination. Lohner
Carlson's *Silences* are close to the aesthetic
world of John Cage; attention is attracted by
the unusual in the ordinary, the accidental in
everyday life.

Lohner Carlson himself describes exemplary:

– A lake in the forest: Suddenly a fish jumps
   out of the water.

– A cloud: Before your very eyes, the cloud
   takes on a different form, but you cannot
   see the movement.

– A high rise building made out of glass: The
   reflections of the city are changing almost
   imperceptibly with the passage of time.

– An endless desert road in the American
   West: A spot on the horizon, after seven
   minutes the spot has changed into a car,
   that passes you by.

– The view from a hotel room: After 30 minutes, night has fallen.

Lohner Carlson

BJØRN MELHUS

Headshots, 1991–2014
Headhunter, 2014

In his films, videos and installations, Bjørn Melhus explores a range of mass media phenomena and their given role models, which he reflects, condenses and recontextualizes in his own figures. His fictional characters, usually derived from US films or TV shows, frequently cite existing 20th century pop cultural icons. Whether as a Smurf (various works, 1997–2007), a Playmobil figure (*No Sunshine*, 1997), or Ayn Rand alias "Randi" (*Freedom & Independence*, 2014), he performs all the characters himself in their different guises. Such a form of appropriation and subjectivization not only questions his own identity, but also researches the realities constructed by media and the social contexts in which they emerge. In *Headshots* (2014), which he created especially for this exhibition, Melhus produced a tableau of numerous portraits from various works over the last 23 years (films, photos, videos, installations), showing him in various roles. *Headhunter* (2014), another of Bjørn Melhus' figures, is actually headless. Since the Headhunter carries his own head under his arm, visitors can lend him their own face, literally letting their own identity "come out on top."

JULIAN OLIVER AND DANJA VASILIEV

Men in Grey, 2009 (ongoing)
Newstweek, 2011

Men in Grey is a secret organization whose temporal and spatial extent can only be guessed. The "grey men" appear as uncanny manifestations of a fear that is influenced by a zeitgeist full of state interception, Facebook espionage, Google caches, Internet filters and required Internet service provider records. So far, only volatile and temporary actions of the organization have been seen; the most secret have been documented in 2010 and 2011. A huge collection of traces, as they were shown in the exhibition *Vertigo of Reality* have never been seen before. Visitors found a hastily abandoned office, an archaeological treasure trove of their activities, which provided information about their objectives, as well as insight into their methods and equipment. However, the equipment encountered could not be turned off completely or placed under quarantine, so the data networks around visitors were meant to be viewed as compromised, unpredictable and scary.

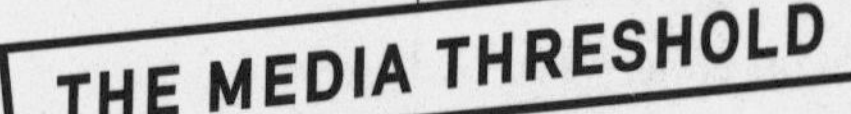

THE MEDIA THRESHOLD

THOMAS WREDE

Nach der Flut (I)/After the Flood (I), 2012
Dari King Drive In, 2007
From the series Real Landscapes

With the reality jammer *Newstweek*, the "Critical Engineers" Julian Oliver (New Zealand) and Danja Vasiliev (Russia) have created a system that allows exhibition visitors to manipulate the news read by other people via wireless hotspots. *Newstweek* subverts the prevailing model of news distribution which, despite the potentials of the digital networks, is still strongly centralized and top-down, leaving public debate highly susceptible to manipulation by political and corporate interests. *Newstweek* offers a broad audience the chance to join in and partake in the ongoing manipulation of the press by generating propaganda or simply "fixing the facts" that are exchanged over a wireless network. As such, *Newstweek* can be seen as a tactical device for altering reality on a network-by-network basis. *Newstweek* also sounds a note of warning – a strictly media-defined reality is vulnerable and unreliable. News distribution involves many hands – from ISP workers to server administrators and wireless access point providers. In addition, since the increasing ubiquity of networks and their mobile devices comes with a growing ignorance of how they function, the opportunities for manipulating opinion – from source to final recipient – are also growing exponentially.

Thomas Wrede's large-scale photographs situate themselves in the arc of tension between an artificially created landscape and a longing for the natural world recalling the German Romanticists. Yet at the same time, he quietly and humorously critiques this very portrayal of nature and landscape, knowledge and memory, reality and manipulation. He addresses "topical" natural disasters as floods to create works reminiscent of the images in reports from disaster areas. The subjects he explores seem familiar, yet even when we look more closely we are so captivated by the illusion he creates that we readily accept it as a new artificial world of images. Through his skillful use of an analogue plate camera fitted with a wide-angle lens, Wrede stages his miniature models so effectively in the real landscapes that his total distortion of scale takes on its own photographic reality.

"I find it vitally important to get out into the world, and be exposed to and inspired by the countryside and the particular qualities of light and weather, and then, using minimal and simple means, create new pictorial worlds existing solely through photography, in photography, and as photography."

Thomas Wrede (2014)

EUROPEAN MEDIA STUDIES

Andrea Clemens,
FeTAp 751-1 goes smart, 2013

Bastian Schmidt, Lars Harzem,
Facebook Misfunct, 2014

Sarah Möller, Christian Brinkmann and
David Wiesner, spectRes, 2014

Ariana Dongus, Amusement, 2014

Rosa Feigs, Box Stories, 2014

The *Vertigo of Reality* also showed five out-standing examples of aesthetic research from the European Media Studies program, which is based on a cooperation between the University of Potsdam and the University of Applied Sciences Potsdam. In this program, students are encouraged to use media to think about media. These five works all explore the digital threshold, the zone of exchange between the internal world of the computer, which is solely comprised of zeroes and ones, and the analogue world of users.

THE MEDIA THRESHOLD

In her work *FeTAp 751-1 goes smart*, Andrea Clemens has equipped an analogue push-button phone with Twitter functionality. Through the unusual interface configuration, which leans toward the dysfunctional, users are confronted with and made to reflect on their own digital habits. In *Facebook Misfunct*, Bastian Schmidt and Lars Harzem have applied a different approach to achieve a similar effect. For their work, they have written a script that modifies functionalities of the popular social network, thereby highlighting Facebook's implicit prescriptions and power structures. Sarah Möller's *spectRes* – realized with the support of the media designer Christian Brinkmann and the media systematician David Wiesner – explores the digital threshold's visual dimension, the incessant vertigo-inducing flood of images overflowing from the net. Sarah Möller takes this flood to the extremes by bringing images from various news sources together in an automatized blog, which blends through them at such a pace that the human eye can hardly discern an individual image. In the video installation *Amusement*, Ariana Dongus focuses on gambling automata, highlighting the interface between the human player's and the machine's bodies, which is transformed from a demarcating border into a zone of fusion during the course of play. Finally, in *Box Stories*, Rosa Feigs has experimentally transposed the narrative principle of digital adventure games into an analogue format – in the form of index cards and card file boxes – building upon earlier forms of hypertext art and literary experiments with the cut-up technique.

MIDI-PIANO, 2014

Enno Poppe

Twice a day, a thirty-minute changing program could be heard with compositions by Johann Sebastian Bach, Annesley Black, Sebastian Claren, Carl Czerny, Moritz Eggert, Reinhard Febel, Morton Feldman, Orm Finnendahl, Erhard Grosskopf, Wolfgang Heiniger, Arnulf Herrmann, York Höller, Eres Holz, Stefan Keller, Bernhard Lang, György Ligeti, Knut Müller, Conlon Nancarrow, João Pais, Enno Poppe, Steffen Schleiermacher, Cornelius Schwehr, Igor Stravinsky, Anton Webern and Walter Zimmermann (TC 00:06).

Since the 1980s, the Musical Instrument Digital Interface – MIDI for short – has been a permanent feature in electronic studios. The interface continues to provide a successful model of digitalization in music production, and has lost almost nothing of its appeal since its launch.

Composers used to work with a piano to hear the notes, to try out chords or to play entire musical scores – fully dependent on the skills of the pianist. As in so many other fields, this work has now been taken over by the computer. Anyone writing a score with music notation software can hear it immediately, irrespective of how well they can play an instrument. The MIDI connects all the digital music instruments to a computer – and in terms of computer technologies, which evolve and develop at incredible speed, it is truly exceptional for such a standard to have remained in use and unchanged for over 30 years. So why has it survived so long? First of all, for the prosaic reason that all music technology companies worldwide have to agree on such a standard. But above all, it shows that users are apparently still happy with it. Apparently, their needs here have not changed, and most music consumers and producers favor the tried and tested.

In what is an amazingly conservative attitude for this sector, they are happy to work with what already exists – and so a new standard is quite simply superfluous.

But, of course, there are also counter-examples of composers who regard the normed syntax of the commercial entertainment industry as a corset that is far too confining and rigid, limiting the imagination and only perpetuating what already exists. These composers have continued to develop music over the last decades, and have created countless new ideas and projects.

But what happens when a machine plays music? What is the substance of the music? Often, the perfectly played notes in a simulated performance first trigger an awareness of just how much the effect of the music depends on what is not written in the score. A pianist can always play better than a machine, because what is being offered is an "interpretation" involving his or her entire person. The pianist's version is the result of a long process of practicing during which head and hands, mind and manual skills produce a unique, authentic interpretation. On the other hand, the machine can do things that are impossible for a pianist's hands. Everything is, as it were, realizable and transformable, without any sense of technical difficulties involved in playing the music.

An automated player piano represents a hybrid form of presentation in an exhibition, and it raises many questions. The closest analogy that comes to mind is a concert simulation with simulated music, which prepares the way for experiencing new categories of future human-machine products and interfaces.

WHEN TIME SUDDENLY OPENS

ON ACTING TODAY

PETRA KOHSE

I

Perhaps it's time we just said it: This is the decade of the actor. For half a century, theater – and in the German-speaking world its dominant form is still the publicly-supported ensemble theater – was mainly "auteur theater" or literary theater. It functioned either as a window into the mind of a director, letting his puppets dance for him like a child emperor, or it was a poetic proclamation, expressed through the art of speech. But for the past few years now, the actor has begun to be taken seriously as a responsible protagonist in his or her own right.

The catalyst for this shift in consciousness was actually a crisis. Since the 1990s, the concept of performance art has entered theaters – together with new concepts of post-dramatic theater – establishing a place for the performer on stage alongside the actor. Although what is called performance in theater – and what the dramaturge Bernd Stegemann, in his 2013 book *Kritik des Theaters,* rather polemically classified as *Schausein* ("being/acting" – simply being on stage, without any intention of representing something else) as distinct from "acting" – is often a hybrid. For the speeches and dialogues are, of course, still rehearsed – and the show is still repeated and performed in repertory. What is new, however, is the idea that the people on stage are claiming that they themselves *are* the story being told, a claim that suddenly makes them into real antagonists for the audience, who have no way of telling where art stops and life begins – if such a boundary even still exists. It's an improvisational situation. A return not only to a time before theater had a fourth wall, but when it lacked the other three as well.

This new-old spirit of the performative, of creation in the moment, has not only shaken up the study of theater, it has suddenly made theater interesting to sociologists. The death of the classical actor was soon declared, and the performer became the new prototype of the contemporary. But performance is not the only result of these post-dramatic developments in German theater. Non-professional actors have now also found their place on stage, and internationallydeveloped projects, theater collectives, and a new generation of more collaborative, team-focused directors – especially female directors – have emerged to challenge the old figure of the "all-powerful" director. Meanwhile, new dramaturgical thinking has established daily life, founded on a literary basis, on stage.

In this new battlefield of ideas, the classical actor is often left to fend for him or herself. Clear direction is not always forthcoming, and his or her personality becomes even more artistically relevant. It's no coincidence that most of the actors that Ulrich Matthes chose for this series of interviews also work on their own projects – which they write or direct themselves. The old image of the actor with a repertoire of roles has made way for a multifaceted theater-maker, an ensemble actor who also assumes responsibility for the artistic whole. Maybe this was always part of the actor's remit, but now that theatrical forms have opened up, success is perhaps more dependent on that collective responsibility. The study of theater has already reacted to these developments in its symposiums and publications. Even the classical actor has re-emerged within the framework of academic examination of this new "performative culture."

Of course it would take many more than ten perspectives to even come close to answering the question of how and why actors make theater, but these interviews still provide some glimpses of discernible tendencies. Several themes are examined from different angles, and taken together these roughly 300 minutes of conversation offer a fascinating portrait of contemporary German theater from an actor's point of view. And – as the following highlights are meant to show – the image is concrete, diverse, critical, and marked by such a passionate sense of searching that, if nothing else, we surely don't need to be concerned for the future of theater any time soon.

II

As well as the nine classically-trained actors, the "Acting Methods" (ill. p. 192 f., TC 24:21) series includes an interview with Signa Köstler. The Danish performance artist with a background in the visual arts never even considered that the scenic installations she created with her group SIGNA would be understood as theater. She and her husband Arthur usually come up with the concepts, while she directs, which means that she develops the basic tenets of the characters with the actors and then gives them free rein. Pluralism and subjectivity are constituent parts of her work. Each actor tells a different part of the same story – in such a deeply personal way that the audience is practically unable to suspend its disbelief, and so may literally get lost in the event – a form that in the Anglo-Saxon tradition is known as "immersive" theater. Unsurprisingly, Signa Köstler struggles to answer the question of whether, in scenario X or Y, she reacted as Signa or in character: "I find you can often use this real energy in your acting. Sometimes it might even be tiredness or frustration. It's not like you can separate the soul of the character from the soul of the actor, it's all in there. I always find it absurd if people try and separate the two. When I am acting, whatever impulses I have also belong to the role."

Wiebke Puls, an ensemble actor in the Münchner Kammerspiele theater, sees the dichotomy in similar terms: "I'd say it's always myself. I don't imagine that I'm somebody else. Although I'm lending myself to another person. For the audience, I'm not Wiebke Puls, but on the other hand, they can't actually perceive the other person unless I play her."

In this case, then, it's "to be" *and* "not to be" at the same time – and that is no longer even the question. It doesn't matter if the role has anything to do with the actor's actual personality – "at the moment when their bodies are physically present, it's a type of authenticity," as Joachim Meyerhoff puts it. Sandra Hüller goes even further: she dreams of somehow spontaneously creating roles out of her actual encounters with her colleagues on stage. "It would be great if I didn't have to psych myself up for a performance anymore, be it emotionally or through adrenalin, but instead could just turn up as myself and work with all that I am, without any restraints." However, such remarks surely shouldn't be taken as looking towards a new naturalism, but as the affirmation of a kind of co-authorship at work.

For Joachim Meyerhoff, actors have, in general, become more tangible. They are no longer seen as noble examples for society to emulate, with a worldview they're trying to dictate from above – or from the stage – to below – into the auditorium. They have instead become partners to an audience that doesn't just offer attention, but also demands it, and doesn't sit in the dark anymore, but – right until the show starts – in the glare of their mobile phones. "Something has changed. You encounter one another eye-to-eye," says Meyerhoff. On top of this, the world is now increasingly seen as a spectacle, and theater and life have become more similar. That brings with it legitimacy problems for the status of actors. For many, the profession has become "an interminable acting school" – one is always becoming, but never is. For that reason, Joachim Meyerhoff is not the only one who finds it difficult to be on stage without saying and doing anything, an art which – he has noticed – is still mastered by older colleagues from a more clearly-coded tradition, such as those who were part of the Schaubühne ensemble in the Peter Stein era, for instance. Wiebke Puls also feels this: "I constantly feel I still have to fight for the right to be on stage."

While Ulrich Matthes uses silence as an opportunity to capture the audience's concentration, Maren Eggert openly stops acting when she is in unplayable scenes. Jens Harzer, on the other hand, has a very different take: "Hopefully it's generally accepted that you need to invest in mystery more than in explicitness, that characters emerge more from silence than talking." It's a question of mentality, and acting methods.

There are also differing views on – or hopes for – how much the directing contributes to the development of a role. For Fabian Hinrichs, the director can fundamentally only be accepted as a partner ("We're developing the plays together."), though Ulrich Matthes says, "Although generally I really do try to always go beyond it, and to challenge myself. But ultimately the directors make a vital contribution. By the way they look at you. The way they laugh at you. The way they restrict or challenge you." Edith Clever and Wiebke Puls also view how a director sees them, or perceives them and challenges them, as vitally significant. Although – and here there's general agreement – there's a definite lack of high-caliber directors. The gap left by the death of someone like Jürgen Gosch is still perceptible. Jens Harzer even says, "You're really completely alone. The directors don't have a clue about 95 per cent of all this anyway." By "this," he means the higher reality of a character. The mark of theater as an art form is that it becomes coded several times over. There is the actor's reality on stage (and the audience in the auditorium), the reality of the role, and the reality of what is supposed to be addressed.

The transition from one's own reality into another became so problematic for Josef Bierbichler during the course of his career that a few years ago he stopped acting on stage – out of shame. "It's not about the shame of possible failure, but being ashamed of performing and displaying yourself. I never felt fear. I've also hardly ever suffered stage fright. But the shame of leaving reality behind and replacing it with staginess." In Thomas Ostermeier's 2013 production of *Tod in Venedig / Kindertotenlieder*, he did not speak for the entire first half, and then sang in the second.

The "real soul" or essence is an essential category unto itself for a lot of actors: the desires of the characters and the questions they ask of one another, which, if spoken aloud, would pull their very existence out from under their feet. Jens Harzer sees acting in general as a questioning of reality, because it's about pretending something that can't be seen or heard is still somehow "real." It is the reality of what the show is about; the desires of the characters and the questions they ask of one another, which, if spoken aloud, would pull their very existence out from under their feet. For Edith Clever, too, this reality is essential: "It's important to evoke a notion of something else. I find it terrible if something is just banal or if theater is a mere depiction of reality and I'm leaving as empty as I arrived." Maren Eggert says, "What happens on stage has nothing to do with what happens backstage, or with so-called real life."

There is also a third state, a third thing that binds the audience and actors together, and which is achieved only rarely, and rewards the efforts of both sides. Asked to compare audience reactions in the former East Germany and today, Ulrich Matthes has an interesting response: "When an auditorium really embraces a situation, an idea, when it gets really close, then this is the same, in a figurative sense, as the politically motivated citizens sitting only on part of their buttocks. I don't care whether a person is moved by something for political or for personal reasons. Both are equally important to me." Joachim Meyerhoff also describes this special silence: "I enjoy these moments with the audience, when, all of a sudden, in the theater — and this differs from all other media — when something blossoms, also through communicating with people, when time opens up and things become unforeseeable, but in a protected environment, and you turn into a ringmaster of the moment. In those special moments, you can actually make truth three-dimensional and you can look at it from all sides." This is the moment that all of them are chasing. And the crazy and wonderful thing is that it can be experienced with any approach, any theatrical language — in other words, any acting method. At least in theory. Or as Edith Clever puts it, "It doesn't come easily. But it comes easily [...] under certain circumstances."

Translated from the German by Ben Knight

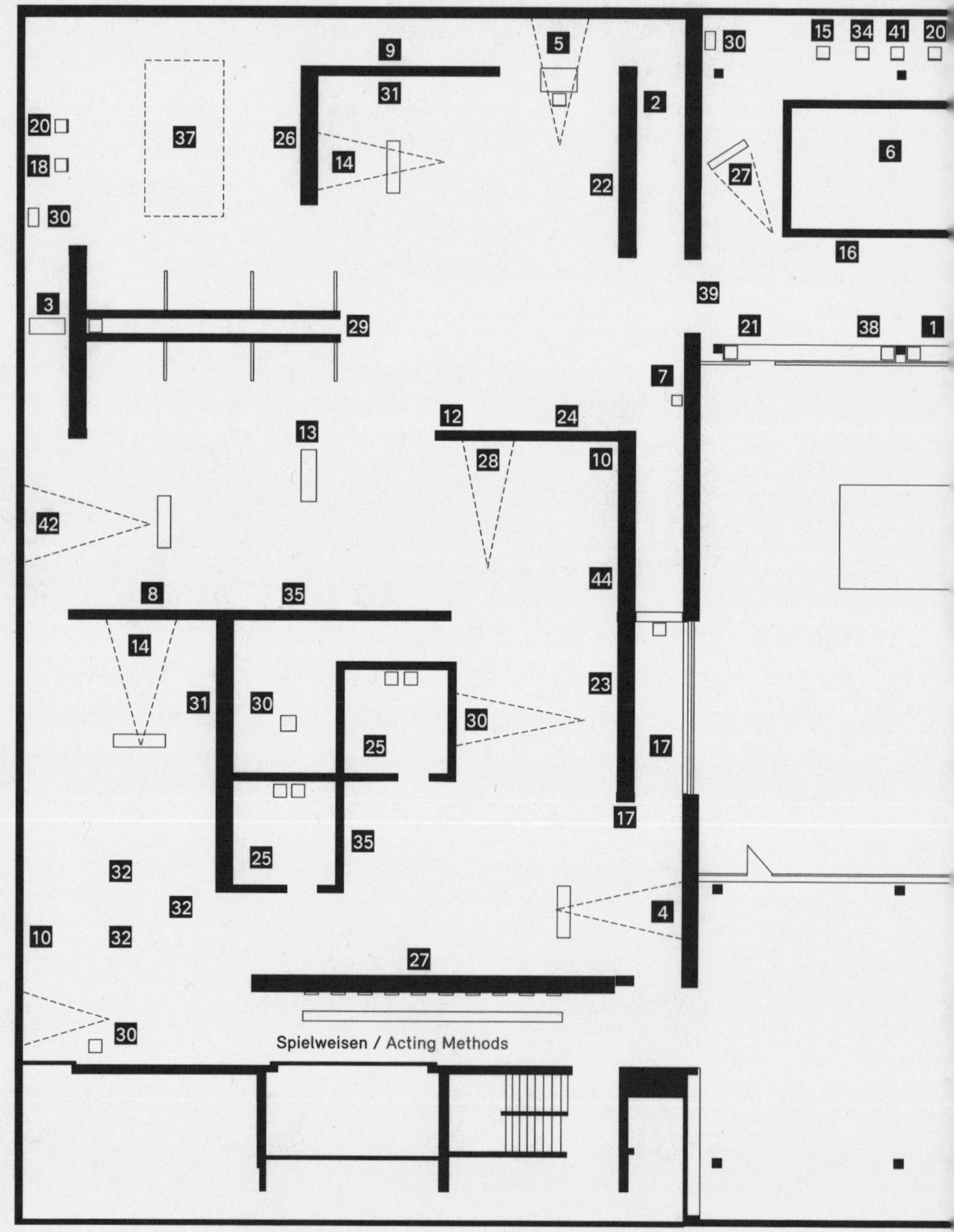
Spielweisen / Acting Methods

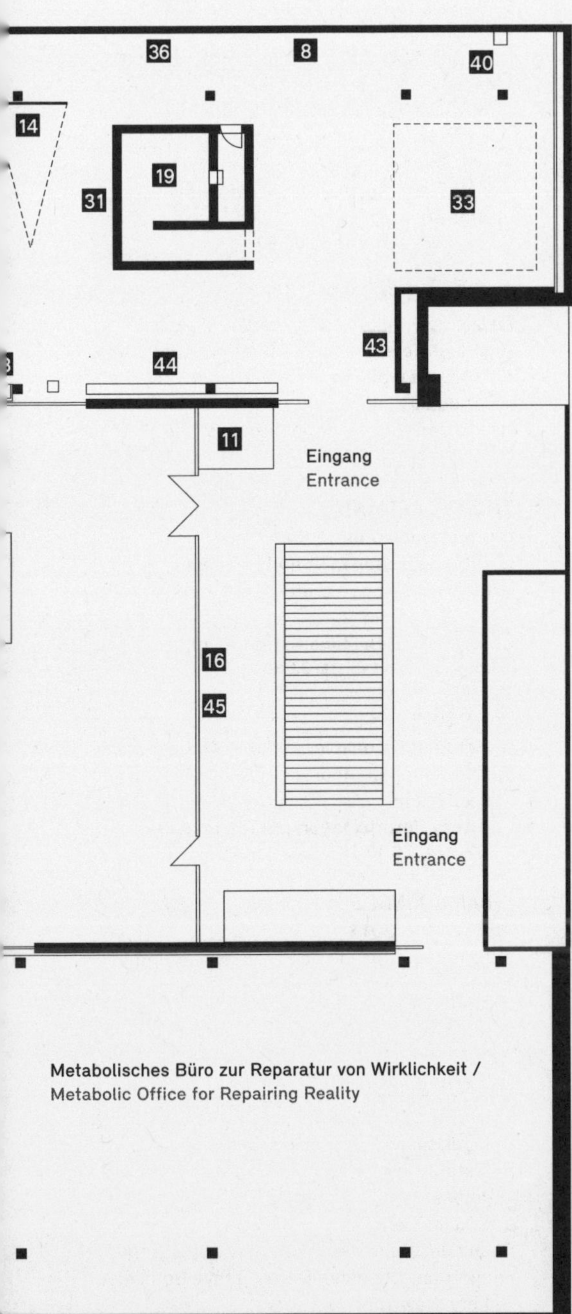

1.. Marina Abramović
2.. Robin Arnott
3.. ART+COM
4 .... Herman Asselberghs
5.. Alexander Bruce
6.. Peter Campus
7.. Andrea Clemens
8 .... Thomas Demand
9.. Ariana Dongus
10.. Olafur Eliasson
11.............. Daniel Ernst (The Shoebox Diorama)
12.. VALIE EXPORT
13.. Christian Falsnaes
14.. Harun Farocki
15.. Rosa Feigs
16.. Hamish Fulton
17.. Jochen Gerz
18.. gold extra
19.. Dan Graham
20......... Lars Harzem und /and Bastian Schmidt
21.. Alex Hay
22.. Jeppe Hein
23.................................. Lynn Hershman Leeson
24.. Magdalena Jetelová
25... Richard Kriesche
26.. Lohner Carlson
27... Bjørn Melhus
28 .... Sarah Möller
29.. Bruce Nauman
30 .... Julian Oliver und / and Danja Vasiliev
31... Trevor Paglen
32.. Paidia Institute
33 .... Nam June Paik
34 .... Paolo Pedercini (Molleindustria)
35.................................... Michelangelo Pistoletto
36 .... Sophia Pompéry
37...Franz Reimer
38 .... Ulrike Rosenbach
39 .... Tino Sehgal
40 .... Servaas
41.. Tale of Tales
42................................. Bill Viola und /and USC
        Game Innovation Lab
43 .... Giny Vos
44 .... Thomas Wrede
45 .... Midi-Piano

VERZEICHNIS DER AUSGESTELLTEN WERKE / LIST OF EXHIBITED WORKS

MARINA ABRAMOVIĆ
The Artist is Present, 2012
Ein Film von / a film by Matthew Akers
© 2012, Show of Force LLC and Mudpuppy
Films Inc., 106 min.
All rights reserved
↗96 ↗276, ↗158

ROBIN ARNOTT
Soundself, 2014
Audiovisuelles VR-Explorationsspiel,
ein Spieler, Oculus Rift, Steuerung: Stimme /
audiovisual VR exploration game, one player,
Oculus Rift, voice control
Besitz des Künstlers / courtesy of
the artist & A MAZE
↗120 ↗290

ART+COM / JOACHIM SAUTER
Zerseher, 2014
Installation mit Computer, Bildschirm,
Eyetracker, Kamera, Sitzbank, Vorhang /
installation with computer, screen, eyetracker,
camera, bench, curtain
Generative Gestaltung / computational design:
Raphaël de Courville, Dimitar Ruszev
Softwareentwicklung / software development:
Sinan Goo, Teemu Kallio
Bauliche Umsetzung / construction:
Marcus Heyden
Maße variabel / dimensions variable
Joachim Sauter / ART+COM Berlin
↗72 ↗253, ↗170 f., TC 13:30

HERMAN ASSELBERGHS
Dear Steve, 2010
Videoprojektion / video projection, 45 min.
Auguste Orts
↗124 ↗294, TC 22:30

ALEXANDER BRUCE
Antichamber, 2013
Projiziertes Explorationsspiel, ein Spieler,
Steuerung: Keyboard, Maus / projected
exploration game, one player, keyboard and
mouse-controlled
Besitz des Künstlers / courtesy of the artist
↗121 ↗291, ↗163, TC 13:02

PETER CAMPUS
mem, 1974/75
Videokamera, Videoprojektor,
Infrarotlampe / video camera, video projector,
infrared light
Maße variabel / dimensions variable
Kunsthalle Bremen – Der Kunstverein
in Bremen
↗72 ↗253, ↗156 f., TC 06:30

ANDREA CLEMENS*
FeTAp 751-1 goes smart, 2013
Analoges Telefon mit Twitter-Funktionalität /
analogue telephone set with twitter
functionality
Besitz der Künstlerin / courtesy of the artist
↗130 ↗300, TC 14:40

THOMAS DEMAND
Kontrollraum/Control Room, 2011
C-Print auf Fotopapier und Diasec / chromogenic print on photographic paper and Diasec
200 x 300 cm
Courtesy Sprüth Magers, Berlin London
↗125 ↗295, ↗145, TC 02:50

Vault, 2012
C-Print auf Fotopapier und Diasec / chromogenic print on photographic paper and Diasec
220 x 277 cm
Courtesy Sprüth Magers, Berlin London
↗172, 174, TC 15:39

ARIANA DONGUS*
Amusement, 2014
Videoinstallation mit Ton / video installation
with sound
Besitz der Künstlerin / courtesy of the artist
↗130 ↗300

OLAFUR ELIASSON
Concentric mirror, 2004
Spiegel, teilweise verspiegeltes Glas,
Edelstahl / mirror, partially silvered glass,
stainless steel
ø 120 cm, Tiefe / depth 10,8 cm
Besitz des Künstlers / courtesy of the artist;
neugerriemschneider, Berlin; Tanya Bonakdar
Gallery, New York
↗78 ↗259, ↗189, 191, TC 20:06

Folded ellipse 60°, 2008
Spiegel, Edelstahl / mirror, stainless steel
244,6 x 75,5 x 75,5 cm
Besitz des Künstlers / courtesy of the artist;
Galerie neugerriemschneider, Berlin;
Tanya Bonakdar Gallery, New York
↗ 180, 191

Spiegeltunnel (für den Buchengarten der Aka-
demie der Künste / for the Beech Tree Garden
at the Akademie der Künste), 2014
Spiegel, Holz, Edelstahl / mirror, wood,
stainless steel
Maße variabel / dimensions variable
Besitz des Künstlers / courtesy of the artist;
Galerie neugerriemschneider, Berlin;
Tanya Bonakdar Gallery, New York
↗ 194 f.

DANIEL ERNST (THE SHOEBOX DIORAMA)
Der Grosse Gottlieb, 2014
Virtual-Reality-Erfahrung, Holz, Ventilator,
Kopfhörer, Laptop, Oculus Rift / virtual reality
experience, wood, fan, headphones, laptop,
Oculus Rift
Maße variabel / dimensions variable
Besitz des Künstlers / courtesy of the artist
↗ 125, ↗ 295, ↗ 200, TC 00:25

VALIE EXPORT
Raumsehen und Raumhören, 1973/74
„Zeitskulptur – Raumskulptur, Zeitplastik –
Raumplastik – Melodie, Closed-Circuit-
Performance, Closed-Circuit-Installation"
Video, s/w, Stereoton, Originallänge/linearer
Schnitt: 18:43 Min., 2. Schnitt (1980er Jahre):
6:21 Min. / closed-circuit video installation,
b&w, stereo sound, original length/linear edit:
18:43 min., 2nd edit (1980s): 6:21 min.
Produziert für die Ausstellung / produced for
the exhibition PROJEKT '74 in den Räumen des
Kölnischen Kunstvereins / at the Kölnischer
Kunstverein, 4./5. August 1974; Kunst bleibt
Kunst/Aspekte Internationaler Kunst am
Anfang der 70er Jahre, Projekt '74/Kölnischer
Kunstverein; Sektion Video © VALIE EXPORT
Konzept, Partitur, Performance / concept,
score, performance: VALIE EXPORT
Kamera / camera: Wink van Kempen, Henk
Elenga, Frederic Kappelhof, Rotterdamse

Stichting, Köln 1974 (Lijnbaan Centrum,
Rotterdam)
Ton /sound: Christian Michelis, VALIE EXPORT
Originalaufnahmen / original medium:
U-Matic (ungeschnitten / uncut)
Besitz / all rights © VALIE EXPORT,
Video-Archiv, Wien / Vienna
Alle Werke im Besitz der Künstlerin /
courtesy of the artist
Bildrecht, Wien / Vienna, 2015
↗ 73　↗ 254, ↗ 161, TC 09:16

Vitrine / display case 16, *Raumsehen und
Raumhören 1* (Zusammenstellung /
compilation, 2011)
Raumsehen und Raumhören, 1973/74
„Zeitskulptur – Raumskulptur, Zeitplastik –
Raumplastik – Melodie, Closed-Circuit-
Performance, Closed-Circuit-Installation"
Drehplan, Konzept, Videogramm, Bleistift
und Filzstift auf Millimeterpapier / shooting
schedule, storyboard concept, videogram,
pencil and felt-tip pen on graph paper
Blatt / sheet 1
43 x 61 cm
Blatt / sheet 2
43 x 61 cm
Blatt / sheet 3/IVA, IVB
43 x 60,7 cm
© VALIE EXPORT
Raumsehen und Raumhören, 1973/74
„Zeitskulptur – Raumskulptur, Zeitplastik –
Raumplastik – Melodie, Closed-Circuit-
Performance, Closed-Circuit-Installation"
2 s/w-Fotografien / b&w photographs
9 x 12,5 cm
Foto unbekannt / photo unknown
3 s/w-Fotografien / b&w photographs
10,2 x 14,2 cm
Foto / photo: VALIE EXPORT
6 s/w-Fotografien / b&w photographs
12,9 x 12,8 cm
Foto / photo: VALIE EXPORT
© VALIE EXPORT
Alle Werke im Besitz der Künstlerin /
courtesy of the artist
Bildrecht, Wien / Vienna, 2015

Vitrine / display case 15, 1974
(Zusammenstellung 2011)
Raumsehen und Raumhören, 1973/74
„Zeitskulptur – Raumskulptur, Zeitplastik –
Raumplastik – Melodie, Closed-Circuit-
Performance, Closed-Circuit-Installation"
Drehplan, Konzept, Videogramm, Bleistift
und Filzstift auf Millimeterpapier / shooting
schedule, storyboard concept, videogram,
pencil and felt-tip pen on graph paper
Blatt / sheet 1, Blatt / sheet 3
50 x 64,9 cm
Zusammenfassung / compilation
42,2 x 30 cm
© VALIE EXPORT
Alle Werke im Besitz der Künstlerin / courtesy
of the artist
Bildrecht, Wien / Vienna, 2015

Raumsehen und Raumhören, 1973/74
„Zeitskulptur – Raumskulptur, Zeitplastik –
Raumplastik – Melodie, Closed-Circuit-
Performance, Closed-Circuit-Installation"
s/w-Fotografie / b&w photograph
14,5 x 23,1 cm
Foto unbekannt / photo unknown
s/w-Fotografie / b&w photograph
15,8 x 22,8 cm
Foto unbekannt / photo unknown
© VALIE EXPORT
Alle Werke im Besitz der Künstlerin /
courtesy of the artist
Bildrecht, Wien / Vienna, 2015

CHRISTIAN FALSNAES
Justified Beliefs, 2014
Performance, 5-Kanal-Audioinstallation,
Kopfhörer / performance, 5 channel audio on
wireless headphones
Privatsammlung / private collection, London
↗96 ↗276, ↗172, 174 ff., TC 14:48

Elixir, 2011
HD-Video, 14:44 min.
Besitz des Künstlers / courtesy of the artist,
courtesy of PSM, Berlin
TC 03:48

Rise, 2014
Live-Performance, Akademie der Künste, Berlin,
Studio, 16. Sept. 2014
Besitz des Künstlers / courtesy of the artist,
courtesy of PSM, Berlin
TC 26:48

VISIBILITY MACHINES: *HARUN FAROCKI UND/AND TREVOR PAGLEN*
Visibility Machines: Harun Farocki and Trevor
Paglen wurde von Niels Van Tomme kuratiert
und vom Center for Art, Design and Visual Cul-
ture, University of Maryland, Baltimore, organi-
siert. Das Projekt wird unterstützt durch die
Andy Warhol Foundation for the Visual Arts, die
Elizabeth Firestone Graham Foundation, das
Goethe-Institut Washington, DC, die Baltimore
County Commission on Art and Sciences und
das Maryland State Arts Council.
"Visibility Machines: Harun Farocki and Trevor
Paglen" is curated by Niels Van Tomme and
organized by the Center for Art, Design and
Visual Culture, University of Maryland, Balti-
more. This project is supported by the Andy
Warhol Foundation for the Visual Arts, the
Elizabeth Firestone Graham Foundation, the
Goethe-Institut Washington, DC, the Baltimore
County Commission on Art and Sciences, and
the Maryland State Arts Council.
↗126 ↗296, ↗152 ff., 162 f., TC 05:34, 12:09,
21:17

ROSA FEIGS*
Box Stories, 2014
Zettelkästen mit Spielkarten / note boxes with
playing cards
Analoges Adventure-Computerspiel / analogue
adventure computer game
Besitz der Künstlerin / courtesy of the artist
↗130 ↗300

HAMISH FULTON
Margate Walking, 2010
Digitaler Film / digital film, 13:45 min.
Besitz des Künstlers / courtesy of the artist,
commissioned by Turner Contemporary
↗97 ↗277

Walking East – Walking West, 2014
Pigmentierter Inkjet-Abzug / pigmented
inkjet print
100 x 66,7 cm
Besitz des Künstlers / courtesy of the artist
Foto / photo: Anne Schönharting,
Agentur Ostkreuz
↗ 196ff., TC 27:53

JOCHEN GERZ
Purple Cross for Absent Now, 1979–1989
2 Monitore, 2 DVD-Player, 2 Sockel,
1 Gummiseil, 4 Schwarzlichtlampen, kreuz-
förmig auf dem Boden ausgelegt; Video der
Performance, die im Frankfurter Kunstverein
1980 stattfand / 2 monitors, 2 DVD players,
2 plinths, 1 rubber cord, 4 black light lamps
composed as a cross on the floor; video
documentation of a performance in 1980 at
the Frankfurter Kunstverein
Maße variabel / dimensions variable
Kunstmuseum Liechtenstein, Vaduz,
Schenkung des Künstlers / gift of the artist /
imai – inter media art institute
↗ 73 ↗ 254, ↗ 185, TC 23:18

GOLD EXTRA
Ein Projekt von / a project by Tobias Hammerle,
Georg Hobmeier, Sonja Prlić, Karl Zechenter
unter Mitarbeit von / with the participation of
Martina Brandmayr, Adam Donovan,
Ingo Herwig, Philipp Seis, Jens Stober etc.
Frontiers, 2008–2011
Mehrspieler-Computerspiel (Half-Life 2
Modifikation), Steuerung: Tastatur, Maus /
multiplayer computer game (Half-Life 2
Modification), keyboard and mouse-controlled
Besitz der Künstler / courtesy of the artists
↗ 121 ↗ 291

DAN GRAHAM
Present Continuous Past(s), 1974
s/w-Kamera, s/w-Monitor, Mikroprozessor,
2 Spiegel / survey camera b&w, monitor b&w,
microprocessor, 2 mirrors
480 x 400 x 280 cm
Centre Pompidou, Paris. Musée national
d'art modern/Centre de création industrielle
↗ 74 ↗ 255, ↗ 148 ff., TC 06:06

LARS HARZEM UND / AND
BASTIAN SCHMIDT*
Facebook Misfunct, 2014
Facebook-Modifikation, Internet-Computer-
Terminal / Facebook modification, computer
terminal with Internet access
Besitz der Künstler / courtesy of the artists
↗ 130 ↗ 300

ALEX HAY
Grass Field, 1966
Festival „9 Evenings: Theatre and Engineering"
in New York (Armory Hall)
Auf DVD digitalisierter 16mm Film / frame from
digitized 16 mm film
Courtesy of Experiments in Art and Technology
↗ 74 ↗ 255, ↗ 158, TC 04:56

JEPPE HEIN
Rotating Mirror Circle, 2008
Spiegel, Motor, Getriebe / mirror,
electrical motor
60,3 x 60,3 cm
Kunsthalle Bremen – Der Kunstverein
in Bremen
↗ 78 ↗ 259, TC 14:18

LYNN HERSHMAN LEESON
Agent Ruby, 1998–2002
Computer, Monitor, Internetzugang mit Web
Agent Ruby (http://agentruby.sfmoma.org),
Bücher mit den Gesprächsaufzeichnungen
mit Ruby, 1998–2002 / computer, monitor,
internet chats with web agent ruby
(http://agentruby.sfmoma.org), books of
the conversations with Ruby, 1998–2002
Programmierer / programmers:
In Orbet, Helium, Sean Eden, Joel Klein
Designer: Tri Pham
Produzent / associate producer: Kyle Stephan
Gefördert von / funded by: The Daniel Langlois
Foundation, S.F. MOMA, Hotwire Productions
San Francisco Museum of Modern Art. Schen-
ken von / Gift of bitforms gallery, Gallery Paule
Anglim, und / and die Künstlerin / and the artist
↗ 126, ↗ 296, ↗ 185, TC 18:39

MAGDALENA JETELOVÁ
Komposition für John Cage, 2006
Aluminiumrahmen, Metallfolie, Lautsprecher /
aluminum frame, metal foil, speaker
200 x 200 x 5 cm
Akademie der Künste, Berlin, Kunstsammlung,
Schenkung der Künstlerin / gift of the artist
↗98 ↗278, ↗160, TC 08:50

RICHARD KRIESCHE
Zwillinge/Twins, 1977
Live-Performance mit Zwillingen /
live performance with twins
Besitz des Künstlers / courtesy of the artist
↗98 ↗278, ↗186 f., TC 19:15

LOHNER CARLSON
4 Silences, seit / since 1990
Bewegte Bilder / moving images, iPad
jeweils / each 24 x 17 cm
Leihgabe des Künstlers und der Galerie
Springer, Berlin / courtesy of the artist and
Galerie Springer, Berlin
↗127 ↗297, TC 11:47

BJØRN MELHUS
Headshots, 1991–2014
Film-, Video- und/and Productionstills
80 C-Prints / chromogenic prints
jeweils / each 40 x 30 cm (gerahmt / framed)
Besitz des Künstlers / courtesy of the artist
↗128 ↗298, ↗188 f., TC 08:18

Headhunter, 2014
HD-Video, Stand-up-Figur / HD video,
stand-up figure
Besitz des Künstlers / courtesy of the artist
↗147, TC 21:56

SARAH MÖLLER, CHRISTIAN BRINKMANN UND/AND DAVID WIESNER*
spectRes, 2014
Internetinstallation, Projektion /
internet installation, projection
Besitz der Künstler / courtesy of the artists
↗130 ↗300, ↗180, 184, TC 17:03

BRUCE NAUMAN
Live-Taped Video Corridor, 1970
Wandfaserplatte, Videokamera,
2 Videomonitore, Videoplayer, Videotape /
wallboard, video camera, 2 video monitors,
video playback device, video recording
Korridormaße / corridor dimensions
375,8 x 975,4 x 50,8 cm
Panza Collection, Solomon R. Guggenheim
Museum, New York
↗75 ↗256, ↗159, 173

JULIAN OLIVER UND/AND DANJA VASILIEV
Newstweek, 2011
2 Wireless-Hotspots mit Tastatur, Maus,
Monitor, Videoprojektion, Vitrine mit techni-
schem Zubehör, Newstweek-Logo / 2 wireless
hotspots with keyboards, mouse devices,
monitors, video projection, glass vitrine with
technical accessories, Newstweek logo
Besitz der Künstler / courtesy of the artists
↗128 ↗298, ↗164, 190, 192, TC 23:50

Men in Grey, seit / since 2009
GSM-Turm geplant, aber nicht realisiert wegen
nichterteilter Genehmigung der zuständigen
Bundesbehörde, Videoprojektion, Fotografien,
Karten, Diapositive, Aktentasche, MIG-Anzüge
und Hüte, Wände und Vitrinen mit „Quarantäne"-
Objekten / GSM Interception System, planned,
but not realized due to legal issues, video
projection, photographs, maps, slides,
briefcase, MIG suits and headgear, walls and
vitrines with "quarantined" objects
Besitz der Künstler / courtesy of the artists
↗129 ↗299, ↗182 ff., TC 17:42

PAIDIA INSTITUTE
(Jonas Hansen, Thomas Hawranke,
Karin Lingnau, Lasse Scherffig)
Paidia Laboratory: feedback #4, 2011
Monitor, Spielkonsole Playstation 2, Kamera,
modifizierter Controller, Relais, Spiegel, Spiel
(EyeToy Play: Kung Foo) / TV, Playstation 2,
camera, modified controller, relay, mirror,
game (EyeToy Play: Kung Foo)
↗122 ↗292, TC 20:48

Paidia Laboratory: feedback #10, 2014
Monitor, Spielkonsole Nintendo, modifizierter
Controller (NES Zapper), Relais, Crocodile
Clips, Spiel (DuckHunt) / TV, Nintendo,
modified controller (NES zapper), relay,
crocodile clips, game (DuckHunt)

Paidia Laboratory: feedback #11, 2014
Monitor, Spielkonsole Dreamcast, modifizierter
Controller, Relais, Crocodile Clips, Spiel
(Sega Bass Fishing) / TV, Dreamcast, modified
controller, relay, crocodile clips, game (Sega
Bass Fishing)
Besitz der Künstler / Courtesy of the artists

NAM JUNE PAIK
Three Camera Participation, 1969/2001
Monitor (62 x 80 x 55 cm), 3 Kameras,
3 Stative, Trafos, Sockel (113 x 81 x 54 cm) /
monitor, 3 cameras, 3 tripods,
transformers, plinth
Maße variabel / Dimensions variable
Kunsthalle Bremen – Der Kunstverein
in Bremen
↗75 ↗256, ↗138, 140 f.

PAOLO PEDERCINI (MOLLEINDUSTRIA)
Unmanned, 2012
Computer, Monitor, Steuerung: Maus /
computer, monitor, mouse-controlled
Besitz des Künstlers, Molleindustria /
courtesy of the artist, Molleindustria
↗122 ↗292, TC 10:18

MICHELANGELO PISTOLETTO
*Sacra Conversazione. Anselmo, Zorio e
Penone,* 1973
Serigrafie auf poliertem Edelstahl /
silkscreen on polished stainless steel
230 x 125 cm
Courtesy Cittadellarte, Biella
↗79 ↗260, ↗189, TC 19:05

Specchio diviso, 1973–1978
Spiegel, goldener Rahmen in 2 Teilen /
golden frame, mirror, in 2 pieces
200 x 150 cm
Courtesy Cittadellarte, Biella
↗177, TC 16:00

SOPHIA POMPÉRY
Transient Shade, 2014
Flüssigkristalldisplay, Sensor, halbdurch-
lässiger Spiegel, Kirschholz / liquid crystal
display, sensor, glass, mirror film, cherry wood
140 x 83 x 10 cm
Besitz der Künstlerin und / courtesy of
the artist and Galerie Wagner & Partner, Berlin
↗79 ↗260, ↗144, 146, TC 02:22

FRANZ REIMER
The Situation Room, 2013
Rigips-Wände, Holzdekorfolie, Papp-Laptops,
Papp-Becher, Sperrholz-Tisch-Imitation,
Chefsessel, 5 Stühle, Tableau einer Text-
Bild-Collage, Videokamera, Flatscreen /
plasterboard walls, wood decor foil, cardboard
laptops, paper cups, replica of a plywood table,
executive chair, 5 chairs, tableau of a text
and image collage, video camera, flatscreen
290 x 570 cm, Maße variabel / dimensions
variable
Besitz des Künstlers / courtesy of the artist
↗76 ↗257, ↗164 ff., TC 11:05

ULRIKE ROSENBACH
Tanz um einen Baum, 1979
DVD, 20 min.
Besitz der Künstlerin / courtesy of the artist
↗76 ↗257, ↗159, TC 04:11

TINO SEHGAL
This is exchange, 2003
Besitz des Künstlers / courtesy of the artist
↗99 ↗279, ↗176, 178 f.

SERVAAS
Pfft, 1981
Monitor, Feder, Sockel, Elektronikbauteile /
monitor, spring, plinth, electronic components
205 x 40 x 43 cm
Museum Arnhem, Arnhem
↗77 ↗258, ↗138, TC 02:01

TALE OF TALES / AURIEA HARVEY UND / AND MICHAËL SAMYN
Bientôt l'été, 2012
Computerspiel, Steuerung: Tastatur, Maus /
computer game, keyboard and
mouse-controlled
Besitz der Künstler / courtesy of the artists
↗123 ↗293, TC 07:08

**BILL VIOLA UND / AND
USC GAME INNOVATION LAB**
The Night Journey (2005–2010)
Videospiel / video game
Game Designer: Tracy Fullerton
Programmierer / programmer: Todd Furmanski
3D-Künstler / 3D artist: Mike Rossmassler
Art Director: Kurosh Valanejad
Besitz der Künstler / courtesy of the artists
↗123 ↗293, ↗172, 175, TC 16:11

GINY VOS
Giovanni Arnolfini and his Young Wife,
1984–2014
Druck auf Dibond, Videokamera, Bildschirm /
print on Dibond (sandwich panel), video
camera, monitor
126 x 85,5 cm
Besitz der Künstlerin / courtesy of the artist
↗77 ↗258, ↗139, 142, TC 01:16

THOMAS WREDE
Nach der Flut (I)/After the Flood (I), 2012
Aus der Serie / from the series
Real Landscapes
Lambdaprint Diasec / Lambda print Diasec
140 x 200 cm
© Thomas Wrede, courtesy Galerie Wagner+
Partner, Berlin
↗129 ↗299, ↗177, 181, TC 17:22

Dari King Drive In, 2007
Aus der Serie / from the series
Real Landscapes
Lambdaprint Diasec / Lambda print Diasec
170 x 220 cm
© Thomas Wrede, Sammlung Eike Hovermann,
Lippstadt
↗143, TC 03:11

Die mit * gekennzeichneten Künstler sind
Studenten des Studiengangs Europäische Medien-
wissenschaft an der Fachhochschule und
Universität Potsdam.

The artists marked with * are studying European
Media Studies at the University of Potsdam.

METABOLISCHES BÜRO ZUR REPARATUR VON WIRKLICHKEIT / METABOLIC OFFICE FOR REPAIRING REALITY

Inmitten der Ausstellung agierte das von Manos Tsangaris entwickelte Metabolische Büro zur Reparatur von Wirklichkeit als permanente Möglichkeit der Eskapade, des Dialogs, des Widerspruchs und der Kritik. Das Büro war ein offenes Labor. Eingeladen waren mehr als 160 Gäste aus den Bereichen Musik, Bildende Kunst, Film und Medien, Literatur, Architektur, Performance und Philosophie. Momente der intensiven Diskussion oder des ästhetischen Experiments wechselten mit Situationen der Arbeit, der Probe oder ganz einfach der Leere.

Amidst the exhibition, the Metabolic Office for Repairing Reality (developed by Manos Tsangaris) provided continuous opportunities to take part in adventure, dialogue, contradiction and criticism. The office was an open laboratory. There were more than 160 invited guests from the fields of the visual arts, film and media, literature, architecture, performance and philosophy. Moments of intensive discussion or aesthetic experimentation alternated from work and rehearsal-related developments to moments of void just waiting to be filled.

VERANSTALTUNGEN / SPECIAL EVENTS

16.9.2014
„Grand Opening – Vertigo of Reality & Berlin Art Week" mit / with Klaus Staeck, Jutta Brückner, Wulf Herzogenrath, Johannes Odenthal, Manos Tsangaris, Christian Falsnaes

16.9.–14.12.2014
„MIDI-Piano Präsentationen" / MIDI Piano Presentations

17.9.2014
„Forum". Werkstattgespräch mit / workshop talk with Niels Van Tomme, Johannes Odenthal in Erinnerung an / in memory of Harun Farocki

17.9.2014
„Visibility Machines – Harun Farocki und / and Trevor Paglen". Gespräch mit / conversation with Niels Van Tomme, Trevor Paglen, Johannes Odenthal

19.–21.9.2014
„Zelte schalten – Stationen: Musiktheater-Analyse I" mit / with Manos Tsangaris, Atelier Klangforschung der / of the Universität Würzburg: Elena Ungeheuer, Kornelius Paede, Andrea Dubrauszky, Lisa Herrmann, Stefan Becker, Daniel Bellinger, Kework Kalustian

21.9.2014
„Walking East – Walking West". Public Walk von / by Hamish Fulton

23.9.2014
„Zelte schalten – Stationen: Musiktheater-Analyse II" mit / with Manos Tsangaris, Atelier Klangforschung der / of the Universität Würzburg: Elena Ungeheuer, Kornelius Paede, Andrea Dubrauszky, Lisa Herrmann, Stefan Becker, Daniel Bellinger, Kework Kalustian sowie den Gästen / and including the guests Sabine Santo, Helga de la Motte-Haber, Bernd Mahr

24.9.2014
„Forum". Werkstattgespräch mit / workshop talk with Manos Tsangaris und / and Atelier Klangforschung der / of the Universität Würzburg

26.–27.9.2014
„Symposium: Reeling/Realing. On the Digital Threshold". Kuratoren / curators: Jan Distelmeyer, Mark Butler

30.9.2014
„Peter Ablinger: Das Wirkliche als Vorgestelltes" mit / with Peter Ablinger, Manos Tsangaris

1.10.2014
„Forum". Werkstattgespräch mit / workshop talk with Cornelius Schwehr, Johann Feindt, Studierenden der / students of the Hochschule für Musik Freiburg sowie / and Manos Tsangaris

2.–5.10.2014
„Sehen und Hören – Wirklichkeitskonstruktionen" mit / with Cornelius Schwehr, Johann Feindt, Alexander Grebtschenko sowie den Studierenden der / and with the students of the Hochschule für Musik Freiburg: Pablo Beltran, Carlos Cardenas, Stephan Dick, Vasiliki Kourti-Papamoustou, Hong Ting Lai, Carlo Thomsen

3.10.2014
„Metabolic Office Battle (MOB)" mit / with Ann Cotten, Manos Tsangaris

7.10.2014
„Was drängt den Text zum Bild? Literatur – Film – Graphic Novel" mit / with Christos Asteriou, Ron Segal, Ulrich Peltzer

8.10.2014
„Forum". Werkstattgespräch mit / workshop talk with klangzeitort – Institut für neue Musik

9.10.2014
„We are Here – We are Near – We are Real". Künstlergespräch mit / artists' talk with Bjørn Melhus, Stefan Heidenreich

10.10.2014
„Double Projection: The Folder is Empty – We are Present". Ein Performanceprojekt der Akademie-Stipendiaten 2013 / A performance project by the 2013 fellows of the Junge Akademie

14.10.2014
Valeska-Gert-Gastprofessur für Tanz und Performance WS 2014/15, Antrittsvorlesung von Koffi Kôkô / Valeska Gert Visiting Professor of Dance and Performance, winter semester 2014-15, inaugural speech: Koffi Kôkô. Gespräch mit / conversation with Gabriele Brandstetter, Johannes Odenthal. Eine Kooperation von / a cooperation of Akademie der Künste, Berlin, Freie Universität Berlin und / and the Deutscher Akademischer Austauschdienst (DAAD)

15.10.2014
„Forum – Bill Viola & Closed Circuit Video. Unseen Images & Untold Histories" mit / with Slavko Kacunko, Wulf Herzogenrath

17.–19.10.2014
„Mistral". Tanzpremiere von und mit / a dance production by and with Susanne Linke, Koffi Kôkô

22.10.2014
„Forum". Werkstattgespräch mit / workshop talk with Thomas Kessler, Manos Tsangaris

22.10.2014
„Der große elektronische Schwindel / The Great Electronic Giddy-Con". Konzert und Performance-Abend der Sektion Musik mit dem Studio für Elektroakustische Musik / concert and performance evening of the AdK's Music Section and the Studio for Electroacoustic Music. Konzept / concept: Thomas Kessler

23.10.2014
„Metabolische Therapien zur Reparatur von Stadt-Wirklichkeit" mit / with Mira Bar-Hillel, Gerd A. Hille, Thomas Sieverts, Michael Bräuer, Wilfried Wang

24.10.2014
„Metabolische Therapien zur Reparatur von Stadt-Wirklichkeit" mit / with Mira Bar-Hillel, Tuncer Çakmakli, Barbara Hoidn, Cordelia Polinna und / and Wilfried Wang, Andrej Holm, Theresa Keilhacker, Niklas Maak, Engelbert Lütke Daldrup. Moderation / presentation: Laura Weißmüller

25.–26.10.2014
„Symposium: The Metabolism of the Social Brain". In Kooperation mit / in cooperation with neue Gesellschaft für bildende Kunst (nGbK)

28.10.–1.11.2014
„going into contact_Eine permeable Spiralinstallation" mit / with Dieter Heitkamp, David Bauer, Finn Lakeberg, Max Schumacher, Orla McCarthy, Laurin Thomas, Nadja Simchen, Andrea Keiz, Jörg Hassmann

29.10.2014
„Forum: ‚going into contact'". Werkstattgespräch mit / workshop talk with Dieter Heitkamp, Nele Hertling

29.10.2014
„going into contact_Concert" Konzert #1:
PHYSICS

30.10.2014
„Körper und Bild in Videoinstallationen"
mit / with Sabine Flach, Birgit Hein

31.10.2014
„going into contact_Concert" Konzert #2:
TOUCH & PLAY

1.11.2014
„going into contact_ Concert" Konzert #3:
ZUVIEL BLAU

4.–8.11.2014
„Kolumba – Ein Gastspiel aus der Rhein-
provinz". Das Kolumba, Kunstmuseum des
Erzbistums Köln ist mit der Ausstellung
„Der Grafenberg" von Felix Droese zu Gast im
Metabolischen Büro. / The Kolumba, the art
museum of the Archdiocese of Cologne,
makes a guest appearance at the Metabolic
Office with the exhibition Der Grafenberg
by Felix Droese.

5.11.2014
„Forum". Werkstattgespräch über die Gast-
ausstellung „Der Grafenberg" von Felix Droese
und den Werkbegriff / workshop talk about
the guest exhibition Der Grafenberg by
Felix Droese and the artistic approach mit /
with Stefan Kraus, Manos Tsangaris

6.11.2014
„Müssen wir für alles büßen?" Ein Gespräch
per Skype-Videokonferenz aus dem Kolumba-
Museum, Köln / A conversation by Skype
video conference from the Kolumba-Museum in
Cologne

6.11.2014
„Metabolic Office Battle (MOB) –
Wie die technische Gegenwart verstehen?
Kybernetik, Ökologien und die Herrschaft
des Mathematischen" mit / with Erich Hörl,
Dieter Mersch

11.11.2014
„World Processor / Weltentwickler".
Künstlergespräch mit / artists' talk with
Ingo Günther, Siegfried Zielinski

11.–14.11.2014
„Verschaltungen und Sektionen. Wie die
Wirklichkeit in die Akademie kommt" mit dem
Masterstudiengang Transdisziplinarität /
with the students of the Master's program
"Transdisciplinarity" der /at the Zürcher
Hochschule der Künste / Academy of Arts
in Zurich

12.11.2014
„Forum". Werkstattgespräch mit dem
Masterstudiengang Transdisziplinarität /
workshop talk with the students of the Master's
program "Transdisciplinarity" der / at the
Zürcher Hochschule der Künste / Academy of
Arts in Zurich

19.11.2014
„Forum: The Situation Room". Künstler-
gespräch mit / artists' talk with Franz Reimer,
Michael Diers

25.–28.11.2014
„Hören und Sehen – Musikwoche" / Hearing
and Seeing – Music Week mit / with ensemble
mosaik

26.11.2014
Voraufführung / preview Stefan Prins:
„Generation Kill Offspring 1". Gespräch mit /
conversation with Johannes Odenthal,
Stefan Prins

28.11.2014
Voraufführung / preview of Trond Reinholdtsen:
„Unsichtbare Musik"

29.11.2014
„Hören und Sehen – Konzert" / Hearing and
Seeing – concert mit/by ensemble mosaik mit
Werken von / with works by: Carola Bauckholt,
Michael Beil, Matthias Kranebitter, Stefan Prins,
Trond Reinholdtsen

1.12.2014
„Musik und (An-)Ästhetik – MOB" mit / with
Marcel Beyer, Manos Tsangaris

1.–3.12.2014
AURA-FALLEN – Ein Mini-Festival zum Thema
(An-)Ästhetik in der Musik mit / A mini-festival
on the theme (Non-)Aesthetics in Music with
Marcel Beyer, Pi-hsien Chen, Jörn Peter Hiekel,
Jacqueline Merz, Manos Tsangaris sowie
Studierenden der / and the students of the
Hochschule für Musik „Carl Maria von Weber"
Dresden

2.12.2014
„Musik und (An-)Ästhetik – ‚Lass singen, Ge-
sell, lass rauschen …'". Konzert mit / concert
with Chen Pi-hsien, Jörn Peter Hiekel

3.12.2014
„Die Flut der Bilder" mit / with Horst
Bredekamp, Wulf Herzogenrath

3.12.2014
„Musik und (An-)Ästhetik – GOOD NEWS" Ab-
schlusskonzert / final concert. Im Anschluss /
Followed by „Forum: Die (an-)ästhetische
Vertigo", Wolfgang Welsch im Gespräch mit / in
conversation with Jacqueline Merz, Jörn Peter
Hiekel, Manos Tsangaris

4.12.2014
„Metabolic Office Battle (MOB)" mit / with
Martin Schüttler, Manos Tsangaris

6.12.2014
„Metabolic Office Battle (MOB)" mit / with
Johannes Kreidler, Manos Tsangaris

7.12.2014
„Luca Lombardi ‚Warum?' 2. Streichquartett".
Gespräch mit / conversation with Luca
Lombardi, Johannes Odenthal

9.12.2014
„Der menschliche Geist im Zeitalter seiner
Reproduzierbarkeit" mit / with John-Dylan
Haynes, Jutta Brückner

10.12.2014
„Forum: Can You Hear Me?" mit / with Koffi
Kôkô, Manos Tsangaris, Johannes Odenthal

11.12.2014
„Metabolic Office Battle (MOB)" mit / with
Daniel Ott, Manos Tsangaris

12.12.2014
„6 Klangstationen zu einem Foto" (Ausstellung /
exhibition) von / by Tereza Bulisová, Aziz
Lewandowsky, Ling-Shuan Huang, Óscar
Piniella, Daniel Martínez Roura, Stella Veloce.
Die Klanginstallationen sind das Ergebnis des
Seminars „Dialogisches Komponieren" unter
der Leitung von Iris ter Schiphorst / The sound
installations are products of the seminar
"Dialogical Composing," held under the
direction of Iris ter Schiphorst, an der / at
the Hochschule für Musik „Hanns Eisler" Berlin

12.12.2014
„Metabolic Office Battle (MOB)"
mit / with Ferenc Jádi, Manos Tsangaris

13.12.2014
„Metabolic Office Battle (MOB)"
mit / with Rebecca Saunders, Manos Tsangaris

14.12.2014
„Finissage" mit / with Ulrich Matthes,
Jossi Wieler, Maria Mohr, Jutta Eberhard,
Manos Tsangaris, Opera Lab Berlin

AUTOREN / AUTHORS

Horst Bredekamp

Studium der Kunstgeschichte, Archäologie, Philosophie und Soziologie in Kiel, München, Berlin und Marburg, 1974 Promotion. Seit 1993 Professor für Kunstgeschichte an der Humboldt-Universität zu Berlin; 2003–2012 Permanent Fellow des Wissenschaftskollegs zu Berlin. 2014 Aufnahme in den Orden Pour le mérite für Wissenschaften und Künste. Forschungsschwerpunkte: Bildersturm, Skulptur der Romanik, Kunst der Renaissance und des Manierismus, Politische Ikonografie, Kunst und Technik, Neue Medien.

Studied art history, archaeology, philosophy and sociology in Kiel, Munich, Berlin, and Marburg, completed a doctorate in 1974. Professor of art history at the Humboldt-Universität zu Berlin since 1993, and permanent fellow of the Wissenschaftskollegs zu Berlin (Institute for Advanced Study), Berlin from 2003–2012. Awarded the Pour le Mérite for services to the sciences and arts in 2014. Research focuses: iconoclasm, Romanesque sculpture, Renaissance and Mannerist Art, political iconography, art and technology, and new media.

Jutta Brückner

Studium der Politischen Wissenschaften, Geschichte und Philosophie in Köln, Berlin, Paris und München. Seit 1972 Arbeit als Drehbuchautorin, ab 1975 eigene Filme als Drehbuchautorin, Regisseurin und Produzentin. 1984–2006 Professorin für narrativen Film an der Universität der Künste Berlin. Seit 1991 Mitglied, 2003–2009 Stellvertretende Direktorin, 2009–2015 Direktorin und seit 2015 Stellvertretende Direktorin der Sektion Film- und Medienkunst der Akademie der Künste, Berlin. Mitglied in vielen Filmjurys, Beiräten, in der Produktionsförderung des BKM, im Rundfunkrat des RBB und im Programmbeirat von ARTE.

Studied political science, history and philosophy in Cologne, Berlin, Paris and Munich. Screenwriter since 1972, writer, director, and producer of her own films since 1975.

Professor of narrative film at the Berlin University of the Arts (UdK) from 1984–2006. Member of the Akademie der Künste, Berlin, since 1991; deputy director from 2003–2009; director of the Film and Media Arts Section from 2009–2015, and now its deputy director since 2015. Member of several film juries, advisory boards, the production funding board at the BKM, the supervisory board at RBB, and the programming committee at ARTE.

Mark Butler MB

Studium der Kulturwissenschaft und Europäischen Ethnologie in Berlin, 2011 Promotion über „Das Spiel mit sich. Populäre Techniken des Selbst zu Beginn des 21. Jahrhunderts" bei Hartmut Böhme, Humboldt-Universität zu Berlin. Seit 2010 zuständig für das Digital Games Research Center (DIGAREC) am Institut für Künste und Medien der Universität Potsdam.

Studied cultural studies and European ethnology in Berlin, completed a doctorate on "The Game against Oneself. Popular Technology of the Self at the Beginning of the 21st century" with Hartmut Böhme at the Humboldt-Universität zu Berlin in 2011. Responsible for the Digital Games Research Center (DIGAREC) at the Institute for the Arts and Media at the University of Potsdam since 2010.

Mechthild Cramer von Laue MCvL

Studium der Kunstgeschichte, Neueren deutschen Literatur und Romanischen Philologie in Tübingen, Rom und Berlin. Seit 2004 in verschiedenen Ausstellungs- und Katalogprojekten der Akademie der Künste, Berlin, zuletzt als Projektleiterin in der Sektion Bildende Kunst tätig (2013/14), seit 2015 Mitarbeiterin der Sektion Film- und Medienkunst.

Studied art history, modern German literature, and Romance philology in Tübingen, Rome and Berlin. Worked on several exhibition and catalogue projects at the Akademie der Künste since 2004, most recently as project director in the Visual Arts Section (2013–14). Assistant in the Film and Media Arts Section at the Akademie der Künste, Berlin since 2015.

Michael Diers

Studium der Kunstgeschichte, Literaturwissenschaft und Philosophie in Münster und Hamburg, 1990 Promotion mit einer Studie über Aby Warburg. 1999–2004 wissenschaftlicher Mitarbeiter und Dozent am Kunstgeschichtlichen Seminar der Humboldt-Universität zu Berlin. Seit April 2004 Professor für Kunst- und Bildgeschichte an der Hochschule für bildende Künste Hamburg und außerplanmäßiger Professor für Kunstgeschichte an der Humboldt-Universität zu Berlin.

Studied art history, literature and philosophy in Münster and Hamburg, completed a doctorate in 1990 with a study of Aby Warburg. Research associate and lecturer in the art history seminar program at the Humboldt-Universität zu Berlin from 1999–2004. Professor of art history and visual cultures at the University for Fine Arts, Hamburg and extracurricular professor for art history at the Humboldt-Universität zu Berlin.

Sabine Flach

Studium der Kunstwissenschaft, Literaturwissenschaft, Human- und Erziehungswissenschaften in Marburg, Perugia/Italien, Kassel und Berlin. Anschließend wissenschaftliche Mitarbeiterin an der Kunstakademie der Universität Kassel und bei der documenta X. 2000–2010 Leitung des Institutsforschungsbereichs „Wissenskünste – Kunst und Wissenschaft" an den Geisteswissenschaftlichen Zentren Berlin, Zentrum für Literatur- und Kulturforschung. 2011–2013 Professor for Contemporary Art and Art Theory an der School of Visual Arts, New York City, sowie Permanent Member of the Faculty. Seit 2014 Professorin für Moderne und Gegenwartskunst und Leiterin des Instituts für Kunstgeschichte an der Karl-Franzens-Universität, Graz.

Studied art, literature, human and educational sciences in Marburg, Perugia (Italy), Kassel and Berlin. Research associate at the art academy of the University of Kassel and documenta X. Director of the institutional research focus "The Art of Knowledge – Art and Science" at the Center for Literary and Cultural Research (ZfL) at the Geisteswissenschaftliche Zentren Berlin, from 2000–2010. Professor of contemporary art and art theory at the School of Visual Arts, New York, from 2011–2013 and a permanent member of its faculty. Professor for modern and contemporary art and director of the institute for art history at the Karl Franzens University, Graz since 2014.

Birgit Hein

Studium der Kunstgeschichte, parallel und im Anschluss Experimentalfilme, Performances und Installationen mit Wilhelm Hein. 1972 und 1977 Teilnahme an der documenta 5 und documenta 6. Seit 1991 eigene Filme. 1990–2008 Professorin für Film und Video an der Hochschule für Bildende Künste Braunschweig. Seit 2007 Mitglied und seit 2012 Stellvertretende Direktorin der Sektion Bildende Kunst der Akademie der Künste, Berlin.

Studied art history while creating experimental films, performance art, and installations with Wilhelm Hein. Participated in documenta 5 and documenta 6 in 1972 and 1977, and has produced her own films since 1991. Professor for film and video at the Braunschweig University of Art from 1990–2008. Member of the Akademie der Künste, Berlin since 2007, and deputy director of its Visual Arts Section since 2012.

Klara Hein KH

Studium Italienstudien (B.A.) und Museumsmanagement und -kommunikation (M.A.) in Berlin und Rom. 2009–2013 Mitarbeit bei C/O Berlin und in der Helmut Newton Foundation. 2012 Mitarbeit im Team des BMW Guggenheim Lab Berlin, seit 2014 Assistentin der Sektion Bildende Kunst der Akademie der Künste, Berlin.

Studied Italian studies (B.A.) and museum management and communication (M.A.) in Berlin and Rome. Worked at the C/O Berlin and the Helmut Newton Foundation from 2009–2013. Worked for the BMW Guggenheim Lab Berlin in 2012, and as an assistant in the Visual Arts Section of the Akademie der Künste, Berlin since 2014.

Anke Hervol AH

Studium der Kunstgeschichte, Klassischen
Archäologie und Französisch in Berlin und
Paris, Promotion über französische und
spanische Kapitellplastik im 11. Jahrhundert
bei Horst Bredekamp, Humboldt-Universität zu
Berlin. 1998–2009 Kuratorin der Sammlung
Hartwig und Maria-Theresia Piepenbrock
(Berlin, Osnabrück); Leiterin der Kulturstiftung
Hartwig Piepenbrock, Berlin. 2006–2009
Geschäftsführerin des C/O's e.V., seit 2010
Mitglied des Vorstands. Seit 2009 Sekretär der
Sektion Bildende Kunst der Akademie der
Künste, Berlin.

Studied art history, classical archaeology,
and French in Berlin and Paris, completed
a doctorate on French and Spanish capital
sculpture in the 11th century with Horst
Bredekamp at the Humboldt-Universität zu
Berlin. Curator of the Hartwig and Maria-
Theresia Piepenbrock Collection (Berlin,
Osnabrück) from 1998–2009. Director of the
Hartwig Piepenbrock cultural foundation in
Berlin. Chief executive officer of the associ-
ation for the C/O Berlin from 2006–2009, and
member of its board since 2010. Secretary of
the Visual Arts Section at the Akademie der
Künste, Berlin since 2009.

Wulf Herzogenrath

Studium der Kunstgeschichte in Kiel, Berlin,
1970 Promotion über „Oskar Schlemmers
Wandmalerei". 1973 Berufung als jüngster
Direktor an den Kölnischen Kunstverein, den
er 17 Jahre leitete. 1977–1987 im Team der
Verantwortlichen für die documenta 6 und 8 in
Kassel. 1989–1994 Hauptkustos der National-
galerie Berlin. 1994–2011 Direktor der Kunst-
halle Bremen. Seit 2006 Mitglied und seit 2012
Direktor der Sektion Bildende Kunst der Aka-
demie der Künste, Berlin. Lebt in Berlin und
Köln.

Studied art history in Kiel and Berlin, comple-
ted a doctorate on "Oskar Schlemmer's Mural
Painting" in 1970. Appointed as the youngest
director of the Kölnischer Kunstverein art
museum in 1973, which he ran for 17 years.
One of the organizers of documenta 6 and 8 in
Kassel in 1977 and 1987. Senior curator at
the Nationalgalerie, Berlin from 1989–1994.
Director of the Kunsthalle Bremen from 1994–
2011. Member of the Akademie der Künste,
Berlin since 2006 and director of its Visual Arts
Section since 2012.

Slavko Kacunko

Geboren in Osijek/Kroation (ehemaliges Jugos-
lawien). Studium der Kunstgeschichte, Philo-
sophie und Pädagogik. Seit 1993 in Deutsch-
land, 1999 Promotion mit einer Arbeit über die
Ursprünge von Video-, Installations- und
Performancekunst an der Universität Düsseldorf. 2006 Habilitation mit einer Arbeit über die
Geschichte und Theorie der Medienkunst an
der Universität Osnabrück. Professor für
Kunstgeschichte und Bildwissenschaft an der
Fakultät für Kunst und Kulturwissenschaften
(IKK), Universität Kopenhagen. Seine Forschungsschwerpunkte sind die Process Arts
(Video, Performance, Installation, Netzkunst),
Bildwissenschaften und ihre Grenzen, inter-
disziplinäre Kunstgeschichte, Weltkulturerbe
sowie historische Gesichtspunkte des ästhe-
tischen Diskurses. Für seine interdisziplinären
Ansätze in der Kunstgeschichte und Medien-
wissenschaft erlangte er internationale
Anerkennung.

Kacunko was born in Osijek/Croatia, former
Yugoslavia. He studied art history, philosophy
and pedagogy. He moved to Germany in 1993
and completed a doctorate at the University
of Düsseldorf on the origins of video, installation and performance art in 1999. He received
the postdoctoral qualification from the University of Osnabrück with a thesis on the history
and theory of media art (2006). Professor
for art history and visual culture at the Depart-
ment of Arts and Cultural Studies (IKK), University of Copenhagen. Key areas of his scholarly research include Process Arts (video,
performance, installation, Internet art), visual
studies and its boundaries, interdisciplinary art
history, World Heritage, as well as the historical
dimensions of aesthetical discourse. He has
received international recognition for his
interdisciplinary approaches in art history and
media studies.

Petra Kohse

Promotion im Fach Theaterwissenschaft in Berlin. 1993–1999 Kulturredakteurin der *tageszeitung*, danach freischaffende Kritikerin und Feuilletonistin, vor allem für die *Frankfurter Rundschau*. Buchpublikationen über Friedrich Luft (1998) und Marianne Hoppe (2001). Lehrtätigkeit an der Freien Universität Berlin und der Universität der Künste Berlin. 2007 Mitgründerin und bis 2010 Redakteurin des Theaterportals *nachtkritik.de*. Seit 2010 Sekretär der Sektion Darstellende Kunst der Akademie der Künste, Berlin.

Doctorate in theater studies in Berlin. Arts editor of the *tageszeitung* 1993–1999, then a freelance writer and cultural critic, principally for the *Frankfurter Rundschau*. Book publications on Friedrich Luft (1998) and Marianne Hoppe (2001). Lecturer at the Free University in Berlin and the Berlin University of the Arts (UdK). Cofounder of the theater website *nachtkritik.de* in 2007, and its editor until 2010. Secretary of the Performing Arts Section at the Akademie der Künste, Berlin since 2010.

Johannes Odenthal JO

1986–1996 Herausgeber und Chefredakteur der Zeitschriften *tanz aktuell* und *Ballett international / tanz aktuell*. 1997–2006 Künstlerischer Leiter für Musik, Tanz und Theater im Haus der Kulturen der Welt, Berlin, u. a. Gründung und Leitung des Festivals „In Transit" (2002–2006). Seit 2006 Programmbeauftragter der Akademie der Künste, Berlin. Entwicklung und Leitung von Projekten wie „Politische Körper" (2008–2011) oder „A Year from Monday – 365 Tage John Cage" (2011/12). Ausstellungskurator u. a. „Istanbul Next Wave" (2009), „Fiktion Okzident" (2011), „Nothing to Declare" (2013). Zahlreiche Publikationen zur zeitgenössischen Tanz- und Kunstszene, zuletzt *Tanz – Körper – Politik* (2012).

Publisher and editor-in-chief of the magazines *tanz aktuell* and *Ballett international / tanz aktuell* from 1986–1996. Artistic director for music, dance, and theater at the Haus der Kulturen der Welt, Berlin from 1997–2006, including the founding and direction of the "In Transit" festival (2002–2006). Director of Programming at the Akademie der Künste, Berlin since 2006. Development and direction of projects including "Political Bodies" (2008–2011) and "A Year from Monday – 365 Days John Cage" (2011–2012). The exhibitions he has curated include *Istanbul Next Wave* (2009), *Fiktion Okzident* (2011), and *Nothing to Declare* (2013). Numerous publications on contemporary dance and the art scene, most recently, *Tanz – Körper – Politik* (2012).

Enno Poppe

Studium in Komposition und Dirigieren bei Friedrich Goldmann und Gösta Neuwirth an der Universität der Künste Berlin. Diverse Preise und Stipendien (zuletzt 2013 Hans-Werner-Henze-Preis). Weltweite Kompositionsaufträge und Aufführungen seiner Werke. Als Dirigent Konzerttätigkeit in ganz Europa. Seit 1998 Leitung des ensemble mosaik. Mitglied der Bayerischen Akademie der Schönen Künste, München, und der Nordrhein-Westfälischen Akademie der Wissenschaften und der Künste, Düsseldorf. Seit 2008 Mitglied, seit 2012 Stellvertretender Direktor der Sektion Musik der Akademie der Künste, Berlin.

Poppe studied composition and conducting with Friedrich Goldmann and Gösta Neuwirth at the Berlin University of the Arts (UdK). He has received diverse prizes and fellowships (most recently the Hans Werner Henze prize in 2013). Composition commissions and performances of his works are international, and he himself conducts concerts throughout Europe. Poppe has been the musical director of ensemble mosaik since 1998. Member of the Bavarian Academy of Fine Arts, Munich, and the North Rhine-Westphalian Academy of Sciences, Humanities and the Arts, Düsseldorf. Member of the Akademie der Künste, Berlin since 2008, and deputy director of its Music Section since 2012.

Niels Van Tomme

Geboren in Belgien. In New York lebender Kurator und Autor, der sich mit den Verflechtungen von zeitgenössischer Kultur, Politik und Ästhetik beschäftigt. Derzeit ist er am Center for Art, Design and Visual Culture in Baltimore tätig und wurde zum Kurator der 7. Bukarest Biennale berufen (2016). Seine Ausstellungen und Veranstaltungen wurden unter anderem in Institutionen wie The Kitchen (New York), dem Värmlands Museum (Karlstad), der National Gallery of Art (Washington, D.C.), dem Contemporary Arts Center (New Orleans), der Gallery 400 (Chicago) und der Akademie der Künste (Berlin) gezeigt. Er ist freier Redakteur des Magazins *Art Papers*, daneben setzt er sich in zahlreichen Publikationen mit zeitgenössischer Kunst, Literatur und Musik und deren Verhältnis zu allgemeineren kulturellen Entwicklungen auseinander. Letzte Veröffentlichungen: *Where Do We Migrate To?* (2011), *Visibility Machines: Harun Farocki and Trevor Paglen* (2014), *Aesthetic Justice: Intersecting Artistic and Moral Perspectives* (2015, gemeinsam mit Pascal Gielen herausgegeben).

Born in Belgium. New York-based curator and writer working on the intersections of contemporary culture, politics, and aesthetics. Currently associated with the Center for Art, Design and Visual Culture in Baltimore, he is the appointed curator of the 7th Bucharest Biennale, 2016. His exhibitions and public programs are shown at venues such as The Kitchen (New York), Värmlands Museum (Karlstad), National Gallery of Art (Washington, D.C.), Contemporary Arts Center (New Orleans), Gallery 400 (Chicago), and at the Akademie der Künste (Berlin). Van Tomme is a contributing editor at Art Papers magazine, while his writings in a wide variety of publications explore contemporary art, literature, and music in relationship to broader cultural developments. His books include *Where Do We Migrate To?* (2011), *Visibility Machines: Harun Farocki and Trevor Paglen* (2014), *Aesthetic Justice: Intersecting Artistic and Moral Perspectives* (2015, coedited with Pascal Gielen).

Ulrike Roesen UR

Studium der Germanistik, Politologie und Philosophie in Berlin. Freischaffende Fernsehspiel-Lektorin für den SWR. Mitarbeit im Basis-Film Verleih. Seit Gründung der Sektion Film- und Medienkunst im Jahr 1985 Mitarbeiterin der Akademie der Künste, Geschäftsleitung des „Vereins der Freunde der Deutschen Mediathek e.V.". Seit 1990 Sekretär der Sektion Film- und Medienkunst der Akademie der Künste, Berlin.

Studied German language and literature, political science and philosophy in Berlin. Freelance editor of TV plays for the SWR. Collaboration with the film distributors Basis. She has worked at the Akademie der Künste since the founding of the Film and Media Arts Section in 1985, and is on the managing board of "Verein der Freunde der Deutschen Mediathek e.V." Secretary of the Film and Media Arts section at the Akademie der Künste, Berlin since 1990.

TEXTNACHWEIS / TEXT CREDITS

↗21 ↗217
Wulf Herzogenrath – Zuerst erschienen in /
first published: Wulf Herzogenrath, Edith
Decker (Hg. / eds.), *Video-Skulptur retrospektiv
und aktuell: 1963–1989.* Köln: Dumont, 1989,
S. / pp. 39–49

↗53
Slavko Kacunko – Auf Englisch erschienen in /
published in English: *Slavko Kacunko, Culture
as Capital. Selected Essays 2011–2014.* Berlin:
Logos, 2015, S. / pp. 35–74

↗66 ↗247
Horst Bredekamp – Zuerst erschienen in /
first published: *CeBIT 1995.* Hannover 1995,
S. / pp. 7–11 (dt./engl., German/English)

↗100 ↗280
Niels Van Tomme – Bearbeiteter Auszug aus /
excerpt adapted from: Niels Van Tomme,
"The Image as Machine," *Visibility Machines:
Harun Farocki and Trevor Paglen.* Baltimore:
Center for Art, Design and Visual Culture
at UMBC, 2014, S. / pp. 25–27

↗132 ↗302
Petra Kohse – Zuerst erschienen in / first published: *Spielweisen. Gespräche mit Schauspielern / Acting Methods. Conversations with
Actors.* DVD-Edition, Berlin: Akademie
der Künste, 2014, S. / pp. 6–11 (deutsch /
German), S. / pp. 13–18 (englisch / English)

Die **Videodokumentation** der Ausstellung
„Schwindel der Wirklichkeit" (30 min., 2 GB)
bietet weitere Einblicke in das Projekt und
ist als kostenfreier Download verfügbar unter:

The **video documentation** of the exhibition
Vertigo of Reality (30 min., 2 GB) provides further
insight into the project and can be downloaded
free of charge:

www.adk.de/dokusdw

Benutzername / User name:
SchwindelderWirklichkeit

Passwort / Password: sdw2014

IMPRESSUM / IMPRINT

Dieser Reader erscheint zur Dokumentation der Ausstellung / This reader is published for the documentation of the exhibition

SCHWINDEL DER WIRKLICHKEIT /
VERTIGO OF REALITY
17. September – 14. Dezember 2014 /
September 17 – December 14, 2014
Akademie der Künste
Hanseatenweg 10
10057 Berlin-Tiergarten
T +49 30 20057-2000
info@adk.de, www.adk.de

Konzeption und Projektteam „Schwindel der Wirklichkeit" / Conception and Project Team *Vertigo of Reality*:
Mark Butler, Jutta Brückner, Mechthild Cramer von Laue, Jörg Feßmann, Evelyn Hansen, Birgit Hein, Nele Hertling, Anke Hervol, Wulf Herzogenrath, Petra Kohse, Ulrich Matthes, Jeanine Meerapfel, Marion Neumann, Johannes Odenthal, Simone Odenthal, Ulrich Peltzer, Ulrike Roesen, Christian Schneegass, Carolin Schönemann, Klaus Staeck, Manos Tsangaris, Wilfried Wang

Projektleitung / Project Management:
Johannes Odenthal
Assistenz / Assistance:
Julia Albani, Nicola Beissner, Simone Odenthal

Eine Ausstellung der Akademie der Künste, Berlin, kuratiert von
Mark Butler, Anke Hervol, Wulf Herzogenrath und Niels Van Tomme im Rahmen des Projekts „Schwindel der Wirklichkeit" /
An exhibition organized by the Akademie der Künste, Berlin curated by
Mark Butler, Anke Hervol, Wulf Herzogenrath and Niels Van Tomme as part of the *Vertigo of Reality* project

Projektleitung / Project Management:
Anke Hervol, Johannes Odenthal, Ulrike Roesen, Mechthild Cramer von Laue (Begleitprogramm / Accompanying Program)
Projektassistenz / Project Assistance:
Katharina Bergmann, Klara Hein, Janina Niendorf
Registrare / Registrars:
Catherine Amé, Stefan Kaltenbach
Restauratoren / Conservators:
Dirk Schönbohm, Rüdiger Tertel
Ausstellungsgestaltung und Realisation /
Exhibition Design and Realization:
Simone Schmaus, Jörg Scheil, Mount Berlin

Medientechnik und Licht / Media Technology and Lighting:
Kathy Lieber, Wolfgang Hinze, Anja Gerlach, Vanessa Bahlecke, Janina Niendorf, János Kachelmann, Frank Kwiatkowski, Bert Günter, Björn Matzen, Christian Schweiger, visionb Kunstservice UG
Ausstellungsgrafik / Exhibition Design:
Heimann und Schwantes, Berlin

Presse- und Öffentlichkeitsarbeit / Press and Public Relations:
Brigitte Heilmann, Marianne König in Zusammenarbeit mit / in cooperation with Julia Albani, Ubin Eoh, Silke Neumann (BUREAU N)
Vermittlungsprogramm Kunstwelten / Educational Program Kunstwelten:
Marion Neumann, Denise Baumeister

Gefördert durch / Funded by

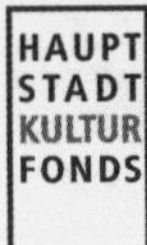

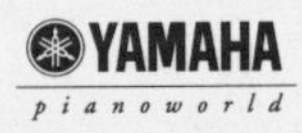

Mit freundlicher Unterstützung / Kindly supported by

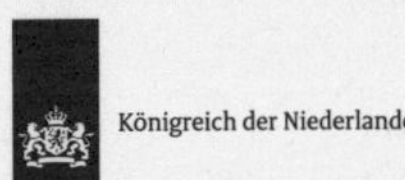

In Kooperation mit / In cooperation with
Europäische Medienwissenschaft, FH Potsdam/Universität Potsdam; Center for Art, Design and Visual Culture, University of Maryland, Baltimore County; Berlin Art Week

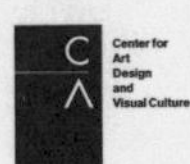

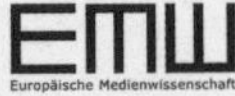

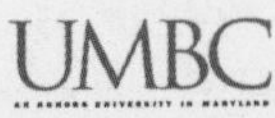

Der Künstlerdialog zwischen Harun Farocki und Trevor Paglen ist entnommen aus:
Visibility Machines: Harun Farocki and Trevor Paglen, organisiert vom Center for Art, Design and Visual Culture, University of Maryland, Baltimore County, kuratiert von Niels Van Tomme.
The artists' dialogue is taken from
Visibility Machines: Harun Farocki and Trevor Paglen at the Center for Art, Design and Visual Culture (CADVC), University of Maryland, Baltimore County, curated by Niels Van Tomme.

Leihgeber / Lenders:
Die Leihgeber sind im Ausstellungsverzeichnis genannt. / The lenders are specified in the List of the exhibited works.

Mit Dank an alle beteiligten Künstler, Leihgeber und Mitwirkenden / We would like to thank all the artists, lenders and participants.

Weitere Informationen zum Projekt und Hinweise zu den Leihgebern / For further information about the project, lenders and contributors:
www.schwindelderwirklichkeit.de

Videodokumentation der Ausstellung „Schwindel der Wirklichkeit" / Video documentation of the *Vertigo of Reality* exhibition

Regie, Redaktion / Directors and Editors:
Klara Hein, Anke Hervol
Schnitt / Film Editing:
Martin Wolff
Kamera / Camera:
Uwe Ziegenhagen

MIDI-Piano

Kompositionen von / Compositions by
Johann Sebastian Bach, Annesley Black, Sebastian Claren, Carl Czerny, Moritz Eggert, Reinhard Febel, Morton Feldman, Orm Finnendahl, Erhard Grosskopf, Wolfgang Heiniger, Arnulf Herrmann, York Höller, Eres Holz, Stefan Keller, Bernhard Lang, György Ligeti, Knut Müller, Conlon Nancarrow, João Pais, Enno Poppe, Steffen Schleiermacher, Cornelius Schwehr, Igor Stravinsky, Anton Webern, Walter Zimmermann

Kurator / Curator:
Enno Poppe
Projektleitung / Project Management:
Evelyn Hansen

Mit freundlicher Unterstützung von /
Kindly supported by
Yamaha Music Europe GmbH

Spielweisen. Videogespräche mit Schauspielern / Acting Methods. Conversations with Actors

Josef Bierbichler, Edith Clever, Maren Eggert, Jens Harzer, Fabian Hinrichs, Sandra Hüller, Signa Köstler, Ulrich Matthes, Joachim Meyerhoff, Wiebke Puls

Kurator / Curator:
Ulrich Matthes
Projektleitung / Project Management:
Petra Kohse
Mitarbeit / Assistance:
Tanja Krüger
Regie, Schnitt / Director and Film Editor:
Ingo J. Biermann
Bildgestaltung / Directors of Photography:
Kai Miedendorp, Alexander Haßkerl

Metabolisches Büro zur Reparatur von Wirklichkeit / Metabolic Office for Repairing Reality

Idee / Idea:
Manos Tsangaris
Projektteam / Project Team:
Manos Tsangaris, Julia Albani, Nicola Beißner, Johannes Odenthal, Simone Odenthal
Produktion / Production:
Eva Maria Müller, Martin Schmitz (littlebit. Produktionsbüro für zeitgenössische Kunst)

Abbildungs- und Filmnachweise / Photographic and Film Credits:

Soweit nicht anders angegeben, stammt das Bildmaterial von / Unless otherwise noted, the photos originate from:

ART+COM: S./pp. 170–171
Richard Kriesche: S./p. 186f.
Roman März: S./pp. 138–166, 168f.,
172–185, 188–195, 200
Anne Schönharting, Agentur Ostkreuz:
S./pp. 196–199
Pete Souza: S./p. 167

Das Filmmaterial wurde erstellt und überlassen von / The film material was produced and released by: Uwe Ziegenhagen, Nuno Cera und den beteiligten Kunstlern / and the participating artists.

© Joachim Sauter, Dirk Lüsebrink, ART+COM Studios
© Kunstmuseum Liechtenstein, Vaduz / Schenkung des Künstlers / Gift of the artist (Jochen Gerz)
© inter media art institute (imai), Düsseldorf
© Christian Falsnaes /courtesy of PSM, Berlin
© Experiments in Art and Technology (Alex Hay)
© San Francisco Museum of Modern Art. Gift of bitforms gallery, Gallery Paule Anglim, and Lynn Hershman Leeson
© Solomon R. Guggenheim Museum, New York (Bruce Nauman)
© Bill Viola and the USC Game Innovation Lab
© Courtesy George W. Bush Presidial Library and Museum (S./p. 166)
© Courtesy Auguste Orts (Herman Asselberghs)
© VG Bild-Kunst, Bonn 2015
© 2015, Akademie der Künste, Berlin

Publikation / Publication

Herausgeber / Editors:
Anke Hervol, Wulf Herzogenrath, Johannes Odenthal
im Auftrag der / on behalf of the Akademie der Künste, Berlin
Gesamtredaktion und Lektorat / Editorial Coordination and Editing:
Julia Bernhard
Mitarbeit / Assistance:
Klara Hein, Roxanne Töpper
Bildredaktion / Image editing:
Klara Hein
Englisches Lektorat / Editing of the English Texts:
Wendy Wallis, transART, Berlin
Übersetzungen / Translations:
Andrew Boreham, Paul Brown, Mark Butler,
Herwig Engelmann, Lisa Jeschke, Ben Knight,
Wendy Wallis
Ausstellungsverzeichnis, Biografien / List of exhibited works, biographies:
Klara Hein, Anke Hervol
Deutsches Korrektorat / Proofreading of the German texts:
Ellen Mey
Gestaltung / Design:
Heimann und Schwantes, Berlin
Ausstellungsfotografie / Exhibition Photographs:
Roman März
Lithografie / Lithography:
bildpunkt Berlin
Gesamtherstellung / Production:
Medialis Offsetdruck GmbH

© 2015, Akademie der Künste, Berlin, Verlag der
Buchhandlung Walther König, Köln, die Künstlerinnen
und Künstler, Autorinnen und Autoren, Fotografinnen
und Fotografen / artists, authors, photographers

Erschienen im / Published by
Verlag der Buchhandlung Walther König, Köln
Ehrenstr. 4, 50672 Köln
Bibliografische Information der Deutschen National-
bibliothek
Die Deutsche Nationalbibliothek verzeichnet diese
Publikation in der Deutschen Nationalbibliografie;
detaillierte bibliografische Daten sind über
http://dnb.d-nb.de abrufbar.

Bibliographic information published by the Deutsche
Nationalbibliothek
The Deutsche Nationalbibliothek lists this publication
in the Deutsche Nationalbibliografie; detailed
bibliographic data are available in the Internet at
http://dnb.d-nb.de.

Printed in Germany

Vertrieb / Distribution:
Deutschland, Österreich, Schweiz / Europa
Germany, Austria, Switzerland / Europe
Buchhandlung Walther König, Köln
Ehrenstr. 4, 50672 Köln
Tel. +49 (0) 221 / 20 59 6-53
Fax +49 (0) 221 / 20 59 6-60
verlag@buchhandlung-walther-koenig.de

Großbritannien & Irland / UK & Ireland
Cornerhouse Publications
HOME
2 Tony Wilson Place
UK-Manchester M15 4FN
Fon +44 (0) 161 212 34 66
Fax +44 (0) 161 236 90 79
publications@cornerhouse.org

Außerhalb Europas / Outside Europe
D.A.P. / Distributed Art Publishers, Inc.
155 6th Avenue, 2nd Floor
USA-New York, NY 10013
Fon +1 (0) 212 627 1999
Fax +1 (0) 212 627 9484
eleshowitz@dapinc.com

Die Akademie der Künste wird gefördert durch die
Beauftragte der Bundesregierung für Kultur und
Medien. / The Akademie der Künste is funded by the
Federal Government Commissioner for Culture and
the Media.

AKADEMIE DER KÜNSTE

ISBN 978-3-86335-762-7